世纪高等学校应用型特色精品规划教材

现代旅游酒店会展服务系列

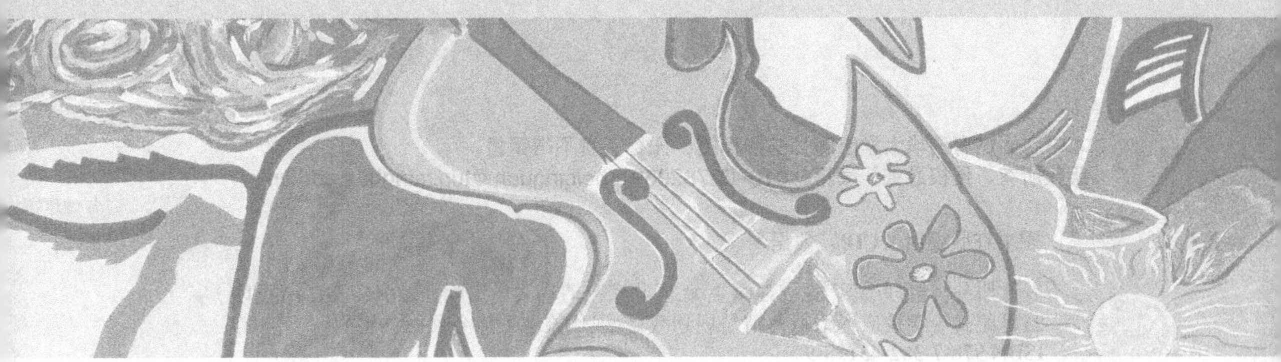

餐饮服务与管理

徐溢艳　周显曙　主　编

刘　萍　柳礼奎　闫莹娜　副主编

清华大学出版社

北京

内 容 简 介

“餐饮服务与管理”课程是旅游类高职教育的核心课程之一，同时餐饮业务在酒店日常经营中起着重要作用。本书采用“理论+案例”的编写模式，共 12 章，具体介绍餐饮服务操作技能、餐饮业务管理等内容。

全书既注重基础理论，又重点突出解决实际问题的能力，把普及与提高、理论与实践有机地融合起来，有较强的可读性和自学指导性。本书各章均设置了引导案例、教学目标、知识拓展、案例、评估练习，有利于读者对每章的重点内容和关键术语实现准确、快速的把握。

本书既可作为应用型院校旅游类、酒店类等相关专业的通用教材，又可作为酒店管理人员的学习参考用书。

图书在版编目（CIP）数据

餐饮服务与管理/徐溢艳,周显曙主编. --北京：清华大学出版社, 2016（2024.1重印）
21世纪高等学校应用型特色精品规划教材. 现代旅游酒店会展服务系列
ISBN 978-7-302-43158-9

Ⅰ. ①餐…　Ⅱ. ①徐…②周…　Ⅲ. ①饮食业－商业服务－高等职业教育－教材
②饮食业－商业管理－高等职业教育－教材　Ⅳ. ①F719.3

中国版本图书馆CIP数据核字（2016）第034892号

责任编辑：孟毅新
封面设计：王　军
责任校对：李　梅
责任印制：宋　林

出版发行：清华大学出版社
网　　址：https://www.tup.com.cn, https://www.wqxuetang.com
地　　址：北京清华大学学研大厦 A 座　　邮　编：100084
社 总 机：010-83470000　　邮　购：010-62786544
投稿与读者服务：010-62776969，c-service@tup.tsinghua.edu.cn
质 量 反 馈：010-62772015，zhiliang@tup.tsinghua.edu.cn
课 件 下 载：https://www.tup.com.cn，010-62770175-4278
印 装 者：三河市龙大印装有限公司
经　　销：全国新华书店
开　　本：185mm×260mm　　印　张：19.5　　字　数：430 千字
版　　次：2016 年 8 月第 1 版　　印　次：2024年 1 月第 8 次印刷
定　　价：59.00 元

产品编号：069395-02

前　　言

旅游业是当今世界发展最迅猛的行业之一，仅 2014 年全球海外旅游人数同比增长 4.7%，增至 11.38 亿人次。据预测，2020 年全球旅游业的接待规模将增至 15 亿人次。酒店业作为旅游业的支柱产业，对大量高素质的从业人员也将有巨大需求。

“餐饮服务与管理”课程是应用型院校旅游类专业的核心课程之一，可以培养学生旅游酒店业员工必需的知识与技能，使学生系统掌握餐饮服务与管理的基本知识，具备从事相关工作的基本职业能力，从而能够为客人提供优质服务。本书注重理论与实践相结合，各章节穿插了较多的典型案例，以帮助读者理解和掌握相关知识。本书旨在研究酒店的餐饮服务与管理工作，围绕岗位能力素质要求展开编写，从而使学生走上具体工作岗位后能迅速进入工作状态。

本书既能满足旅游管理专业、酒店专业、餐饮专业等旅游类相关专业应用型本科学生的学习要求，又能满足旅游酒店职业培训的需求。

本书在框架编排上做了新的尝试。全书共 12 章，具体包括餐饮服务操作技能、餐饮业务管理等内容。

全书由徐溢艳、周显曙担任主编，徐溢艳负责拟订提纲，周显曙负责完成全书的统稿、定稿工作。具体章节分工如下：周显曙、闫莹娜负责编写第 1～3 章；徐溢艳负责编写第 4～6 章、第 9 章；刘萍负责编写第 7 章；柳礼奎负责编写第 8 章、第 10～12 章。

本书在编写过程中得到了南京旅游职业学院酒店管理学院马开良副教授、丁霞老师，扬州泰润大酒店财务部经理宋娅民女士的大力支持与帮助，在此，对他们所给予的帮助表示感谢。在编写过程中，本书引用了一些来自网上的图片及其他书籍中的资料，在此一并向各位作者表示感谢。我们的联系方式：zhouxianshu@hotmail.com。

由于编者水平有限，书中疏漏之处在所难免，敬请读者不吝赐教。

编　者

2016 年 6 月

目　录

第一章
初识餐饮业

引导案例

餐饮业“健康发展”才是正道

——北京市“两会”代表委员建言餐饮业转型

中央八项规定出台以来，不仅有效遏制了公款大肆吃喝，一度畸形发展的餐饮业也在经历转型阵痛后逐渐触底反弹、回归到健康发展轨道。在 2016 年召开的北京市“两会”上，部分来自餐饮行业的代表委员在喜见消费回暖的同时，建议对“舌尖上的浪费”常抓不懈。

“过去，有些企业餐桌上不时出现各种标价昂贵的违禁食材。消费者浪费现象也非常严重，一倒就是半桌子菜，看着都心疼。”北京市政协委员、全聚德股份有限公司总厨师长顾九如说，前几年，“三公”消费曾造成餐饮企业“高端化”“泡沫化”，竞争处于扭曲无序状态，部分餐饮企业甚至出现不正常的“暴发”，全国餐饮业收入也呈现“畸形”高增长。

2012 年年底中央八项规定出台后，高端餐饮迅速滑坡，一度出现湘鄂情、净雅、乙十六会馆等高端餐饮企业闭店潮，餐饮收入也呈连年下降态势。北京市商务委监测数据表明，2012 年年底，因市场环境变化，餐饮消费市场出现明显波动。2013 年和 2014 年，北京市餐饮收入连续两年下滑。

“三年来，政策因素对高端餐饮业有过一定影响，但最终促进了整个行业的转型，物美价廉的大众化餐饮正成为行业趋势。”北京市人大代表、聚德华天控股有限公司党委书记、总经理朱玉岭表示。

朱玉岭介绍，作为北京老字号企业，聚德华天旗下鸿宾楼饭庄、烤肉宛等也因市场环境变化受到影响，但公司通过删减高档菜，增加“接地气”的中档菜，整体降低价位的同时创新菜品，受到大众消费者的欢迎。

朱玉岭说：“前几年，鸿宾楼满客的销售额每天至少在 13 万元，现在满客的销售额不超过 7 万元，但人气增加了不少，翻台率大大提高。”

餐饮业主动转型后，2015 年餐饮市场逐渐回暖，保持稳定增长。2015 年 1—11 月，全国餐饮收入 29280 亿元，同比增长 11.8%，保持稳定增长态势。据中国烹饪协会的餐饮消费调查，朋友聚餐、家庭聚会、情侣约会等大众社交需求，已经占到餐饮消费总需求的 80%左右。

2016 年 1 月 21 日，中央纪委监察部网站“每周通报”栏目，公布了最近一周各级纪检监察机关查处的 88 起违反中央八项规定精神问题，其中违规公款吃喝等问题依然比较突出。

对此，受访的代表委员表示，餐饮业受大众餐饮发展带动逐渐回暖，充分说明这一行业离开公款吃喝照样能够正常发展，因此，对“舌尖上的浪费”应常抓不懈。

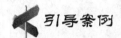

（资料来源：佚名.餐饮业“健康发展”才是正道——北京市“两会”代表委员建言餐饮业转型[OL].新浪新闻，http://news.sina.com.cn/c/2016-01-23/doc-ifxnuvxc1741707.shtml,2016-01-23.）

纵观中外经典著作，有很多关于人类饮食文化的叙述，由此可见饮食文化与人类发展有着密不可分的关联。在今天的中国饭店业，住宿和餐饮已成为其最主要的基本功能。餐饮业作为旅游饭店业和社会经济发展的重要组成部分，其经营状态的好坏直接关系到所在地区旅游业的品牌竞争力。

第一节 餐饮业概述

教学目标：

1. 了解中外餐饮业发展历程。
2. 掌握餐饮业的概念。
3. 理解餐饮业的地位与作用。

一、中外餐饮业发展历程

从人类社会开始使用火这一自然资源开始，就为餐饮业的发展奠定了基础。随着时代的进步、社会的发展，餐饮业的发展也在发生着诸多的变化，但中外餐饮业发展的规律和轨迹是与社会发展相吻合的。

（一） 中国餐饮业的发展

纵观我国相关文献，可以得知我国餐饮文化起源于烹制熟食。最早有关“烹饪”的文字记载可以追溯至文献《周易·鼎》。随着社会的发展，我国的餐饮业也伴随着时代变化而前进，正呈现出产品类型日益增多，服务追求品位、品质，发展规模不断扩大，产品文化内涵越发丰富等趋势。

1. 先秦时期

新石器时代的饮食文化雏形为先秦时期的饮食文化兴盛奠定了扎实的基础，此时期我国餐饮南北两大风味流派已见端倪。西周时期宫廷代表菜肴“八珍”已成为该时期我国餐饮文化北方地区发展的代表，其用料多为陆产，其制法多依赖于殷商；而文献《吕览•本味》、《楚辞•招魂》中所列菜肴，则呈现出南方地区菜肴的特色。综上所述，在先秦时期，我国餐饮市场的地理区域划分已初步形成。

知识拓展 1-1

八珍

八珍原指八种珍贵的食物，后来指八种稀有而珍贵的烹饪原料。八珍的提法最早见于《周礼 · 天官冢宰》：“食医，掌和王之六食、六饮、六膳、百馐、百酱、八珍之齐”。各个时期“八珍”的内容各不相同。如，周代八珍，乃是后世之八珍筵席的先驱之作；元代八珍即迤北八珍；明代八珍可见于明代张九韶《群书拾唾》中相关记载；清代八珍主要形式为“参翅八珍”、“山水八珍”；民国时期又出现了上八珍、中八珍、下八珍等。

（资料来源：匡家庆，殷红卫. 酒店餐饮部运行与管理[M]. 北京：外语教学与研究出版社，2015.）

2. 两宋时期

经历了民族与餐饮文化的融合，到了两宋时期，我国餐饮市场更加繁荣，业态形式也出现多元化的发展，同时经营层次也更加明确。到了唐宋时期，随着经济的发展，各地区贸易交往的频繁，在全国各地已经出现了经营不同地方风味的餐饮场所。至此，中国四大菜系在该时期基本形成。

3. 明清时期

明清时期，我国餐饮业继续发展，技术更加精湛，产品内容更加丰富，以豪华的宫廷宴会为标志的中国烹饪到达了烹饪技巧的最高水平。在此期间，食材原料多达千种，灶具式样不断增加，设计更具技巧。烹饪技术经过数千年的积累、提炼，得到了升华，已初步形成有原则、有规律、有程序、有标准的烹饪工艺。这一时期的宴席规模大，格式多样；宴会采用圆桌，讲究台面设计与布置，注重服务程序与服务质量。这一时期尤以“千叟宴”和“满汉全席”为代表，同时也为近代中国餐饮业的发展画上了圆满的句号。

知识拓展 1-2

千叟宴

千叟宴（图 1-1）最早始于康熙，盛于乾隆时期，是清宫中规模最大、与宴者最多的盛大御宴，在清代共举办过 4 次。清帝康熙为显示他治国有方，太平盛世，并表示对老人的关怀与尊敬，因此举办“千叟宴”。现在我国比较有名的“千叟宴”是于 2006 年 10 月 28 日在永福举行的，此次“千叟宴”上年龄最大的寿星 105 岁，最小的 70 岁，100 岁以上的老人有 5 位，平均年龄 75 岁，该宴已成功申请吉尼斯世界纪录。

（资料来源：阎泽川. 清朝“千叟宴”[OL]. 凤凰网，http://news.ifeng.com/history/gundong/detail_2013_06/05/26114058_0.shtml,2013-06-05.）

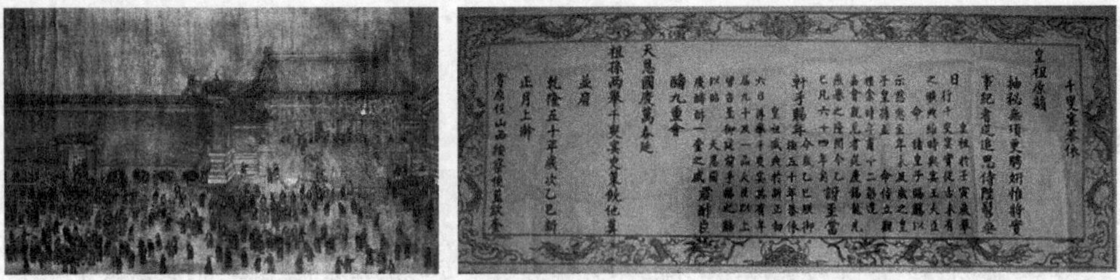

(a) 千叟宴盛况　　(b) 皇帝诏书

图 1-1　清宫千叟宴

4. 民国时期

20 世纪以来，西方帝国主义国家大量向中国销售食材原料，如味精、果酱、啤酒、奶油、苏打粉、人工合成色素等，这些食材原料逐渐引入我国餐饮业，其中尤以南方沿海城市较为突出。新型食材原料的使用为民国时期餐饮产品的数量及质量奠定了基础，从而也对我国餐饮工艺技巧的提升埋下了伏笔。

5. 当今餐饮业

随着时代的变迁，当下已进入 21 世纪，人们的生活水平及消费需求的变化改变了传统的餐饮消费需求，更多的消费群体选择外出就餐。正是由于这一现象，餐饮业发展的速度突破原先的传统模式，以成倍增长的速度在不断地提升，使得餐饮业成为第三产业中的重要产业。同时，餐饮业在拉动消费、扩大就业和带动相关产业的发展等方面也发挥其不可忽视的重要作用。

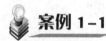

案例 1-1

2015 年 10 月全国餐饮收入同比增长 12.4%

中国饭店协会发布了 2015 年 10 月餐饮市场经营情况。数据显示，10 月，餐饮收入 3175 亿元，同比增长 12.4%；限额以上单位餐饮收入 816 亿元，同比增长 8.8%。

据了解，2015 年 1—10 月，全国餐饮收入 26246 亿元，同比增长 11.8%，比去年同期提高 2.1 个百分点，限额以上单位餐饮收入 6980 亿元，同比增长 7.2%。经过结构调整、行业洗牌，餐饮业逐渐找准转型方向、回归市场，并不断做出调整以适应大众餐饮新常态发展。不过受国家“三公”消费政策影响，餐饮市场中高端餐饮依旧疲软。

公开资料显示，全聚德前三季度营收 14.05 亿元，同比增长 0.71%，净利润 1.23 亿元，同比增长 1.86%；西安饮食前三季度营收 3.67 亿元，同比下滑 9.38%，净利润为-0.11 亿元，同比下滑幅度高达 281.77%。面临复杂的内外部市场发展环境以及出现的各种新问题，整个行业仍需谨慎应对并调整步伐继续转型。

根据 2015 年 1—10 月营业收入计算，目前已经完成全年 3 万亿元目标的 87.4%。随着新《食品安全法》和“一带一路”等调控政策的出台，餐饮业发展宏观环境进一步优化。中国烹饪协会预测，全年剩下的月份餐饮市场仍可保持稳定增长，今年餐饮业有望达成 3 万亿元目标。

（资料来源：佚名. 2015 年 10 月全国餐饮收入同比增长 12.4%[OL]. 中国商情网，http://www.askci.com/news/chanye/2015/11/18/10041q40f.shtml,2015-11-18.）

（二） 国外餐饮业的发展

国外餐饮业起源于古代地中海沿岸的繁荣国家。罗马帝国时代的强盛，生产发展、商贸繁盛，从而使客栈、饭店初具规模。

但从公元 5 世纪开始的较长时间内西欧封建社会政局动荡及教会的黑暗统治，使得商贸旅游、客栈、饭店几乎衰亡。11 世纪初开启的“十字军东征”，促进了社会的重大变革。经商活动和城市的逐步兴起，间接地促进了餐旅业的发展与恢复。

14 世纪，受伊斯兰教传播的影响，位于亚、非、欧交界处的土耳其形成了以食羊肉为主、烤羊肉为其传统名菜的独特饮食风格，为形成和发展伊斯兰教国家的餐饮习俗和餐饮业奠定了基础。

17 世纪在英国和北欧出现了饭店和客栈业的复兴。1536 年亨利八世在英国镇压寺院的行动造成了餐旅业的蓬勃发展，据 1577 年的不完全统计，当时英格兰和威尔士已有 14202 家饭店和 1613 家旅店。

早期的客栈和饭店内供应的餐食较为简单，基本以肉类、啤酒为主，而蔬菜品种相当稀少且用餐环境较为简陋。直到 16 世纪中叶，意大利文艺复兴时期，随着社会的全方位发展及物质生活水平的提高，意大利的烹饪技艺得到了极大的发展，在吸收各国各地精华的基础上形成了追求豪华、注重排场、典雅华丽的餐饮风格，成为“欧洲烹调之母”。

知识拓展 1-3

西餐之母——意大利菜

有人会问西餐之母是哪国菜？大部分人会说是法国菜，而这是一个错误的答案，西餐之母是意大利菜。意大利民族是一个美食家的民族，他们在饮食方面有着悠久历史，如同他们的艺术、时装和汽车，总是喜欢精心制作。意大利美食典雅高贵，且浓重朴实，讲究原汁原味。意大利菜系非常丰富，菜品成千上万，除了大家耳熟能详的比萨饼（图 1-2）和意大利面之外，它的海鲜和甜品都闻名遐迩。源远流长的意大利餐，对欧美国家的餐饮产生了深厚影响，并发展出包括法国餐、美国餐在内的多种派系，故有“西餐之母”之美称。

（资料来源：佚名. 西餐之母：意大利美食[OL]. 新浪尚品，http://style.sina.com.cn/tas/food/2011-05-01/110177236.shtml,2011-05-01.）

图 1-2　意大利比萨

18 世纪前后，随着法国成为欧洲的政治、经济、文化中心，加上法国得天独厚的物产资源，给法国的烹饪技艺提供了丰富的物质基础。法国烹饪（图 1-3）博采众长，名厨辈出，从而形成了法国烹饪的经典风格。法国烹饪源于意大利宫廷，成型于路易封建王朝，法国大革命时期走向社会，通过不断的技艺创新，风靡全球，成为欧美“西餐”的公认代表。

图 1-3 法式焗田螺

知识拓展 1-4

法国红酒与法国烹饪

在红酒传统的饮食概念中，“红肉配红酒，白肉配白酒”是一条颠扑不变的真理。但罗夫展示的搭配告诉我们，成规也不是一成不变的。煎得表皮金黄肉质嫩白软滑的五花肉，配上果味浓郁的红葡萄酒，两种味道在唇齿间相撞，不仅中和肉的肥腻，更产生一种甘香的回味。

“理论上，每种葡萄酒都能搭配某种食物，每种食物都能找到适合的酒来搭配，平衡是最高境界，即酒与食物两者不会互相抢味，而是相互烘托、相互提升”，罗夫说。从生理角度来看，味觉能够感受到的有酸、甜、苦、辣、咸 5 种味道。能够相互影响味觉的主要是 4 种：咸会加强苦的感觉；酸能短时间地掩盖苦味，又加强了甜味；甜味能降低对咸、苦、酸的感觉；苦味能降低酸度。甜味、原味、辛辣味，令酒强劲，而酸味和咸味，令酒更加温和。

（资料来源：汪京强，匡家庆. 餐饮服务与管理[M]. 南京：南京师范大学出版社，2015.）

随着西方国家工业革命的爆发，火车、汽车的发明与使用，推动了商务旅行和群众性旅游活动，餐饮消费明显增加，从而使餐饮业规模逐步扩大。装饰华丽的西餐厅纷纷涌现市场，餐饮企业的烹饪技艺和服务水平的提高，使 19 世纪欧洲上流社会更新了餐饮观念并逐步加入餐饮市场，使餐饮业向高层次、高水平方向发展。

当人类社会进入 20 世纪中期，随着世界经济的发展，各个国家、地区间贸易的扩大，开创了国际旅游的新纪元，而旅游业成为一些国家和地区的支柱产业，餐饮业则相得益彰，蓬勃兴旺。在此期间形成了众多的跨国饭店集团，加之集约化连锁经营方式，使麦当劳、肯德基等知名餐饮企业走向全球，从而对世界餐饮业运营方式起着深刻的影响。

二、餐饮业的概念

综前所述，餐饮业是随着人类社会生产力、物质生活水平的提高及饮食文化的进步产生与发展的。餐饮业的发展受当地的政治、经济、文化及宗教信仰等因素的制约和影响。但各地区餐饮业的发展又各自独立、相互制约、相互渗透、共同提高。

（一） 餐饮业的概念

所谓产业，主要是指经济社会的物质生产部门，一般而言，每个部门都专门生产和制造某种独立的产品，某种意义上每个部门也就成为一个相对独立的产业部门，如农业、工业、交通运输业等。

餐饮业是集即时加工制作、商业销售和服务性劳动于一体，向消费者专门提供各种酒水、食品、消费场所和设施的食品生产经营行业。按欧美《标准行业分类法》的定义，餐饮业是指以商业营利为目的的餐饮服务机构。在我国，据《国民经济行业分类注释》的定义，餐饮业是指在一定场所，对食物进行现场烹饪、调制，并出售给顾客，主要供现场消费的服务活动。

（二） 餐饮业的特征

1. 对旅游业和国民收入的依赖性

餐饮业是旅游业的重要组成部分，其发展规模和速度在一定程度上取决于旅游业发展的实际规模。因此，餐饮业的发展必须坚持多类型、多层次、多方位、多结构，以适应大众消费市场的需求。餐饮业的发展与管理必须纳入旅游行业管理之中，即保持与旅游业的同步发展，从而向消费市场提供高质量、高水平的服务。

2. 消费客源市场的广泛性

一方面，餐饮业的客源市场具有广泛性；另一方面，各种类型的餐饮企业之间可以互相替代。因此，餐饮业的管理必须加强同各种类型客源市场之间的联系，广泛组织客源，从而形成目标市场的竞争优势，以扩大餐饮产品的销售，取得理想的经济效益。

3. 品牌创建的艰巨性和专利保护的困难性

餐饮业所从事的经营活动以手工操作为主，科技含量较低。在经营过程中，要想创造出较高的市场知名度和品牌度往往比较困难，需要投入大量的人力、物力、财力。但餐饮业的手工技术容易模仿，品牌的认证与界定在实践中比较困难，从而造成了餐饮行业的专利保护困难，这是制约行业发展的重要因素。

案例 1-2

餐饮企业命名及品牌效应对餐饮行业究竟有多重要？

《舌尖上的中国1》的热播激起了国人对美食的向往和探索。如今，《舌尖上的中国2》在央视的播出彻底在我国餐饮市场，尤其是特色餐饮领域掀起了创业热潮。

从全球三大命名机构——先知中国命名实验室统计的数据来看，仅 2014 年 6、7、8 这 3 个月，便有 38 家即将开业的新项目选择了先知中国的命名业务，由此可见餐饮市场投资的火爆程度。

餐饮可以说是国内市场需求最大、市场容量最大的市场之一，即使在国家反腐工作力度不断加大的情况下，中小餐饮项目依然有着良好的市场环境。毕竟，随着人们生活水平的提高，对美食的追求已经成为刚性需求。

然而，餐饮市场又是竞争最激烈、同质化程度最高的市场。品牌化经营、特色化经营、规模化经营是餐饮投资者在市场中站稳脚跟并做大、做强的最佳选择。

“中国是个讲究名分的国度，没名、没分便什么买卖也做不好”，文化定位专家、先知中国总顾问思翰老师在北大 MBA 总裁班上如是说，“一个好的品牌名称至少能为企业节省 50%的宣传推广费用，而独特的身份则是对企业独特价值主张的最好诠释。”

对于餐饮项目而言，餐品的特色、运营模式和品牌名称(品牌文化的凝结)是决定项目成败的关键要素。先知中国命名实验室基于十余年来实操的近千个餐饮命名项目总结出餐饮命名七大法则，以便投资者在筹划、塑建餐饮品牌时能获得一个显而易见、直击人心的好名字，助力餐饮项目高速成长。

餐饮命名法则一：如果你的餐饮项目主要经营某个特色菜品，最好从特色菜品出发思考品牌名称，例如八斗鸡、蟹老宋、烤肉宛等。

餐饮命名法则二：如果你的餐饮项目主要经营某个传统菜系，最好从菜系的历史文化及菜系所在的地域文化入手思考品牌名称，例如蜀悦、悦江菜、苏浙汇等。

餐饮命名法则三：如果你的餐饮项目主要目标消费群体以家庭为主，不妨让品牌名称亲切、喜庆一些，例如锦泽天、太熟悉、喜相知等。

餐饮命名法则四：如果你的餐饮项目主要消费群体以商务、政务人士为主，最好让品牌名称具有浓厚的文化色彩，例如沁园春、俏江南、唐宫海鲜坊等。

餐饮命名法则五：如果你的餐饮项目以民族特色美食为主，不妨对该民族的文化、传统、风俗等因素进行综合考量，以确定品牌名称，例如穆佰味、合满怡、明月三千里等。

餐饮命名法则六：如果你的餐饮项目主要以快餐为主，简单、明了、易读、易写为最佳，例如尚佰客、厨 100、妙味莱等。

餐饮命名法则七：如果你的餐饮项目主要经营新品菜肴，一定要突出新在哪里，然后用时尚的语言表述出来，例如辣品尚、海底捞、呷哺呷哺等。

餐饮项目的命名法则还有很多，但无一例外全部建立在对社会文化、市场需求、行业特点、经营特色、运营模式等因素上，一时间难以说清、说透。

（资料来源：佚名. 公司起名及品牌取名对餐饮行业究竟有多重要_先知命名[OL]. 中国经济网，http://mn.sina.com.cn/city/zhangzhou/food/2014-08-18/16099178.html,2014-08-18.）

4. 饮食文化的民族性和产品风味的地方性

餐饮业是在长期的历史发展过程中，随着人类对美食的不断追求而逐步发展的。饮食文化包括餐厅装饰文化、服饰文化、烹饪文化、服务礼仪等。产品风味就是烹饪文化的集中体现。不同国家、不同地区、不同名族的地理气候、生活环境、宗教信仰、生活习惯不同，各地的食材原料也不尽相同，从而在长期的历史发展过程中形成了不同的饮食文化与习俗，从而使餐饮行业具有“饮食文化的民族性和产品风味的地方性”特点。现代餐饮业的发展必须注重强化饮食文化，突出产品风味及与众不同的经营特色，坚持产品质量和服务质量标准，只有这样才能确保经营的成功。

案例 1-3

饮食文化“十境界”

境界一“果腹”

吃的第一大境界当然是“果腹”，俗话说就是填饱肚子，就是一个“吃”字。形式比较原始，只解决人的最基本的生理需要。这个境界的吃，不需要费心找地儿，各种商场的小吃城；街头的成都美食和中式的快餐店，如各式面馆、永和豆浆等，西式快餐的麦当劳、肯德基也可列入其中，一盘宫保鸡丁、一盘白菜豆腐，外加一小碗汤、一碗主食足矣。一个人、两个人、三五个人均可。这个境界的吃千万别麻烦，一麻烦就脱离了本质，吃起来也就十分不爽。

境界二“饕餮”

吃的第二大境界应该是“饕餮”，吃的是一个“爽”字。呼三五好友去一家稍微大众的馆子，稀里哗啦点上满满的一大桌菜，价钱却不贵，胡吃海塞一通，兴致所致，还能吆喝两声，划几下拳，甚至还可以赤膊上阵。适合这种吃法的有涮肉、大众菜等。但免不了一个“俗”字，有不雅之嫌，同时也有浪费之嫌。

境界三“聚会”

吃的第三大境界应该是“聚会”，此境界重在这个“聚”字。家人、朋友、加班聚餐等都属于这一类。这种吃不需要太多的讲究，“吃”是个形式，关键在“聚”背后的引申含义。逢年过节、生日聚会、升迁发奖、友人来访，随便找个理由都可以去趟馆子，这是一种礼节上的习惯。这种吃讲究个热闹，不需要太豪华和奢侈。金百万、金鼎轩、小土豆，稍微高档一点的川菜馆如巴国布衣之类都可以满足需要，高档一点的还可以去吃一些比较流行和有名气的馆子。

境界四“宴请”

吃的第四大境界应该是“宴请”，多以招待为主。商场招待、官场招待、公务招待、上下级招待、危机处理招待、重大事情招待等都属于这一范畴。这种吃不以“吃”的本质为主旨，关键在于这个招待背后的目的。所以，这种吃重在讲究一个排场，价钱昂贵，因此也多以公款招待为主。在京城，这是支撑餐饮经济的重要支柱。这种吃都有一个共同点，大多都是在“包间”进行，所以，对馆子的要求要严格一点。如各大宾馆饭店的豪华餐厅，知名大酒楼，海鲜、鱼翅、鲍鱼宴，官府菜等。但这个境界的吃难免给人一种暴殄天物之叹，吃后回来，却又发现没有吃饱。

境界五“养生”

吃的第五大境界应该是“养生”。它比较讲究“食补”，是大吃大喝在认识观念上的一种理性升华。这种吃多以正宗的煲汤为主：甲鱼汤、老鸭汤、野山菌汤等，足足地焖上十多个小时，满满地端上来，味道纯正，饱饱地喝上一顿，无比滋润，真乃人生一大幸事，就是从心理上对积劳的身体也是一个安慰。在北京，这样的馆子有很多，进入饭店的正门，有一排瓷罐摆着，大多比较正宗。江西来的瓦罐、广东来的各式煲、云南来的野山菌汤、正宗的鱼翅煲、潮州来的燕窝汤、官府菜的南瓜鱼翅都是比较典型的。但有时价钱却是一个瓶颈，不是一般人轻易就能上口的。

境界六“解馋”

吃的第六大境界应该是“解馋”，吃的东西一定要“鲜”。这个境界有两个层次：一是吃“物”，如那些只常听说却鲜见的鲜物如鲍鱼、龙虾、法式大餐之类；二是吃“名”、吃“文化”，如大董和全聚德的烤鸭，顺峰、黎昌的海鲜以及淮扬菜、杭州菜、本帮菜、谭鱼头火锅、皇城老妈、孔乙己饭店等。

境界七“觅食”

吃的第七大境界应该是“觅食”，那就得四处去“找”。在寻找中获得“吃”的乐趣，是本境界的一大妙处。这个“找”又分为两个层次，一个是有目的地去找口头盛传的流行馆子；一个是漫无目的地找寻意中的吃处。这个“找”字重在一个偶然发现，豁然开朗，一下子就对上了当时的心情和感觉。

境界八“猎艳”

吃的第八大境界应该是“猎艳”，所以馆子要“奇”。这样的馆子都是比较稀罕的特色店，如非洲来的、越南来的等都在这一范畴。“新”“奇”“特”是主要特征。适合这类馆子的人群一般是时尚人士、有品位的少夫少妻、白领人群等。价钱中档，不用担心被宰。

境界九“约会”

吃的第九大境界应该是“约会”，这时吃的已经不是“物”，而是“情”。大多的时候，点得多，吃得少。这种吃千万不要是两个同性别的人，以免让人误会，最好也不要是夫妻，因为已过了“约会”的阶段。凡是到这种地方来吃的，两人之间大多都有一种心灵上的默契，说出来就变得俗，不表现出来又压抑。于是，以一个“吃”的借口“会”在一起，吃也吃了，谈也谈了，尽管大多的时候没有吃。适合这类吃的馆子如茶餐厅、有餐饮服务的咖啡店，而且一定还要有柔软的沙发。

境界十“独酌”

吃的最后一个境界应该是“独酌”，在于一个“品”字，吃什么不太重要，关键是一个寥落的心情，要么伤感、要么闲适。这种馆子一定要是隐匿在很深的巷子里，店面古朴，又十分宁静。这个时候还应该有一瓶古典的酒，最好屋外再飘着零星的雨丝或雪花。一个人浅斟低酌，物我两忘。唯一的遗憾是，这种店已经很少有，恐怕只有在梦里才可以见得着。

（资料来源：马开良，叶伯平，葛焱．酒店餐饮管理[M]．北京：清华大学出版社，2013．）

（三） 餐饮业态

所谓餐饮业态形式是指为满足不同目标市场的饮食消费需求而形成的各种经营业态。餐饮业态形式选择主要依据餐饮业的位置空间、规模诉求、目标顾客、产品结构、店堂设施、经营方式、服务功能、技术条件等来确定。餐饮业态形式内在组合要素包括目标市场、产品结构、服务方式、硬件设施、价格策略等。餐饮业态的实质是这些要素的组合，组合不同就会产生不同的效果，就会有不同的市场表现。

新型业态的产生是市场竞争的产物，是商品流通的组织形式，组织方式适应生产力发展水平和市场需求变化的必然结果。新型业态产生于市场需求者，而形成于市场供给者，是供给者满足差异性需求的市场行为。所谓业态，是指企业为满足不同的消费需求，以经营商品的重点和提供服务方式的不同而采取的经营形态。业态至少应包括三层含义：第一，我的店是什么店？即业态的选择问题。第二，我的店是给谁开的？即市场定位问题。第三，我的店卖什么？即商品构成问题。根据业态这一基本含义，按餐馆的经营特色为依据，可将餐饮市场的业态格局做以下划分。

1. 家常菜为主的大众餐馆类业态

这一业态类型的餐馆目标市场定位为普通工薪阶层，菜单和菜式大众化、家常化，价格较低，菜量大、上菜速度快，能够满足百姓的日常饮食需求。这类餐馆多分布在交通便利，流动人口多或居民区、机关企事业团体较为集中的地区。

2. 满足快节奏生活的快餐类业态

此类业态可分为中式快餐和西式快餐，中式快餐以价格便宜、菜品简单、简洁实惠为特点。西式快餐则因食品可口、服务快捷、环境个性化、营销手段新颖等特点而深受年轻人和儿童的喜爱。

3. 满足商务宴请需要的高档正餐类业态

此类业态也可以分为中式正餐和西式正餐。中式正餐主要是指具有鲜明菜系特征的高档次餐馆，分为国有老字号、新兴的民营餐馆。餐馆是中国饮食文化的代表和集大成者，无论是操作技艺、菜式，还是服务、环境都体现了较为浓郁的民族性和历史性，具有深厚的传统文化内涵。新兴的民营餐馆以服务周到、菜品多样、环境高档、促销灵活的特点吸引了许多高档消费群体。西式正餐主要以高层次、高收入群体为主，环境典雅、服务细致，是喜欢西餐人士的最佳选择。

4. 依托星级饭店的饭店类餐饮业态

饭店类餐饮业态主要对外展示的是饭店的高服务水准及品质内涵，宾客的消费往往是一种社会地位及消费能力的展示，并不是简单意义上的进店消费。星级饭店的餐饮设施也成为社会交往的重要场所，同时餐饮收入在星级饭店总收入中也占有相当重要的地位。

5. 张扬个性的主题类餐饮业态

人们求新、求异的心态培育出一批极具个性的主题餐厅，这些餐厅或怀旧，或浪漫，或消闲，或运动，或冷酷，或激情，成为白领阶层聚会、交友、放松、消遣的绝佳场所。

6. 自由选择的自助类餐饮业态

自助餐厅类同于自选超市，消费者可以根据自己的喜好，对所有的菜品自由选择，随意享用，较受年轻人的欢迎。

7. 浪漫轻松的休闲类餐饮业态

这类餐厅菜品很少，而以经营饮料、点心、小吃、零食为主，主要以休闲环境为卖点。

8. 餐饮娱乐相结合的娱乐类餐饮业态

现代生活中人们已不局限于对餐饮的单纯需要，多彩的视听享受也赋予了餐厅更广泛的内涵。如北京的“大铁塔”，一张门票包含了餐饮、音乐、舞蹈、表演的所有服务项目，让人们在就餐的同时，享受到舞蹈、音乐等声、光、色、味的一体享受。

9. 以规模取胜的餐饮街类业态

经营者抓住餐饮消费从众心理，在商机深厚的地区扎堆经营，逐渐形成了目前颇具规模的“餐饮一条街”。食街上各餐馆各有所长、价格有高有低、菜品丰富多样、可以满足各种口味需求。另外，在各大商场内形成的餐饮美食广场也与此类同。

10. 移动消费的餐饮类业态

目前的餐饮企业大多以坐店经营为主，为满足人们快节奏的生活方式，移动服务和移动消费的移动餐饮业态已应运而生。肯德基在北京推出的汽车餐厅无疑是餐饮业态的一个新亮点。汽车餐厅可谓是没有餐桌的餐厅，只要驾车人将车开到肯德基的窗口，就会在车内完成点单、取餐、结算的过程，大大节省了消费者的购物时间。另外，食品外送服务也是移动消费的重要组成部分。移动消费市场潜伏着巨大的商机，代表了餐饮业重要的发展方向。

三、餐饮业的地位与作用

餐饮业主要为国民经济的发展提供必要的社会生活服务，其地位和作用主要表现在以下几个方面。

(1) 餐饮是旅游业“六大”要素的重要组成部分。食、住、行、游、购、娱是旅游业的六大要素。大力发展国际、国内旅游，有助于加强国际、国内经济文化交流，增进各国和各民族间的相互了解和友谊；有助于我国吸收外汇，促进国民经济的发展；也有助于增加就业，满足国内人民日益增长的物质和精神生活的需要。随着我国旅游业的不断发展，大批海内外旅游者前来游览观光、探亲访友，从事科学考察，与此同时他们需要品尝异域的饮食风味，领略当地人民的生活情趣。餐饮业为其提供风味独特、环境优美和服务优良的餐饮产品，不仅可以满足客人的需求,而且高超的烹饪艺术、独具特色的饮食产品，也是饮食文化的结晶，本身又可以成为旅游资源，广泛吸引海内外旅游者。

(2) 餐饮业是活跃经济，繁荣市场，促进相关行业发展的重要行业。餐饮业的发展规模、速度和水平，往往直接反映一个国家、一个地区的经济繁荣和市场活跃程度。它是国民收入和人民生活水平迅速提高，消费方式和消费结构发生深刻变化的重要体现。同时，餐饮业的迅速发展，需要国民经济提供基础设施、生产技术设备、物资用品和各种食品原材料，这必然促进轻工业、建筑、装修、交通、食品原材料和副食品生产等相关行业的发展。

(3) 餐饮业是创造社会财富，实现国民收入再分配的重要服务行业。餐饮业利用餐饮设备技术，通过食品原材料加工制造产品，本身可以增加产品价值，创造社会财富。涉外餐饮业在为海外旅游者服务的过程中，可以创收外汇,将其他国家的国民收入转化为我国的国民收入。餐饮业同时为国内旅游者、当地居民和各种企事业单位服务，处于国民收入再分配环节，可以大量回笼货币,从而对国民经济的发展起到积极的推动作用。

(4) 餐饮业是促进社会消费方式和消费结构变化，扩大劳动就业的重要行业。人类的饮食消费主要在家庭、工作单位和社会餐饮服务业中进行。经济越发达，国民收入水平越高，人们的对外交流活动越频繁，家务劳动社会化程度越高，越能促进餐饮业的发展。餐饮业的迅速发展，为人们的社会饮食消费创造了条件，可以减轻人们的家务劳动，促进其消费方式和消费结构的改变。同时，餐饮业的发展为大批人员提供了就业机会，成为解决我国职工就业和下岗职工再就业的重要出路之一。随着我国餐饮业的发展，还将会为社会提供更多的就业机会。

(5) 餐饮业是我国向国内外宾客介绍，宣传我国饮食文化的重要行业。现代社会中，一个国家的餐饮文化早已成为吸引国际旅游者的重要旅游资源。中国的饮食文化、烹饪艺术博大精深、历史悠久、享誉天下，已成为吸引众多外宾来华旅游的因素之一。餐饮业担负着弘扬我国饮食文化，挖掘我国旅游资源的重任。

评估练习

1. 简述中外餐饮业的发展历程。
2. 什么是餐饮业？餐饮业的基本特征有哪些？
3. 举例说明餐饮业态的形式有哪些。
4. 举例说明餐饮业的地位与作用。

第二节 餐饮业运营的特点

教学目标：

1. 了解餐饮业生产的特点。
2. 理解餐饮业销售的特点。
3. 掌握餐饮业服务的特点。

一、餐饮业生产的特点

餐饮业肩负着为宾客提供优质餐饮产品的重任，与其他产品的生产相比，餐饮业的生产有其自身特点，这些特点表现如下。

(1) 产品规格多，批量小，其业务属性是个别定制生产。餐饮销售往往是宾客进入餐厅后，经客人点菜后，由厨房制成成品提供给宾客。它与工业大规模、同类型生产是不同的。餐饮产品的生产是以手工制作为主，它既是厨师厨艺展示的过程，也是烹饪艺术构思创作的过程。所有的产品生产基本凭借手工，品种多、规格多、生产批量小、制作技艺复杂，不同的厨师制作同类菜肴也会存在差异，从而给餐饮产品的质量管理和标准统一带来了不小的困难。

(2) 产品生产过程时间短。餐饮产品的生产、销售与客人的消费几乎是同时进行的，因此，客人从点菜到消费的时间较短，能否在较短的时间内生产出令客人满意的餐饮产品，一方面取决于厨房的生产组织管理和厨师的厨艺水平；另一方面取决于餐厅服务人员的推销能力和对客服务水平。

(3) 产品生产量难以预测。餐饮产品生产的量取决于每日客源量的多少，有客上门，才会有餐饮产品的生产；若没有客源或客源数量较少，餐饮产品的生产量就会很少。所以，宾客的消费需求很难准确预估，产量的随机性强也难以预测。

(4) 餐饮产品原材料及产品容易变质。餐饮产品原材料、成品由于其自身的特殊性，不易长久保存，存放方法不当或存放时间过长，极容易变质；餐饮成品若不及时销售出去也会出现产品质量下降的现象，从而失去产品的经济价值，造成浪费。

(5) 产品生产成本的多变性。餐饮产品的生产经历了诸多环节，每个生产环节的管理和控制都会对成本的控制造成影响。因此，在整个生产过程中必须建立一套完善的生产标准，合理控制成本，确保应有的经营利润。此外，原材料的成本价格易受市场、季节的变化，这也是餐饮成本难以控制的重要因素之一。

(6) 生产过程的管理难度较大。餐饮产品生产过程的业务环节较多，任何一个环节的差错都会直接影响产品质量及企业的经济效益、社会效益等，从而导致了餐饮产品生产过程的管理难度较大。

二、餐饮业销售的特点

(1) 餐饮销售量受餐位数量的限制。餐饮企业的接待能力受经营空间、餐位数的限制。

在餐位数最大的情况下，餐饮企业必须努力改善就餐环境，提高服务质量与品位，提高餐位的利用率，增加人均消费额。

(2) 餐饮销售量受进餐时间的限制。餐厅的就餐时间和经营状况具有明显的间歇性，用餐时间一到，餐厅则高朋满座；用餐时间一过则空无一人。因此，合理地确定餐厅的经营时间，提高经营高峰时间外的销售额与销售量，就成为当下行业思考研究的重要课题。

案例 1-4

年夜饭预订已一桌难求

《常州日报》记者目前从市物价局价格监测中心获悉，2016 年春节年夜饭预订火爆，提早预订仍一桌难求。知名饭店价格同比基本持平，高档酒店继续走“平民化”路线。为满足市民不同需求，部分饭店、酒店采取提供半成品、二次翻桌的服务方式。

据某大酒店经理介绍，从 2015 年 8 月份起，该酒店就开始接受年夜饭预订，开始仅几天，年夜饭包厢就被预订一空，到 12 月初，大厅也订满。

另一家大酒店前台订餐工作人员介绍，目前年夜饭预订量已达到 100%，但今年单位年会的预订量比去年少了一半以上。

记者还了解到，不少没订上年夜饭的市民纷纷转向预订中午的席位，腾出晚上时间在家聚会。

价格方面，普遍在 1800～3500 元。

（资料来源：常价宣，宋婧. 年夜饭预订已一桌难求[NL]. 常州日报，2016-01-08.）

(3) 固定成本及变动费用较高。餐饮企业运营所需要的固定投入，如各种餐厨设备、餐具等成本较高。同时餐饮生产过程的业务环节多，成本难以控制，所需人力资源成本及各项能源消耗费用多，所以各项综合费用支出较多。针对此问题，餐饮企业应设法努力控制固定成本及变动费用，以提高企业的经济效益。

(4) 餐饮销售量受就餐环境的影响。宾客进入餐厅的主要目的是为了经济消费，但在经济消费之外更加注重产品的属性及服务。餐厅整体环境与氛围的舒适性，也是宾客对餐饮服务水平做出评价的重要考核指标。因此，就餐环境就成为宾客选择就餐场所的重要因素之一。餐饮企业在注重产品质量与服务的同时也必须注意就餐环境的布置，努力给每位宾客提供一个舒适、温馨的就餐环境，从而使每位宾客对就餐环境留下深刻的印象，为宾客下次消费奠定基础。

知识拓展 1-5

交通便利程度也影响餐饮销售量

私家车越来越多，停车也就越来越困难，有停车场且停车容量大的餐厅，生意会比没有停车场的餐厅好。所以餐饮销售量不仅受内部经营空间的限制，还受到外部环境的影响，在外部环境因素中交通便利程度就成为宾客考虑的重要因素。

（资料来源：胡章鸿．餐饮服务与管理实务[M]．北京：高等教育出版社，2014．）

（5）餐饮企业的资金周转较快。餐饮企业的经营毛利率较高（一般在50%～70%），且相当一部分销售收入以现金为主，而大部分生产原材料为当天采购、当天销售，因此，餐饮企业的资金周转较快。

三、餐饮业服务的特点

餐饮服务是餐饮企业的员工为就餐客人提供餐饮产品的一系列活动。餐饮服务可分为直接对客的前台服务和间接对客的后台服务。前台服务是指餐厅、酒吧等餐饮营业点面对面为客人提供的服务，而后台服务则是指仓库、厨房等客人视线不能触及的部门为餐饮产品的生产、服务所做的一系列工作。前台服务与后台服务相辅相成，后台服务是前台服务的基础，前台服务是后台服务的继续与完善。

知识拓展1-6

餐饮服务的重要性

根据美国哈佛商学院的一项调查研究显示，餐饮企业受到的10次宾客投诉中，有6.2次是由于服务质量的失败所导致的，在处理宾客投诉的过程中，因服务质量引起的投诉比其他任何类型的投诉处理难度都大且不容易得到宾客的理解。仅此，可以看出服务质量在餐饮经营中的重要性。

（资料来源：周显曙，丁霞．酒店营销实务[M]．北京：清华大学出版社，2013．）

（1）餐饮服务的无形性。尽管餐饮服务是具有实物形态的饭店产品，但它仍然具有服务的无形性特点。销售前无法具体展现，服务中无法具体量化，服务后无法储存。看不见，也摸不着，只能凭生理和心理的感受来评判。正因为服务的这一特性决定了餐饮产品无专利性。因此，餐饮企业必须明确餐饮产品革新、创新的重要性，并充分认识到餐饮产品的生命周期是极其短暂的。

（2）餐饮服务的广泛性。无论男女老少、职位高低，贫富、习俗等有何差异，每个人都能成为餐饮业的服务对象。因此，餐饮服务的对象具有广泛性。但对于餐厅而言其服务又要确定目标客人，不能将任何人都确定为服务对象。

（3）餐饮服务的同步性和直接性。餐饮产品的生产过程和销售过程同时或几乎同时发生，即当场生产销售，消费者与生产者直接接触，中间不存在产品的储存、运输过程。餐饮产品的同步性特点，使餐厅服务员有机会直接向客人介绍、推荐食品、酒水，促进销售，这就要求服务员必须具有双重技能，即服务技能和推销技能。所以，餐饮服务与餐饮产品的生产、餐饮管理是不同的。

（4）餐饮服务的差异性。由于餐饮服务包含着大量的手工劳动，少有机器控制，而且从业人员的工作态度、技能掌握的程度不同，因此，餐饮服务便不可避免地存在质量和水平的差异。具体包括：一是从业人员素质造成的差异，每位从业人员的年龄、性别、性格、教育、培训和工作经历不同，对服务的理解不一样，服务的方式和方法也不一样；二是服务环境造成的差异，餐饮服务的场所、时间、工作情绪等不同，从而导致了服务方式、方法和效果的变化；三是宾客的消费需求差异造成的服务的差异。针对上述差异，要求餐饮企业必须制定相对应的服务标准，并由管理人员加强服务过程的现场督导。

(5) 餐饮服务的价值性。良好的服务直接关系到企业形象的树立；良好的服务能赢得客人信任和好感，使客人产生被尊重的感觉；良好的服务能够创造利润。服务价值的不可存储是指服务不能被储存以备后用，因此，这就要求餐饮服务一要尽可能地提高餐饮接待量，二要一次成功，不允许出现服务的失败和不足等。

(6) 餐饮服务的标准统一性。一是前台服务与后台服务的统一，餐厅服务中，既要有高质量的菜肴，也要有高质量的服务，缺一不可；二是指在餐饮服务中，由于主观和客观的影响，服务效果总是存在一定的差异，宾客的消费需求也各不相同，因此，要让大多数的宾客感到满意，必须要有规范统一的服务标准。餐厅服务标准的制定主要考虑的依据是餐厅的装饰风格、经营特色、就餐的形式等。

评估练习

1. 举例说明餐饮业生产的特点。
2. 举例说明餐饮业销售的特点。
3. 举例说明餐饮业服务的特点。

第三节　餐饮部的组织机构

教学目标：

1. 掌握餐饮部组织机构设计的方法。
2. 了解餐饮部的组织形态。
3. 了解餐饮部下属部门的职能。
4. 掌握餐饮部岗位职责的设计技巧。

一、餐饮部组织机构的设计

餐饮部的组织机构是开展业务经营活动的保证，主要是为完成餐饮经营管理目标，为筹划和组织餐饮产品的供、产、销活动而设置的专业性业务机构。

（一）　餐饮部组织机构设置的目的

餐饮部的组织机构是确定该部门各成员之间、所属部门之间相互关系的结构，其目的是增强实现本部门经营目标的能力，更好地组织和控制所属职工和群体的活动。

（二） 餐饮部组织机构图的作用

(1) 建立一条自上而下的指挥链，确保各项工作指令能迅速畅通地得到传递。

(2) 可以直观地反映各岗位的上下级关系，使每个员工明确自己对谁负责，避免越级指挥或横向指挥。

(3) 可以清楚地反映每个岗点的职责。

(4) 通过组织划分，避免重复工作。

(5) 使每个员工清楚地知道自己在本部门中的位置和发展方向。

（三） 餐饮部组织机构设计的原则

1. 根据业务需要设计组织机构

餐饮部的组织机构因饭店的规模的大小和餐饮部自身职能的不同而有所不同，但是，不管餐饮部的规模和职能存在多大差异，其主要的业务活动并没有多大区别。餐饮经营的业务活动主要包括菜单、原料采购、验收、储存、发放、厨房生产和餐饮销售服务等。餐饮部组织机构的设计必须有利于经营管理，符合部门运转的需要。

2. 层次分明，职权相当，指挥统一

业务环节多、员工多是餐饮经营最明显的特征，为了能够确保餐饮部的经营管理工作井然有序，必须形成一个核心，在统一指挥的原则下组织各项业务活动，保证各项工作指令的顺利贯彻落实。同时在内部关系上采用垂直领导的方式分层次进行管理，自上而下形成完整的指挥链，使每个人都明白自己的上下级关系，尽量避免横向指挥和越级管理。

此外，在权责方面还应遵循职权相称、权责分明的原则，给相应的职位授予相应的权限，真正做到职权相当、权责分明，以保证各个部门业务活动顺利进行。

3. 合理分配工作，充分调动员工的积极性

组织机构设置的目的是为了提高工作效率，调动员工的工作积极性。因此，在进行人员定岗和工作分配时，必须根据每位员工的能力、技术水平和个人素质合理安排，从组织上保证员工各得其所，人才其用，保护员工的工作激情，充分调动员工的工作积极性，使员工的聪明才智和能力得到充分发挥。

4. 科学设置机构，避免机构臃肿，人浮于事

根据指挥幅度原则和现代饭店发展的趋势，餐饮部的组织机构应根据有效的指挥幅度科学地设置。特别是现在劳动力成本越来越高，精兵简政已成为机构设置的必然趋势。因此，餐饮部的组织机构中不应有任何不必要或可有可无的位置，应尽量避免机构臃肿、人浮于事的现象出现，结构层次应尽量减少以保证各级管理人员之间和职工之间有快捷、正确的信息渠道，提高工作效率和管理效率。

（四） 餐饮部组织机构设计的方法与步骤

餐饮部组织机构的设计方法根据企业性质、规模大小、档次高低、接待对象不同而完全不同。从总体角度看，其设计主要分为 4 个步骤。

(1) 根据企业性质和投资结构，选派产权代表，确定组织领导体制。我国餐饮业主要由星级饭店的餐饮运营部门和社会大众餐饮企业组成，它们的企业性质和投资结构各不相同。从组织机构设置的角度来看，在市场经济条件下，任何企业的组织领导体制都是由投资结构决定的。因此，建立餐饮管理组织机构，就要根据企业性质和投资结构选派产权代表，从而最终确定组织机构。

(2) 根据规模档次和接待对象，确定餐饮管理组织机构的大小和形式。在餐饮管理组织领导体制确定的基础上，星级饭店的餐饮运营部门和社会大众餐饮企业的管理组织机构的大小都是由其规模、档次和接待对象决定的。

(3) 根据专业分工确定部门划分和岗位设置，制定各岗位职责规范。在组织机构的规模和形式确定的基础上，必须做好内部的专业分工，根据各岗位具体任务，确定内部的部门划分和岗位设置。在部门划分和岗位设置的基础上，还应根据不同岗位的任务、职责、权限，分别制订出各个岗位的职责规范。其内容应该包括不同岗位员工的学历、资历、专业、经验、仪表、语言等基本条件和具体职责规范，以保证组织机构中的各岗位人员的选择和任用。

(4) 根据各岗位工作任务和职责规范，选派人员，形成正式、有效的组织管理。现代企业组织机构的设置和建立，除组织形式、管理体制外，关键在各岗位人员的选择和任用。餐饮管理的组织形式一经确定，就要按照不同岗位的工作任务、任职条件和职责规范去选派人员，特别是中高层管理人员的选择和任用，直接决定企业组织管理水平的高低，是能否做好餐饮管理的关键。因此，根据岗位任务、职责规范、任职条件选派人员，做到能级相应，对号入座，也是餐饮管理组织机构设置的重要工作之一。

二、餐饮部的组织形态

餐饮的组织机构根据饭店餐饮规模的不同，业务范围的差异而不一样，但不论其规模大小，一般都由以下三方面的人员来共同完成餐饮部的运转管理工作。

(1) 食品原料采购人员：他们的任务是及时提供餐饮生产所需要的食品原料和酒水饮料。

(2) 厨房加工人员：即厨师，他们负责整个餐饮部的生产工作，进行菜肴质量控制和成本控制。

(3) 餐厅、酒吧服务人员：他们通过优质服务，为前来消费的宾客提供舒适、愉快的餐饮服务。

在这三类人员构成中，不同规模的饭店餐饮部在人员构成上存在一定的差异。一般来说，在一些中小型的饭店，餐饮部可能会包含上述全部三类人员，而在一些大中规模以及比较正式的经营型饭店，为了加强和发挥对餐饮的监督和管理职能，往往会将食品原料的采购人员划归财务部统一管理，或成立隶属于财务部的采购部，直接负责食品原料的采购和保管工作。

不同规模的饭店餐饮部的组织机构也不尽相同。

（一） 小型饭店餐饮部组织机构

小型饭店餐饮部的组织机构，其机构设置比较简单，分工比较粗，往往一个岗位需要负责多方面的工作，管理者的职责也比一般饭店的管理人员要多得多，如图 1-4 所示。例如，餐厅的经理，除了负责餐厅的日常运转管理外，餐厅的酒水的供应和服务、餐具的洗涤管理等工作都归他统一管辖。这种机构设置也适用于普通的、有一定规模和档次的社会餐馆或酒楼型餐饮企业。

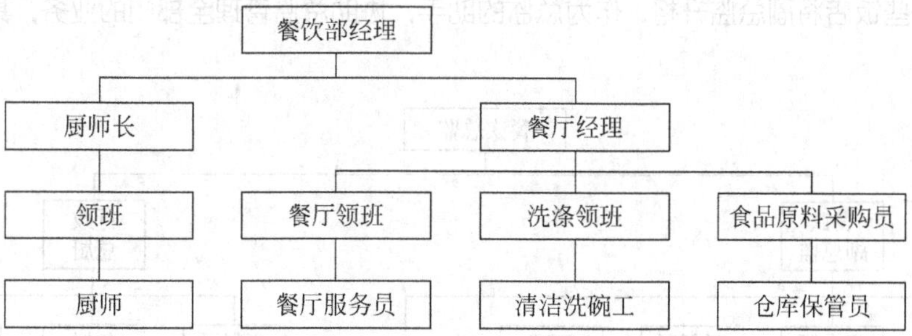

图 1-4 小型饭店餐饮部组织机构设置图

（二） 中型饭店餐饮部组织机构

中型饭店的特点是餐饮功能比较齐全，分工比较细，特别是星级饭店，无论是功能的配置还是业务范围都相对较大，不但有设备齐全的中餐厅，宴会厅，酒吧、西餐厅等也都一应齐全。因此在机构设置上相对小型饭店要复杂得多，如图 1-5 所示。

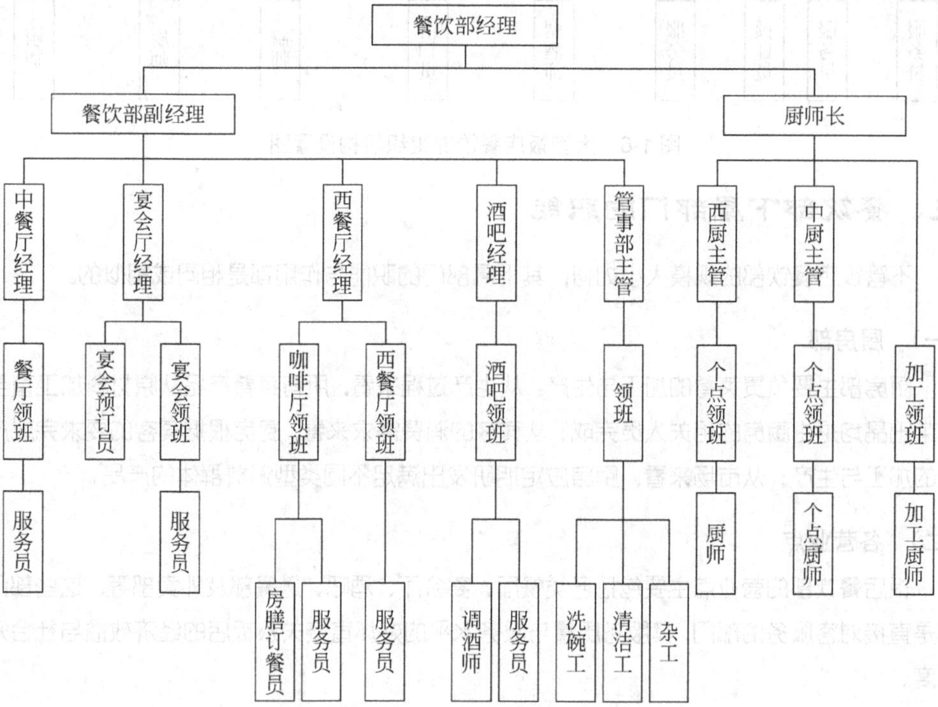

图 1-5 中型饭店餐饮部组织机构设置图

（三） 大型饭店餐饮部组织机构

大型饭店一般来说档次较高，餐饮设施齐全，经营范围广，因而其餐饮部的组织机构层次较多，分工设立更细。在一些大型饭店，鲜活原料的采购也直接划给餐饮部统管，财务部和餐饮部共同领导成本核算人员，以达到部门内人、财、物统一管理的目的。

大型饭店餐饮部在高层管理上设立餐饮总监，全面管理餐饮部的运转工作，下设餐饮副总监分管前台服务，行政总厨分管厨房生产，三人构成部门领导核心，如图 1-6 所示。但也有一些饭店将副总监升格，作为总监的助手，协助总监管理全部门的业务，具体设置因店而异。

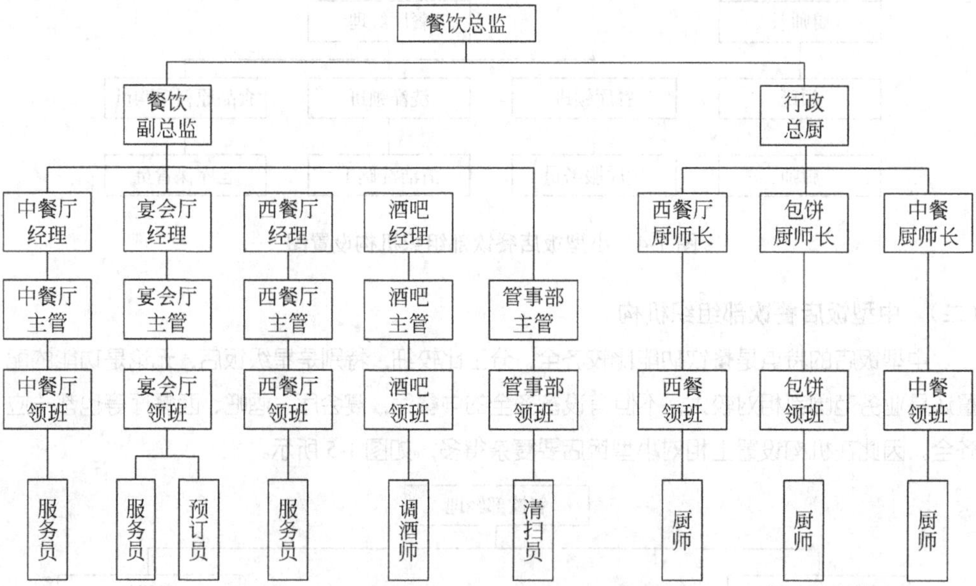

图 1-6 大型饭店餐饮部组织机构设置图

三、餐饮部下属部门的职能

不管饭店餐饮部的规模大小如何，其下属部门的职能与作用都是相同或相似的。

（一） 厨房部

厨房部主要负责菜肴的加工与生产。从生产过程来看，所有菜肴产品从原材料加工直至成菜出品均是由厨房的相关人员完成；从宾客的消费需求来看，厨房根据宾客的要求完成产品的加工与生产；从市场来看，厨房应定期研发出满足不同类型消费群体的产品。

（二） 各营业点

饭店餐饮部的营业点主要包括各类餐厅、宴会厅、酒吧、送餐部及外卖部等，这些部门都是直接对客服务的部门，其服务质量与服务水平的好坏直接关系饭店的经济效益与社会知名度。

（三） 管事部

管事部是餐饮运转的保障部门，从某种角度来说承担着饭店餐饮部管家的角色，担负着所有餐饮前台部门的物资供应，餐具的清洁与保养工作，同时肩负着餐饮后台部门的清洁保养工作及器具保管的重任。

案例 1-5

各司其职，高效运行

南京某饭店餐饮部，原先下设 8 个附属部门。在一段时间的运行中发现，各部门工作效率低下，互相推卸责任，从而导致经营业绩直线下滑。过了一段时间，餐饮总监戴某发现附属部门数量过多，各部门职能不明确等是导致业绩下滑的主要因素。于是戴某将餐饮部的附属部门划分为两大部门，即生产部门与保障部门，并明确了各自的工作职能。通过一段时间的运行，该饭店的餐饮经营业绩直线上升，一路处于当地同行业中的领先地位。

（资料来源：樊平，李琦．餐饮服务与管理[M]．3 版.北京：高等教育出版社，2012.）

四、餐饮部岗位职责设计的技巧

（一） 岗位职责设立的目的

为了更好地保证组织机构在餐饮管理中发挥其积极作用，使每个岗位的员工清楚自己的职责，明确自己的隶属关系，餐饮部对本部门的每个岗位必须设立书面的岗位职责，使每个职工和管理者明确自己的职责、任务、职务和权利。

（二） 岗位职责的编写形式和要求

岗位职责作为现代饭店管理规范和管理体系的一个重要组成部分，在编写时必须统一格式，简明扼要地将岗位职责各部分的内容表述清楚，使使用者容易理解和掌握。

岗位职责包括以下几个方面的内容。

1. 岗位名称

岗位名称是指各岗位的具体称呼。我国饭店业在岗位名称的统一上虽然有规范，但由于我国地域辽阔，各地区发展不平衡，文化背景也完全不相同，因此对于岗位名称的称呼仍然有一定的差异，特别是南北差异表现得尤其明显。但是在同一个饭店不应该出现一个岗位两种叫法的现象，应该首先在饭店内部统一。另外，岗位职责中的岗位名称还必须与组织机构图中的称呼相一致。

2. 岗位级别

岗位级别适用于实行岗位技能工资的饭店的岗位职责编写。目前，很多饭店为了鼓励员工到一线直接为客人服务，减少行政编制，推行岗位技能工资制，即将饭店员工从总经理到实习生分别划入不同的工资等级，一岗一薪，易岗易薪，充分调动员工的工作积极性。在编写岗位职责时，直接将该岗位的级别标注在岗位职责中，使每一个员工都能清楚地知道自己所在岗位应享受何种待遇。

3. 直接上司

所谓直接上司，亦即本岗位的直接管理者。注明直接上司的目的就是使每个员工清楚地知道自己应向谁负责，服从谁的指令，向谁汇报工作。例如，餐厅服务员的直接上司应该是餐厅领班，餐厅领班的上司应该是餐厅主管或餐厅经理。

4. 管理对象

管理对象是针对管理岗位设立的，目的是使每个管理者清楚知道自己的管辖范围，避免工作中出现跨部门或越级指挥等现象。组织机构中基本按照指挥幅度的原则相应地规定了每个管理岗位的管辖范围和管理幅度，其目的就是要充分发挥各管理岗位管理人员的潜能，做好各自的管理工作，保证各营业点的正常运转，同时也避免了各岗位的管理者越级指挥或横向指挥等现象的发生。

5. 岗位提要

岗位提要又称为职责提要，即使用非常简明的语言将该岗位的主要工作职责做出描述。

6. 具体职责

具体职责是从计划、组织、协调、控制等方面具体规定每个岗位的工作内容，其目的就是要使该岗位的工作人员通过具体职责的学习，清楚地知道自己应该履行哪些职责，应该完成哪些工作任务。因此具体职责实际上是各岗位的一份翔实的工作任务书。具体职责的编写应注意明确任务，简明扼要，尽量减少不必要的描述性说明，以及标准、工作步骤等应该属于工作程序的内容。

7. 任职条件

任职条件又称为职务要求，也就是明确该岗位员工必须具备的基本素质。任职条件包括5个方面的内容：态度，指工作态度和个人品德要求；知识，即从事该岗位的员工必须具备的基本知识要求；技能，是指从事该岗位的员工必须具备的基本的技能要求；学历和经历，是指从事该岗位的员工必须具备的最低文化程度要求，以及经历要求；身体状况，即针对每个岗位的具体情况提出的身体素质方面的要求。

8. 权利

权利是针对管理岗位设立的一项内容，按照层级管理的原则，对相应的岗位的管理人员应该做到的职、权、利相统一，赋予他们相应的管理权限，其目的是为了更好地把管理工作做好。至于授权幅度，各饭店不完全相同，有的饭店授权至领班，有的授权至主管，而有的饭店只授权至部门经理。

（三） 岗位职责范例

下面以某四星级饭店为例，分别介绍餐饮部总监、餐饮部经理的岗位职责，仅供参考。

1. 餐饮部总监

(1) 层次关系。

直接上级：总经理。

直接下级：行政总厨、餐饮部经理、餐饮部秘书。

(2) 职能概述。在总经理的领导下，全面负责餐饮部的一切运作，做好部门的经营决策，完成酒店的各项指令，了解餐饮各区域的经营状况，以便于更好地进行管理。

(3) 工作职责。

① 完成菜品质量、服务质量控制和预算工作。

② 提前做好每年的固定资产申购计划、人员核编计划、各项培训计划及经营美食节计划。

③ 组织、督导餐饮部各种经营活动及销售工作的实施与开展。

④ 通过分析经营及成本报表，做好成本控制工作。

⑤ 检查餐饮部的各个餐厅及厨房的日常运作，确保服务质量、食品质量，及时发现问题，解决问题。

⑥ 协调与饭店其他部门及相关外部门的配合及协作。

⑦ 创造部门内友好、和谐的工作气氛与环境，激励员工、评价员工工作表现，决定下属的晋升，全面发展培训工作。

⑧ 负责所有部门内提货单、采购单的签发。

⑨ 负责部门召开会议记录，传达酒店及餐饮部的各种指令。

⑩ 组织召开部门内的每月经营分析会。

⑪ 完成上级交办的各项任务。

(4) 任职要求。

① 文化程度：大专及以上文化程度。

② 工作经验：12 年以上餐饮业从业经验，5 年以上星级酒店餐饮管理工作经验。

③ 身体要求：身体健康，仪表端庄，精力充沛。

④ 素质要求：业务熟练，知识丰富，具备较高的分析判断能力、激励号召能力、计划组织能力、沟通协调能力、指挥决断能力、培训创新能力等；有丰富的酒店餐饮管理经验，善于把握市场动态，能及时调整餐饮经营策略，善于组织和开展各种促销手段。

2. 餐饮部经理

(1) 层次关系。

直接上级：餐饮部总监。

直接下级：中西餐主管、宴会主管、管事主管。

(2) 职能概述。在餐饮部总监的领导下，全面负责酒店有关餐饮部的一切运作，了解对客的服务状况，精简服务程序和操作程序，并充分考虑食品质量标准和环保要求，以达到顾客满意和最佳的餐饮效益。

(3) 工作职责。在餐饮部总监的直接领导下，全面负责餐饮部的日常服务管理工作；完成上级交办的其他任务。

① 于用餐期间亲自指挥所有区域以保持高质量服务水平，当客人有所需求时务必随传随到。

② 制订培训计划并定期组织部门内人员进行业务培训和企业文化学习。

③ 计划并编制排班表以保持足够的人员服务客人。

④ 每日例行巡视餐厅并检查有关硬件设施及整洁，任何异常及时报相关部门加以改善，并汇报餐饮经理有关处理事项。

⑤ 申领及控制有关物品，维持正常营运所需并避免破损和遗失。

⑥ 推销并维持与客户之间的良好关系，通过与顾客之间的沟通让客人感觉宾至如归并询听客人对服务质量的反映。

⑦ 与厨房协作做好上下级沟通工作、及时协助推销特色菜及积压菜品，降低菜品损耗。

⑧ 组织制订餐饮部工作计划，建议并推荐改善餐厅营业方案。

⑨ 参与处理有关营运过程中的难题，处理有关客人意见及投诉事件。

⑩ 定期与部门员工和主管沟通。

⑪ 尽心尽力促销以增加餐饮收入。

⑫ 直接督导部门管理人员的服务态度及工作质量。

⑬ 参与每日部门例会及餐饮部门会议。

⑭ 与营销部配合，确保各团队和大型会议的用餐接待任务圆满完成。

⑮ 定期分析和总结部门工作的成绩和问题。

⑯ 协助餐饮部总监组织制订和修缮餐饮部的岗位工作说明书、工作程序与标准以及各项规章制度。

⑰ 审批制订部门表格、领用单和排班表等。

⑱ 根据酒店工作需要，对任命、授权和调派人员，向部门总监推荐合适人选。

⑲ 接受质量管理部的检查并进行整改。

⑳ 执行由管理层指派的其他任务。

(4) 任职要求。

① 文化程度：具有大专以上学历。

② 工作经验：5 年以上餐饮业从业经验，3 年以上星级酒店餐饮管理工作经验。

③ 素质要求：有强烈的事业心和责任感，忠于企业，工作认真，讲究效率，坚持原则，不谋私利，处事公正，知人善任。具有较强的组织管理能力，能科学地制订各项餐饮计划，有效地控制餐饮成本，合理地安排工作，能督导各种餐饮服务规范和菜肴质量标准的执行，具有较强的口头表达能力和撰写业务报告的能力。

④ 身体要求：身体健康，精力充沛。

评估练习

1．简述餐饮部组织机构设计的方法与步骤。

2．请画出不同类型饭店餐饮部的组织形态。

3．举例说明餐饮部下属部门的职能。

4．请结合实际情况，设计出中餐厅领班的岗位职责。

第二章

成为一名合格的餐饮业职业经理人

引导案例

天下美食属淮扬，味道扬州狮子楼

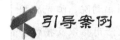

——记扬州狮子楼大酒店总经理吴松德

吴松德是扬州大学旅游烹饪学院周晓燕教授的弟子，大学毕业后即从事酒店工作，至今已有15年了，有近10年的酒店管理经验，已获得淮扬菜烹饪名师称号，曾多次去中国香港、中国台湾地区、新加坡进行淮扬菜交流，多年来屡获殊荣——无论是厨房烹饪还是酒店管理业务都享有盛名。

吴松德于2009年创办了扬州狮子楼大酒店。吴松德很早就意识到：扬州是淮扬菜的中心和发祥地，但淮扬菜在扬州面临着墙内开花墙外香的窘境。扬州厨师遍布全国各个餐馆，扬州饮食文化在海外也很有影响，但扬州本地的餐饮企业，大多为散兵游勇，自身格局小，满足于自给自足解决温饱，在菜品的设计、摆盘上跟不上潮流，也很少在淮扬菜的宣传和推广上做文章，使得众多外地游客到淮扬菜的故乡扬州，却吃不到正宗的淮扬菜。对此，吴松德邀请其师傅——淮扬菜非物质文化传承人周晓燕教授坐镇扬州狮子楼大酒店，从食材、刀工、烹饪技巧上逐一把关，对狮子头、文思豆腐、扬州炒饭等传统淮扬菜进行改良，从而打造独特的餐饮特色。

同时，他还深入研究《扬州画舫录》《随园食单》《童氏食规》等古法食典，学习并重现一些扬州历史名宴。他利用扬州地产食材，研发出“全鹅宴”，获得省级大赛金奖第一名。

在吴松德的带领下，扬州狮子楼凭借优质的菜肴质量和先进的管理实践，很快在扬州市打响品牌旗号，并先后在扬州开设多家分店。在吴松德看来，淮扬菜源远流长，而与浙菜、徽菜和上海本帮菜等菜系相比，淮扬菜则过于保守。“传承不守旧、创新不忘本”，本着这样的经营理念，吴松德不断到各地学习研究当地美食，将时下流行的意境菜、融合菜引入淮扬菜，舍弃高油、高糖、不利于养生的食材和烹饪方法，借鉴粤菜、西餐的烹饪技法，研发出好吃、好看的新派淮扬菜，并获得各方食客的一致好评。与当下快餐和流行菜式相比，淮扬菜虽然好吃却很难达到统一标准，也不利于推广。为此，吴松德花重金引进了会做饭的机器人，如今，他正不断改进炒饭机器人，计划在扬州繁华地段开设快餐店，让更多的食客品尝到正宗的扬州炒饭。

为传播推广淮扬菜，他受邀与北京、福建等地知名酒店合作，开办为期一个月或半个月的“淮扬菜美食月”活动，并创办《淮扬美食》季刊杂志赠阅。同时，他还积极邀请《中国日报》《新京报》《天下美食》等多家媒体采访淮扬菜，并受邀参与中央电视台纪录片《舌尖上的中国》《一城一味》《中国味道》，东方卫视的《顶级厨师》《东方直播室》等节目的拍摄，专题介绍或表演淮扬菜。吴松德还走出国门，到韩国、日本等地与当地的厨师进行交流，传授传统淮扬菜。

吴松德热心公益事业，经常组织员工开展扶贫救困活动，通过多种形式支持和帮助贫困家庭学生。每逢端午节、中秋节等传统节日，他都带领员工们到扬州福利院、阳光庇护中心，看望孤寡老人和残疾人，以及有智障残疾的儿童，为他们带去生活用品以及扬州狮子楼大酒店员工们制作的粽子、月饼。此外，吴松德还带领厨师团队的骨干们赶赴宁夏回族自治区南部贫穷山区，免费为当地的农家乐经营户进行为期一周的烹饪培训；多次到西藏饭店，免费教授藏民厨师们制作精美的淮扬菜。连续几年，每逢中秋佳节，吴松德率领酒店所有工作人员在狮子楼上千平方米的广场上，免费邀请 2000 多名扬州老人参加大型拜月祭中秋活动，通过拜月展示扬州饮食文化与传统民间文化的博大精深。

（资料来源：佚名. 扬州狮子楼大酒店董事长吴松德[OL]. 中国网，http://finance.china.com.cn/consume/special/ZSL/20140430/2376221.shtml，2014-04-30.）

辩证性思考：

请结合实际情况思考如何成为一名合格的餐饮业职业经理人。

餐饮业的工作千头万绪，步骤过多且业务要求较高。一名合格的餐饮业职业经理人必须掌握必要的服务技能，从而为今后的管理工作奠定基础；而掌握必要的管理督导技能又是职业发展生涯走向成功的保证。服务技能、管理督导技能只是餐饮职业经理人业务要求，内涵修养则是成为一名合格的餐饮业职业经理人的灵魂核心要素。

第一节　餐饮业职业经理人概述

教学目标：

1. 掌握餐饮业职业经理人的概念。
2. 了解餐饮业职业经理人产生的背景。
3. 理解餐饮业职业经理人的素养要求。

一、餐饮业职业经理人的概念

所谓职业经理人，是指在一个所有权、法人财产权和经营权分离的企业中承担法人财产的保值增值责任，全面负责企业经营管理，对法人财产拥有绝对经营权和管理权，由企业在职业经理人市场（包括社会职业经理人市场和企业内部职业经理人市场）中聘任，而其自身以受薪、股票期权等为获得报酬主要方式的职业化企业经营管理专家。

餐饮业职业经理人是专门从事餐饮经营并领取报酬的高级管理人员，他们应具有较强的人文素养，是有较强的创新意识与管理能力的经营管理者。餐饮业职业经理人应是非常职业化的餐饮经营管理专家。在餐饮企业员工心目中，这类群体可以经营好任何类型的餐饮企业，近乎是餐饮企业经营与管理的专家，这一点类似体育竞技场上的职业篮球运动员，他们可以以专业球员的身份在许多球队进行体育竞技活动，也许餐饮业职业经理人阶层的形成就需要类似于职业篮球竞技的发展规则。

许多专家学者认为，餐饮业职业经理人首先应具备的职业素养是人品与道德，其次是职业能力。通过行业发展来看，餐饮业职业经理人绝不是单纯的管理者，他们应了解行业发展的特点，精通业务，是餐饮企业经营的决策者；绝不是仅有学历和理论知识，必须拥有经营管理的智慧，有成功的经营业绩。餐饮业职业经理人是以经营管理企业为职业的职业管理者，不是自称的，而是由市场及其自身的工作业绩来选择评价的。

二、餐饮业的发展需要高素质的餐饮业职业经理人

餐饮业职业经理人在我国是一个全新发展的职业经理人类别，这个专业队伍还没有大规模的形成，其市场规模还处在萌芽发展状态，评价体系还处在探索阶段。然而，随着我国旅游饭店业和餐饮业的迅猛发展，以及行业对餐饮业职业经理人的需求，对这类群体的培养就成为当下必须解决的重要问题。纵观西方发达国家旅游饭店业和餐饮业的发展，餐饮业职业经理人之所以成为备受关注的群体，是因为他们创造了一个又一个经济奇迹。在我国，随着行业发展的不断变化，餐饮业职业经理人显然已成为国民经济发展的第一主体。如何在我国建起一支专业的餐饮职业经理人队伍是每一个关注餐饮业发展的有识之士所必须思考的问题。

许多学者认为，餐饮经理职业化作为一种社会分工，是在餐饮企业由传统企业向现代企业的发展过程中确立的。餐饮业职业经理人产生的根本原因在于解决餐饮企业规模不断扩大、社会生产力不断智能化情况下而带来的资本占有与经营才能的不对称矛盾。在传统的餐饮企业中，企业的投资者就是该企业的所有者和管理者，企业的所有权和经营权是统一的。随着餐饮企业规模日益扩大，经营管理工作日超复杂，一些无法适应社会经济迅猛发展、无法适应市场需求竞争的投资者便将自己的企业交给具有实践工作经验和管理才能，符合企业发展需要的职业经理人去管理。餐饮业职业经理人的实践工作及管理技能并不是生来就有的，需要经过专业的职业培训和长时间的实际工作操作才能获得，这种人力资源成本，作为企业的一种智能投资，是餐饮业职业经理人为获取相关工作及管理技能所付出的成本，它形成了职业经理知识财产的概念，而当这个知识财产成为现代餐饮企业所必需的生产条件时，就演化成了企业的人力资源成本。职业经理人就是作为这种高层次人力资本的所有者，从资本的所有者手中换取了掌握和支配企业财产的权利。由此可见，餐饮业职业经理人队伍的形成一方面是市场经济、现代企业发展的需要；另一方面，如果没有高水准的职业经理人群体，现代企业就不能普遍建立，现代企业制度也难以形成。

案例 2-1

职业经理人，走进行业有多远

江苏某知名餐饮企业首次面向全国选聘营销总监，这在当地整个行业中尚属首例，打破了原有的用人机制。

2014 年 8 月底，该企业通过当地媒体发布了一则招聘公告：面向全国高薪公选 2 名职业经理人，让他们挑起企业营销总监的担子。职业经理人过去更多地出现在民企和外企，通过市场化行为选聘职业经理人，这不仅在当地餐饮业发展史上是第一次，即便放眼全国

餐饮饭店业也属率先试点。

一石激起千层浪。该企业的大胆改革，引发了人们对探索建立职业经理人制度的关注，职业经理人的加盟对各行各业的改革发展有着怎样的意义？加快职业经理人建设步伐该从何入手？

经营企业呼唤专业人才！

职业经理人掌控“指挥棒”有助于增强企业竞争力！

一提到职业经理人，不少人马上就会想到国内著名的“打工皇帝”唐骏、李开复。

中国职业经理人协会给出的精准定义是，职业经理人从职业化的要求看，必须是实现职业化的企业经营管理人员，即以担任企业经理为求职追求的人；从市场化的要求看，必须能在人才市场上自由流动；从专业化的要求看，必须具备专业知识和专业能力。

“就像把体育运动作为职业的职业运动员一样，职业经理人就是把企业经营管理作为职业的一种人才。”

职业经理人最早出现在美国。1841 年，美国马萨诸塞州的铁路发生了一起两列客车相撞的事故，社会公众反映强烈，认为私人的铁路企业主没有能力管理好这种现代化的企业。在州议会的推动下，最终选择了不是业主但管理能力更强的人来担任企业的最高管理者，实现了业主身份与经理职务的分离，世界上第一位职业经理人由此诞生。后来，随着公司制度的建立和完善，职业经理人制度也逐步成熟，现已成为世界通行的一种做法。

在我国，职业经理人制度可以追溯到清代山西票号普遍实行的“东家（资本所有者）出资、掌柜（职业经理人）经营”的所有权与经营权相分离的制度。前几年热播的电视剧《乔家大院》中，男主角乔致庸被称为“东家”，其实就是今天所说的业主，而被他雇用的掌管各地商号的“掌柜”孙茂才等人，其实就相当于职业经理人。

近年来，随着市场化改革的推进、现代企业制度的不断完善，我国企业对具有专业知识、专业能力和职业素养的职业经理人的需求越来越迫切。在此背景下，为了企业的长远发展，不少民企打破子承父业的传统做法，主动引入职业经理人制度，将自己的企业交由聘请来的专业人才打理，从而较好地解决了民营企业代际传承的迫切需要。

正是因为看清了职业经理人的专业性及发展优势，该企业才敢为人先地挂出了面向全国高薪招聘职业经理人的招贤榜。该企业负责人表示，企业经营管理是一门科学性、专业性极强的社会职业，为此必须跳出在杏花村里 “赛马”的小圈圈，以宽广的视野、开阔的胸襟、完善的政策，不拘一格延揽天下英才。“我们就是要通过改革的办法，为昂起产品销售的龙头提供持续动力。”他对两名餐饮营销职业经理人加盟企业充满期待。

（资料来源：范非.职业经理人，走进国企有多远[N]. 山西日报，2014-09-19.）

三、餐饮业职业经理人的素养要求

（一）礼仪修养

饭店餐饮行业其行业性质属于人际沟通与交往。作为餐饮业职业经理人必须时刻谨记

“我们是为绅士淑女服务的绅士淑女”这一宗旨。在对客服务中做到端庄大体，以礼待客。在与客人交往的过程中大方得体，让每位客人享受到优质、高雅的服务。

（二）　敬业精神

敬业精神是人们基于对一件事情、一种职业的热爱而产生的一种全身心投入的精神，是社会对人们工作态度的一种道德要求。它的核心是无私奉献意识。低层次的，即功利目的的敬业，由外在压力产生；高层次的，即发自内心的敬业，把职业当作事业来对待。饭店餐饮行业是一个没有节假日的行业，作为职业经理人要从内心去热爱自己的本职工作，以从事饭店餐饮业为荣。同时，作为一名优秀的饭店餐饮业职业经理人，还应常怀“感恩”的心态去工作，以饱满的热情和积极的工作态度去完成每一次的工作任务，让整个行业充满生气，并成为个人职业发展的依靠。

（三）　服从意识

饭店餐饮企业的性质类似军事化管理的单位，纪律要求非常高。每位新员工进入企业先要学习的就是企业的各项规章制度，其目的在于培养员工严于职守的工作作风和服务意识。作为一名优秀的行业职业经理人，必须养成服从意识，因为在每日工作中接待到形形色色的客人，为了提供优质高效的服务，必须在日常工作中使用操作标准等工作资料来规范自己的工作与管理行为，从而减少对客服务的失败，每位职业经理人要绝对服务企业的规定。

（四）　职业品行

“小胜在志，大胜在德。”职业品行可以表现在诸多方面，如使命感、责任感等。使命感、责任感是饭店餐饮行业生存的基础，作为行业的精英必须要时刻牢记自己的工作使命：我要给社会创造财富；我要给客人创造价值；我要给企业创造效益。对于工作职责的履行并不是简单的执行，而是需要深入的思考，挖掘内涵，力争每个工作环节做到完美。在履行工作职责的基础上还要敢于创新工作方法与承担工作责任。

（五）　诚实守信

诚实守信是为人之本，从业之要。首先，做人是否诚实守信，是一个人品德修养状况和人格高下的表现。其次，做人是否诚实守信，是能否赢得别人尊重和友善的重要前提条件之一。在当今社会，诚信的观念在大众心目中正在慢慢苏醒，而且越来越重要，餐饮业职业经理人在其日常工作中应实事求是、言而有信、遵守规则，在彼此尊重的基础上达成共识。

（六）　职业情商

在职场中，职业情商是每位职业经理人最重要的必修课。情商，是一个人掌控自己和他人情绪的能力。它包含 5 个方面内容：了解自己情绪的能力；控制自己情绪的能力；自我激励的能力；了解他人情绪的能力；维系良好人际关系的能力。职业情商是这 5 个方面在职场和工作中的具体表现。在日常对客工作中，会和诸多不同类型的客人打交道，其中不乏素质、修养低下之士，不要因为客人的不理解或激动而失去职业经理人应有的风度，职业经理人一定要做到宠辱不惊。

知识拓展 2-1

如何提升自己的职业情商

一、心态修炼

了解自己在工作中的情绪是为了控制自己的情绪、保持良好的工作心态。职业情商对职业情绪的要求就是保持积极的工作心态。什么样的工作心态算是积极心态呢?积极的工作心态表现在以下几个方面。

(1) 工作状态要积极。每天精神饱满地来上班,与同事见面主动打招呼并且展现出愉快的心情。如果上班来谁见了你都是一副无精打采的面孔,说起话来有气无力没有任何感情色彩,会永远得不到上级的赏识,也不会吸引同事的好感。

(2) 工作表现要积极。积极就意味着主动,称职的员工应该在工作表现上做到以下 5 个主动:①主动发现问题;②主动思考问题;③主动解决问题;④主动承担责任;⑤主动承担分外之事。可以毫不夸张地说,做到 5 个主动是职场员工获得高职高薪的 5 大法宝。

(3) 工作态度要积极。积极的工作态度就意味着面对工作中遇到的问题,积极想办法解决问题,而不是千方百计找借口。成功激励大师陈安之说:"成功和借口永远不会住在同一个屋檐下。"遇到问题习惯找借口的人永远不会成功。

(4) 工作信念要积极。对工作要有强烈的自信心,相信自己的能力和价值,肯定自己。只有抱着积极的信念工作的人,才会充分挖掘自己的潜能,为自己赢得更多的发展机遇。

二、思维方式修炼

对工作中消极的情绪要学会掌控。掌控情绪包含掌握情绪和控制情绪两个层次的含义,而不是单纯的自我控制。因为控制情绪说起来容易,做起来往往很难,甚至遇到对自己情绪反应激烈的问题时,根本就忘了控制自己。要驾驭自己的情绪,还必须从改变思维方式入手改变对事物的看法,以积极的思维方式看问题,使消极的情绪自动转化为积极的情绪,从而实现自我控制情绪。

在工作方式上要培养积极的思维方式。积极的思维方式就是以开放的心态去处理工作中的人际关系和事情,包括多向思维、反向思维、横向思维、超前思维等。了解他人的情绪需要反向思维,也就是逆向思维,逆向思维的情商表现就是同理心思考或换位思考,要站在对方的角度看问题,理解对方的内心感受。

处理与上级、同事、下级的关系都需要同理心思维。如自己辛辛苦苦去努力完成一项工作,本想得到上级的肯定表扬,不料因为疏忽而出现一点小差错却遭到上级的否定和一顿批评,心里就感到不平衡,发牢骚;但是站在上级的角度思考,作为上级,要的就是下级工作的成果,自己的辛苦没有得到肯定也就没有什么好抱怨的。处理同事关系同样需要同理心,在别人看来,一个人无论做出多么不可理解的事情,都有他的原因和动机,善于站在对方的角度了解他人的想法,才会实现双赢的沟通,建立良好的人际关系。

三、习惯修炼

通过心态、思维方式、行为的修炼培养出良好的职业习惯，是提升职业情商和实现职业突破发展的唯一途径。要想成功，就必须有成功者的习惯。改变不良习惯的关键是突破自己的舒适区。一个人形成的习惯就是他的舒适区，要改变不好的习惯就要突破自己的舒适区，要有意识地为自己找点别扭，要敢于为自己主动施加点压力，努力突破自己以往的心理舒适区，培养出积极的职业化习惯。

（资料来源：马瑶. 如何提高自己的工作积极心态[OL]. 三九养生堂，http://www.39yst.com/20111026/62072.shtml，2011-10-26.）

（七） 职业习惯

习惯是一种惯性思维，是一种习以为常的行为，习惯是可以培养的。所谓职业习惯是指以自身职业为支点，以头脑呈随时吸收状态为主要特征的一时不易改变的行为倾向。作为未来的餐饮业职业经理人，在日常就必须要养成良好的职业习惯，在日常的工作学习生活中保持优雅的姿态、气质与风度，注重细节。

案例 2-2

青岛海景花园酒店的成功之道

青岛海景花园酒店的成功之处在于注重细节服务，提供个性化服务。客人登记完毕一进入房间，打开电视出现的第一个画面就是饭店专门为客人准备的直呼其名的问候语，让客人感到亲切无比。当酒店有重要客人入住时，在写字台上摆放一封欢迎信，特意把客人的名字打上去，客人从内心会感觉到亲切。夜晚开夜床时，饭店为客人准备了一壶茶、点心，客人会感觉到温馨、舒适，就像回家。在餐厅，客人掏口袋，是结账还是抽烟？服务员能马上做出准确的反应。这就是细节，打动客人的恰恰是这些微不足道的细节。

（资料来源：樊平，李琦. 餐饮服务与管理 [M]. 3版.北京：高等教育出版社，2012.）

（八） 竞争合作

在竞争中合作，在合作中竞争。通过竞争合作实现优势互补，使企业突破有限的市场空间，达到“双赢”乃至“多赢”。竞争合作是行业规范发展的需要，也是竞争到一定程度的必然结果。

（九） 克制私欲

无论是谁，想从人群中脱颖而出，就必须克制住自己的私欲。要把个人利益与集体利益联系起来，注重集体利益，多做有利于他人的事，这是成为成功职业经理人的关键因素之一。

（十） 终身学习

终身学习并不是指一个具体的实体，而是泛指某种思想或原则，或者说是指某种一系列的关系与研究方法。概括而言，亦即指人的一生的教育与个人及社会生活全体的教育的总和。终身学习同样是餐饮业职业经理人基业长青的关键，是打造核心竞争力的手段，他们每时每刻都要做好知识、经验和人脉资源的储备，为自己的职业生涯发展奠定基础。

评估练习

1．什么是餐饮业职业经理人？餐饮业职业经理产生的背景是什么？

2．结合实际情况考虑，餐饮业职业经理人的素养要求是什么？

第二节　餐饮业职业经理人的资质标准

教学目标：

掌握餐饮业职业经理人的资质标准。

一、精湛的业务能力

餐饮业职业经理人必须具备必要的业务能力，以驾驭行业的要求。这种能力是一个人的素质结构、知识结构和专业结构的综合体现。知识是餐饮业职业经理人决策能力、创新能力和领导能力的基础。现代餐饮业的发展对餐饮业职业经理人提出了更高的要求，包括经济法、市场营销、人力资源管理、信息管理和成本管理、菜肴与酒水生产管理、餐饮服务管理等知识。其中，决策能力、创造能力、应变能力对餐饮业职业经理人的职业生涯发展显得更为重要。餐饮业的发展有诸多行业专家为其提供多种建设性方案，而餐饮业职业经理人的职责就是从中选择出符合企业发展的建设性方案，因此餐饮业职业经理人不能缺少这种能力。创造能力是餐饮业经理人的核心能力，它表现为在经营活动中善于观察经营中存在的缺陷，捕捉经营管理的亮点及新事物发展的萌芽，提出新颖的管理理念与思维，并进行周密详细的论证，拿出可行的方案以付诸实施。餐饮业职业经理人必须擅长随行而变。“行”即指企业的经营环境，包括目标市场、竞争对象和协作者等。只有在应变中造就有利的形势，才能处于主动地位，保持优势。

餐饮业职业经理人除了有较高的知识外，经营能力非常重要，经营和驾驭餐饮企业的能力主要包括决策能力、组织能力、控制能力等。

决策能力是餐饮业职业经理人最重要的职能和核心能力。市场经济是充满风险的经济，要求餐饮业职业经理人能根据外部经营环境和内部经营实力的变化，适时做出各种符合市场发展规律的战略决策。决策能力的基础是餐饮业职业经理人的观察能力、判断能力、分析能力及决断能力的综合体现。所谓决策，就是发现问题、分析问题、解决问题的过程。这一能力的形成不是一朝一夕的事情，而是餐饮业职业经理人长期工作经验的积累。

组织能力是指餐饮业职业经理人在内外环境和条件下，有效组织和配置企业的生产经营要素，使之服务于企业日常经营目标的能力。组织设计能力是指餐饮业职业经理人根据企业实际情况，设计出效率高的经营组织。组织分析能力是指对现行的经营组织结构进行正确的分析和评价。组织变革能力是指对现行经营组织进行创新的能力。

控制能力是运用各种经济、行政、法律手段来保证企业经营目标，如期实现经营目标的能力，主要包括发现差异能力和监控能力。经营目标是餐饮业职业经理人进行管理控制的基础。监控能力是紧密围绕企业经营目标，密切关注和监控经营中的各种状况，将企业实际运行和预定目标之间的差异控制在最小范围的能力。

二、优秀的个性品质

优秀的餐饮业职业经理人必须具备理智的个性品质。理智是餐饮业职业经理人在智力活动和追求真理中所产生的情感，它与人的求知欲望、兴趣以及对真理的追求相联系。一个有理智的人，他在追求真理的过程中会表现出坚定的信心和乐观的精神。职业道德修养是餐饮业职业经理人立业的基础，他们应对事业有较高的追求、强烈的责任心和敬业精神。强烈的事业心可以驱使他们努力工作，成为追求企业发展的动力。现代餐饮企业在促进社会文明、环境保护和发展方面负有不可推卸的责任，这就要求餐饮业职业经理人具有高尚的社会公德和职业道德，必须正确对待环境保护、公共卫生、公共秩序等问题，必须对企业的投资者负责、对企业的员工负责、对宾客负责、对社会负责。除此之外，还必须具有良好的工作作风，尊重科学，重视调查研究，重视民主，能博采众长，知人善任，任人唯贤、用人之长。职业道德修养能够体现餐饮业职业经理人对企业和员工的强烈责任心并形成一种巨大的凝聚力。

三、健康的身体和职业心态

餐饮业职业经理人所从事的工作是一项极为复杂的脑力和体力劳动，需要付出比一般劳动多出数倍的体力和智力。这就要求他们身体健壮、耐劳、智商高、精力充沛。职业性质要求他们具备良好的心理素质，能面对外部变化和不确定性环境，有心理承受能力，能经受各种紧急突发事件、各种困难和挫折，意志坚强，冷静处事，应变自如，临危不乱。

美国心理学家通过长期研究认为，个性与成就的关系大于智力与成就的关系，同样都是高智商的人，有的成绩卓著，有的一无所成，其最主要的原因在于个性差异。因此，作为一个出色的餐饮业职业经理人，拥有健康的职业心态是必不可少的。一个聪明的餐饮业职业经理人往往能清晰地知道自己的长处和短处，在企业运作过程中善于扬长避短，善于决定自己的努力方向，从而领导企业走上成功之路。自信就是始终对自己抱有足够的信心，保持旺盛的勇气。缺乏自信、不敢行动的人，往往都有许多“理由”来为自己辩护，以此安慰自己，求得心理平衡。意志坚强和富有胆识的餐饮业职业经理人能超越世俗，战胜自我，善于在工作中抓住本质因素，敢于面对权威的挑战，敢于承受舆论压力，达到一种非常有益的“心理自由”境界。宽容主要表现在对人上，它有两层意思：一是对有过错的员工或反对过自己的人要宽容；二是不嫉妒比自己能力强的员工。忍耐则更多地表现在对事上，对条件、局势和时间的承受能力上。宽容和忍耐最能体现餐饮业职业经理人素质的高低，它不仅仅是一种美德和技巧，更重要的是体现了他们的理智、自信的心理品质。一个成功的餐饮业职业经理人必须做到心态开放和追求卓越，只有具有开放的心态才能在日益膨胀的信息时代持续进取，保持创新的活力，在与同行业、不同行业的信息交流中完善自我。只有追求卓越，才能使自己领导的餐饮企业不断发展，在不断自我完善的过程中，使企业的发展达到一个更高的境界。

四、现代的经营理念

餐饮业是旅游业和商业市场经济的基础，是整个国民经济的细胞。现代餐饮业职业经理人应该树立市场观念，以市场为导向，为市场提供服务，向市场要效益。市场观念是现代餐饮业职业经理人最根本的观念。在现代餐饮经营中，餐饮业职业经理人必须抛弃传统的经营理念，能够独立地闯市场。优胜劣汰是市场经济的法则，而竞争则是市场经济的主要手段。成功的餐饮企业和优秀的职业经理人本身就是竞争的产物，是市场优胜劣汰的结果。餐饮业职业经理人能够制定出一套应付市场竞争的策略，包括生产策略、营销策略、服务策略、人才策略等，充分发挥员工的积极性和创造性。餐饮业职业经理人能否经得住市场考验，在很大程度上取决于餐饮产品的特色和质量。餐饮业职业经理人应该具备高度的产品特色意识、创新意识和质量意识，建立全面质量管理体系，对餐饮经营进行全员、全过程的质量管理，采用现代化的质量管理手段和方法。

现代市场经济中任何企业的经营活动都是不确定的，任何一种投资决策都有风险，应该说市场经济就是风险经济，而利润则是承担风险的报酬。餐饮业职业经理人对企业的经营过程，实际上是对风险因素的预测和排除，即风险管理的过程。市场风险通常包括销售风险、成本风险、利润风险和汇率风险等，当然还包括社会风险和自然风险，所有这些风险因素都会对企业的经营造成影响。餐饮业职业经理人的重要职责就是分析风险的程度，确定获取风险收益的可行性方案，采取积极的避险措施，追求风险收益。市场竞争处处充满风险，树立风险观念就要求餐饮业职业经理人正确认识风险、合理回避风险、在必要的时候勇冒风险和承担风险责任。

一流的餐饮企业必须要有一流的餐饮产品和一流的技术，而要运用一流的技术制造出一流的产品，就必须要依靠一流的人才。现代餐饮市场竞争归根结底是人才的竞争。真正的餐饮业职业经理人应该具有强烈的人才观念，能充分重视人才，网罗人才和科学地使用人才。同时还应注重智力投资，加强人才培养，完善人才结构，提高人才使用效率。此外，还应建立一套科学的考核机制和激励机制，充分发挥各类人才的工作积极性和创造性。现代餐饮经营，信息就是效益，信息就是金钱。现代餐饮企业必须在瞬息万变的市场中密切关注信息的变化，紧盯市场信息，不放过任何一个可利用的机会。为此，餐饮业职业经理人必须牢固树立信息观念，将信息管理放在经营管理的重要位置。

五、科学的领导艺术

领导是一门科学，更是一种艺术。领导的艺术体现在用人艺术、授权艺术、沟通艺术、激励艺术等许多方面。在领导艺术方面，首先应当因事择人，应以职位的空缺和实际工作的需要为出发点，以职务对人员的要求为标准，选拔和任用各类人员。应当量才录用，根据员工的知识和能力、特长及爱好，将他们安排到适合的岗位。这种原则可以保证机构精简、高效，个人充分发挥作用。同时，应当任人唯贤，强调用人要出于公心，以经营为重，大贤大用，小贤小用，非贤不用。只有坚持德才兼备，任人唯贤，才能不断提高员工队伍素质，不断增强企业凝聚力和竞争力。当然，还应知人善任，全面了解员工，及时发现人才，使每个员工都能充分施展才能。

(1) 餐饮业职业经理人应把注意力放在充分发挥员工的特长上，对员工的任用要有稳定性，给员工熟悉环境、总结经验、显示才干的时间，让员工接受时间的考验，员工调动不宜频繁，以免造成人力资源损失。员工要有一定的流动性，发现使用不当就要果断调整，有计划的职务轮换有利于员工职业生涯的成长。餐饮业职业经理人对员工既要严格要求，强调组织纪律，又要关心爱护，从工作上给予指导和帮助，从生活上给予关怀和照顾，使他们心情舒畅地为企业工作。

(2) 授权是将权利授予下属以完成特定的任务。管理者的知识、信息、时间是有限的，因此授权势在必行。影响授权的因素主要是企业规模，规模越大，决策任务越重，就越需要授权。决策的重要性也是影响授权的因素，越是重要的经营工作，授权就越要慎重。下属的才干是授权的前提。授权的艺术性表现在赋予下属的权限和责任范围的恰当性，并且建立反馈机制和控制机制，以保证经营任务的完成。

(3) 沟通艺术是餐饮业职业经理人领导艺术不可缺少的重要因素。它包括信息沟通和感情沟通两个方面。通过信息沟通保证决策的科学性和顺畅性，通过感情沟通保证目标的可行性。沟通渠道可以分为正式沟通和非正式沟通。正式沟通指通过正规的企业组织系统进行信息交流和传递，包括对下属的指示、通知、说明、谈话等，及时、准确地使下属了解领导的决策，增进上下级之间的感情；也包括下属向上级反映情况、汇报信息，从而保证上级随时掌握工作进度、困难和问题，便于指导和控制。横向沟通可以使同级部门之间进行沟通，加快信息交流，提高沟通效率。非正式沟通指不通过正式组织系统进行的沟通。如在年会和谈话中轻松自由、富有人情味的沟通，有利于了解员工的真实思想。正式沟通和非正式沟通相互补充，可提高沟通效果，从而提高经营效果。

此外，激励艺术是餐饮业职业经理人重要的领导艺术，表现在根据不同时间、地点和人员选择不同的激励手段。激励可以起到明显的作用，使员工有成就感。为了激励员工的工作热情，赫茨伯格主张，管理人员应注意工作的丰富化，不使人感到工作枯燥无味，在工作中给员工以适当的自主权，让员工及时了解工作成果，对员工所完成的工作给予及时肯定和表扬。

渴望职业化是现代人的追求。餐饮业推出职业经理人是顺应市场发展需求，也是顺应餐饮界的行业需求的举措。许多餐饮企业管理人员认为，他们当经理，工作多年，也只是被企业任命的官，希望职业化。市场经济充满了机遇和挑战，餐饮企业经理职业化实际是餐饮经营管理朝向科学化和专业化迈出的巨大的一步。推行餐饮企业职业经理人的优点一方面是今后餐饮职业经理可凭证在市场上受聘，发挥作用的空间更大。另一方面，在经营管理中，餐饮经理可以朝着专业化和职业化发展。

餐饮业职业经理人评价体系见表 2-1。

表 2-1 餐饮业职业经理人评价体系

评价体系	指标构成	说 明
数字指标	企业年度销售额	
	企业年度销售增长率	
	企业年度利润率	
	企业年度利润增长率	
	企业行业排序（本地）	
	企业员工人均创利	
能力指数	计划能力	确定企业战略目标，制订行动方案，对企业未来有远见和洞察力
	组织能力	善于组织员工培训及整合人力资源，完成企业制定的目标，并能进行授权，提高人才能力
	指导能力	激励人才思维，与企业员工进行沟通，有指挥和考核能力
	控制能力	建立工作绩效标准，控制目标完成流程，对突发危机能果断处置
	创新能力	经营管理上具有领先市场的独创性，提倡企业创新思维，尤其体现服务与菜品创新
	品牌建设能力	以提升品牌价值为核心的品牌塑造，品牌推广策划能力
	创业忠诚度	善于平衡业主（股东）、员工、消费者之间的关系，不为短期利益牵制，为企业稳定发展培养管理队伍

评估练习

举例说明餐饮业职业经理人的资质标准有哪些。

第三节 餐饮业职业经理人的培养与形成机制

教学目标：

1. 了解餐饮业职业经理人的培养体系。
2. 理解餐饮业职业经理人的形成机制。

案例 2-3

餐饮业职业经理人的发展前景

2012 年中国证监会发布《关于餐饮等生活服务类公司首次公开发行股票并上市信息披露指引（试行）》，这意味着“尘封”多时的餐饮等生活服务类企业 IPO 将获放行。上市大门再启，门槛明显增高，但这丝毫没有影响餐饮行业争相上市的积极性，狗不理集团、广州酒家集团、顺峰饮食酒店、净雅食品4家餐饮企业都在排队等待深交所上市。

就在本土餐饮企业觊觎上市的同时，“洋品牌”也在加紧扩大中国市场。记者获悉，一方面是餐饮企业快马加鞭地培养专业人才；另一方面，是多家餐饮企业急求餐饮经理人。对于企业来说已经不再单单是资本的角逐，而是人才的争夺。

一、餐企人才队伍欠佳

截至2012年年底，A股仅有全聚德、西安饮食、湘鄂情和绵世股份4家餐饮上市公司，其中湘鄂情2009年11月上市，为其中最后一家登陆资本市场的餐饮企业。此后，因税务、食品安全、成长性等诸多原因，餐饮企业的上市申请相继搁浅。

据统计，我国现有各类饭店、餐饮网点500多万家，年营业额超过20000亿元，近几年一直保持高达15%～17%的复合增长率，增长速度远超过GDP。但在当今国际资本大量涌入餐饮业，餐饮业向产业化、连锁化、集团化、现代化发展的大背景下，我国餐饮企业发展窘境凸显：规模小、经营模式陈旧、人才缺乏、低水平竞争、发展缓慢，这些问题已经严重制约餐饮企业向品牌化、规模化发展，与国际餐饮业更是无法竞争。

专业人士分析认为，中国餐饮企业上市少、上市难的原因就在于其增长速度和赢利能力并没有被挖掘出来。很多餐饮企业没有实现标准化、规模化，和国际餐饮企业的差距还很大。更重要的是，中国连锁餐饮、高档餐饮经营管理的人才太少，尽管餐饮行业上市公司需求增多，发展步伐加快，但是人才队伍建设跟不上，人才的整体素质跟不上行业发展，导致餐饮行业乱象频生。

一位上海某连锁火锅店老板向记者表示，单请一位只会管理厨房或者只管理前厅的人容易，但找两者结合的人不容易。现在大多数投资酒店的老板都不是内行，能独立运作的全能型经理人重金难求。据了解，一个好的餐厅管理者不仅担负着销售的任务，同时还担负着菜品管理、公关、成本核算、人力管理、抗风险能力等多方面的责任，所以一个餐饮企业的经营状况与经理人的能力关系密切。

二、“洋品牌”求贤若渴

自2012年起，每年5月20日成为麦当劳固定的公开招聘日。从上午10点到下午4点，求职者到全国任意一家麦当劳餐厅，都能体验全景式招聘，不仅能够眼见为实，还能与员工中的同龄人交流真实体会，对职位要求、企业文化、培训和发展，尤其是在职培训进行全面了解。麦当劳表示今年内要在中国大举招聘7万名员工，这一招聘规模打破了其以往在中国的招聘纪录。

麦当劳的“宿敌”肯德基也不甘示弱。5月初，洋快餐巨头百胜宣布了和苏宁电器的合作计划。根据协议，百胜集团将在苏宁遍布全国的商业物业内开设肯德基、必胜客、必胜宅急送、东方既白和小肥羊等品牌餐厅，并制定了未来5年开设150家的目标。截至2013年4月底，百胜已在中国700多个城市和乡镇拥有超过5000家连锁餐厅，其中就包括3800多家肯德基。未来，百胜还将保持每年600家的开店速度，对中国市场的巨大信心可见一斑。

从现状来看，肯德基在中国市场的门店数量为3800家左右，麦当劳则只有1400家左右。但在全球市场上，麦当劳是全美排名第一的快餐店，在全球有3万多家门店。麦当劳现有餐厅1400多家，员工7万多名，中国市场现已成为麦当劳全球第三大市场。而在2012年，麦当劳计划在中国新开225～250家门店。

为了早作人才储备，麦当劳在中国开设了汉堡大学，这是麦当劳全球第7所汉堡大学，其主要作用是为麦当劳培养人才和管理者。自成立以来，中国汉堡大学培训总投入达到了3100万元，近1500名员工参与了汉堡大学提供的职业培训和领导力提升课程。预计到2015年，中国汉堡大学将为超过5000名管理人员提供运营管理及领导力相关培训。同时，中国汉堡大学已与对外经济贸易大学签约，汉堡大学的餐厅领导实务、企业领导实务等5门课程，分别与对外经济贸易大学国际经济贸易学院的5门课程实现了学分认证。目前，麦当劳在全国范围内拥有超过50名全职训练专家，截至2012年年底开设了近350堂课。

三、职业经理人供不应求

无论目标是上市，还是扩张市场，企业雄心的背后都要有人才的支持。餐厅服务、呼叫中心和配送都需要大量的人才，而快餐业的运营人才，如日常管理、食品安全、店铺经营、物流配送、补货等诸多环节的专业人才更是难得。

然而，对于众多中小型餐饮企业主来说，业主就是管理者，“小富即安”、“船小好掉头”常常是他们的经营目标和应对经营风险的法宝。所以，每天餐馆酒楼的更新交替不足为奇，也有相当数量的店家甚至关门大吉。餐饮行业内专门的管理公司和管理人才太少，这些不足都无法应对日趋激烈的餐饮市场竞争。

在餐饮行业内建立现代企业制度，则需大量职业经理人帮助企业完成这一蜕变。餐饮职业经理人能够运用先进的餐饮运营策略，准确地把握餐饮市场，保证企业存有较大的赢利空间和广阔的发展前景。为找寻适合餐饮企业自身的职业经理人，高薪往往成为“寻人”的首要要素。据餐饮业人士介绍，餐饮职业经理人的高薪对其自身素质的要求也随之提高。在餐饮业这种劳动密集型的企业中，对人的管理极为重要。一个好的餐厅管理者不仅担负着销售的任务，同时还担负着菜品管理、对外公关、成本核算、人力管理、抗风险能力等多方位的责任。

民以食为天，餐饮行业是一个发展潜力巨大的行业，任何行业的发展都离不开人才队伍的建设和完善，一家重视长远发展的餐饮企业必将重视自己内部的人力资源建设，近些年由于餐饮行业发展步伐较快，专业的职业经理人队伍出现供不应求的局面，在完善内部人才培养机制的基础上，选择一些资源丰富的猎头公司合作，引进合适的职业经理人，也是一种选择。

（资料来源：顾秀玲．餐饮服务与管理[M]．北京：国防工业出版社，2013.）

一、餐饮业职业经理人的培养

随着现代餐饮管理理论的发展，人们越来越清楚地认识到，餐饮企业是一个复杂的契约组织，它由许多既相对独立、又相互依赖的要素构成。其中，餐饮业职业经理人是最重要的要素之一。现代餐饮企业面临一个多变的市场环境，能在这样一个环境中求得生存和可持续发展，最重要的工作是进行正确的经营决策。与一般领班、主管和厨师相比，餐饮业职业经理人的素质要求更高，他们的决策正确与否关系到企业的生存和发展。一个优秀的餐饮业职业经理人，通过一系列科学决策可以挽救一个危难的企业。反之，餐饮业职业经理人错误决策对企业的影响非常重大，甚至会造成亏损。从这个角度来说，餐饮业职业经理人掌握着企业的命运，主宰着企业的兴衰。

餐饮业职业经理人的建设关系到我国餐饮企业的发展。中国餐饮企业的发展和强大，在很大程度是取决于提高餐饮业职业经理人的素质。面对日益变化的国际餐饮市场环境和激烈的竞争，巩固国内餐饮市场，尽可能多地开拓国际餐饮市场是中国餐饮企业面临的挑战。餐饮业职业经理人培育是一项涉及面广的系统工程，首先要制定培养目标。餐饮业职业经理人队伍的培养目标应主要围绕餐饮业职业经理人应具备的基本素质来制定，并结合我国目前现状，分阶段地确定近期培养目标、中期培养目标和长期培养目标。餐饮业职业经理人的活动离不开餐饮市场，一个公平、公开的市场竞争环境是餐饮业职业经理人得以正常活动的前提，也是正确评价餐饮业职业经理人业绩的前提。

此外，应科学地界定餐饮业职业经理人的社会地位，作为一种专业化的职业，将餐饮业职业经理人推向市场。实行政企分离，将餐饮业职业经理人本该拥有的经营自主权及相关的利益还给他们，将本不该由他们承担的社会负担交还社会来承担，使餐饮业职业经理人能轻装上阵。

同时建立常态培训制度，采取有效途径完善企业培训机构，加大培训力度，建立以高校为主体的 MBA、旅游管理专业硕士培训体系，加强在职培训，更新餐饮业职业经理人的知识结构，加强与国外工商管理院校和大型企业的交流，学习发达国家先进的管理经验。

应当建立健全餐饮业职业经理人考核评价制度。餐饮业职业经理人考核评价制度是社会得以正确评价他们业绩的前提，也是促进餐饮业职业经理人合理流动的条件。应建立餐饮业职业经理人考核标准以及一整套评价制度，并根据餐饮业职业经理人工作业绩，给予评级。

应当建立餐饮业职业经理人激励和约束机制。尽快建立以年薪制为主的餐饮业职业经理人激励机制。实行年薪制可以较好地体现餐饮业职业经理人的工作特点，因为一般企业的经营周期和财务周期是以年度计算的，这样可以完整客观地反映他们的工作绩效。在建立餐饮业职业经理人激励机制的同时，应建立包括股东约束、市场约束、社会约束和法律约束在内的餐饮业职业经理人约束机制。

知识拓展 2-2

旅游管理专业硕士

2009 年 12 月，《国务院关于加快发展旅游业的意见》（国发〔2009〕41 号）提出“把旅游业培育成国民经济的战略支柱产业和人民群众更加满意的现代服务业”。41 号文件的发布被社会各界一致认为是一个具有里程碑意义的重要事件，旅游业在国民经济中的地位和作用发生了根本性的变化，为旅游业的大发展提供了良好的机遇。

旅游业由传统的服务业上升到国家战略支柱产业，这对旅游业的从业人员提出了更高的要求。在旅游业的发展中，旅游人才始终是旅游发展的第一资源。到2015年，中国旅游市场接待人数将达到35亿人次，旅游业人才需求矛盾日益突出，特别是能满足现代服务业标准的旅游高端人才异常稀缺。高端旅游人才的培养与开发工作成为社会关注的焦点。《国家中长期人才发展规划纲要》也鲜明提出了人才开发要高端引领的指导方针。在此背景下，教育部设立了新的旅游类的专业硕士学历——旅游管理硕士（Master of Tourism Administration，MTA）。MTA主要招收具有一定实践经验，并在未来愿意从事旅游业工作的人员，其目标是培养具有社会责任感和旅游职业精神、掌握旅游管理基础理论、知识和技能，具备国际化视野和战略思维能力、敢于挑战现代旅游业跨国发展的高级应用型旅游管理人才。MTA的设立为中国旅游高端人才的培养开辟了一条崭新的道路，使得旅游高端人才的培养由过去的企业内部培养，发展到了学院正规专业化培养的新阶段。

目前，我国MTA项目的实施得到了国家旅游局的大力支持。2010年10月下旬，国家旅游局成立了旅游管理专业硕士行业指导委员会，王志发副局长将担任指导委员会主任。由此可见，国家旅游局领导对MTA的发展高度重视，希望能够借助MTA的平台，开发中国高端旅游人才培养的新模式。

（资料来源：蔡君，张茵．对我国旅游管理专业硕士教育的思考[J]．中国林业教育，2015（3）.）

二、餐饮业职业经理人的形成机制

既然职业经理人在企业发展中具有决定性的作用，那么在对现有餐饮企业进行公司制改造、建立现代企业制度的过程中，就迫切需要一套促使餐饮业职业经理人形成的有效机制，主要包括以下内容。

（一）选拔机制

传统上，我国企业经理由上级主管部门任命，形成了他们长期依附于上级主管部门，以及主要对上级负责而忽视对企业和员工负责的现象。随着企业改革的深入，虽然出现了承包、租赁等多种经营责任制，经理开始摆脱直接任命的单一模式，出现了上级指派、职代会选举、招标投标等多种产生方式，但是在现实工作中，上级任命的方式仍占多数。这种将职业经理人与政府官员混为一谈，把政府官员硬塞进企业当经理，或随意把有作为的企业家调做政府官员的做法，一方面很难产生合格的职业经理人；另一方面造成了职业经理人才的流失。由此可见，在现代企业里必须由董事会通过经理人才市场，在公开、公平、公正的原则指导下选拔任命，才能保证优秀经理人才的脱颖而出。

（二） 激励机制

餐饮业职业经理人的劳动是一种风险性很强的复杂的脑力劳动，为了激发他们进行创造性工作的热情，应当使那些领导有方、善于经营、效益显著的职业经理人的报酬明显高于一般职员，使他们有一种自觉主动尽职尽责的内在动力。但同时也应看到，餐饮业职业经理人的行为是以强烈的事业成就感和不满足感为基础动力的，因此，对他们的激励不能局限于物质利益或者个人收入，还要充分承认他们的社会地位，满足他们的自我实现的需求，为他们创造良好的工作环境和条件，从社会荣誉和物质生活各方面激发他们经营好企业的使命感和成就欲。

知识拓展 2-3

激励因素

激励因素是能促使人们产生工作满意感的因素，是指与工作内容紧密相关的因素，这类因素的改善会使人们产生工作满意感；反之，则使员工没有满意感。

激励因素是指能够对被激励者的行为产生刺激作用，从而调动其积极性的因素，它代表被激励者最本质的需求，只有当设定的激励活动或目标能够满足某种激励因素时，才会使被激励者产生满意感，从而产生效用价值。

激励因素是与工作内容联系在一起的因素。这类因素的改善，或者使这类需要得到满足，往往能给职工以很大程度上的激励，产生对工作的满意感，有利于充分、持久地调动职工的积极性；即使不具备这些因素和条件，也不会引起职工太大的不满意。

（资料来源：苏东水.管理心理学 [M]. 5版. 上海：复旦大学出版社，2013.）

（三） 监督机制

随着餐饮企业经营规模的大型化、国际化以及产权结构的多样化，董事会的功能逐渐向战略决策方面转化，这使得总经理及其高级管理人员执行经营管理功能的重要性越来越突出。因此，在赋予他们职权的同时，也要形成对他们有效的监督机制。一般来说，对餐饮业职业经理人的监督机制主要来自四个方面：一是国家法规条例、经济政策、财务会计制度的监督；二是所有者或投资者通过股东大会、董事会、监事会及资产的盈利情况和股票涨落的情况进行监督；三是广大消费者通过市场机制、商品价格进行监督；四是本企业员工通过股东大会、董事会、监事会中自己的代表，以及各种民主管理委员会进行监督。这些来自各方面的监督约束力量，促使餐饮业职业经理人必须正确及时决策，避免或减少一些不必要的工作失误。

（四） 考评机制

对餐饮业职业经理人的工作绩效进行客观公正的考核评价，可以为选拔、鼓励、监督机制的形成提供科学的依据和标准。针对我国餐饮行业的现实情况，要形成对职业经理人良好的绩效考评机制，一是考评的主体应当由政府主管部门转向董事会；二是考评的标准主要是企业的经济效益，即经理人能否真正有效地保证资产的安全增值，能否保证所有者权益的实现及员工劳动收入的提高；三是对于那些绩效不良，甚至造成企业亏损和资产流失的经理人，不但不能轻易地做官，而且应当追究他们的经济责任，性质严重并构成犯罪行为的也应负刑事责任，只有这样才能实现职业经理人的优胜劣汰。大量的实践证明，每个经营成功的餐饮企业都必然有一个出色的职业经理人群体。在现今餐饮业的发展中，职业经理人队伍的塑造势在必行，时代呼唤着职业经理人。

评估练习

1. 举例说明餐饮业职业经理人的培养体系是什么。
2. 简述餐饮业职业经理人的形成机制。

第三章 餐饮服务操作技能

引导案例

观念的转变

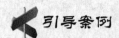

小王是某饭店餐饮部的实习生，她学习的是旅游酒店管理专业且在校期间品学兼优，各门理论科目学习成绩在班级中均处于领先地位，对专业的学习表现出较高的兴趣与天赋。但是，小王在校学习期间对教学安排中的实操课程不屑一顾，在课程结束时没有通过该课程的考核，这样的结果也没有引起小王的重视，还认为自己学的是管理，为什么要掌握这些服务技能？实习前的职业技能鉴定考核，小王也没有能顺利通过，从而影响了她的实习安排。最后经过学校老师的多方努力，才有一家饭店勉强接受她在饭店餐饮部实习。实习结束后，回到学校小王深有感触地对老师说："自己原先的观念是错误的，万丈高楼平地起，一名合格的、优秀的餐饮行业职业经理人都是从一线基层服务工作开始做起，积累实践工作经验，否则如何进行今后的管理工作呢？"

（资料来源：程新造，王文慧．星级饭店餐饮服务案例选析 [M]．2 版．北京：旅游教育出版社，2005.）

辩证性思考：

1．餐饮服务操作技能在餐饮企业服务运转过程中重要吗？为什么？

2．结合实际情况，请问该如何学习好课程中的操作模块？

餐饮服务操作技能是指从业人员通过学习、培训而形成的符合餐饮服务操作标准的工作技巧。熟练掌握餐饮对客服务过程中的各项技能，是每位餐饮业职业经理人做好本职工作、提高服务质量的重要基础条件。因此，每位从事餐饮业的职业经理人必须掌握娴熟的服务技能，力求服务操作的标准化、规范化。此外，在正确掌握各项服务技能的基础上，还应发挥个人的积极性、创造性，把对顾客服务的真挚情感融入对客服务过程中，使之与过硬的操作技能相结合，以真诚的人性化、服务的灵活性、应变性来适应宾客的需要。

第一节　托盘

教学目标：

1. 了解托盘的种类及用途。
2. 掌握托盘的操作要领及注意事项。

案例 3-1

托盘服务就是如此重要

某饭店宴会大厅正在举行某企业的宴请活动，所有的宾客都在舒缓的氛围中交谈、就餐。这时服务员小黄用托盘托着装有饮料的杯子向宾客走来，由于工作失误，一不小心，托盘上的饮料杯全部翻倒，杯中的饮料全部洒在宾客王先生的身上，响声惊动了所有的宾客，大家将目光一致投向王先生……最终由于小黄的工作失误，导致了宾客的投诉。

（资料来源：程新造，王文慧．星级饭店餐饮服务案例选析[M]．2 版．北京：旅游教育出版社，2005.）

一、托盘的种类及用途

托盘是餐厅服务员用来为宾客运送各类物品的常用工具，托盘服务是餐饮服务技能中最基础的专业技能，托盘服务规范性与标准性可以衡量从业人员服务水准的高低，同时，也体现出服务的水准与品位。

在餐饮服务中，托送不同类型的物品应使用不同规格、类型的托盘。在日常的服务过程中，常见的托盘可进行以下分类。

（一）　按制作材质分类

1．金属托盘

金属托盘包括铜质托盘、铝质托盘、不锈钢托盘、金质、银质托盘等。金、银托盘一般采用铜质金属做胎，外镀金或银，较为高档，一般出现在高档餐饮场所或在 VIP 接待中使用，其他金属类托盘使用也较为广泛。

2．塑胶托盘

塑胶托盘均用塑料制作，采用防滑工艺处理，价格低廉，耐磨。

3．胶木托盘

胶木托盘是使用最为广泛的托盘，它具有轻便、防滑、防腐、耐用、便宜等特点，相比于塑胶托盘更坚固、结实和美观。

（二）　按照形状分类

按照形状，托盘可分为圆形、长方形。

（三）　按照规格的大小分类

托盘按规格的大小可分为大、中、小型三类。在日常工作中，通常使用的托盘直径是 40cm 的中号圆形托盘。

由此可知，托盘的质地、规格、形状不同，其用途也大不相同。在日常工作中，常用的托盘分别是大、中长方形塑胶托盘、中圆形塑胶托盘、小圆形或小长方形托盘。各类型托盘的用途及规格见表 3-1。

表 3-1　不同类型托盘的用途及规格

种　类	用　途	规　格
大、中长方形塑胶托盘	托运盘碟、菜点、酒水等较重物品	45cm × 35cm
大、中圆形塑胶托盘	用于斟酒、上菜、分菜、展示酒水等	直径为 40cm
小圆形托盘或小长方形托盘	用于递送账单等	直径为 15cm 或 10cm

二、托盘服务的操作方法与要领

知识拓展 3-1

托盘服务在餐饮活动中的作用

(1) 体现服务中的规范化和文明操作。

(2) 托盘服务是餐饮服务中讲究卫生、安全的保证。

(3) 减少搬运的次数，提高工作效率和服务质量。

(4) 重视客人和礼貌待客的重要体现。

(资料来源：樊平，李琦. 餐饮服务与管理 [M]. 3 版. 北京：高等教育出版社，2012.)

托盘服务的操作方法按照托盘的大小以及所盛装的物品重量不同可以分为轻托和重托，在实际的餐饮服务工作中，以轻托为主，较大或较重的物品一般为了安全起见多用餐车运送。

(一) 轻托

轻托又叫胸前托，通常使用中、小圆托盘或小方托盘上酒、上菜。因托盘中运送的物品重量较轻，一般在 5kg 以内，所以称这种方法为“轻托”。又因托盘平托于胸前，所以又称为“平托”或“胸前托”，如图 3-1 所示。

图 3-1 轻托

1. 轻托的操作程序与方法

(1) 理盘。选择合适的托盘，将托盘洗净擦干，在盘内垫上口布，铺平拉直，盘巾的四边与盘底对齐，力求美观整洁。为避免盘内的物品滑动，也可将口布适当蘸些水，使口布半干半湿。

(2) 装盘。根据盘内物品的形状、体积、重量以及先后使用顺序合理安排，注意所有物品平均而且要重量平衡摆在托盘上，以便安全稳妥，便于运输。一般应将重物、高物放于身体的内侧，这样易于掌握托盘重心。随后将轻物、低物或先派用的物品装在盘的外侧，使盘内物品分布得体，方便自己的服务工作。这样既稳妥又避免盘面过多的转动或右手在交叉取物时可能造成的自身碰撞。用圆形托盘时，码放物品应呈圆形，用方形托盘时横竖成行。但两者的重心应在托盘的中心部分，均匀摆放。

(3) 起托。完成装盘后，开始托起行走。托盘从桌面起托时应注意正确的姿势，注意手脚身体的配合动作。先将左脚向前一步，站立成弓步形，上身向左、向前倾斜，左手与托盘持平，用右手将托盘拉出桌面 1/3，然后按轻托要领将左手伸进盘底，左手托起托盘，右手可给予适当的帮助，待左手掌握中心后应将右手放开，同时左脚收回一步，使身体成站立姿势。

(4) 行走。托盘行走要求头正肩平，上身挺直，注视前方，脚步轻缓，动作敏捷，步伐稳健，行走自如，使托盘随走动的步伐自然摆动。还应特别注意在对客服务的过程中使持托盘的左手离上身有一定间距，千万不能紧贴上身。因为人体在走动时有轻微的摇动，如果托盘随步左右摇动就会使托盘中的物品产生滑动或菜汁、汤水外溢。而且会让人感到托盘姿势不优美。

知识拓展 3-2

托盘行走时有以下 5 种步伐

(1) 常步：步履均匀而平缓，快慢适当。适用于餐厅日常服务工作。

(2) 快步（疾行步）：较之常步，步速要快一些，步距要大一些，但应保持适宜的速度，不能表现为奔跑，否则会影响菜形或使菜肴发生意外的泼洒。端送火候菜或急需物品时，在保证菜不变形、汤不洒的前提下，以最快的速度走路。

(3) 碎步（小快步）：步距小而快地中速行走。运用碎步，可以使上身保持平稳，使汤汁避免溢出。适用于端送汤汁多的菜肴及重托物品。

(4) 跑楼梯步：身体向前倾，重心前移，用较大的步距，一步跨两个台阶，一步紧跟一步，上升速度快而均匀，巧妙地借用身体和托盘运动的惯性，即快又节省体力。次法适用于托送菜品上楼。

(5) 垫步（辅助步）：需要侧身通过时，右脚侧一步，左脚跟一步。当服务员在狭窄的过道中间穿行时或欲将所端物品放于餐台上时应采用垫步。

（资料来源：张淑云．餐饮服务实训教程[M]．上海：复旦大学出版社，2014.）

(5) 落托。当物品送到餐厅时，应将托盘落放在工作台上待放稳后再取物品，从托盘两边交替拿下。在落托盘时，一要慢，二要稳，三要平。左手转掌落托盘时，要用右手协助。

待盘面与工作台面齐平时，再用左臂或左手将盘向前推进，落托动作结束后应及时将盘内物品整理好。

2. 轻托的操作要领

（1）左手托盘，左臂弯曲呈 90°，掌心向上，五指分开。

（2）用手指和掌底托住盘底，掌心不与盘底接触，手掌自然形成凹形，重心压在大拇指根部，使重心点和左手五个指端成为六个力点，利用五个手指的弹性掌握盘面的平衡。忌用拇指从上方按住盘边，四个手指托住盘底，这种方法不符合操作要求，而且不礼貌。

（3）平托于胸前，略低于胸部，基本保持在第二和第三枚衣扣之间。盘面与左手臂呈直角状，利用左手手腕灵活转向。

（4）托盘行走时头要正，上身保持直立，肩膀放松，不要紧张，集中精神，步伐稳健。

（5）手臂不要贴近身体，也不要过度僵硬。行进时应该与前方人员保持适当的距离，并注意左右两侧，切忌突然变换行进路线或突然停止。

（6）托盘不能越过宾客头顶，随时注意数量、重量、重心的变化，手指做出相应的移动。

（二）重托

因为以上肩的方式来托送物品，所以重托也叫肩上托，主要用于运送较重的菜点、酒水、盘碟等。重托通常使用大型托盘，运送的物品一般重量在 10kg 左右，如图 3-2 所示。

1. 重托的操作程序与方法

重托与轻托的操作程序大致相同，在具体方法上略有差别。

（1）理盘。由于重托常用于送菜、送汤和收拾碗碟，一般油腻较大，使用前必须清洁盘面并消毒，铺上洁净的专用口布，起到防油、防滑的作用。

（2）装盘。托盘内的物品应分类码放均匀，使物品的重量在盘中分布均匀，并注重把物品按高矮大小摆放协调，忌将物品无层次地混合摆放，以免造成餐具破损。装盘时还要使物与物之间留有适当的间隔，以免端托行走时发生碰撞而产生声响。

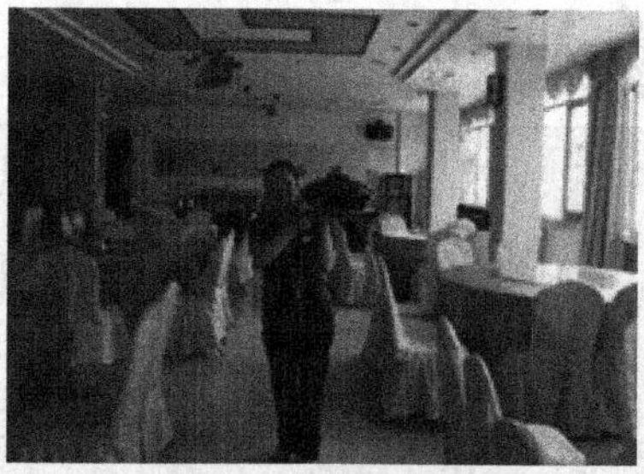

图 3-2　重托

（3）起托。起托时应先将托盘用右手相助拉出 1/3，右手扶托盘将托盘托平，双脚分开呈“八”字形，双腿下蹲，略成骑马蹲裆势，腰部略向前弯曲。左手五指分开，用整个手掌托住托盘的底部，手掌移动找到托盘的重心。掌握好重心后，用右手协助左手向上用力将盘慢慢托起，在托起的同时，左手和托盘向上向左旋转过程中送至左肩外上方。从而做到盘底不搁肩、盘前不靠嘴、盘后不靠发。

（4）行走。行走时，表情轻松自然，步伐不宜过大、过急，盘面应始终保持平衡平稳，防止汤水外溢。右手自然摆动，或扶住盘前角，并随时准备摆脱他人的碰撞。

（5）落托。落托时，左脚向前迈一步，用右手扶住托盘边缘，左手向右转动手腕，同时托盘向右旋转，待盘面从左肩移至与台面平行时，再用左臂和右手向前推进。

2. 重托的操作要领

重托操作时要求“平、稳、松”。“平”就是在托盘的各个操作环节中都要掌握好重心，保持平稳，不使汤汁外溢，行走时盘要平，肩要平，两眼要平视前方。“稳”就是装盘合理稳妥，托盘稳而不晃动，行走时步稳不摇摆。“松”就是动作表情要轻松，面容自然，上身挺直，行走自如。

三、托盘服务的注意事项

在托盘服务过程中，每位餐厅服务员必须养成良好的操作习惯。①托盘行走时步伐、摆动幅度适中；②对客服务过程中应遵循托盘服务的操作流程，不可违背；③不允许将托盘随意地摆放在任何地方，应摆放在规定的位置；④当托盘内没有物品时，应始终保持正确的托盘姿态行走，不可单手拎着托盘的边缘行走；⑤时刻注意保持托盘盘面的清洁，待营业结束后，统一交厨房管事部清洗、消毒、保管。

评估练习

1. 托盘的种类有哪些？不同类型的托盘该如何使用？
2. 轻托、重托的操作程序及要领有哪些？
3. 托盘服务的注意事项有哪些？
4. 实训操作。

   方式：轻托。

   重量：500ml 啤酒瓶两瓶（女生）或三瓶（男生）。

   动作：站立或走动。

   要求：轻托服务的 5 大步骤。

   时间：3 分钟。

第二节　餐巾折花

教学目标：

1. 了解餐巾布的作用与分类。
2. 了解餐巾折花的造型分类。
3. 理解餐巾折花造型的选用原则。
4. 掌握餐巾折花的基本技法。
5. 理解餐巾折花摆放的艺术性。
6. 了解餐巾折花的注意事项。
7. 将餐巾折花的基本技法做到灵活运用。

一、餐巾的作用与种类

餐巾折花是餐前的准备工作之一，主要工作内容是餐厅服务员将餐巾折成各式花样，插在酒杯或水杯内，或放置在盘碟内，供客人在进餐过程中使用。餐巾折花是餐饮服务的重要技能之一，美观的餐巾折花本身就是餐桌上的装饰品，再加上服务人员的优质服务，能够给客人一种招待细致入微的感觉。由于餐巾直接接触客人的手和嘴，因此在卫生程度上要特别注意。当前餐巾折花的趋势是美观大方、造型简单。因为复杂的餐巾折花不仅费时费力，而且由于多次的折叠接触餐巾，不可避免地会带来卫生问题。

知识拓展 3-3

餐巾的起源

据说在15、16世纪时的英国，因为还没有剃刀，男人们都留着大胡子。在当时还没有刀叉的情况下，手抓肉食时很容易把胡子弄得全是油腻，他们便扯起衣襟往嘴上擦。于是，家庭主妇就在男人的脖子上挂一块布巾，这是餐巾由来的一种说法。由于这种大块的餐巾使用时显得过于累赘，英国伦敦有一名裁缝想出了一种新主意，将餐巾裁成一块块的小方块，使用时挺方便，从而逐渐形成了现在宴席上用的餐巾。

在中国古典文献《周礼•天官》中记载用毛巾覆盖食物的古制，这种毛巾可能是世界上最早的餐巾。据《紫禁城帝后生活》中介绍，清朝皇帝吃饭时，使用一种宫廷中称为“怀挡”的物件，即指餐巾。

（资料来源：单铭磊. 餐饮运行与管理[M]. 北京：北京大学出版社，2012.）

（一） 餐巾的作用

餐巾又名口布，是餐厅中常备的一种卫生用品，又是一种装饰美化餐台的艺术品。餐巾的主要作用有以下几方面。

(1) 餐巾是餐饮服务中的一种卫生用品。宾客用餐时，餐厅服务员将餐巾放在宾客的膝上或胸前，餐巾可用来擦嘴或防止汤汁、酒水弄脏衣物。

(2) 餐巾可以装饰美化餐台。不同的餐巾花形，蕴含着不同的宴会主题。形状各异的餐巾花摆放在餐台上，既美化了餐台，又增添了庄重热烈的气氛，给人以美的享受。

(3) 餐巾花型可以烘托就餐气氛。用餐巾折成喜鹊、和平鸽等花型表示欢快、和平、友好，给人以诚悦之感；折出比翼齐飞、心心相印的花型送给一对新人，可以表示出永结同心、百年好合的美好祝愿。

(4) 餐巾花型的摆放可标出主宾的席位。在折餐巾花时应选择好主宾的花型，主人花型高度应高于其他花型高度以示尊贵。

（二） 餐巾的种类

1．按质地分

餐巾可分为棉织品和化纤织品。棉织品餐巾吸水性较好，去污力强，浆熨后挺括，造型效果好，但折叠一次，效果才最佳；化纤织品色泽艳丽，透明感强，富有弹性，如一次造型不成，可以二次造型，但吸水性差，去污力不如棉织品。

2．按颜色分

餐巾颜色有白色与彩色两种。白色餐巾给人以清洁卫生、恬静优雅之感。它可以调节人的视觉平衡，可以安定人的情绪。彩色餐巾可以渲染就餐气氛，如大红、粉红色餐巾给人以庄重热烈的感觉；橘黄、鹅黄色餐巾给人以高贵典雅的感觉；湖蓝色餐巾在夏天能给人以凉爽、舒适之感。

二、餐巾折花的造型及其选择

餐巾折花的造型和种类很多，技法也各不相同。作为餐厅服务员，要掌握餐巾折花的基本造型和折叠技法。

1．餐巾折花造型种类

（1）按摆放方式，可分为杯花和盘花两种。

杯花属于中式花型，需插入杯中才能完成造型，出杯后花型即散。由于折叠成杯花后，在使用时其平整性较差，也容易造成污染，所以目前杯花已较少使用，但作为一种技能，仍在餐厅服务中存在。

盘花属于西式花型，造型完整，成型后不会自行散开，可放于盘中或其他盛器及桌面上。因盘花简洁大方，美观适用，所以盘花在实际运用中呈现出发展趋势。

（2）按餐巾花外观造型，可分为植物、动物、实物三种。

植物类花型根据植物花形造型，如荷花、水仙等；也有根据植物的叶、茎、果实造型的，如竹笋、玉米等。

动物类花型包括鱼、虫、鸟、兽，其中以飞禽为主，如白鹤、孔雀、鸵鸟。动物类造型有的取其整体，有的取其特征，形态逼真，生动活泼。

实物类花型是指模仿日常生活用品中各种实物形态折叠而成的造型，如帽子、折扇、花篮等。

2．餐巾折花造型的选择

（1）根据宴会的规模选择花型。大型宴会可选择简洁、挺括的花型，可以每桌选两种花型，使每个台面花型不同，台面显得多姿多彩。如果是 1～2 桌的小型宴会，可以在一桌上使用各种不同的花型，也可以 2～3 种花型相间搭配，形成既多样又协调的布局。

（2）根据宴会的主题选择花型。主题宴会因主题各异，形式不同，所选择的花型也不同。

（3）根据季节选择花型。选择富有时令的花型以突出季节的特色，也可以有意地选择象征一个美好季节的一套花型。

(4) 根据宗教信仰选择花型。如果是信仰佛教的，勿叠动物造型，宜叠植物、实物造型。信仰伊斯兰教的，勿用猪的造型等。

(5) 根据宾客风俗习惯选择花型。如日本人喜樱花、忌荷花；美国人喜山茶花；法国人喜百合花；英国人喜蔷薇花等。

(6) 根据宾主席位选择花型。宴会主宾、主人席位上的花称为主花。主花一般选用品种名贵、折叠细致、美观醒目的花，达到突出主人、尊敬主宾的目的。如在接待国际友人宴会上，叠和平鸽表示和平，叠花篮表示欢迎，为女宾叠孔雀表示美丽，为儿童叠小鸟表示活泼可爱，使宾主均感到亲切。

总之，要根据宴会主题设计折叠不同的餐巾花，要灵活掌握，力求简便、快捷、整齐、美观大方。

案例 3-2

某市国庆宴请主题晚餐会餐巾的选用

某市市政府于国庆前夕在该市某饭店举行国庆招待晚宴。宴席安排在该饭店最大的多功能厅举行，具体流程是该市主要领导人讲话、颁发“城市功臣”证书和文艺会演等。傍晚时分，参加晚宴的宾客陆续抵达餐厅，只见餐厅已经摆好了餐桌，蓝色的桌布和银色、白色的餐具淡雅而庄重。餐巾折花造型精美，犹如一艘艘帆船在航海中前行。

（资料来源：樊平，李琦. 餐饮服务与管理[M]. 3 版. 北京：高等教育出版社，2012.）

三、餐巾折花的基本技法

餐巾具有实用及装饰美化作用，在摆台上形成餐桌的重要装饰。餐巾折花的基本技法有叠、折、卷、穿、攥、翻、拉、捏、掰。餐厅服务员应反复练习，达到技艺娴熟，运用自如的水平，以增加摆台的工作效率和艺术性。

1. 叠

叠是最基本的餐巾折花手法，几乎所有的造型都要使用。叠就是将餐巾一折为二，二折为四，或折成三角形、长方形、菱形、梯形、锯齿形等形状。叠有折叠、分叠两种。叠时要熟悉造型，看准角度一次叠成。如有反复，就会在餐巾上留下痕迹，影响挺括。叠的基本要领是找好角度一次叠成。

2. 折

折是打褶时运用的一种手法。折就是将餐巾叠面折成褶裥的形状，使花形层次丰富、紧凑、美观。打褶时，用双手的拇指和食指分别捏住餐巾两头的第一个褶裥，两个大拇指相对成一线，指面向外。再用两手中指接住餐巾，并控制好下一个褶裥的距离。拇指、食指的指面握紧餐巾向前推折至中指外，用食指将推折的褶裥挡住。中指腾出去控制下一个褶裥的距离，3 个手指如此互相配合。折可分为直线折和斜线折两种方法，两头一样大小的用直线折，一头大一头小或折半圆形或圆弧形的用斜线折。折的要领是折出的褶裥均匀整齐。

3. 卷

卷是用大拇指、食指、中指 3 个手指相互配合，将餐巾卷成圆筒状。卷分为直卷和螺旋卷。直卷有单头卷、双头卷、平头卷。直卷要求餐巾两头一定要卷平。螺旋卷分两种，一种是先将餐巾叠成三角形，餐巾边参差不齐；另一种是将餐巾一头固定，卷另一头，或一头多卷，另一头少卷，使卷筒一头大，一头小。不管是直卷还是螺旋卷，餐巾都要卷得紧凑、挺括，否则会因松软无力、弯曲变形而影响造型。卷的要领是卷紧、卷挺。

4. 穿

将餐巾先折好后攥在左手掌心内，用筷子一头穿进餐巾的褶缝里，然后用右手的大拇指和食指将筷子上的餐巾一点一点向后拨，直至把筷子穿出餐巾为止。穿好后先把餐巾花插入杯子内，然后再把筷子抽掉，否则容易松散。根据需要，一般只穿 1～2 根筷子。穿的要领是穿好的褶裥要平、直、细小、均匀。

5. 攥

攥是为了使叠出的餐巾花半成品不易脱落走样，一般用左手攥住餐巾的中部或下部，然后再用右手操作其他部位，攥在手中的部分不能松散。

6. 翻

翻大都用于折花鸟造型。操作时，一手拿餐巾，一手将下垂的餐巾翻起一个角，翻成花卉或鸟的头颈、翅膀、尾等形状。翻花叶时，要注意叶子对称，大小一致，距离相等。翻鸟的翅膀、尾巴或头颈时，一定要翻挺，不要软折。翻的要领是注意大小适宜，自然美观。

7. 拉

拉一般在餐巾花半成型时进行。把半成型的餐巾花攥在左手中，用右手拉出一只角或几只角来。拉的要领是大小比例适当，造型挺括。

8. 捏

捏主要用于折鸟的头部造型。操作时先将餐巾的一角拉挺做颈部，然后用一只手的大拇指、食指、中指 3 个指头捏住鸟颈的顶端，食指向下，将巾角尖端向里压下，用中指与拇指将压下的巾角捏出尖嘴状，作为鸟头。捏的要领是棱角分明，头顶角、嘴尖角到位。

9. 掰

将餐巾做好的褶用左手一层一层掰出层次，成花蕾状。掰时不要用力过大，以免松散。掰的要领是层次分明，间距均匀。

案例 3-3

追溯餐巾折花的技巧

在罗马时代，每位客人都带着自己的毛巾，餐巾的使用只有二三百年的历史，但当时很快就成为餐桌布置的一部分。查利王二世非常宠爱的御厨盖尔•罗斯在他的著作《烹调指导大全》一书中就叙述了多种折叠餐巾的方法。

（资料来源：胡章鸿．餐饮服务与管理实务[M]．北京：高等教育出版社，2014.）

四、餐巾折花摆放的艺术性

餐巾折花要根据宴会的性质，宴会的规格，宾主的身份、爱好、宗教信仰、风俗习惯，冷盘的花色造型，季节及工作时间是否充裕等方面来确定所叠花型。

一般大型宴会可选用简单、挺括、美观的花型，但主桌的花型与其他桌的花型要区分开，如主桌的折花可选用 10 种不同的花型，其他桌可用统一的花型（但要突出“主花”）。

宴会主人位上的主位花，要选择美观而醒目的花型，使宴会的主位更加突出。

小型宴会的餐巾折花（杯花），要运用 7 种不同的手法，折叠出 3 种造型（动物类、植物类、实物造型类）、10 种花；如折盘花，可选择统一的花型，但主位的花要有所区分。

摆杯花时，要注意插入杯中的餐巾花要恰当掌握深度，要慢慢顺势插入，不能乱插或硬塞，以防杯口破裂；摆盘花时要摆正摆稳，使之挺立不倒。

摆放折花时，花型正面要对正席位，便于欣赏；不同花型应高低、大小搭配合理，错落有致。

五、餐巾折花操作的注意事项

选择好餐巾，餐巾要干净、熨烫平整、无破损，并根据用餐的具体情况选定餐巾；既能点缀台面，方便来宾观赏使用，又不能遮住餐具和台上用品，且要方便服务员值台操作。

在折花操作前，要洗净双手（不允许留长指甲）；操作中不能用嘴咬餐巾，也不要多说话，以防唾沫玷污餐巾。

折花操作时要在干净的工作台或托盘上操作，并准备好辅助工具（筷子）。

折花时，要姿态正确，手法灵活，用力得当；角度要算准，折摺要均匀，力争一次折成；折花要正确使用基本技法。

折花要简单美观，拆用方便，造型生动，形象逼真。

六、餐巾折花示例

1. 牡丹花

牡丹花折花示例如图 3-3 所示。

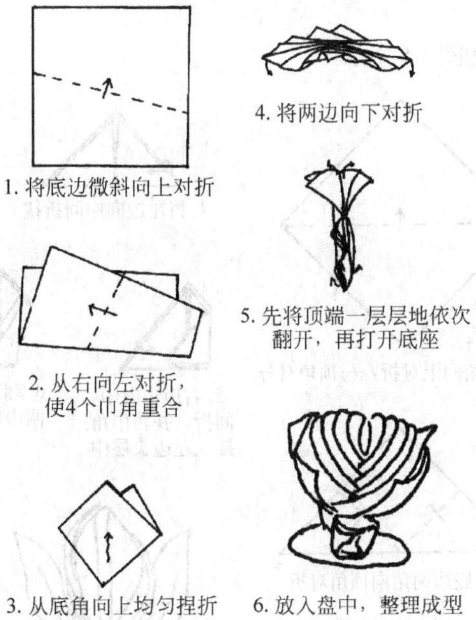
1. 将底边微斜向上对折
2. 从右向左对折，使4个巾角重合
3. 从底角向上均匀捏折
4. 将两边向下对折
5. 先将顶端一层层地依次翻开，再打开底座
6. 放入盘中，整理成型

图 3-3　牡丹花折花示例

2. 卧鸽

卧鸽折花示例如图 3-4 所示。

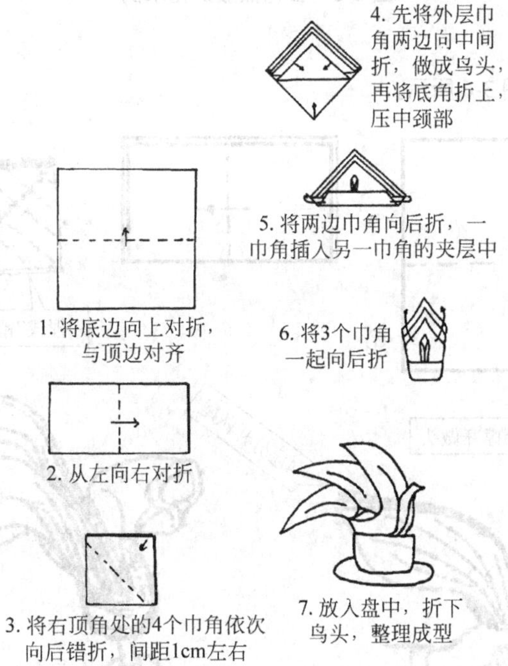
1. 将底边向上对折，与顶边对齐
2. 从左向右对折
3. 将右顶角处的4个巾角依次向后错折，间距1cm左右
4. 先将外层巾角两边向中间折，做成鸟头，再将底角折上，压中颈部
5. 将两边巾角向后折，一巾角插入另一巾角的夹层中
6. 将3个巾角一起向后折
7. 放入盘中，折下鸟头，整理成型

图 3-4　卧鸽折花示例

3. 含苞欲放

含苞欲放折花示例如图 3-5 所示。

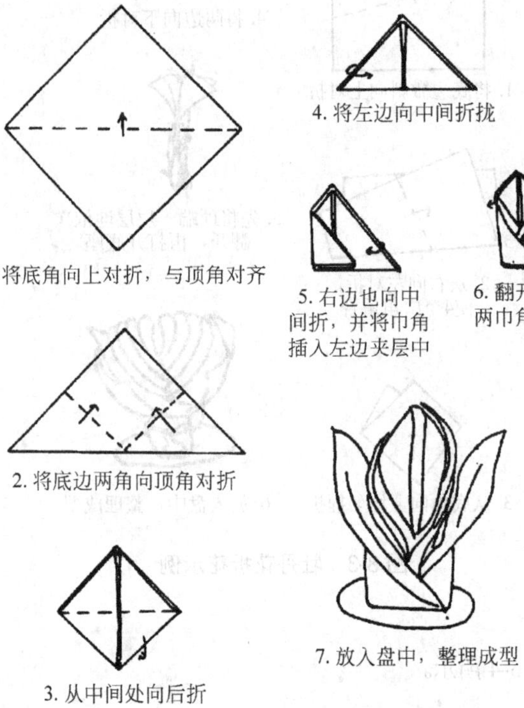
1. 将底角向上对折，与顶角对齐
2. 将底边两角向顶角对折
3. 从中间处向后折
4. 将左边向中间折拢
5. 右边也向中间折，并将巾角插入左边夹层中
6. 翻开后面两巾角做叶
7. 放入盘中，整理成型

图 3-5　含苞欲放折花示例

4. 金鱼

金鱼折花示例如图 3-6 所示。

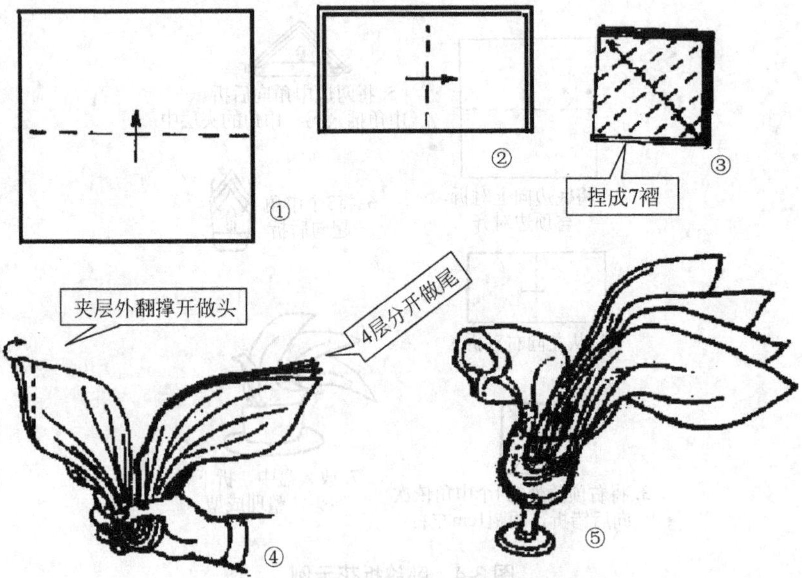

图 3-6　金鱼折花示例

5. 翼尾鸟

翼尾鸟折花示例如图 3-7 所示。

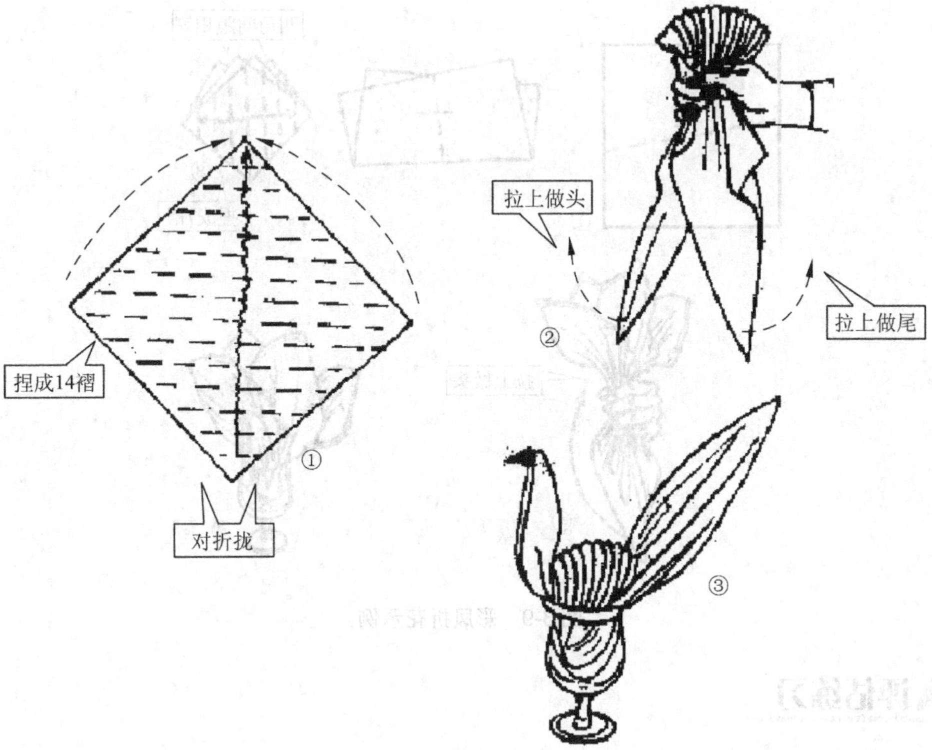

图 3-7　翼尾鸟折花示例

6. 金钟花

金钟花折花示例如图 3-8 所示。

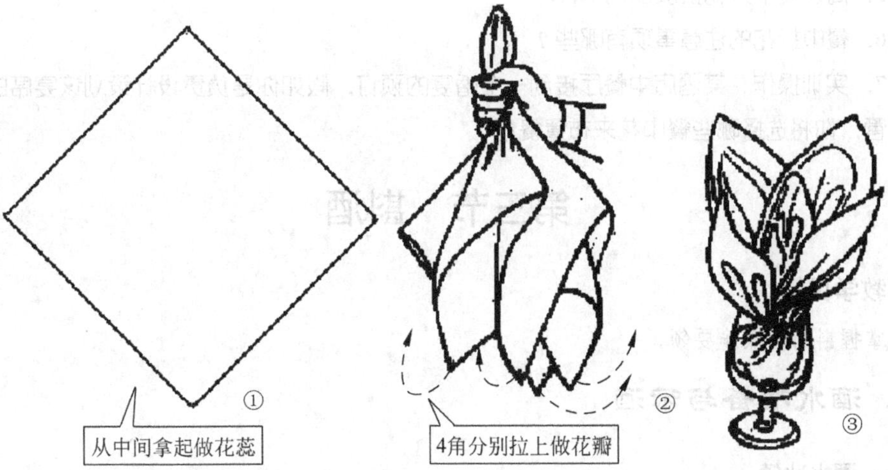

图 3-8　金钟花折花示例

7. 彩凤

彩凤折花示例如图 3-9 所示。

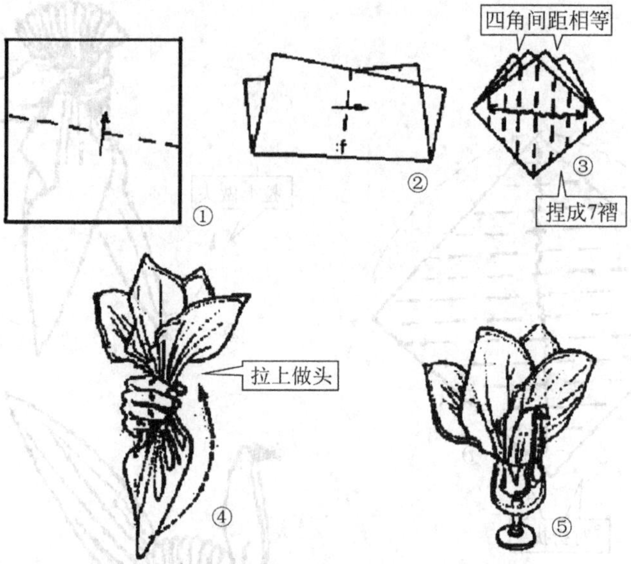

图 3-9　彩凤折花示例

评估练习

1. 餐巾布的作用、种类有哪些？

2. 餐巾折花的造型该如何分类？

3. 餐巾折花造型的选用原则有哪些？

4. 简述餐巾折花的基本技法。

5. 简述餐巾折花摆放的艺术性。

6. 餐巾折花的注意事项有哪些？

7. 实训操作：某酒店中餐厅接到一个婚宴的预订，假如你是负责设计策划该宴席的策划主管，你将选择哪些餐巾花来布置餐台？

第三节　斟酒

教学目标：

掌握斟酒的操作要领。

一、酒水准备与示酒

（一）　酒水冰镇

许多酒品的饮用温度大大低于室温，这就要求对酒品进行降温处理，比较名贵的瓶装酒大都采用冰镇的方法来降温。冰镇的方法有加冰块、加碎冰和冷冻等，工作步骤见表 3-2。

表 3-2　酒水冰镇的工作步骤

服务程序	工 作 步 骤
1．准备	准备好冰镇酒品及需要的冰桶，并用冰桶架架放在餐桌的一侧
2．冰镇	（1）桶中放入冰块，将酒瓶插入冰块中约 10 分钟，即可达到冰镇效果。如客人有特殊要求，可按客人要求延长或缩短时间 （2）服务员手持酒杯下部，杯中放入冰块，摇转杯子，以降低杯子的温度，并对杯具进行降温处理 （3）用冰箱冷藏酒品

（二） 酒水加温

有些酒品的饮用温度高于室温，这就要求对酒品进行温烫。温烫有 4 种常用的方法：水烫、火烤、燃烧和冲泡。水烫，即将饮用酒事先倒入烫酒器，然后置入热水中升温；火烤，即将酒装入耐热器皿，置于火上烧烤升温；燃烧，即将酒盛入杯盏内，点燃酒液以升温；冲泡，即将沸滚饮料(水、茶、咖啡等)冲入酒液，或将酒液注入热饮料中。其中以水烫最为安全。水烫的工作步骤见表 3-3。

表 3-3　水烫的工作步骤

服务程序	工 作 步 骤
1．准备	准备暖桶、酒壶和酒品，并用暖桶架架放在餐桌的一侧
2．加温	（1）在暖桶中倒入开水，将酒倒入酒壶，然后放在暖桶中升温 （2）加温操作必须当着客人的面进行

案例 3-4

这酒谁来买单？

某饭店包厢服务员小张，服务态度好、服务技艺精湛，受到前来饭店消费宾客的一致好评。某天小张在服务一桌客人时，由于小张热情周到的服务，宾客越喝越高兴，氛围恰当，此时小张已为客人上了主食，意味着宴请即将在这和谐的气氛中结束。但此时主人要求小张再上一瓶干红，在场的所有宾客都表示不能再喝了，主人仍旧坚持，为了慎重起见小张跟主人再一次确认："请问是不是需要帮您再点一瓶干红？"主人说"是的。"小张此时便去酒水台取了一瓶干红，回到包厢立即开瓶准备斟酒。此时宾客坚决不喝，主人见宾客态度坚决就告诉小张将干红退掉，小张告知已经打开不能退了，主人说自己还没有要求开瓶，为什么就将酒瓶打开？小张认为自己取酒前是得到主人确认的，双方各执己见。

（资料来源：程新造，王文慧．星级饭店餐饮服务案例选析[M]．2 版．北京：旅游教育出版社，2005.）

（三）示酒

宾客点用的整瓶酒，在开启之前都应让主人先过目。示瓶的方法是：①服务者站于主人的右侧，左手托瓶底，右手扶瓶颈，酒标面向客人，让其辨认。②客人认可后，才可进行下一步的工作。③如果没有得到客人的认同，则去酒窖更换酒品，直到客人满意为止。

另外，餐厅服务员在为客人示酒之前，要将酒瓶瓶身、瓶口擦干净，检查一下酒是否过期、变质，是否是客人所需要的酒，酒瓶有没有破裂。

二、开瓶

酒水在上餐台斟酒前，首先要将瓶盖或瓶塞打开。普通酒水开启瓶盖比较容易，但葡萄酒和香槟酒的开启应掌握正确的方法。开瓶的工作步骤见表 3-4。

表 3-4　开瓶的工作步骤

服务程序	工 作 步 骤
1．准备	备好酒钻、毛巾
2．开瓶	(1) 开瓶时，要尽量减少瓶体的晃动。将瓶放在桌上开启，动作要准确、敏捷、果断 (2) 开启软木塞时，如果软木塞有断裂迹象，可将酒瓶倒置，利用内部酒液的压力顶住木塞，然后再旋转酒钻 (3) 开拔瓶塞越轻越好，防止发出突爆声
3．检查	拔出瓶塞后需检查瓶中酒是否有质量问题，检查的方法主要是嗅辨瓶塞插入瓶内的部分
4．擦瓶口、瓶身	开启瓶塞以后，用干净的餐巾仔细擦拭瓶口，香槟酒要擦干瓶身。擦拭时，注意不要让瓶口积垢落入酒中
5．摆放	(1) 开启的酒瓶、酒罐可以留在宾客的餐桌上 (2) 使用暖桶的加温酒水和使用冰桶的冰镇酒水要放在桶架上，摆在餐桌一侧 (3) 用酒篮盛放的酒连同篮子一起放在餐桌上 (4) 随时将空瓶、空罐从餐桌上撤下
6．注意事项	(1) 开瓶后的封皮、木塞、盖子等杂物，可放在小盘子里，操作完毕一起带走，不要留在餐桌上 (2) 开启带气或者冷藏过的酒罐封口时，常有水汽喷射出来，因此在宾客面前开启时，应将开口对着自己，并用手挡遮，以示礼貌 (3) 开香槟酒的方法。香槟酒的瓶塞大部分压进瓶口，有一段帽形物露出瓶外，并用铁丝绕扎固定。开瓶时，在瓶上盖一条餐巾，左手斜拿酒瓶，大拇指紧压塞顶，用右手挪开铁丝，然后握住塞子的帽形物，轻轻转动上拔，靠瓶内的压力和手的力量将瓶塞拔出来。操作时，应尽量避免发生响声，尽量避免晃动，以防酒液溢出

（一）开瓶的基本程序

(1) 开塞前应避免酒体的晃动，否则汽酒会造成冲冒现象，陈酒会造成沉淀物窜腾现象。

(2) 将酒水瓶揩拭干净，特别是将塞子屑和瓶口部位擦干净。

（3）检查酒水质量，如发现瓶子破裂或酒水中有悬浮物、浑浊沉淀物等质变现象，应及时调换。

（4）开启的酒瓶、酒罐应该留在客人的餐桌上，下面须用衬垫，以免弄脏台布。

（5）开启后的封皮、木塞、盖子等物不要直接放在桌上，应在离开时一并带走。

知识拓展 3-4

醒酒

醒酒，就是把木塞打开之后，把酒倒进醒酒器里促进酒的氧化，柔化单宁，让昏睡的葡萄酒美人从睡梦中“醒”过来，散发出应该有的芳香和美色。

一般来说，以新鲜的果香为主的白酒、新酒、餐酒都不需要醒酒，可以即开即饮，甜白和贵腐霉白酒最好在饮用之前一小时开瓶，但不需要倒进醒酒器，让瓶身直立透气即可。

未到成熟期的红葡萄酒单宁比较重，最好倒入醒酒器里醒上一至两小时，刚到成熟期的红葡萄酒则花上半小时便可以醒过来。

如果不懂如何判断酒是否进入成熟期，还有一个比较简单的判断方法，即酒的价格：价格越便宜的酒越不需要醒酒。

醒酒传统的方法是将新开启的红酒倒入大肚蒸馏瓶中，需要大约 30 分钟不停晃动和停放，令红酒与空气中的氧气充分接触，致单宁酸氧化，达到去除酸涩及长期停放产生的其他杂味，使酒中原有郁香散发出来。但这种醒酒操作耗时长，操作复杂，同时醒酒瓶的笨重与体积，往往造成使用上的不便。

（资料来源：名酒网小编. 喝红酒时为什么需要醒酒[OL]. 名酒网，http://mingjiu.3158.cn/info/20140911/n26630987238625.html，2014-09-11）

（二） 葡萄酒开瓶方法

（1）服务员先用洁净的餐巾把酒瓶包上。

（2）切掉瓶口部位的锡纸，并揩擦干净。

（3）用开酒钻的螺旋锥钻入瓶塞，将瓶塞慢慢拔开，再用餐巾将瓶口擦干净。

（4）在开瓶过程中，动作要轻，以免摇动酒瓶时将瓶底的酒渣泛起，影响酒味。开瓶前，应持瓶向宾客展示。

（三） 香槟酒的开瓶方法

香槟酒因瓶内有较大的气压，故软木塞的外面套有铁丝帽以预防软木塞被弹出。

（1）首先将瓶口的锡纸剥除。

（2）用右手握住瓶身，以 45°的倾斜角拿着酒瓶并用大拇指紧压软木塞，右手将瓶颈外面的铁丝圈扭弯，一直到铁丝帽裂开为止，然后将其取掉。同时，用左手紧握软木塞，并转动瓶身，使瓶内的气压逐渐地将软木塞弹挤出来。

(3) 转动瓶身时，动作要既轻又慢。开瓶时要转动瓶身而不可直接扭转软塞子，以防将其扭断而难以拔出。

(4) 注意开瓶时，瓶口不要朝向宾客，以防在手不能控制的情况下，软木塞爆出。

(5) 如已溢出酒沫，应将酒瓶呈 45°斜握。

（四） 烈性酒开瓶方法

烈性酒的封瓶方式及其开瓶方法主要有以下两种。

(1) 如果酒瓶是塑料盖或外部包有一层塑料膜，开瓶时先用火柴将塑料膜烧熔取下，然后旋转开盖即可。

(2) 如果酒瓶是金属盖，瓶盖下部常有一圈断点，开瓶时用力拧盖，使断点断裂，便可开盖，如遇断点太坚固，难于拧裂的，可先用小刀将断点划裂，然后再旋开盖。

（五） 罐装酒品开罐方法

一些带气的饮品常以易拉罐的形式封装。

(1) 开启时只要拉起罐顶部的小金属环即可。

(2) 服务者在开启易拉罐时，应将开口方向朝外，不能对着客人，并以手握遮，以示礼貌。

(3) 开启前要避免摇晃。

三、斟酒

（一） 斟酒方式

斟酒有两种方式，一种是桌斟；另一种是捧斟。桌斟采用得较多。

1. 桌斟

服务员斟酒时，左手将盘托稳，右手从托盘中取下客人所需要的酒种，将手放在酒瓶中下端的位置，食指略指向瓶口，与拇指约成 60°，中指、无名指、小指基本上排在一起。斟酒时站在客人右后侧，既不可紧贴客人，也不可离客人太远。给每一位客人斟酒时都应站在客人的右后侧，而不能图省事，站在同一个地方左右开弓给多个客人同时斟酒。给客人斟酒时，不能将酒瓶正对着客人，或将手臂横越客人。斟酒过程中，瓶口不能碰到客人的杯口，保持 1cm 距离为宜，同时也不拿起杯子给客人斟酒。每斟完一杯酒后，将握有瓶子的手顺时针旋转一个角度，与此同时收回酒瓶，这样可以使酒滴留在瓶口，不至于落在桌上，也可显得姿势优雅。给下一位客人继续倒酒时，要用干净布在酒瓶口再擦拭一下，然后再倒。

2. 捧斟

手握酒瓶的基本姿势与桌斟一样，所不同的是，捧斟是一手握酒瓶，一手将酒杯拿在手中，斟酒的动作应在台面以外的地方进行。

（二） 斟酒量与斟酒顺序

1. 斟酒量

（1）中餐在斟倒各种酒水时，一律以八分满为宜，以示对宾客的尊重。

（2）西餐斟酒不宜太满，一般红葡萄酒斟至杯的 1/2 处，白葡萄酒斟至杯的 2/3 处为宜。

（3）斟香槟酒分两次进行，先斟至杯的 1/3 处，待泡沫平息后，再斟至杯的 2/3 处即可。

2. 斟酒顺序

（1）中餐斟酒顺序。宾客入座后，服务员及时问客人是否先喝些酒水饮料。宴会开始前 10 分钟将烈性酒和葡萄酒斟好。其顺序是：从主宾开始，按男主宾、女主宾、再主人的顺序顺时针方向依次进行。如果是两位服务员同时服务，则一位从主宾开始，另一位从副主宾开始，按顺时针方向依次进行。

（2）西餐宴会的斟酒顺序。西餐宴会用酒较多，几乎每道菜有一种酒，吃什么菜配什么酒，应先斟酒后上菜。其顺序为：女主宾、女宾、女主人、男主宾、男宾、男主人。

（三） 斟酒的注意事项

（1）为客人斟酒不可太满，瓶口不可碰杯口。

（2）斟酒时，酒瓶不可拿得过高，以防酒水溅出杯外。

（3）当因操作不慎，将杯子碰倒时，立即向客人表示歉意，同时在桌上酒水痕迹处铺上干净的餐巾，因此要掌握好酒瓶的倾斜度。

（4）因啤酒泡沫较多，斟倒时速度要慢，让酒沿杯壁流下，这样可减少泡沫。

（5）当客人祝酒讲话时，服务员要停止一切服务，端正肃立在适当的位置上，不可交头接耳，要注意保证每个客人杯中都有酒水；讲话即将结束时，要向讲话者送上一杯酒，供祝酒之用。

（6）主人离位或离桌去祝酒时，服务员要托着酒，跟随主人身后，以便及时给主人或其他客人续酒；在宴会进行过程中，看台服务员要随时注意每位客人的酒杯，见到杯中酒水只剩下 1/3 时，应及时添加。

（7）斟酒时应站在客人的后右侧，斟酒时切忌左右开弓进行服务。

（8）手握酒瓶的姿势。首先要求手握酒瓶中下端，商标朝向宾客，便于宾客看到商标，同时可向宾客说明酒水特点。

（9）斟酒时要经常注意瓶内酒量的多少，以控制住酒出瓶口的速度。因为瓶内酒量的多少不同，酒的出口速度也不同，瓶内酒越少，出口的速度就越快，倒时容易冲出杯外。所以，要掌握好酒瓶的倾斜度，使酒液徐徐注入酒杯。

评估练习

1. 简述斟酒的操作要领。

2. 实训操作：以小组为单位，进行斟酒服务模拟实操训练，按斟酒姿势、斟酒顺序和斟酒量要求进行操作练习。

第四节　摆台

教学目标：

掌握中、西餐摆台的基本知识及操作规范。

一、铺台布

铺台布是摆台工作的第一个步骤，台布铺设是将台布舒适平整地铺在餐桌上的过程。各式各样的餐厅经营的类别与模式不同，选用的台布材质、造型、花色等方面都有所不同，不同的餐台可采取不同的铺设方法。

案例 3-5

一天下午，某职业学校组织酒店服务与管理专业的学生前往某酒店参观学习，带队老师重点要求学生对餐前服务准备工作的程序进行全面的了解，学生刚走进该酒店中餐厅大门，就看见服务员正在铺设台布，只见一张张雪白的台布，伴随着一次次潇洒的抛抖，台布准确到位地落在圆桌上，学生不禁被服务员高超的技艺所折服。

（资料来源：樊平，李琦. 餐饮服务与管理 [M]. 3 版. 北京：高等教育出版社，2012.）

（一）圆台

圆台铺台布的常用方法有以下 3 种。

1. 推拉式

服务员选好台布，站在副主人座位处，用双手将台布打开后放至餐台上，用两手的大拇指和食指分别夹住台布的一边，其余三指抓住台布，将台布贴着餐台平行推出去再拉回来。铺好的台布中间的折线对准主位，十字取中，四面下垂部分对称并且遮住台脚的大部分，台布自然下垂至餐椅边为最适合。这种铺法多用于零餐餐厅或较小的餐厅，或因有客人就座于餐台周围等候用餐时，或在地方窄小的情况下，选用这种推拉式的方法进行铺台。

2. 抖铺式

服务员选好台布，站在副主人位置上，用双手将台布打开，用两手的大拇指和食指分别夹住台布的一边，其余三指将多余台布提拿于胸前，身体呈正位站立式，利用双腕的力量，将台布向前一次性抖开并平铺于餐台上。这种铺台方法适合于较宽敞的餐厅或在周围没有客人就座的情况下进行。

3. 撒网式

服务员在选好合适台布后，站在副主人的位置，呈右脚在前、左脚在后的站立姿势，将台布正面朝上打开，用两手的大拇指和食指分别夹住台布的一边，其余三指将多余台布提拿至左肩后方，上身向左转体，下肢不动并在右臂与身体回转时，台布斜着向前撒出去，将台布抛至前方时，上身转体回位并恢复至正位站立，这时台布应平铺于餐台上。这种铺台方法多用于宽大场地或技术比赛场合。

（二）　方台和长台

西餐一般多用方台和长台。普通方台台布的铺设可以参照圆台台布的铺设方法。较长的餐台，台布一般由两个人合铺，需要几块台布拼铺在一起。服务员可以从餐台一端铺起，直到另一端。两个人分别站在餐台两侧铺设台布。铺设时，台布与台布之间的折缝要吻合，连成一线。铺好的台布要做到折缝居中，平挺无皱，两端和两侧下垂部分都对边相等。

二、中餐摆台

中餐摆台一般分为零点用餐和宴会两种，零点摆台以小餐桌为主，宴会摆台一般以大圆桌为主。一张布置妥当的餐桌必须事先准备好各种餐具备品，主要按照餐厅的规格和就餐的需要选择相应的餐具来摆设。

（一）　摆台用具

(1) 餐碟：又称为骨盘，主要用途是盛装餐后的骨头和碎屑等，在中式餐台摆台时也起到定位作用。

(2) 筷子：以材质分类种类很多，有木筷、银筷、象牙筷等。

(3) 筷架：用来放置筷子，可以有效提高就餐规格，保证筷子更加清洁卫生。有瓷、塑胶、金属等各种材质，造型各异。

(4) 汤匙：一般小瓷汤匙（调羹）放在汤碗中，而金属长把汤匙或者大瓷汤匙一般用作宴会的公用勺，应该摆放在桌面的架上。

(5) 汤碗：专门用来盛汤或者吃带汤汁菜肴的小碗。

(6) 味碟：中餐特有的餐具，是用来为客人个人盛装调味汁的小瓷碟。

(7) 杯子：包括瓷制的茶杯和玻璃制的酒杯等。

(8) 转台：适用于多数人就餐的零点餐或者宴会的桌面，方便客人食用菜品，一般有玻璃和木质两种。

(9) 其他：根据不同餐饮企业的要求，桌面上可能还会添加其他东西，如烟灰缸、调味瓶、牙签盅、花瓶、台号、菜单等。

（二）　中餐便餐摆台

中餐便餐摆台多用于零点散客，或者团体包桌，其餐台常使用小方台或者小圆桌，没有主次之分。客人在进餐前放好各种调味品，按照座位摆好餐具，餐具的多少，可以根据当餐的菜单要求而定。

中餐便餐摆台基本要求如图 3-10 所示。

(1) 台布铺设要整洁美观，符合餐厅的要求。

(2) 餐碟摆放于座位正中，距离桌边 1cm 左右，约一指宽。

(3) 汤碗与小汤匙应该一起摆在餐盘前 1cm 左右的地方。

(4) 筷子应该位于餐碟的右侧，距离桌边一指宽。

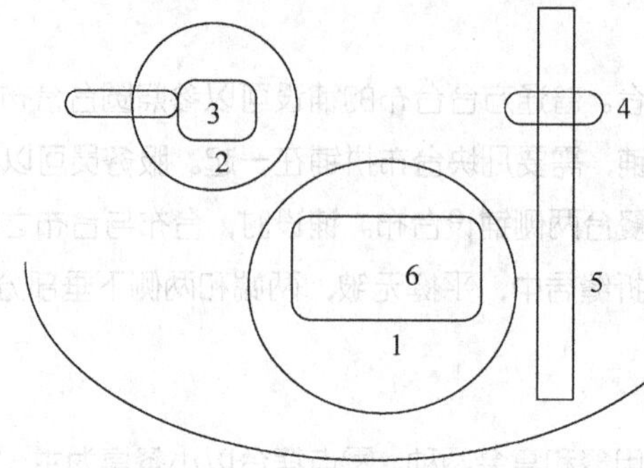

1—骨碟　2—饭碗　3—瓷汤勺
4—筷架　5—筷子　6—口布

(a) 中餐早餐餐位图

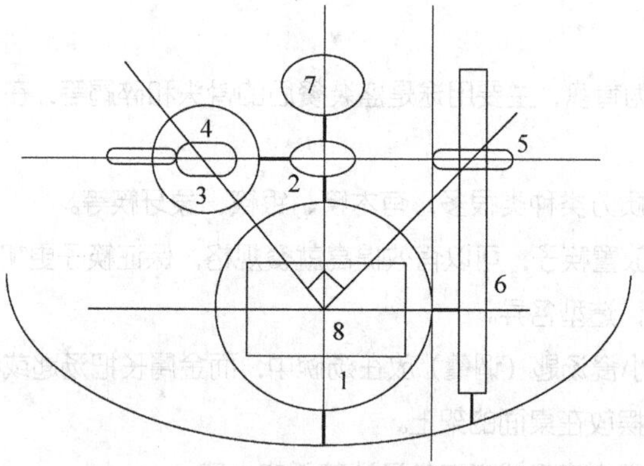

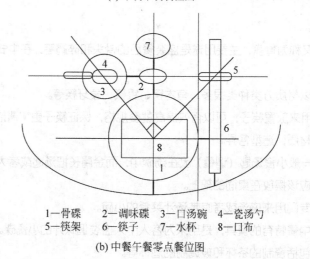

1—骨碟　2—调味碟　3—口汤碗　4—瓷汤勺
5—筷架　6—筷子　7—水杯　8—口布

(b) 中餐午餐零点餐位图

图 3-10　中餐便餐摆台

中餐便餐摆台操作流程如下。

1. 摆台准备

(1) 洗净双手，准备各类餐具、玻璃器具、台布、口布或餐巾纸等。

(2) 检查餐具、玻璃器具等是否有损坏、污迹及手印，是否洁净光亮。

(3) 检查台布、口布是否干净，是否有损坏、皱纹。

(4) 检查调味品及垫碟是否齐全、洁净。

2. 铺台布

按圆桌铺台布方法铺好桌布。台布中缝居中，对准主位，四边下垂长短一致，四角与桌脚成直线垂直。

3. 摆餐椅

（1）4 人桌，正、副主位方向各摆两位。采取十字对称法。

（2）6 人桌，正、副主位方向各摆 1 位，两边各摆 2 位。采用一字对中，左右对称法。

（3）8 人桌，正、副主位方向各摆 2 位，两边各摆 2 位。采用十字对中，两两对称法。

（4）10 人桌，正、副主位方向各摆 3 位，两边各摆 2 位。采用一字对中，左右对称法。

（5）12 人桌，正、副主位方向各摆 3 位，两边各摆 3 位。采用十字对中，两两相间法。

4. 上转盘

8 人以上桌面须摆转盘，并套上转盘布罩。转盘与餐桌同圆心。

5. 摆餐具

（1）摆餐碟。餐碟摆在离桌边 1cm 处，各餐碟之间距离相等。

（2）摆汤碗、汤匙。汤碗摆在餐碟前面的左侧，相距 1cm；汤匙摆在汤碗上，匙柄向右。

（3）摆筷子、筷子架。筷子架横摆在餐碟右边，距汤碗 1cm；筷子垂直于筷子架横摆放，筷子靠桌边的一端与桌边线距离 1.5cm。

（4）牙签袋摆在餐碟右边，字面向上。

（5）水杯摆在汤碗正前方，间距为 1cm。

（6）折好餐巾花摆在餐碟上，餐巾花正面朝转盘。

（7）摆烟灰缸、牙签筒、调味架、花瓶、台号牌。花瓶摆在转盘中央，台号牌摆在花瓶边。

（三） 中餐宴会摆台

1. 宴会的场地布置

宴会的接待规格较高，形式较为隆重，中餐的宴会多使用大圆桌，由于宴会的人数较多所以就存在场地的布置问题，应该根据餐厅的形状和大小以及赴宴的人数多少安排场地，桌与桌之间的距离以方便服务人员服务为宜。主桌应该位于面向餐厅正门的位置，可以纵观整个餐厅或者宴会厅。一定要将主宾入席和退席的线路设为主行道，应该比其他的通道宽一些。不同的桌数的布局方法有所区别，但一定要做到台布铺置一条线，桌腿一条线，花瓶一条线，主桌突出，各桌相互照应。宴会的场地布置如图 3-11 所示。

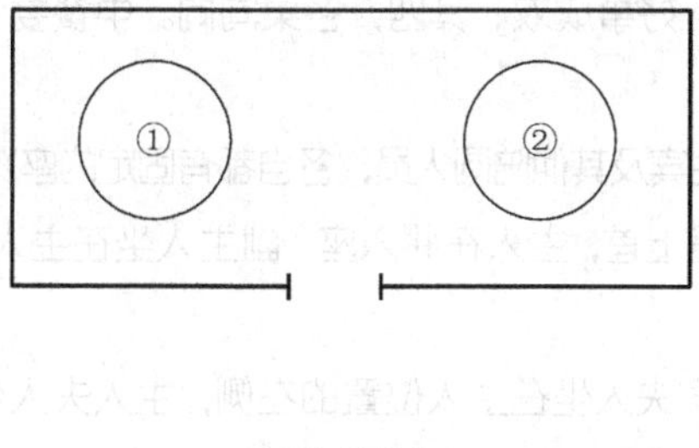

(a) 桌次排位之一

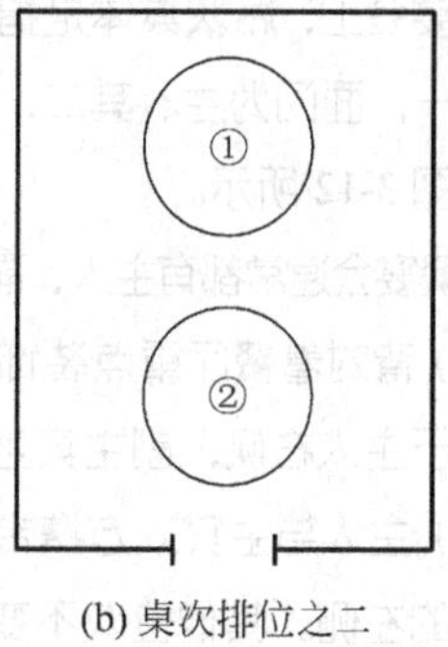

(b) 桌次排位之二

图 3-11　宴会的场地布置

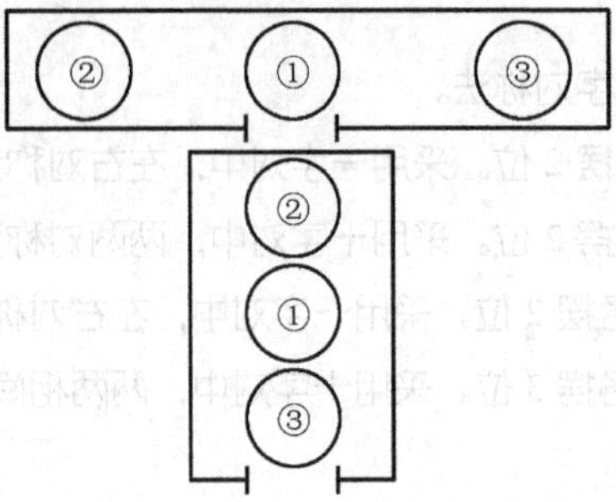

(c) 桌次排位之三

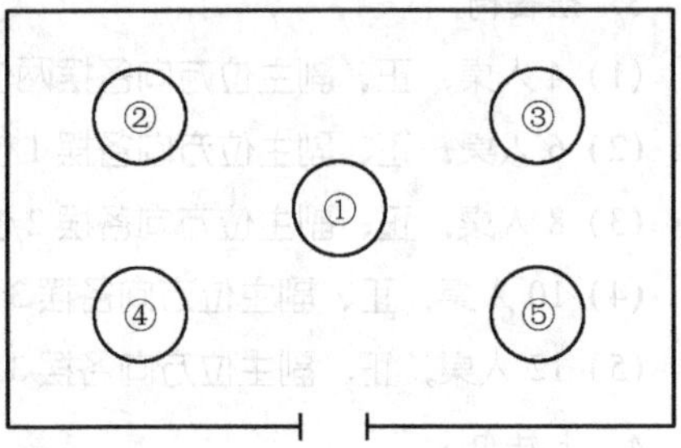

(d) 桌次排位之四

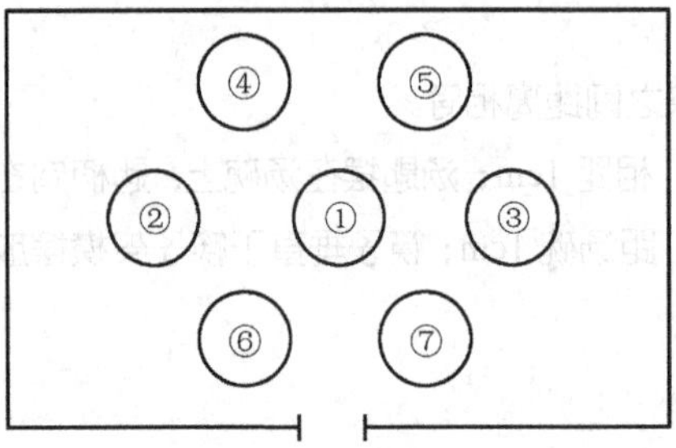

(e) 桌次排位之五

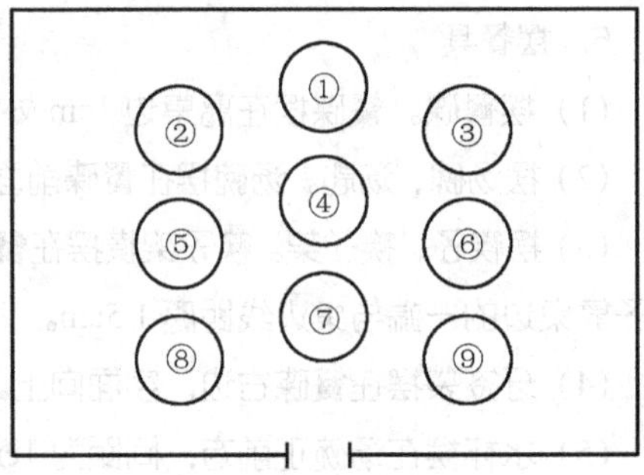

(f) 桌次排位之六

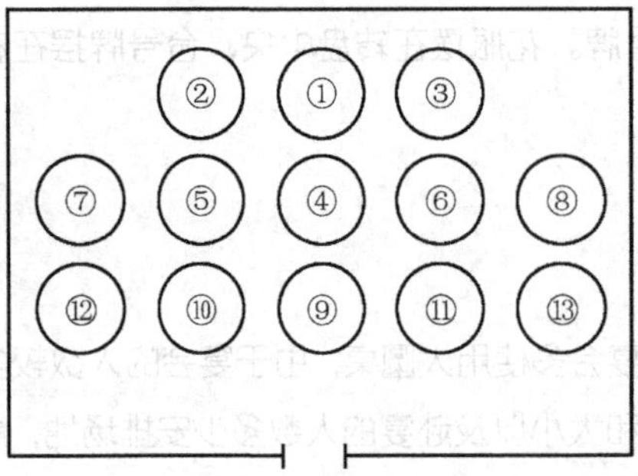

(g) 桌次排位之七

图 3-11 （续）

2. 中餐宴会座次安排

在宴会上，席次具体是指同一张餐桌上席位的高低。中餐宴会上席次安排的具体规则有四：其一，面门为主；其二，主宾居右；其三，好事成双；其四，各桌同向。中餐宴会座次安排如图 3-12 所示。

中餐宴会通常都有主人、副主人、主宾、副主宾及其他陪同人员，各自都有固定的座次安排。

(1) 背对着餐厅重点装饰面、面向众席的是上首，主人在此入座，副主人坐在主人对面，主宾坐于主人右侧，副主宾坐于副主人右侧。

(2) 主人与主宾双方携带夫人入席的，主宾夫人坐在主人位置的左侧，主人夫人坐在主宾夫人的左侧。其他位次不变。

(3) 当客人在餐厅举行高规格的中餐宴会时，服务员要协助客方承办人按位次大小排好座次，或将来宾姓名按位次高低绘制在平面图上，张贴到餐厅入口处，以便引导宾客入席就座。

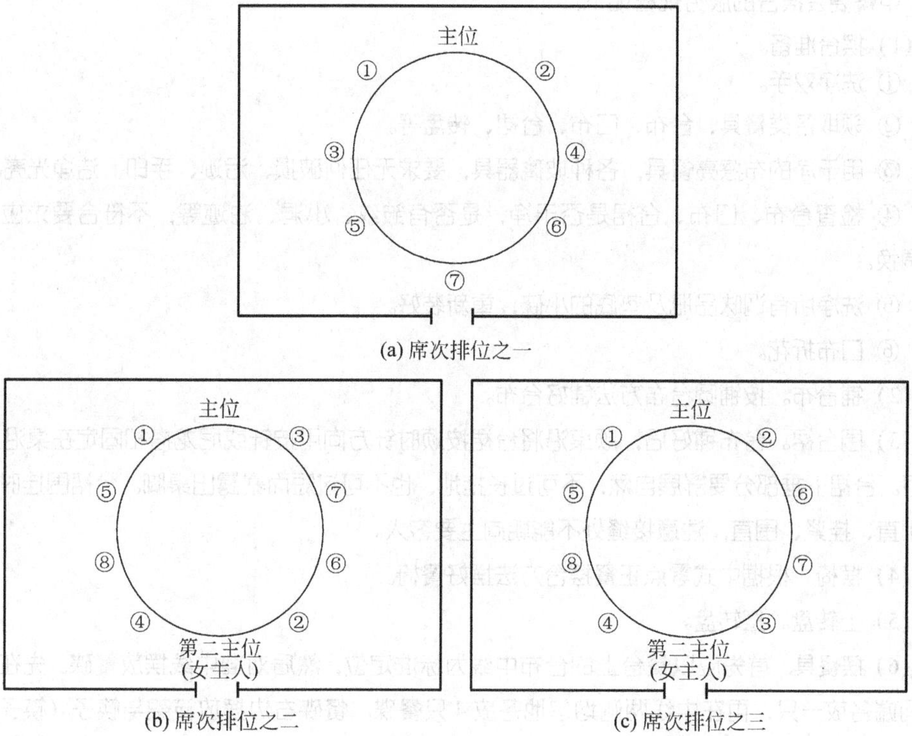

图 3-12　中餐宴会座次安排

3．中餐宴会的餐具摆设

1）中餐宴会的餐具摆设

中餐宴会摆设餐具时，应左手托盘，右手摆放餐具，从主位开始摆起，摆台标准如图 3-13 所示。

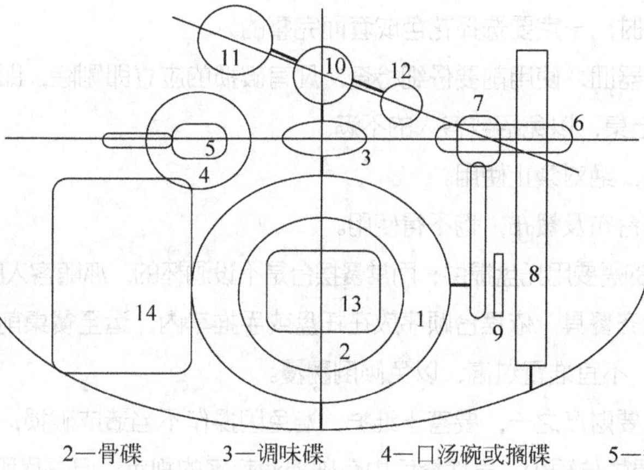

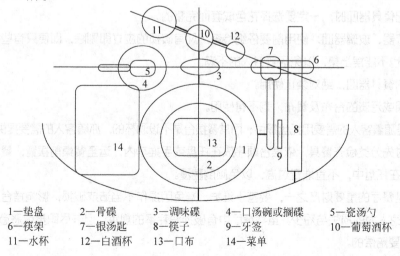

1—垫盘　2—骨碟　3—调味碟　4—口汤碗或搁碟　5—瓷汤勺
6—筷架　7—银汤匙　8—筷子　9—牙签　10—葡萄酒杯
11—水杯　12—白酒杯　13—口布　14—菜单

图 3-13　中餐宴会摆台标准

2）中餐宴会摆台的服务规程

中餐宴会摆台的服务规程如下。

（1）摆台准备。

① 洗净双手。

② 领取各类餐具、台布、口布、台裙、转盘等。

③ 用干净的布擦亮餐具，各种玻璃器具，要求无任何破损、污迹、手印，洁净光亮。

④ 检查台布、口布、台裙是否干净，是否有皱纹、小洞、油迹等，不符合要求应另外调换。

⑤ 洗净所有调味品瓶及垫底的小碟，重新装好。

⑥ 口布折花。

（2）铺台布。按铺圆台布方法铺好台布。

（3）围台裙。台布铺好后，顺桌沿将台裙按顺时针方向用按针或尼龙搭扣固定在桌沿上即可。台裙下垂部分要舒展自然，不可过长拖地，也不可过短而暴露出桌脚。台裙围挂时做到绷直、挂紧、围直，注意接缝处不能朝向主要客人。

（4）摆椅。根据中式零点正餐摆台方法摆好餐椅。

（5）上转盘。摆转盘。

（6）摆餐具。首先应以餐台上的台布中线为标准定位，然后对准中线摆放餐碟。先在中线两端各放一只，再在中线两侧均匀地各放 4 只餐碟。餐碟右边摆放筷架与筷子（筷子应放入筷套），餐碟下沿与筷子一端成一直线，距离桌边约 1cm 宽；餐碟右上方摆放水杯、红酒杯、白酒杯；餐碟上方和左上方放置调味碟、调羹、汤碗。公筷与公勺 6 人以下放 2 套，6 人以上放 4 套。餐桌上还应该放置适量调料瓶或者烟缸、牙签盅等。折花的口布在每个客人的水杯内应该插一块。按宴会举办单位需要，在每一席位上放上姓名卡。菜单摆在正副主人餐具的一侧，10 人桌一般放 2 张。

3）中餐宴会摆台的注意事项

（1）在选配餐具器皿时，一定要选择花色成套而完整的。

（2）所有瓷器、玻璃器皿，使用前要仔细检查，凡有破损的应立即剔除，即便只有些微裂痕或缺口，也不能摆上桌，以免招致客人的不满。

（3）脏污的餐具器皿，绝对禁止使用。

（4）有破损或污渍的台布及餐布，均不得使用。

（5）饭碗是随着客人的需要用托盘提供；而常餐摆台是不设酒杯的，亦随客人的需要提供。

（6）摆台时先分类检齐餐具，依摆台顺序放在托盘或手推车内，运至餐桌前摆置，餐具盘碗碟瓷器放在托盘中，不宜堆置过高，以免倾倒翻覆。

（7）餐具是餐厅的重要财产之一，要善于维护，避免因操作不当造成破损，影响摆台工作效率，应避免人为的损失与短少。虽然餐厅中有破损消耗率的规定，但未尽职责或恶意的破坏，当然是要赔偿的。

（8）餐桌装饰在于美化点缀，应一致地摆置在餐桌一角，色彩务求协调，否则就不必摆设，以免妨碍客人进餐。

（9）餐桌餐具摆设完毕，务必检视是否正确完美，同时将每一座椅摆放整齐；营业前或开席前 20 分钟，领班应进行一次复检，凡有缺点立即纠正改善。

4）其他注意事项

个人席位上摆放餐具的宽度不应窄于 40cm 或者餐椅宽度。在摆放餐具时如果宴会人数众多，餐具较多，也可以采用多人流水作业的方式摆放餐具，一个人摆一种，依次摆放。

在摆放餐具时还应注意一些小问题：调羹应该放入汤碗或者调味碟内；消毒的筷子应该用筷套封装；桌面上使用的花瓶或者台花，其高度应该以不阻挡视线为准；主位的口布花应该比其他座位上的口布略微高一点；每个餐桌的餐具应该多备出 20%，以备使用。

知识拓展 3-5

中餐摆台骨碟定位巧变化

人数为双数，则正、副主人位上定有骨碟。

人数为单数，则主人位上定有骨碟，副主人位上定无骨碟。

（资料来源：马开良．餐饮服务与经营管理[M]．北京：旅游教育出版社，2010.）

三、西餐摆台

西餐一般使用长方台，有时也使用圆台或者 4 人小方台。西餐就餐方式实行分餐制，摆台按照不同的餐别而做出不同的摆设。正餐的餐具摆设分为零点餐桌摆台和宴会摆台，同时西餐摆台的方式因服务方式不同也有不同之处。

（一） 西餐餐桌摆放用品

（1）台布：颜色以白色为主。

（2）餐盘：一般餐厅设计为 12 寸左右，可以作为摆台的基本定位。

（3）餐刀：大餐刀（Dinner Knife）在正餐使用。小餐刀（Small Knife）在享用前菜和沙拉时使用。鱼刀（Fish Knife）在享用海鲜或者鱼类时使用。牛排刀（Steak Knife）前端有小锯齿，在享用牛排时使用。

（4）餐叉：大餐叉（Dinner Fork）在正餐时使用。小餐叉（Small Fork）在享用前菜或者沙拉时使用。鱼叉（Fish Fork）在享用鱼类或海鲜时使用。水果叉（Fruit Fork）在享用水果时使用。蛋糕叉（Cake Fork）在享用蛋糕时使用。生蚝叉（Oyster Fork）在享用牡蛎时使用。

（5）黄油刀（Butter Knife）：用来将黄油涂抹在面包上的重要工具，常与面包盘搭配摆设。

(6) 面包盘（B.B.Plate）：用来摆放面包，个体较小，一般为 6 寸左右。

(7) 汤匙（Soup Spoon）：浓汤匙（Thick Soup Spoon）在喝浓汤时使用。清汤匙（Clear Soup Spoon）在喝清汤时使用。甜品匙（Dessert Spoon）在享用点心和甜品时使用。餐匙（Table Spoon）在不分清汤和浓汤时使用。

(8) 水杯（Water Goblet）：用来盛用饮用水。

(9) 葡萄酒杯（Wine Glass）：分为红酒杯和白酒杯，一般红酒杯略大于白酒杯。

（二） 西餐便餐摆台

西餐便餐一般使用小方台和小圆台，餐具摆放比较简单。

摆放顺序是：餐盘放在正中，对准椅位中线（圆台是顺时针方向按人数等距定位摆盘）；口布折花放在餐盘内；餐叉放在餐盘的左边，叉尖向上；餐刀和汤匙放在餐盘右边；面包盘放在餐叉上方或左边，黄油刀横放在餐盘上方，刀口向内；水杯放在餐刀尖的上方，酒杯靠水杯右侧呈直线、三角形或者弧形；烟灰缸放在餐盘正上方，胡椒瓶和盐瓶放置于烟灰缸左侧，牙签盅放在椒盐瓶左侧；花瓶放在烟灰缸的上方；糖缸和奶缸呈直线放在烟灰缸的右边。西餐便餐摆台如图 3-14 所示。

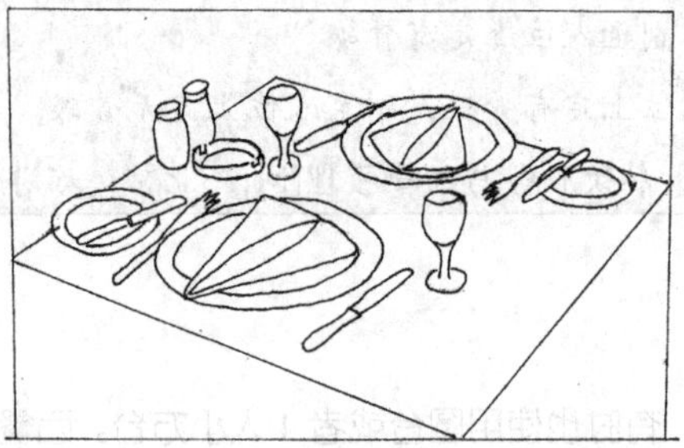

图 3-14 西餐便餐摆台

（三） 西餐宴会摆台

西餐宴会餐台是可以拼接的，餐台的大小和台形的排法，可根据人数的多少和餐厅的大小进行布置，一般为长台。人数较多时宴会的台形可有多种，图 3-15 为几种常见的台形。

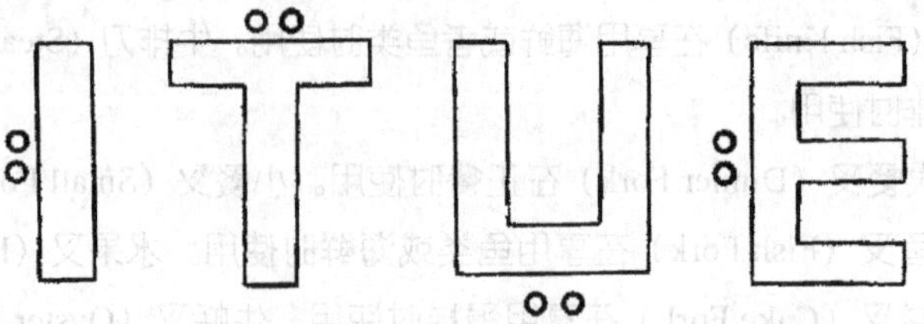

(a) 台形一　(b) 台形二　(c) 台形三　(d) 台形四

图 3-15 西餐宴会摆台常见台形

1. 西餐宴会座次安排

主人一般安排在面向餐厅正门的位置上，第一、第二客人排在主人的两侧。使用长台时，主人安排在长台正中位置或者长台顶端。使用圆桌则与中餐宴会座次安排相同。具体排法如图 3-16 所示。

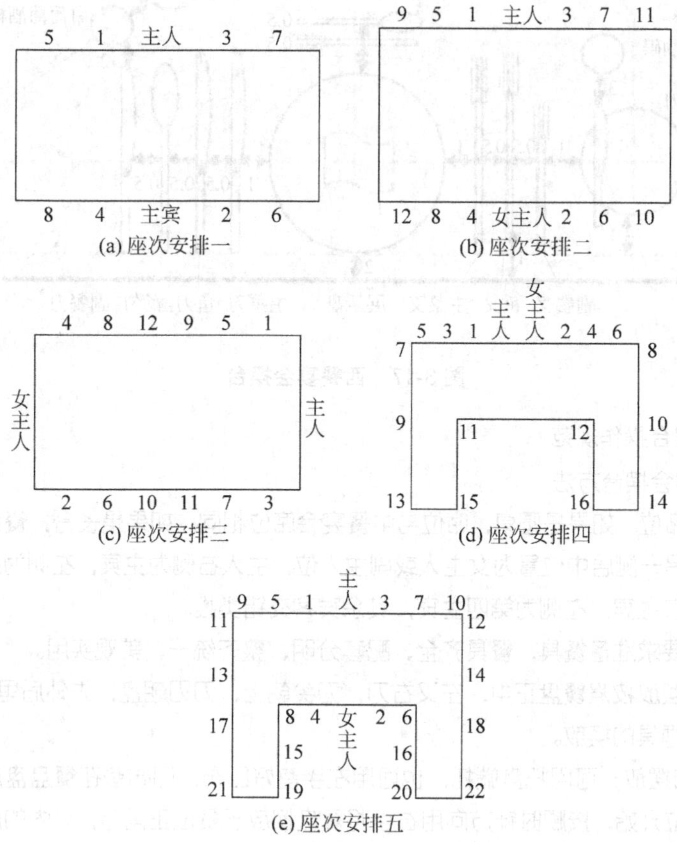

图 3-16　西餐宴会餐台座次安排

2. 西餐宴会餐具摆设

左手托盘，右手摆放餐具，摆放的顺序是：按照顺时针的方向，按照人数等距定位摆盘，将餐巾放在餐盘中或者将折花插在水杯中。面包、黄油盘放在叉尖左上方，黄油刀刀口朝向餐盘内竖放在餐盘上，在餐盘的左侧放餐叉，餐盘的右侧放置餐刀，在餐刀右边放汤匙，点心刀叉放在餐盘的正上方，酒杯、水杯共 3 只摆放在餐刀上方。酒杯的摆放方法多种多样，可以摆成直线形、斜线形、三角形或者圆弧形，先用的放在外侧，后用的放在内侧；甜点叉的左上方放盐瓶、胡椒瓶，右上方放烟灰缸，如图 3-17 所示。注意西餐的餐具按照宴会菜单摆放，每道菜应该换一套刀叉，放置时要根据上菜的顺序从外侧到内侧，一般不超过 7 件（即 3 叉、3 刀、1 匙），如果精美的宴席有多道菜，则在上新菜前追加刀叉。摆放餐具后应该仔细核对，确认是否整齐划一。

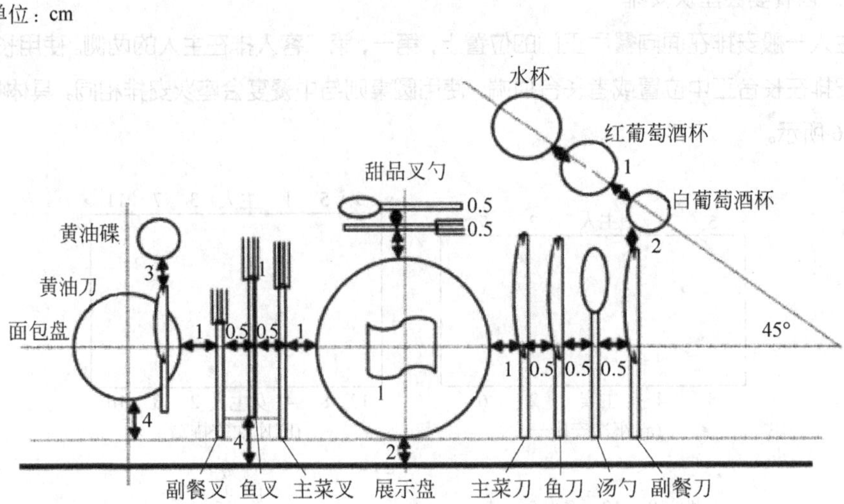

图 3-17　西餐宴会摆台

3. 西餐摆台操作规范

1）西餐宴会摆台方法

（1）确定席位。如果是圆桌，席位与中餐宴会席位相同。如果是长台，餐台一侧居中位置为主人位，另一侧居中位置为女主人或副主人位，主人右侧为主宾，左侧为第三主宾，副主人右侧为第二主宾，左侧为第四主宾，其余宾客交错类推。

根据菜单要求准备餐具，餐具齐全、配套分明、整齐统一、美观实用。

西餐餐具摆放按照餐盘正中，左叉右刀，刀尖朝上，刀刃朝盘，先外后里的顺序摆放。

（2）餐、酒具的摆放。

① 饰盘的摆放：可用托盘端托，也可用左手垫好口布，口布垫在餐盘盘底，把装饰盘托起，从主人位开始，按顺时针方向用右手将餐盘摆放于餐位正前方，盘内的店徽图案要端正，盘与盘之间距离相等，盘边距桌边 2cm。

② 口布的摆放：将餐巾折花放于装饰盘内，将观赏面朝向客人。

③ 面包盘、黄油碟的摆放：装饰盘左侧 10cm 处摆面包盘，面包盘与装饰盘的中心轴对齐，黄油盘摆放在面包盘右上方，相距 3cm 处。

④ 餐具的摆放：装饰盘左侧按从左至右的顺序依次摆放沙拉叉、鱼叉、主餐叉，各相距 0.5cm，手柄距桌边 1cm，叉尖朝上。鱼叉上方可突出其他餐具 1cm。装饰盘的右侧按从左到右的顺序依次摆放主餐刀、鱼刀，刀刃向左，刀柄距桌边 1cm。鱼刀上方可突出其他餐具 1cm。鱼刀右侧 0.5cm 处摆放汤匙，勺面向上，汤匙右侧 0.5cm 处摆放沙拉刀，刀刃向左。甜食叉、甜食勺平行摆放在装饰盘的正前方 1cm 处，叉在下，叉柄向左，勺在上，勺柄朝右，甜食叉、甜食勺手柄相距 1cm。黄油刀摆放在面包盘右上方 1/3 处，黄油刀中心与面包盘的中心线吻合。

⑤ 酒具的摆放：水杯摆放在主餐刀正前方 3cm 处，杯底中心在主餐刀的中心线上，杯底距主餐刀尖 2cm，红葡萄酒杯摆在水杯的右下方，杯底中心与水杯杯底中心的连线与餐台

边成 45° 角，杯壁间距 0.5cm，白葡萄酒杯摆在红葡萄酒杯的右下方，其他标准同上。摆酒具时要拿酒具的杯托或杯底部。

（3）蜡烛台和胡椒瓶、盐瓶的摆放。

① 西餐宴会如果是长台一般摆两个蜡烛台，蜡烛台摆在台布的鼓缝线上、餐台两端适当的位置上，调味品（左椒右盐）、牙签筒，按 4 人一套的标准摆放在餐台鼓缝线位置上，并等距离摆放数个花瓶，鲜花不要高过客人眼睛位置。

② 如果是圆台，台心位置摆放蜡烛台，胡椒瓶、盐瓶摆在台布鼓缝线上按左椒右盐的要求对称摆放，瓶壁相距 0.5cm，瓶底与蜡烛台台底相距 2cm。

（4）烟灰缸、火柴的摆放。在主人位和主宾位之间摆放烟灰缸，顺时针方向每两位客人之间摆放一个，烟灰缸的上端与酒具平行。火柴平架在烟灰缸上端，店标向上。

2）西餐便餐的摆台方法

（1）座位正前方距桌边 2cm 处摆放垫纸或垫布，餐盘摆在垫纸或垫布上方，盘内摆放折好的餐巾。

（2）餐盘的左侧摆放主餐叉，叉尖朝上，餐盘的右侧摆放主餐刀，刀刃朝盘，刀柄距餐盘 1.5cm，主餐刀的右侧摆放汤匙。叉底、餐盘边沿、刀底、匙底在一直线上并相距 0.5cm。

（3）餐盘正前方 1.5cm 处横放甜食叉和甜食勺，叉在下叉把朝左摆放，勺在上勺把朝右摆放。

（4）餐盘左侧 4cm 处摆放面包盘，盘上靠右侧 1/3 处摆放面包刀。

（5）主餐刀正上方 3cm 处摆放水杯。

（6）烟灰缸和调味品摆放在甜食叉和甜食勺的正前方。

评估练习

1．简述中餐宴会摆台的操作流程。

2．简述西餐宴会摆台的操作流程。

3．实训操作：请分别在规定时间内完成中西餐宴会摆台（中餐 20 分钟，西餐 15 分钟）。考核要求见表 3-5 和表 3-6。

表 3-5　中餐宴会摆台操作技能考核表

项目	操作程序及标准	分值	扣分	得分
1．仪表仪容	整齐着装，符合职业要求	5		
	发型符合行业规范，精神面貌佳，微笑，有礼貌			
2．准备工作	3 分钟准备（20 分钟操作时间之外）	4		
	没有漏项，准备有序，台面整洁，操作卫生			
3．铺台布（装饰布）	一次完成；十字居中，四周下垂部分均匀	8		
	装饰布主折痕凸面向上，对准正、副主人位；十字居中，四周下垂部分均匀			

续表

项目	操作程序及标准	分值	扣分	得分
4．骨碟定位	一次性定位、碟间距离均等，骨碟标志对正，相对骨碟与餐桌中心点三点一线距桌沿约 1.5cm	10		
5．口汤碗、小汤勺、调味碟	口汤碗与调味碟之间距离的中点对准骨碟的中点，餐具相距 1cm；口汤碗底部平行线距离骨碟 1cm	10		
6．筷架、筷子、银羹、牙签	筷架摆在骨碟右边，与口汤碗在一条直线上。筷子、银羹搁摆在筷架上，筷尾距餐桌沿 1.5cm，筷套正面朝上	10		
	牙签位于银羹和筷子之间，牙签套正面朝上，底部与银羹齐平			
7．葡萄酒杯、白酒杯、水杯	葡萄酒杯在骨碟正上方（口汤碗与调味碟之间距离的中点线上），白酒杯摆在葡萄酒杯的右侧，水杯位于葡萄酒杯左侧，杯肚间隔 1cm，三杯杯底中点与水平成直线；水杯肚底部平行线与口汤碗距离 1cm。如果折的是杯花，水杯待餐巾花折好后一起摆上桌	10		
8．餐巾折花	花型突出正、副主人位，整体协调。操作手法卫生，不用口咬、下巴按	10		
9．公用餐具	公用餐具摆放在副主人位右边第一与第二位客人之间	3		
	按先勺后筷顺序将公勺（分菜勺）、公羹（银羹）、筷子摆在公用筷架上，分菜勺柄末端距桌边 5cm，筷子、公羹与分菜勺平行摆放			
10．菜单、花瓶、桌号牌	花瓶摆在台面正中	3		
	菜单摆放在正副主人的筷子架右侧，位置一致，菜单右尾端距离桌边 1.5cm；桌号牌摆放在花瓶正前方、面对副主人位			
11．餐椅定位	先拉第一主宾（主人位右侧第 1 位）、第二主宾（主人位左侧第 1 位）、主人位，然后按顺时针方向逐一定位，示意让座	5		
	座位中心与餐碟中心对齐，餐椅间距离均等，餐椅座面边缘与桌边相切			
12．斟酒	托盘斟酒，操作规范（主商标朝外），不滴不洒	12		
	酒量恰当（白酒八成，葡萄酒六成）；顺序正确（先葡萄酒后白酒），从主宾开始，连续 5 个餐位，换瓶斟酒			
综合印象	托盘平稳，悬于餐椅外；台面整体美观、便于使用、具有艺术美感；操作全程动作规范、娴熟、敏捷、声轻，姿态优美，能体现专业气质	10		
合计		100		
操作时间：　分　秒　　超时：　秒　扣分：　分				
物品落地、物品碰倒、物品遗漏　件　　扣分：　分				
实际得分				

表 3-6　西餐宴会摆台操作技能考核表

项目	操作标准与要求	分值	得分
1．仪表仪容	整齐着装，符合职业要求	5	

	发型符合行业规范，精神面貌佳，微笑，有礼貌		

续表

项目	操作标准与要求	分值	得分
2．准备工作	2 分钟准备（15 分钟操作时间之外）	5	
	没有漏项，准备有序，台面整洁，操作卫生		
3．台布	台布主凸线向上	5	
	两块台布面重叠 5cm，台布四边下垂均等		
	主人位方向台布交叠在副主人位方向台布上		
4．餐椅定位	从主人位开始按顺时针顺序拉椅定位	5	
	相对餐椅椅背中心对正		
	餐椅间距相等，椅边与台布下垂处相切		
5．装饰盘	从主人位开始顺时针方向摆放	5	
	盘边距离桌边 1cm，盘与盘之间距离均等		
	手持盘沿，在餐位右侧操作		
6．刀、叉、勺	刀、叉、勺由内向外摆放，距桌边距离详见餐位图	15	
	刀、叉、勺之间与其他餐具间距离详见餐位图		
7．面包盘、黄油刀、黄油碟	摆放顺序：面包盘、黄油刀、黄油碟	8	
	面包盘与装饰盘中心对齐		
	黄油刀置于面包盘右侧 1/3 处		
	黄油碟摆放在黄油刀尖正上方，相距 3cm		
	黄油碟左侧边沿与面包盘中心成直线		
8．杯具	摆放顺序：白葡萄酒杯、红葡萄酒杯、水杯（白葡萄酒杯摆在开胃品刀的正上方，杯底距开胃品刀尖 3cm）	10	
	三杯成斜直线，向右与水平线成 45° 角		
	杯身之间相距 1cm，操作时手持杯中下部或杯柄		
9．餐巾折花	突出主人位、操作卫生规范	7	
	一次成型，造型美观，大方雅致		
10．斟酒	徒手斟白葡萄酒，操作规范，不滴不洒	10	
	酒量恰当（六成），动作美观		
11．主题插花及主题说明	主题鲜明有创意，欣赏性与实用性兼具；主题插花不影响客人视线交流	8	
	摆放合理，安全卫生		
12．烛台	烛台与主题插花相距 20cm	3	
	烛台底座中心压台布中线		
	两个烛台方向一致		
13．牙签盅	牙签盅与烛台相距 10cm	2	
	牙签盅中心压在台布中线上		

14. 胡椒瓶、盐瓶	胡椒瓶、盐瓶与牙签盅相距 2cm	2	
	胡椒瓶、盐瓶两瓶间距 1cm，左椒右盐		

续表

项目	操作标准与要求	分值	得分
14. 胡椒瓶、盐瓶	胡椒瓶、盐瓶间距中心对准台布中线		
综合印象	托盘内餐具、物品分类按序摆放整齐，符合规范	10	
	托盘平稳，悬于餐椅外		
	台面美观，整齐，协调		
	操作过程中动作规范、娴熟、声轻，姿态美，有节奏，能体现职业气质		
合计		100	
操作时间：　　分　　秒　　超时：　　秒 每超过 30 秒扣 2 分，不足 30 秒按 30 秒计算，超过 2 分钟后停止摆台		扣分	分
物品落地（扣 3 分/件）；物品碰倒（扣 2 分/件） 物品遗漏（扣 1 分/件）；托盘扣翻（扣 20 分/次）		扣分	分
实际得分			

第五节　上菜与分菜服务

教学目标：

1. 掌握中、西餐服务中上菜与分菜的技巧。
2. 理解对客服务中特殊菜肴的上菜与分菜的服务技巧。

一、中餐上菜

（一）上菜顺序

根据不同的菜系，中餐就餐与上菜的顺序会有一点不同，但一般的上菜方式是先上冷菜便于佐酒，然后视冷菜食用的情况，适时上热菜，最后上汤菜、点心和水果。上菜时应该注意正确的端盘方法，端一个盘子时用大拇指紧贴盘边，其余四指扣住盘子下面，拇指不应该碰到盘子边的上部，更不允许留下手印或者手指进入盘中，这样既不卫生也不礼貌。

（二）上菜方法与要求

(1) 上菜时，可以将凉菜先行送上席。当客人落座开始就餐后，服务员即可通知厨房做好出菜准备，待到凉菜剩下 1/3 左右时，服务员即可送上第一道热菜。当前一道菜快吃完时，服务员就要将下一道菜送上，不能一次送得过多，使宴席上放不下，更不能使桌上出现菜肴空缺的情况，让客人在桌旁干坐，这既使客人感到尴尬，也使客人在饮过酒后，因没有菜可供及时下酒，更容易喝醉。

(2) 服务员给客人提供服务时，一般要以第一主人作为中心，从宴席的左面位置上菜，从宴席的右侧位置撤盘。上菜或撤盘时，都不应当在第一主人或主宾的身边操作，以免影响主客之间的就餐和交谈。

(3) 凡是上带有调味佐料的热菜，如烤鸭、烤乳猪、清蒸蟹等，要一同上桌，切忌遗漏，一次性上齐，并且可以略作说明。

(4) 几种特殊性菜肴上桌的方法。锅巴虾仁应该尽快上桌，将虾仁连同汤汁马上倒入盘中锅巴上，保持热度和吱吱的声响；清汤燕菜这类名贵的汤菜应该将燕窝用精致盘子上桌后，由服务人员当着客人的面下入清汤中；上泥包、纸包、荷叶包的菜时，服务员应先将菜拿给客人观赏，然后再送到操作台上，在客人的注视下打开或打破，然后用餐具分到每一位客人的餐盘中。如果先行打开或打破，再拿到客人面前，则会失去菜的特色，也不能保持其原有的温度和香味。

上热菜时应坚持“左上右撤”的原则。“左上”即侧身站立在座席左侧用左手上菜；“右撤”即侧身站立于座席右侧用右手撤盘。

(5) 菜肴上有孔雀、凤凰图案的拼盘应当将其正面放在第一主人和主宾的面前，以方便第一主人与主宾欣赏。

(6) 第一道热菜应放在第一主人和主宾的前面，没有吃完的菜则移向副主人一边，后面的菜可遵循同样的原则。

(7) 遵循“鸡不献头，鸭不献尾，鱼不献脊”的传统礼貌习惯，即在给客人送上鸡、鸭、鱼一类的菜时，不要将鸡头、鸭尾、鱼脊对着主宾。而应当将鸡头与鸭头朝右边放置。上整鱼时，由于鱼腹的刺较少，肉味鲜美腴嫩，所以应将鱼腹而不是鱼脊对着主宾，表示对主宾的尊重。

知识拓展 3-6

“鸡不献头，鸭不献掌，鱼不献脊”的含义

一般用餐上整体大菜时，鸡不献头，鸭不献掌，鱼不献脊。这是因为鸡头有三多：皮多，骨多，结缔组织多；鸭掌除皮即骨，无可食之肉，将鸡头、鸭掌对着客人上菜是不恭敬的。

而鱼不献脊的说法不一。

其一，据清代钱泳《履园丛书》所载：“绘会（是否指现在的绘鱼，不尽其详）鲜类，脊背有十二刺，应一年十二个月，有闰月则多一刺，如正月之毒在第一刺，二月之毒在第二刺，以此类推，其中毒之者，能杀人，主人恐误伤宾客，故不能献脊”。

其二，来自春秋战国时期，专诸用剑刺王僚的故事。专诸事先将剑藏入鱼腹内，献鱼时顺手把剑抽出，将王僚刺死。从此，献鱼不献脊便成了一条规矩了。其实鱼腹之肉，刺少肉嫩，味鲜美；脊背有鳍，刺多，肉质硬且不如腹部肥美，所以献腹不献脊表示恭敬，放置时应头左尾右腹朝前横在客人面前。

（资料来源：熊四智，唐文. 中国烹饪概论[M]. 北京：中国商业出版社，1998.）

（三）摆菜

(1) 摆菜时不宜随意乱放，而要根据菜的颜色、形状、菜种、盛具、原材料等因素，讲究一定的艺术造型。

(2) 中餐宴席中，一般将大菜中的头菜放在餐桌中间位置，砂锅、炖盆之类的汤菜通常也摆放到餐桌中间位置。散座中可以将主菜或高档菜放到餐桌中心位置。

(3) 摆菜时要使菜与客人的距离保持适中，散座中摆菜时，应当将菜摆放在靠近小件餐具的位置上，餐厅经营高峰中两批客人同坐于一个餐桌上就餐时，摆菜要注意分开，不同批次客人的菜向各自方向靠拢，而不能随意摆放，否则容易造成误解。

(4) 注意菜点最适宜观赏一面位置的摆放。要将这一面摆在适当的位置，一般宴席中的头菜，其观赏面要朝向正主位置，其他菜的观赏面则对向其他客人。

(5) 当为客人送上宴席中的头菜或一些较有风味特色的菜时，应首先考虑将这些菜放到主宾与主人的前面，然后在上下一道菜时再移放餐桌的其他地方。

二、西餐上菜

（一） 西餐上菜的基本要求

(1) 服务员在提供西餐上菜服务中，总体顺序是先女主宾后男主宾，然后服务主人与一般来宾。

(2) 服务员应用左手托盘，右手拿叉匙为客人提供服务。服务时，员工应当站在客人的左边。

(3) 西餐菜肴上菜也要“左上右撤”，酒水饮料要从客人的右侧上。法式宴会所需食物都是用餐车送上，由服务员上菜，除面包、黄油、沙拉和其他必须放在客人左边的盘子外，其他食物一律从右边用右手送上。

（二） 西餐上菜的方式

(1) 法式上菜方式的特点是将菜肴放在宾客面前的辅助服务台上进行最后的烹调服务，法式服务由两名服务人员同时操作，一名负责完成桌边的烹调制作，另一名负责为客人上菜，热菜用加温的热盘，冷菜用冷却后的冷盘。

(2) 俄式上菜方式与法式服务相近，但所有菜肴都是在厨房完成后，用大托盘送到辅助服务台上，然后顺时针绕台将餐盘从右边摆在客人面前。上菜时服务人员站立在客人的左侧，左手托银盘向客人展示菜肴，然后再用服务叉、勺配合分菜至客人面前的餐盘中，以逆时针的方向进行分菜服务，剩余菜肴送回厨房。

(3) 英式上菜方式是用大餐盘从厨房将菜肴盛装好，放在宴会首席的男主人面前，由主人将菜肴分入餐盘后递给站在左边的服务员，由服务人员分给女主人、主宾和其他宾客。各种调料与配菜摆在桌上，也可以由宾客自取并互相传递。

(4) 美式上菜方式比较简单，菜肴由厨房盛到盘子中。除了沙拉、黄油和面包，大多数菜肴盛在主菜盘中，菜肴从左边送给宾客，饮料酒水从右边送上，用过的餐具由右边撤下。

三、分菜服务

案例 3-6

王先生为其爱子在某饭店举办了十岁生日宴，亲朋好友都将自己的小孩带来赴宴，王先生见此情况临时将备桌启用，其用意是让孩子们吃得高兴，玩得高兴。餐厅经理见此情况，让服务员小周值台服务，所有的程序秩序井然，应孩子们的要求该桌临时加了道甜点水果羹，小周为每位孩子进行了分派，待分派结束后，有的孩子叫了起来，他的水果比我多，孩子们你一言我一语地说着，此话很快传到了王先生的耳朵里，王先生于是找到餐厅经理进行投诉。

（资料来源：程新造，王文慧．星级饭店餐饮服务案例选析 [M]．2 版．北京：旅游教育出版社，2005.）

分菜服务常见于西餐的分餐制服务中，随着影响的加大，现在在一些中餐的高级宴会上也在使用。分菜服务就是在客人观赏后由服务人员主动均匀地为客人分菜分汤，也叫派菜或让菜。西餐中的美式服务不要求服务员掌握分菜技术；俄式服务要求服务员有较高的分菜技术；法式服务要求服务员有分切技术。分菜服务可以有效体现餐饮服务的品质，因此服务人员必须熟练掌握服务技巧。

（一） 分菜的工具

(1) 中餐分菜的工具：分菜叉（服务叉）、分菜勺（服务勺）、公用勺、公用筷、长把勺等。

(2) 俄式服务的分菜工具：叉和勺。

(3) 法式服务的分切工具：服务车、分割切板、刀、叉、分调味汁的叉和勺。

（二） 分菜工具的使用方法

1. 中餐分菜工具的使用方法

(1) 服务叉、勺的使用方法：服务员右手握住叉的后部，勺心向上，叉的底部向勺心；在夹菜肴和点心时，主要依靠手指来控制；右手食指插在叉和勺把之间与拇指酌情合捏住叉把，中指控制勺把，无名指和小指起稳定作用；分带汁菜肴时用服务勺盛汁。

服务叉勺的握法有以下几种。

① 指握法。将一对服务叉勺握于右手，正面向上，叉子在上方，服务勺在下方，横过中指、无名指与小指，将叉勺的底部与小指的底部对齐并且轻握住叉勺的后端，将食指伸进叉勺之间，用食指和拇指尖握住叉勺，如图 3-18 所示。

② 指夹法。将一对叉勺握于右手，正面向上，叉子在上，服务勺在下方，使中指及小指在下方而无名指在上方夹住服务勺。将食指伸进叉勺之间，用食指与拇指尖握住叉子，使之固定。此种方法使用灵活，如图 3-19 所示。

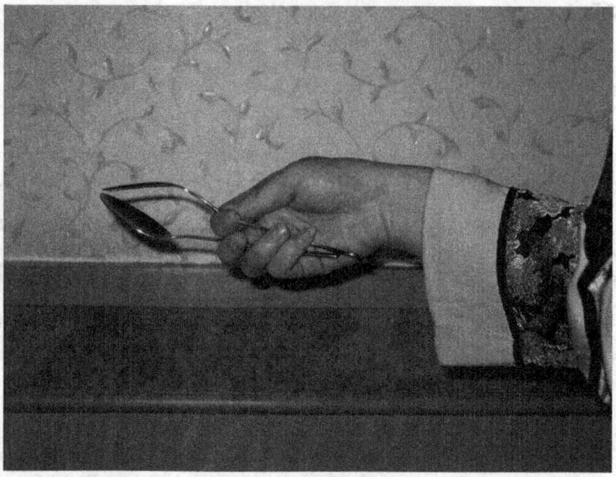

图 3-18　指握法

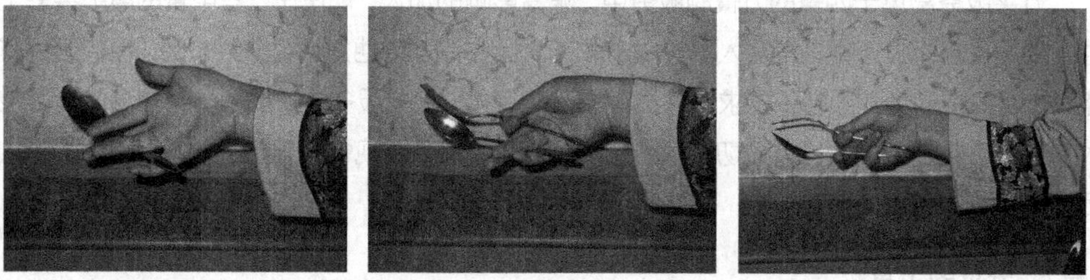

(a) 步骤一　　(b) 步骤二　　(c) 步骤三

图 3-19　指夹法

③ 右勺左叉法。右手握住服务勺，左手握住服务叉，左右来回移动叉勺，适用于体积较大的食物派送，如图 3-20 所示。

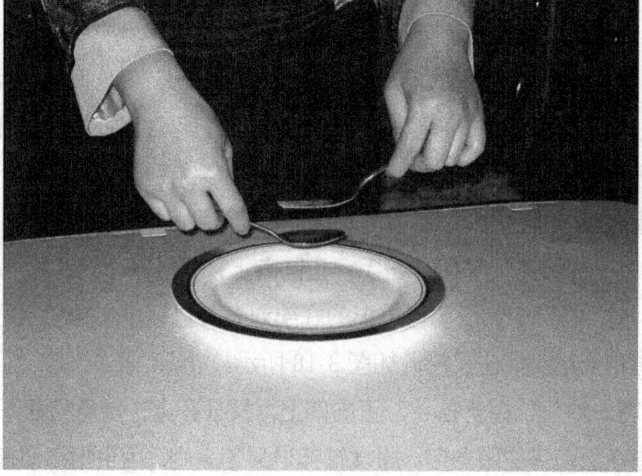

图 3-20　右勺左叉法

(2) 公用勺和公用筷的用法：服务员站在与主人成 90° 的位置上，右手握公用筷，左手持公用勺，相互配合将菜肴分到宾客餐碟之中。

(3) 长把汤勺的用法：用于分汤菜，汤中有菜肴时需用公用筷配合操作。

2. 俄式分菜用具的使用方法

一般是匙在下，叉在上。右手的中指、无名指和小指夹持，拇指和食指控制叉，五指并拢，完美配合。这是俄式服务最基本的技巧。

3. 法式切分工具的使用方法

(1) 分让主料：将要切分的菜肴取放到分割切板上，再把切板放在餐车上。分切时左手拿叉压住菜肴的一侧，右手用刀分切。

(2) 分让配料、配汁：用叉勺分让，勺心向上，叉的底部向勺心，即叉勺扣放。

(三) 分菜的方法

(1) 桌上分让式：服务员站在客人的左侧，左手托盘，右手拿叉与勺，将菜在客人的左边派给客人。一般适用于分热炒菜和点心。

(2) 二人合作式：由两名服务员配合操作，一名服务员右手持公用筷，左手持长把公用勺，另一名服务员将每一位客人的餐碟移到分菜服务员近处，由分菜服务员分派，上菜员从客人左侧为客人送菜。

(3) 旁桌分让式：先将菜在转台向客人展示，由服务员端至备餐台，将菜分派到客人的餐盘中，并将各个餐盘放入托盘中，托送至宴会桌边，用右手从客位的右侧放到客人的面前。一般用于宴会。

(四) 分菜的基本要求

(1) 将菜点向客人展示，并介绍名称和特色后，方可分让。大型宴会，每一桌服务人员的派菜方法应一致。

(2) 分菜时留意菜的质量和菜内有无异物，及时将不合标准的菜送回厨房更换。客人表示不要此菜，则不必勉强。此外应将有骨头的菜肴，如鱼、鸡等的大骨头剔除。

(3) 分菜时要胆大心细，掌握好菜的份数与总量，做到分派均匀。

(4) 凡配有佐料的菜，在分派时要先蘸上佐料再分到餐碟里。

(五) 特殊情况的分菜方法

1. 特殊宴会的分菜方法

(1) 客人只顾谈话而冷淡菜肴：遇到这种情况时，服务员应抓住客人谈话出现短暂的停顿间隙时机，向客人介绍菜肴并以最快的速度将菜肴分给客人。

(2) 主要客人带有儿童赴宴：此时分菜先分给儿童，然后按常规顺序分菜。

(3) 老年人多的宴会：采取快分慢撤的方法进行服务。分菜步骤可分为两步，即先少分再添分。

2. 特殊菜肴的分让方法

(1) 汤类菜肴的分让方法：先将盛器内的汤分进客人的碗内，然后再将汤中的原料均匀地分入客人的汤碗中。

(2) 造型菜肴的分让方法：将造型的菜肴均匀地分给每位客人。如果造型较大，可先分一半，处理完上半部分造型物后再分其余的一半。也可将食用的造型物均匀地分给客人，不可食用的，分完菜后撤下。

(3) 卷食菜肴的分让方法：一般情况是由客人自己取拿卷食。如老人或儿童较多，则需要分菜服务。方法是：服务员将吃碟摆放于菜肴的周围；放好铺卷的外层，然后逐一将被卷物放于铺卷的外层上；最后逐一卷上送到每位客人面前。

(4) 拔丝类菜肴的分让方法：由一位服务员取菜分菜，另一位服务员快速递给客人。

评估练习

1. 简述中餐上菜的方法与要求。
2. 中餐服务中，摆菜的注意事项有哪些？
3. 简述西餐上菜的基本要求。
4. 简述西餐上菜的方式。
5. 简述分菜的方法与基本要求。
6. 实训操作：整鱼剔骨并进行分派。

第四章

中餐服务

引导案例

是谁带错了厅房？

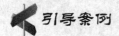

一个晚上，酒店中餐客人络绎不绝，餐厅迎宾员小吴忙着迎来送去，满头大汗。这时6位香港地区客人在一位小姐的引导下来到了二楼中餐厅。小吴马上迎了过去，满面笑容地说："欢迎光临，请问小姐贵姓？"这位小姐边走边说："我姓王。""王小姐，请问您有没有预订？""当然了，我们上午就电话预订好了'牡丹厅'。"小吴马上查看宾客预订单，发现确实有一位姓王的小姐在上午预订了"牡丹厅"，于是就迅速把这批客人带进了"牡丹厅"。

过了半个小时，餐厅门口又来了一批人，共有12位客人，当领队的王小姐报出自己昨天已经预订了"牡丹厅"时，小吴发现出了问题，马上查阅预定记录，才发现原来今晚有两位王姓小姐都预订了包厢，而她在忙乱中将两组客人安排进了同一间包厢。小吴为了补错，立即就把客人带到了"紫荆厅"，客人进房一看更加不满意了。王小姐满脸不高兴地说："我们预定的是一张12人台，这是一张10人台的包厢，我们12个人怎么坐得下？"王小姐不耐烦地径直到"牡丹厅"一看，里面的客人已开席了，12人台只坐了7个人，小吴看了看这么多的客人，为这不恰当的安排而再次赔礼道歉，但是这12位客人仍然不愿意坐进这间10人包厢。"你们这么大的酒店，居然连预订都会搞错，还开什么餐厅！同意了我的预订就要兑现，我就要去牡丹厅，其他的包厢我都不去！今天我的客户很重要，这样让我多没面子，把你们的经理找来！"王小姐突然生气起来。"十分抱歉，这是我们的工作失误，这几天预订包厢的客人特别多，我们弄乱了，请你们先进房间入座，我们马上给你们加位好吗？"餐厅经理急忙过来好言好语地解释。"我们这么多人坐得如此拥挤，让我多么没有面子！好像我宴请朋友非常小气一样。""对不起，这是我们的错误，今天客人太多，请多多原谅。"在餐厅经理的再次道歉声中，这群客人进了紫荆包厢，经理和小吴才松了一口气，但看到这群客人坐得那么拥挤，小吴心里十分过意不去，这正是因为自己的工作失误而造成的不良影响。

（资料来源：陈的非. 饭店服务与管理案例分析[M]. 北京：中国轻工业出版社，2010.）

辩证性思考：

1. 请你对这位迎宾员的工作失误进行分析。

2. 如果你是餐厅经理，应该采取哪些措施来提高酒店的服务质量？

中餐厅是专门为客人提供中式菜点、饮料和服务的餐厅，是向国内外宾客宣传中国饮食文化和展示饭店水准的主要场所。中餐厅的销售方式有零点餐、团体包餐、宴会等。不同的销售方式其服务特点、服务要求也有很大差异，不同的销售方式有不同的服务规程，餐厅服务员必须严格执行各种服务规程，以礼貌、热情、主动、周到的接待服务，为饭店创造良好的声誉和经济效益。

第一节　中餐概述

教学目标：

1. 了解中国菜的分类。
2. 理解中国菜的特点。
3. 掌握中餐各种服务方式的服务规程。

一、中国菜的分类

中国烹饪源远流长，是我国民族文化的宝贵遗产。我国地域辽阔，饮食习惯因人而异，不同的民族和不同的地理环境，不同的生活习惯和不同的文化形成了不同的菜肴风味。按照地区、历史和风味等特点，中国菜可分为地方菜、宫廷菜、官府菜、素菜和少数民族菜等。

(1) 地方菜。地方菜是中国菜的主体，主要选用当地出产的质地优良的烹饪材料，采用本地区独特的烹调方法，制作出具有浓厚地方风味的菜肴。经过不断的演变和发展，各地逐渐形成了自己的独特风格。目前，公认的、影响最大的地方菜主要有鲁菜、川菜、粤菜、淮扬菜四大菜系。

(2) 宫廷菜。宫廷菜主要是指我国历代封建帝王、皇后、皇妃等享用的菜肴，原材料主要是名贵的山珍海味，如鱼翅、燕窝、鲍鱼、熊掌等。现在人们能品尝的宫廷菜主要是清代御膳房里流传下来的一些菜肴，又称"仿膳"。

(3) 官府菜。官府菜是历代封建王朝的高官为在自己官府中宴请宾朋而网罗名厨，进行菜肴制作和研究，并形成具有一定影响的菜肴。流传广且影响力较大的官府菜主要有孔府菜、谭家菜、随园菜、红楼菜等。

(4) 素菜。素菜是中国菜的一个重要组成部分，是指以植物类食物和菌类植物为原料烹制成的菜肴，其特点是以时鲜为主，选料考究，技艺精湛，品种繁多，风味别致。其主要由寺庙中的寺院素菜（斋菜）、宫廷素菜、民间素菜三种风味组成。

(5) 少数民族菜。少数民族菜指少数民族食用的风味菜，又称民族风味菜。其主要有回族菜（因回族信仰伊斯兰教，又叫清真菜）、朝鲜菜、维吾尔族菜、满族菜、藏族菜等。

知识拓展 4-1

中国八大菜系简介及代表菜

一、粤菜

粤菜由广州菜、潮州菜、东江菜三种地方风味组成。广州菜包括珠江三角洲和肇庆、韶关、湛江等地的名食在内。粤菜系，地域最广，用料庞杂，选料精细，技艺精良，善于变化，风味讲究，清而不淡，鲜而不俗，嫩而不生，油而不腻。夏秋力求清淡，冬春偏重浓郁。

特色：选料广泛，讲究鲜、嫩、爽、滑、浓。

代表菜品：龙虎斗、脆皮乳猪、咕噜肉、大良炒鲜奶、潮州火筒炖鲍翅、蚝油牛柳、冬瓜盅、文昌鸡等。

二、鲁菜

鲁菜，又名山东菜，形成和发展与山东地区的文化历史、地理环境、经济条件和习俗有关。山东是我国古文化发祥地之一，地处黄河下游，气候温和，境内山川纵横，河湖交错，沃野千里，物产丰富，文化发达。

特色：选料精细、刀法细腻，注重实惠，花色多样，善用葱姜。

代表菜品：糖醋鱼、锅烧肘子、葱爆羊肉、葱扒海参、锅塌豆腐、红烧海螺、炸蛎黄等。

三、川菜

川菜是一个历史悠久的菜系，其发源地是古代的巴国和蜀国。据《华阳国志》记载，巴国“土植五谷，牲具六畜”，并出产鱼盐和茶蜜；蜀国则“山林泽鱼，园囿瓜果，四代节熟，靡不有焉”。当时巴国和蜀国的调味品已有卤水、岩盐、川椒等。在战国时期墓地出土文物中，已有各种青铜器和陶器食具，川菜的萌芽可见一斑。川菜的形成大致在秦始皇统一到三国鼎立之间。

特色：以麻辣、鱼香、家常、怪味、酸辣、椒麻、醋椒为主要特点。

代表菜品：鱼香肉丝、麻婆豆腐、宫保鸡丁、樟茶鸭子等。

四、闽菜

闽菜历来以选料精细，刀工严谨，讲究火候、调汤、佐料和以味取胜而著称。其烹饪技艺，有一个鲜明的特征，即采用细微的片、切、剞等刀法，使不同质地的原料达到入味透彻的效果。故闽菜的刀工有“剞花如荔，切丝如发，片薄如纸”的美誉。

特色：制作细巧、色调美观、调味清鲜。

代表菜品：佛跳墙、太极明虾、闽生果、烧生糟鸭、梅开二度、雪花鸡等。

五、湘菜

湘菜即湖南菜，是以湘江流域、洞庭湖地区和湘西山区等地方菜发展而成。湘江流域的菜以长沙、衡阳、湘潭为中心，是湖南菜的主要代表。其特色是油多、色浓，讲究实惠。在品味上注重香酥、酸辣、软嫩。湘西菜擅长香酸辣，具有浓郁的山乡风味。

特色：以熏、蒸、干炒为主，口味重于酸、辣，辣味菜和烟熏腊肉是湘菜的独特风味。

代表菜品：麻辣仔鸡、辣味合蒸、东安仔鸡、洞庭野鸭、霸王别姬、冰糖湘莲、金钱鱼等。

六、浙菜

浙菜以杭州、宁波、绍兴三种地方风味菜发展而成，历史也相当悠久。京师人南下开饭店，用北方的烹调方法将南方丰富的原料做得美味可口，“南料北烹”成为浙菜一大特色。

特色：讲究刀工、制作精细、变化较多、富有乡土气息。

代表菜品：西湖醋鱼、龙井虾仁、干炸响铃、油焖春笋、西湖莼菜汤等。

七、苏菜

苏菜即江苏地方风味菜。江苏的历代名厨造就了淮扬菜风格的传统佳肴，而“天堂”美誉的苏州和“壮丽东南第一州”的运河之都淮安以及被史家叹为“富甲天下”的扬州则是名厨美馔的摇篮。淮扬菜系正是以这三方风味为主汇合而成的。

特色：制作精细，因材施艺、四季有别，浓而不腻，味感清鲜，讲究造型。

代表菜品：大煮干丝、淮扬狮子头、叫花鸡、火烧马鞍桥、松鼠鳜鱼、盐水鸭等。

八、徽菜

皖南的徽州菜，是徽菜系的主要代表，起源于黄山麓下的歙县，即古代的徽州。后因新安江畔的屯溪小镇成为“祁红”、“屯绿”等名茶和徽墨、歙砚等土特产品的集散中心，饮食业发达，徽菜的重点逐渐转移到屯溪，在这里得到进一步发展。

特色：以烹制山珍野味著称，擅长烧、炖、蒸，而少爆炒。其烹饪芡大、油重、色浓、朴素实惠。

代表菜品：臭鳜鱼、火腿炖甲鱼、雪冬烧山鸡、符离集烧鸡、蜂窝豆腐、无为熏鸭等。

（资料来源：陈长文. 中国八大菜系[M]. 吉林：吉林文史出版社，2012.）

二、中国菜的特点

中国是一个餐饮文化大国，长期以来在某一地区由于地理环境、气候物产、文化传统以及民族习俗等因素的影响，形成了东亚大陆特色餐饮类别。中国菜肴总的特点是：色、香、味、形、器具佳，品种繁多，风味独特，有鲜明的民族色彩，烹调技法变化多端，运用灵活。

(1) 选料广泛，菜品繁多：这是任何国家的菜肴制作都不可比拟的。中国菜不仅动物原料用得广，植物原料的选择同样广泛，早在西周时期，有文字记载的可食用植物种类已达到130多种。

(2) 刀功精细，刀法多样：中国菜在加工时特别注意刀法的运用，有切、批、剁、斩、刨等。对原料的成形又分丝、片、块、段、条、蓉、末、荔枝花、麦穗花等众多类别。这些精细的刀法、刀功不仅便于烹调入味，而且使菜肴具有更高的观赏性和艺术性。

(3) 精于火候，技法多样：中国菜的烹调技法有几十种之多，如炒、蒸、煮、煎、炸、焖、焗、炖、煨、烧等。中国菜在制作过程中还十分讲究火候，准确把握菜肴的火力大小与时间长短，不仅使原料的成熟恰到好处，还可以减少菜肴营养成分的损失。

(4) 调料繁多，方法多样：中国各大菜系都有自己独特而可口的调味味型，如四川菜以百菜百味、一菜一格为世人所称道。中国菜在烹调的过程中除了要求掌握各种调味品的调和比例外，还要求巧妙地使用不同的调味方法。

(5) 盛器讲究，追求完美：中国菜肴器具之美，美在质，美在形，美在装饰。美器之美不仅限于器物本身的质、形、饰，而且要表现在菜肴与盛器的组合之美、匹配之美。

(6) 医食同源，注重养生：几千年前我国就有“医食同源”和“药膳同功”的说法。现在，中国菜以现代营养学膳食结构要求的植物原料为主体，动物原料为辅佐，利用食物原料的药用价值，做成各种美味佳肴，达到防治某些疾病的目的。

三、中餐服务方式

中餐在长期的发展过程中，兼收并蓄，逐步形成了自己独特的、与中餐菜肴特点相适应的服务方式。目前中餐常用的服务方式有共餐式服务、分餐式服务、自助式服务。

（一） 共餐式服务

共餐式服务比较适合中餐零点服务、团体包餐服务。就餐时，客人用公用餐具盛取喜爱的菜肴。服务要求如下。

(1) 遵循上菜的原则和顺序逐一将客人所点的菜肴端上餐桌，服务员要注意台面不同菜肴的搭配摆放，尤其是荤素和颜色的搭配。

(2) 菜肴上桌时，应配上适当的公用餐具，方便客人取菜，这样既卫生又可以避免因使用同一餐具而导致菜肴串味。

(3) 席间服务时，如桌面上的菜肴放不下，应征求客人意见，对桌面进行整理，撤、并剩菜不多的菜盘，切忌将菜盘叠加起来。

(4) 上整形菜时（如整鸡、整鸭等），先上桌让客人观赏，再协助客人将菜肴分切成易于筷子夹取的形状。

(5) 所有菜肴上完后应告知客人，并询问客人品种、数量是否足够，最后结账，欢送客人。

（二） 分餐式服务

分餐式服务是既汲取了西餐服务的优点又符合中式用餐习惯的一种服务方式，通常用于规格较高的正式宴会。分餐式服务可分为边桌服务和派菜服务两种服务方式。

(1) 边桌服务：先将菜端上转台向客人展示并作菜肴介绍，接着服务员将菜端至备餐台，将菜分派到预先准备好的餐盘中，再将各个餐盘放入托盘中，托送至宴会桌边，用右手从客位的右侧放到客人的面前。这种方式适用于汤菜、主菜的服务。

(2) 派菜服务：先将菜端上转台向客人展示并作菜肴介绍，接着服务员将菜撤回端放在左手，然后走到客人的左侧，左手托菜盘，右手拿叉与勺，在客人的左边将菜派给客人。这种方式适用于炒菜、点心的服务。

（三） 自助式服务

自助式服务是当前流行的一种服务方式，既能满足客人对餐饮的需求，又能为酒店节约人力成本。服务要求如下。

(1) 餐前准备：做好餐厅的卫生工作；布置好自助餐台，把各类餐用具放在餐台的指定位置；在自助餐台上摆放常用的调味品；做好菜肴的保温或加热的准备工作；按西餐摆台方式摆好餐台。

(2) 餐中服务：主动问候客人，拉椅让座；协助行动不便的客人夹取菜肴或斟倒酒水；勤巡视服务区域，随时为客人提供服务；整理自助餐台（包括台面、菜盘、取菜夹等），保持台面的卫生；及时添加餐盘和汤碗等餐具；不断补充陈列的食品，一般菜肴少于1/2时就要补充，以免后面的客人觉得菜肴不够丰富；定时检查菜肴的温度，保证菜肴冷热分开摆放。

(3) 餐后服务：做好结账收款服务，视酒店规定执行（餐前结账和餐后结账两种方式），拉椅送客；收拾客人用过的餐具、餐桌，更换台布，重新摆台；清理自助餐台，打扫餐厅卫生。

案例 4-1

小张的“热情”服务

大年除夕，举国欢庆，全家团圆。王先生一家来到了当地著名的一家酒店用餐。服务员小张接待了他们，从迎宾入席、点单下单，到领取酒水、斟酒服务，小张热情的招待给王先生一家留下了深刻的印象。随着菜肴不断地上桌，小张服务得更加勤快了，每上一道菜分一道菜，不断地为客人更换餐碟，令转盘上干干净净的。小张心想在这大年除夕夜，我要让王先生全家在我们酒店享受贵宾的待遇，让王先生一家不虚此行。可是王先生心里却觉得，今晚的团圆年夜饭怎么没有往年的年味了，桌面上三三两两的菜盘显得那么的冷清，丝毫没有除夕夜晚餐应有的丰盛、热闹，加上服务员上菜分菜的频繁节奏，令王先生心想是不是我们的晚餐现在就该结束了？餐后，王先生向餐厅经理反映了自己的想法，餐厅经理了解情况后向王先生作了解释并表达了歉意。

服务员小张的“热情”用在这个特殊的节日里合适吗？作为一名优秀的餐厅服务员应该根据不同的场合、不同的就餐对象，提供令客人满意的服务方式。

（资料来源：陈的非. 饭店服务与管理案例分析[M]. 北京：中国轻工业出版社，2010.）

评估练习

1. 中国菜的特点是什么？
2. 中餐服务方式有几种？其各自有什么特点？

第二节 中餐服务运行流程

教学目标：

1. 掌握中式零点餐的服务流程。
2. 掌握团体餐的服务流程。

一、中餐零点服务

中餐零点服务的主要任务是接待零星宾客就餐，宾客多而杂，人数不固定，口味要求不一，到达时间交错，因此造成餐厅接待的波动性较大，工作量较大，营业时间较长。所以，要求服务员具有良好的服务态度、较强的敬业精神和过硬的基本功，反应灵敏，熟悉业务，了解当天厨房的供应情况、厨房菜式烹调的基本方法和宾客的心理需求，能推销符合宾客需求的菜点，并向宾客提供最佳的服务。

中餐零点服务可分为 4 个基本服务环节：餐前准备、迎客服务、餐间服务、结束工作。

（一） 餐前准备

1. 清洁，整理餐厅

利用餐厅的营业间隙或晚间营业结束后的时间进行餐厅的日常除尘。一般应遵循从上到下、从里到外、环形清扫的原则。不同的部位应使用不同的抹布除尘，一般是先湿擦，后干擦。整个餐厅的清洁卫生工作应在开餐前 1 小时左右完成。

2. 准备开餐所需物品

(1) 准备餐酒具用品，主要有各种瓷器、玻璃器皿及布件等，应根据餐位数的多少、客流量的大小、供餐形式等来确定。要求准备好数量充足、无任何缺损的餐用具。

(2) 准备服务用品，主要有各种托盘、开瓶器具、菜单、酒水单、茶叶、开水、牙签、点菜单、笔、各种调味品等，应准备齐全充足，并确保完好无损、洁净卫生。

(3) 准备酒水，即酒水（饮料）单上的酒水必须品种齐、数量足。吧台酒水员应在开餐前去仓库领取酒水，并做好瓶（罐）身的清洁卫生，按规定陈列摆放或放入冰箱冷藏待用。

(4) 收款准备，在营业前，收银员应将收银用品准备好，如账单、账夹、菜单价格表等。同时备足零钞，另外还应了解新增菜肴的价格变动情况等。

3. 摆台

按中式正餐的零点摆台要求于开餐前 30 分钟将台面摆放好。

4. 掌握客源情况

了解客人的预订情况，针对客人要求和人数安排餐桌；掌握 VIP 情况，做好充分的准备，以确保接待规格和服务的顺利进行；了解客源增减变化规律和各种菜点的点菜频率，以便有针对性地做好推销工作，既可满足客人需求，又可增加菜点销售。

5. 了解菜单情况

了解餐厅当日所供菜点的品种、数量、价格；掌握所有菜点的构成、制作方法、制作时间和风味特点；熟悉新增时令菜或特色菜等。

6. 其他准备工作

主管或领班对餐厅环境、餐厅布置、餐具摆放、员工仪表仪容等逐一检查，并召开餐前例会。

知识拓展 4-2

餐前例会的工作程序与标准见表 4-1。

表 4-1 餐前例会的工作程序与标准

程序	标准
开会时间	每天午餐和晚餐前由当班主管或领班主持，时间 5 ~ 10 分钟
会议内容	（1）传达酒店及部门的要求和任务 （2）对发现的问题及时纠正，并采取预防措施 （3）表扬好人好事，激励员工 （4）征求员工工作意见及建议 （5）通报当日厨房推荐菜品及缺菜品种，通报菜肴价格调整情况
检查仪表仪容	（1）检查员工制服、袜子、工作鞋的完好、洁净情况，要求制服无破损、无脱落、无脱丝、无污渍；要求工作鞋鞋面洁净、无破损 （2）检查员工双手。要求干净、无污迹，指甲须剪短，严禁戴戒指和涂指甲油 （3）检查员工头发。要求清洁、梳理整齐，长发须盘起，严禁留怪发、染怪异彩发。要求员工保持口腔卫生，不准食用辛辣等带有异味的食物 （4）女性员工须化淡妆和使用淡色口红 （5）检查员工名牌。需佩戴在左胸前，且名牌须端正、完好、字迹清晰

（资料来源：徐文苑，刘菊．酒店餐饮运作实务[M]．北京：清华大学出版社，2012.）

服务员整理好个人仪容仪表，开餐前 5 分钟按指定位置站岗迎客。

（二）迎客服务

1．恭候宾客

开餐前 5 分钟，迎宾员和值台员各自站在指定的位置上，恭候客人的到来。迎宾员站在门口恭候客人的到来，站姿要端正，不倚不靠任何物品，双脚不可交叉。双手自然叠于腹前，右手握左手，保持良好的精神面貌和姿态；如有 VIP 客人，餐厅负责人应带领一定数量的服务员在宾客到来之前站在餐厅门口迎接。要站姿优美、规范，精神饱满。

2．主动迎宾

客人来临时，迎宾员主动迎上前打招呼，注意使用礼貌用语问好。

(1) 当宾客走向餐厅约 1.5m 处时，应上前面带微笑，热情问候："您好，欢迎光临！"或"女士（先生），晚上好，请问后面还有人吗？（以便迎候指引）"或"您好，请问您预订过吗？"同时用靠门一边的手指引，请宾客进入餐厅，在引领客人时须与客人保持 1m 左右的距离。

(2) 如果是男女宾客一起进来，要先问候女宾，然后问候男宾。见到年老体弱的宾客，要主动上前搀扶，悉心照料。

(3) 如遇雨天，要主动收放宾客的雨具。

3．问清是否预订

对已预订的宾客，要迅速查阅预订单或预订记录，将宾客引到其所订的餐桌。如果宾客没有预订，应根据客人到达的人数、宾客喜好、年龄及身份等选择座位。如果宾客要求到一个指定的位置，应尽量满足其要求，如被占用，迎宾员应做解释、致歉，然后再带他们到其他满意的位置去。

4. 引领入席

迎宾员左手拿菜单或把菜单夹于左手内侧，右手为客人示意并说："请这边来。"将客人领至餐桌前，然后轻声征询客人的意见，如果客人不太满意，则应重新安排客人喜欢的餐桌。

5. 拉椅让座

宾客走近餐桌时迎宾员应以轻捷的动作，用双手拉开座椅，招呼宾客就座。顺序上应先主宾后主人，先女宾后男宾。如人数较多，则应先为年长女士服务，然后再为其他女士服务。招呼宾客就座时动作要和宾客配合默契，待宾客屈腿入座的同时，轻轻推上座椅，推椅动作要适度，使其坐好、坐稳。如就餐中有儿童，应为儿童准备好宝宝椅等物品。

6. 迎宾员服务注意事项

(1) 如迎宾员引领客人进入餐厅而造成门口无人时，餐厅领班应及时补位，以确保客人前来就餐时有人迎候。

(2) 如客人前来就餐而餐厅已满座时，应请客人在门口休息处等候，发放等候牌并表示歉意。待餐厅有空位时按等候牌的先后顺序逐一安排客人入座。

(3) 迎宾员应根据客人情况为其安排合适的餐位，如为老年人和残疾人安排离门口较近的餐桌；为衣着华丽的客人安排餐厅中间或较显眼的餐桌；为情侣安排较为僻静的餐桌，为儿童提供宝宝椅等。

(4) 迎宾员在安排餐桌时，应注意不要将客人同时安排在一个服务区域内，以免有的值台员过于忙碌，而有的则无所事事，影响餐厅服务质量。

(5) 如遇客人来餐厅门口问询，如问路、看菜单、找人等，迎宾员也应热情地帮助客人，尽量满足其要求。

（三） 餐间服务

1. 递送菜单、香巾，撤多余餐具，问位开茶

(1) 宾客就座后，值台服务员上前面带微笑问候，表示欢迎。在客人右侧打开菜单第一页，将菜单送到客人手上，要先送给女士或长辈，递送的菜单要干净、无污迹，递送时要态度谦恭，并用敬语："先生/女士，这是我们的菜单。"

(2) 开茶递巾。询问客人喝什么茶，并主动介绍餐厅的茶叶品种，客人确定茶叶的品种后，为客人斟倒茶水、及时递上香巾。斟茶、递巾都要从客人的右侧进行，顺时针操作，并用敬语"先生/女士，请用茶！"或"请用香巾！"保持微笑。

(3) 站立宾客右侧落口布、松筷套，按先宾后主、女士优先的原则。将口布落在客人的膝盖上，若客人不在，可以将口布一角压在骨碟下，松筷套时应将筷子拿起取下筷套，再将

筷子放在筷架上，注意不要在台上操作。

(4) 上调料。斟倒调料的动作要轻缓，服务员左手持白色方巾垫在壶底，右手扶住调味壶，双手配合在客人右侧斟倒。一般倒至味碟的 1/3 或 1/2 即可（同一餐厅、同一餐桌采用同一标准）。

(5) 按宾客就餐人数进行撤位、加位，操作时按要求使用托盘，并将餐具摆放在托盘上，在不违反操作规定前提下，尽量将几件餐具一起收、摆，既可以减少操作次数也可以节约时间和少打扰客人。

(6) 上述一切工作就绪后，准备点菜，站在适当位置准备帮助客人点菜。

2. 点菜、推销饮品

(1) 客人看一会儿菜单或示意点菜，服务员应上前微笑询问："先生/女士可以点菜吗？"并主动介绍酒店的招牌菜、当季的特色菜、当天厨师长的推荐菜和特价菜。在点菜时，不要催促客人，要耐心等候，要让客人有充分的时间考虑决定，不要强硬推荐，以免引起宾客的反感，服务员应熟悉菜单，主动提供信息和帮助，并按规范安排菜单。

(2) 点菜时站在客人的右侧，姿势要端正，微笑向前倾，留心记、认真听；当主人表示宾客各自点菜时，服务员应先从主宾开始记录，依次接受其他客人点菜。

(3) 客人点完菜后，值台员应向客人复述一遍所点菜肴并得到客人的确认。复述完毕，值台员应收回菜单，并向客人表示感谢。菜单确认后，值台员还应主动征询客人需要什么酒水饮料。

知识拓展 4-3

点菜服务注意事项

(1) 服务员应了解菜单上菜肴的制作方法、烹调时间、口味特点和装盘要求；了解菜单上菜肴的单位及一份菜的规格、分量等，通常以盘、斤、两、只、份、客等来表示。

(2) 掌握不同人数的客人所需菜肴的组成和分量，以及餐厅点菜方式。

(3) 值台员到吧台开酒水单时，要记清楚客人要的酒水种类和数量。

(4) 使用点菜机点菜时，值台员先将台号、菜肴的分量、品种、价格、烹调要求输入点菜机，然后通过信息终端枢纽将数据传输给厨房和收银台，打印出两份纸质菜单：一份交传菜员划单用，一份交客人留底备查和结账使用。后台厨房直接联网点菜机，并通过显示屏显示每桌菜单内容。

(5) 酒水单一式两份，一份交吧台，一份交收银员。

（资料来源：孙娴娴. 餐饮服务与管理综合实训[M]. 北京：中国人民大学出版社，2011.）

3. 上酒水

(1) 要按客人所点饮品到吧台取，取任何酒水均要使用托盘。

(2) 检查酒水瓶身是否干净，根据不同的酒水，摆上相应的酒杯或饮料杯。

(3) 酒水需示瓶，经客人同意后方能开瓶。

(4) 冷藏或加热的饮料应用口布包住斟倒。

(5) 如客人点了红、白葡萄酒，应在客人面前开瓶，并用口布擦瓶口。

(6) 斟倒酒水完毕如有剩余应放在餐台一角，数量较多的应征询客人意见放在附近的工作台上，并随时主动为客人添加。

(7) 若客人自带酒水进餐，服务员也应主动开启为之斟倒。

4. 上菜

(1) 第一道菜不能让客人久等，最多不超过 15 分钟，并不时向客人打招呼：“对不起，请稍等。”如客人有急事，要及时与后厨联系。

(2) 所有热菜须加上盖后，由传菜员送至餐厅，再由值台服务员把菜送上台；当传菜员托着菜走到餐台旁时，值台员应快步迎上去上菜。

(3) 在为客人上菜时，要向客人报菜名、适时介绍菜品的典故及其口味特点；上带有调料的菜肴时应先上调料，后上菜。

(4) 上菜的顺序：冷菜、热菜（包括羹、大菜、蔬菜、汤、饭、甜品、水果），每上一道菜的同时应在客人桌上的订单上注销一道，防止上错菜。

(5) 若餐台上几道菜已上满，而下一道菜又不够位置放，应征求客人意见将剩余较少的菜夹在另一个小碟上，或撤走，切忌将新上的菜放在其他菜上。

(6) 上汤菜时，应为客人分菜，其意义与斟茶一样；上带壳的食品如虾蟹菜等，应跟上毛巾和洗手盅，上台时要向客人说明用途；上多汁的菜肴要加公用匙。

(7) 注意客人台面上的菜是否齐全，如客人等了很长时间还没上菜要及时检查，并向厨房催菜。接到厨房反馈所点的菜肴已售完，要立即通知客人并介绍其他相似菜肴。

(8) 上最后一道菜主动告诉客人菜已上齐，询问还需要什么，并主动介绍其他甜品水果。

5. 巡台

值台服务员必须经常在宾客餐台旁巡视，随时发现问题马上处理，具体如下。

(1) 随时为客人添加酒水，推销饮料。

(2) 随时撤去空盘、空瓶，整理餐台。撤换餐具要求在客人右边进行，从主宾开始按顺时针顺序操作。

(3) 客人在进餐过程中提出加菜要求时，应主动了解其需要，恰如其分给予解决。通常客人提出加菜的原因主要有三个：一是菜不够吃；二是想买菜带走；三是对某一道菜很欣赏，想再吃一遍。服务员应观察分析，了解加菜的目的，根据客人的需要开单下厨。

在席间服务时，会出现一些突发事件或特殊情况，这时需要值台员有足够的应变能力，正确妥善地加以处理。

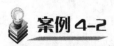

案例 4-2

餐间突发事件处理分析见表 4-2。

表 4-2 餐间突发事件处理分析

情况类型	处理方法
客人所点的菜肴发生错漏现象	马上向厨房反映，请厨师为宾客补烹或先煮，尽量缩短宾客候餐时间，同时向宾客道歉，请宾客原谅
客人所点的菜肴已销售完毕	（1）应及时告诉宾客，并向宾客道歉，然后征询宾客意见是否换菜 （2）若宾客表示可换新菜，应主动介绍一些类似的或制作简单、能够很快上台的菜式，同时迅速填好点菜单，以最快的速度让厨师为宾客把菜肴烹制出来
客人提出加菜要求	应观察分析，根据宾客的需要开单下厨
不小心弄脏客人衣服	诚恳地向宾客道歉，设法替宾客清洁。在有条件和可能的情况下，免费将宾客衣服送洗涤部门清洗干净
客人对菜肴质量有意见	应冷静考虑，认真对待 （1）若菜肴确实有质量问题，应马上向宾客道歉，并征得主管同意及厨房的协助，立即更换另一道质量好的菜肴送给宾客，或建议宾客换一个味道相似的菜式 （2）若确系宾客无中生有、无理取闹，则应报告主管或经理，请他们去处理

（资料来源：程新造．星级饭店餐饮服务案例选析 [M]．2 版，北京：旅游教育出版社，2005.）

6. 结账、送客

(1) 客人示意结账时，应及时告知收银员准备结账，仔细核对，确定订单、台号、人数、所点品种、数量与账单相符合，将账单放入收银夹内，站在客人右侧双手递给付款人。

(2) 递送账单时，距离客人不宜太近，也不宜太远，身体略向前倾斜，音量适中，并有礼貌地说：“先生（女士），这是您的账单，请过目。”在客人要求报出消费总额时，值台员才能轻声报出账单总额。

(3) 征询客人采用何种结账方式。

知识拓展 4-4

不同结账方式的服务要求见表 4-3。

表 4-3 不同结账方式的服务要求

结账方式	服务要求
现金付款结账	（1）将客人付款账单及付款现金一并收齐交给餐厅收银员。做到唱收唱付 （2）将付款后账单存根及付款零头交给客人
信用卡结账	（1）服务员请客人稍等，将 POS 机拿至餐厅，按程序进行操作 （2）将做好的信用卡收据，检查无误后，在主人右侧递给主人，并为客人递上笔，请客人在信用卡收据上签字，检查客人签字须与信用卡的签字相一致 （3）将账单第一联、信用卡收据中的客人存根页及信用卡递给客人，并真诚地感谢客人 （4）将账单第二联、信用卡收据（客人签字联）送回收银处

续表

结账方式	服务要求
签单结账	(1) 住店客人签单，服务员须请客人出示房卡，核对客人姓名、房号、住店日期无误后，为客人递上笔，礼貌地提示客人需用正楷写清房号、姓名 (2) 客人签好账单后，服务员将账单重新夹在账单夹内，并诚恳地感谢客人 (3) 将账单送回收银处
支票付款结账	(1) 如果客人用支票进行结算，应先请客人出示有效身份证件 (2) 让收银员操作，收银员在支票反面用黑色水笔填写，写清客人姓名、身份证号码、联系电话、单位地址等

（资料来源：徐桥猛，高品洁. 餐厅服务员（中级）[M]. 2 版，北京：中国劳动社会保障出版社，2010.）

(4) 礼貌送客。客人起身时，服务员须主动为客人拉椅，并按先宾后主、女士优先的原则。提醒客人勿忘随身物品。礼貌地向客人道别，感谢客人光临，送客人至酒店门口离去。

（四） 结束工作

1. 整理台面

回到餐厅，服务员须再次检查台面、台下，有无客人遗忘的物品。关掉主灯开照明灯（节能），拉椅（防止椅面被油渍污染）。先用托盘将台面上客人用过的各种餐具和用具撤下（按棉织品、不锈钢类、杯具、瓷器顺序进行），再合并菜肴，撤去菜盘。铺换新台布，重新摆台。

2. 送洗餐酒用品

将撤下的餐酒用品分类送至洗碗间，进行清洗、消毒，并做好保洁工作。

3. 整理备餐间

搞好备餐间卫生，补充各种消耗用品，将脏的餐巾、台布等分类清点后送洗衣房清洗并办理相应手续。

4. 回收“宾客意见卡”

餐桌上放置的“宾客意见卡”，如客人已填写，应及时收回，上交餐厅领班（主管）。

餐厅营业结束工作做好后应使餐厅恢复至开餐前的情况，待领班（主管）检查合格后关灯、关门。

二、团体包餐服务

（一） 餐前准备

基本要求同零点服务，但还需注意以下几点。

(1) 开餐前，值台员要准确掌握每个团体餐的用餐人数、抵离日期、就餐标准、接待规格、就餐时间，了解客人特殊需求和饮食禁忌，熟悉当日菜单品种，以便对有特殊要求的客人提供针对性的服务。

(2) 按用餐标准布置餐桌，准备好各种调料和服务用品。

(3) 不同团队餐台相对分隔，团体餐台相对固定，给客人以稳定感。

(4) 准备好酒水、茶、香巾等。

(5) 放好冷菜。

(6) 备好主食。

（二） 用餐服务

(1) 客人到达餐厅时，迎宾员要问清团队或会议名称，主动迎宾领座。

(2) 客人入座后值台员要端茶递巾。

(3) 值台员及时通知厨房出菜。

(4) 给客人斟倒酒水和饮料。

(5) 上热菜时报菜名，适当分配菜肴，同时上主食。

(6) 勤巡台，勤斟茶水，添加主食，同时注意台面清洁，撤走空盘，菜上齐后告知客人菜已上齐。

(7) 客人用餐结束后，值台员可征询意见并礼貌送客。

案例 4-3

服务中的语言艺术

酒店餐厅午餐营业时间，一个来自中国台湾地区的旅游团在此用餐。当服务员小孙发现一位70多岁的老年人的饭碗已经空了时，就轻步上前柔声问道："请问老先生，你还要饭吗？"那位老先生摇了摇头，小孙又问道："那么老先生，你完了吗？"只见那位先生冷笑起来："小姐，我今年已经70多岁了，自食其力，这辈子还没落到要饭的地步，怎么今个儿我倒要向你要饭了呢？我的身体还硬朗着呢，一下子不会完的！"小孙听了客人的话感到很奇怪，心想，我问你要不要饭，意思是说要不要添加饭，你怎么把自己和乞丐联系起来呢？小孙脸上不自然地笑了笑，对客人的不满她不知何意。老先生和小孙的这一番对话，被巡场的张领班听到了。张领班赶紧向老先生道歉，并教育了小孙。服务员在工作中应该恰当地使用服务用语，提高服务意识和语言技巧水平。

（资料来源：程新造. 星级饭店餐饮服务案例选析 [M]. 2版. 北京：旅游教育出版社，2005.）

（三） 结账服务

1. 旅游团队

结账前值台员要与旅游团领队或导游一起清点人数，结账时一般会按人数结算。

(1) 旅游团队用餐完毕后，值台员应从收银台取出结账单，交给旅游团的领队或导游签单。

(2) 由收银台将结账单金额转入旅游团在饭店的总账中，最后由饭店向旅行社统一结账。

2. 会议团队

(1) 会议团队用餐结束后，餐厅收银员应根据会议团队的预定标准和客人的实际人数开具结账单，请会务负责人在账单上签字。

(2) 由收银员交前厅收款处计入会议团队总账，最后由饭店向会议主办单位或个人统一结账。

知识拓展 4-5

团体餐服务特点

(1) 针对不同的团体餐进行不同的用餐环境布置，如会议包餐的环境要布置得朴素大方，旅游团体餐的环境要布置得热烈、欢快，并能体现当地风情。

(2) 团体餐的用餐形式可分为合食、分食两种。合食一般为六菜一汤、八菜一汤或十菜一汤；分食即自助餐用餐方式。

(3) 团体餐的主食有米饭、包子、花卷等，个别客人有特殊要求应尽量满足。

(4) 会议团队是按事先安排好的日程进行集体活动的，所以一到就餐时间，客人会集中进入餐厅，因此，服务员要提前 15 分钟上冷菜，并注意荤素、色彩搭配得当。

(5) 旅游团队抵、离和外出活动时间较难掌握，经常不能准时在规定的时间内进餐。因此，要加强与旅行社、导游联系，做到客人进入餐厅就能迅速就餐，且要保持饭菜的温度。

(6) 团体餐一般要等客人到齐后再上菜，不能提前上菜、上饭。

(7) 要事先了解团体餐的结账方式，便于正确、准确、快速地为客人提供结账服务。

（资料来源：张淑云．餐饮服务实训教程[M]．上海：复旦大学出版社，2014.）

中餐服务不仅包括零点服务、团体包餐服务，还涵盖宴会服务。本章重点介绍前两种服务流程，宴会服务流程将在后续章节中作详细介绍。

评估练习

1. 试述中式零点餐的服务流程。
2. 餐前例会包括哪些内容？
3. 如何为客人点菜？点菜服务的注意事项是什么？
4. 试述团体餐的服务流程。
5. 试述不同结账方式的服务要求。

第三节　中餐菜肴与酒水搭配

教学目标：

1. 掌握中餐菜系与白酒的搭配法则。
2. 掌握中餐菜系与葡萄酒的搭配法则。

一、中餐菜系与白酒的搭配

（一）　鲁菜与鲁酒

山东菜简称鲁菜，是中国著名菜系之一，也是黄河流域烹饪文化的代表。鲁菜以咸鲜为主，突出本味，擅用葱姜蒜，原汁原味。吃鲁菜，一定要喝鲁酒。鲁酒，入口丰富醇厚、香气和谐，与口味稍重的鲁菜搭配起来，相得益彰。不但能以醇香中和鲁菜的咸味，更能把鲁菜中的鲜味提升出来，可以说是让人回味悠长，流连忘返。

著名的鲁酒品种有：景阳春酒、兰陵酒、琅琊台酒。

（二）　粤菜与米酒

广东菜简称粤菜，是由广州、潮州、东江客家菜三种地方菜构成。粤菜善于用山珍，注重质和味，口味比较清淡，力求清中求鲜、淡中求美。而且随季节时令的变化而变化，夏秋偏重清淡，冬春偏重浓郁，追求色、香、味、型。吃粤菜一定要喝米酒。米酒，酒酿又名醪糟，古人叫“醴”，是南方常见的传统地方风味小吃，主要原料是江米，所以也叫江米酒，北方人称“甜酒”。吃过广州早茶的人都知道，粤菜总体来说清淡为主、甜味居多，米酒发甜，正是符合广州人的口味。甜味属于大众口味，和什么味道都能很好地融合。当在吃粤菜山珍的时候，一口米酒，不仅能沁人心脾，还能让人对美味印象深刻。不仅如此，米酒在粤菜中还是一味原料，“米酒煨蛋”“米酒圆子羹”都是很不错的粤菜小吃。

著名的米酒品种有：九江双蒸酒、玉冰烧、红米酒。

（三）川菜与川黔酒

四川菜简称川菜，是中国现阶段最畅销的菜系，川菜历史悠久，风味独特，并且驰名中外，享有“食在中国，味在四川”的美誉。川菜可以用“辣”来概括，味“重”。吃川菜要配浓香型或酱香型的白酒。浓香型酒，其风格是暴烈，香气大，入口就有一股浓香，在饮用此种香型的酒时，吃着川菜，味道叠加，口感并重。如果是喝酱香型白酒，那就别有一番风味，酱香型白酒的特色是协调、甘美、回味悠长，醇味厚重，也能与川味搭配。

著名的川黔酒品种有：茅台酒、五粮液、董酒。

（四）　苏菜与苏酒

江苏菜简称苏菜，以苏州和扬州菜为代表，是中国最古老的菜系之一。苏菜多以江河湖海水鲜为主。苏菜有酥松脱骨而不失其形、滑嫩爽脆而不失其味之说。吃苏菜配苏酒。因为这些酒“入口甜、落口绵、酒性软、尾爽净、回味香、辛辣”，配上苏菜本身的清淡，才能让味道突出。这也是江苏一带酒桌上的必备之物。

著名的苏酒品种有：洋河酒、今世缘、双沟酒。

案例4-4

某酒店推出的黄酒养生饮用法

一、热饮

把黄酒热喝是最常见的一种饮用方式。早在三国即有曹操、刘备“煮酒论英雄”的佳话，可见黄酒热喝不仅是一种饮酒方式，更是一种文化。黄酒最传统的饮法，当然是温饮。酒中甲醇沸点是64.7℃，乙醛沸点是21℃，酒精沸点是78.3℃，加热后这些物质都会挥发很多，减少酒对饮者身体的毒害。温饮的显著特点是酒香浓郁，酒味柔和。温酒的方法一般有两种：一种是将盛酒器放入热水中烫热，另一种是隔火加温。一般，冬天盛行温饮。但黄酒加热时间不宜过久，否则酒精、乙醇都挥发掉了，反而淡而无味。另外，酒太热，饮后会伤肺。因此热酒的温度一般以40～50℃为好，略高于50℃也可。

二、搭配饮法

(1) 黄酒加姜丝和白糖，微微热一下，吃螃蟹时喝，解腥驱寒。

(2) 酒加热到50℃左右，加一个生鸡蛋，快速搅拌，至酒液到乳白色，营养丰富。

(3) 桂花用水洗干净，加入黄酒密封放冰箱一周，取出饮用，香气馥郁。

(4) 黄酒加话梅两粒，味道美妙。

(5) 黄酒加蜂蜜，会有蜂蜜的香味透出来。

（资料来源：何立萍.酒水知识与酒吧管理[M].北京：中国劳动社会保障出版社，2011.）

二、中餐菜系与葡萄酒的搭配

多数中国菜适合配白葡萄酒、红葡萄酒、起泡酒，使用这些酒配菜通常不容易出错。总的原则是“红酒配红肉、白酒配白肉”。当然，这也要根据烹调方法来定，如白切鸡就适合搭配一款轻薄的干白，而烤鸡翅就适合搭配稍微醇厚一点的干红了。通常来说，以下面的一些原则为搭配法则。

(1) 吃油腻的大肉菜，如红烧肉、炖牛肉、羊肉煲等，适用红酒来配。干红中的单宁能够使肉中的肌肉纤维软化，提升肉质的细腻感。单宁与蛋白质相遇，促进消化，所以红酒配红肉，可以解油腻。对于鸭肉来说，如果是熏鸭或烤鸭，可以选择清淡的红酒，如果是带有肉汁的(如潮州酱鸭)，则可搭配较浓郁丰厚的红酒。菜肴中如果带有大量的香菇，那么中等稠度到浓郁丰厚的红酒也是其最佳搭配。

搭配原因：红葡萄酒含有较高的单宁，能够很快地消化牛羊肉菜肴里的高蛋白，便于人体的吸收。吃红肉时搭配着红酒，也会觉得单宁不那么刺口，而且肉的纤维也不那么粗韧。

(2) 吃清淡的菜，如清蒸鱼、白灼虾等，就应该用白葡萄酒、起泡酒来配。高含量的单宁会严重破坏海鲜的口味，所以通常不用红酒来配白肉。而白葡萄酒与白肉类菜肴及海鲜是最好的搭配，它能将美味推到极高的境界。白葡萄酒中的“酸”能增加海鲜的清爽，使口感更为甜美，还能提升对鱼头不饱和脂肪酸的吸收。所以，用干白来配海鲜类菜肴是最和谐的。

搭配原因：食物的鲜味既细腻又咸香，白葡萄酒不仅具备与之同等的精致，还拥有丝般柔滑的质地和口感，是清单菜肴的最佳搭配用酒。

(3) 如果遇到咖喱或其他辛辣食物，可选用辛香型、果味浓郁的红酒或中等酒体、中高酸度的半干或半甜型白葡萄酒。

搭配原因：辣味食物对味觉造成麻痹，口感清淡的葡萄酒与其搭配如同饮白开水一般，搭配口感强劲、中重酒体的红葡萄酒才能不被辣味掩盖，或者用中高酸、果香浓郁的白葡萄酒也可解辣。

(4) 苦菜用有苦味的红葡萄酒来配，反而会有先苦后甘的感觉，如苦瓜可以配带苦涩味的赤霞珠红酒。

搭配原因：苦味的菜肴与略带苦味、单宁紧实的红葡萄酒搭配相得益彰。

(5) 甜点和甜品用甜酒来配，而且越甜的甜点应该用口味更浓郁的甜酒来配，反之亦然。

搭配原因：如果酒不具备同等或者更高程度的甜味，食物中的甜味就会盖住甚至破坏葡萄酒的风味。

知识拓展 4-6

四大菜系与葡萄酒的搭配原则如下。

1. 川菜

(1) 麻辣类菜肴。这类菜适合配略带辛辣口感的红葡萄酒、清爽型干白、普通芬芳型的白葡萄酒。

(2) 辛香类菜肴。这类菜适合配中等酒体的成熟红葡萄酒；中等酒体果香好的、浓郁橡木桶陈酿的白葡萄酒。

(3) 咸鲜酸甜类菜肴。这类菜适合配中等酒体果香浓郁的白葡萄酒。

2. 鲁菜

(1) 肉类菜建议搭配柔和芳香型的白葡萄酒、浓郁的白葡萄酒、中等酒体的红葡萄酒。

(2) 海鲜菜建议搭配清淡型白葡萄酒。

3. 粤菜

(1) 肉类菜可以搭配口味不能太重的红葡萄酒。

(2) 海鲜菜可以搭配各类白葡萄酒。

4. 苏菜

适合搭配酒体适中的红葡萄酒、芬芳圆润的干白葡萄酒、清爽型干白葡萄酒和半干型白葡萄酒。

（资料来源：何立萍. 酒水知识与酒吧管理[M]. 北京：中国劳动社会保障出版社，2011.）

评估练习

论述中国菜与中国酒的搭配法则。

第五章

西餐服务

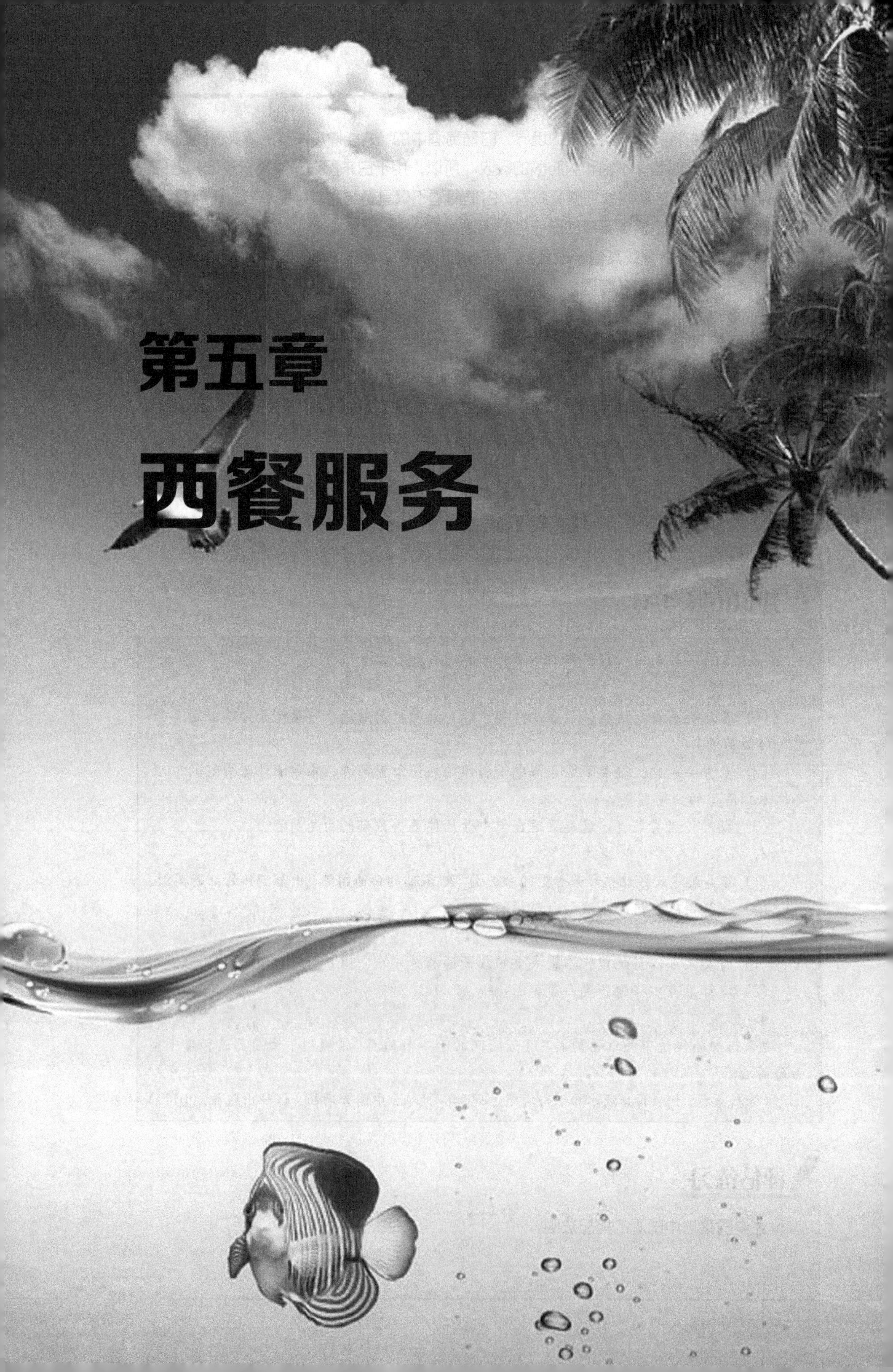

引导案例

尴尬的用餐

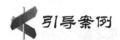

某天早上，餐厅吃早餐的客人很多，服务员都在紧张地进行服务工作。这时，走来一对夫妇，丈夫是外国人，妻子是中国人。由于客人很多，服务员为这对夫妇找到了一张桌子，但是这张桌子还没有来得及收拾，服务员建议这对夫妇先回房间把行李取下来，然后再来吃早餐，这样避免等待又能节约客人的时间，客人觉得建议很好，于是就上楼去了。但是当这对夫妇取了行李再次回到餐厅的时候，刚才那个位置已经坐下其他客人了。服务员很快又给他们安排了另一个位子，位子是解决了，但是，从开始吃饭到结束始终没有一位服务员来询问他们要喝咖啡还是茶，这是不符合五星级酒店西餐厅服务程序的。中午他们来到西餐厅吃午餐，发现点的蘑菇汤不对，被换成了番茄汤。晚上，这对夫妇写了一封书面的投诉信交给大堂副理。大堂副理在第一时间通知了餐饮部的经理，经理马上了解情况，带着一个果篮到了该夫妇住的房间。首先表示了歉意，然后表示要立即加大服务质量管理力度，保证今后避免此类事件的发生。

（资料来源：陈的非. 饭店服务与管理案例分析[M]. 北京：中国轻工业出版社，2010.）

辩证性思考：

1. 分析这对客人不高兴的原因是什么。

2. 怎样为客人提供优质的西餐服务？

西餐服务经过多年的发展，各国和各地区都形成了自己的特色。西餐服务常采用法式服务、俄式服务、美式服务、英式服务等方式。因此，一个优秀的西餐服务员应掌握各种服务方式的服务规程，以适应不同就餐客人的需求。

第一节 西餐概述

教学目标：

1. 了解西餐不同风格的菜肴知识。
2. 理解西餐的特点。
3. 掌握西餐各种服务方式的服务规程。

一、西餐的分类

西餐这个词来源于其特定的地理位置。“西”是西方的意思，一般指欧洲各国，“餐”就是饮食菜肴。东方人通常所说的西餐主要包括西欧国家的饮食菜肴，当然还包括东欧各国、地中海沿岸等国和一些拉丁美洲国家，如墨西哥等国的菜肴。西餐大致可分为法式、英式、意式、俄式、美式、德式等多种不同风格的菜肴。

（一） 法式菜肴

法国人一向以善于吃和精于吃而闻名，法式大餐至今仍名列世界西菜之首。

法式菜肴的特点是：选料广泛（如蜗牛、鹅肝都是法式菜肴中的美味），加工精细，烹调考究，滋味有浓有淡，花色品种多；法式菜还比较讲究吃半熟或生食，如牛排、羊腿以半熟鲜嫩为特点，海味中的蚝也可生吃，烧野鸭一般以六成熟即可食用等；法式菜肴重视调味，调味品种多样，什么样的菜选用什么酒都有严格的规定，如清汤用葡萄酒，海味用白兰地酒，甜品用各式甜酒或白兰地等；法式菜奶酪品种多样，法国人十分喜爱吃奶酪、水果和各种新鲜蔬菜。

法式菜肴的名菜有：马赛鱼羹、鹅肝排、巴黎龙虾、红酒山鸡、沙福罗鸡、鸡肝牛排等。

（二） 英式菜肴

英式菜肴简洁与礼仪并重。英国的饮食烹饪有家庭美肴之称。

英式菜肴的特点是：油少、清淡，调味时较少用酒，调味品大都放在餐台上由客人自己选用。烹调讲究鲜嫩，口味清淡，选料注重海鲜及各式蔬菜，菜量要求少而精。英式菜肴的烹调方法多以蒸、煮、烧、熏、炸见长。

英式菜肴的名菜有：鸡丁沙拉、烤大虾苏夫力、薯烩羊肉、烤羊马鞍、冬至布丁、明治排等。

（三） 意式菜肴

在罗马帝国时代，意大利曾是欧洲的政治、经济、文化中心，随着时代的变革意大利虽然在后来的发展中落后了，但就西餐烹饪来讲，意大利却是始祖，其菜可以与法国、英国媲美。

意式菜肴的特点是：原汁原味，以味浓著称。烹调注重炸、熏等，以炒、煎、炸、烩等方法见长。

意大利人喜爱面食，做法、吃法甚多。其制作面条有独到之处，各种形状、颜色、味道的面条至少有几十种，如字母形、贝壳形、实心面条、通心面条等。意大利人还喜食意式馄饨、意式饺子等。

意式菜肴的名菜有：通心粉素菜汤、焗馄饨、奶酪焗通心粉、肉末通心粉、比萨饼等。

（四） 美式菜肴

美国菜是在英国菜的基础上发展起来的，继承了英式菜简单、清淡的特点，口味咸中带甜。美国人一般对辣味不感兴趣，喜欢铁扒类的菜肴，常用水果作为配料与菜肴一起烹制，如菠萝焗火腿、苹果烤鸭等。喜欢吃各种新鲜蔬菜和各式水果。

美国人对饮食要求并不高，只要营养、快捷，讲求的是原汁鲜味。但对肉质的要求很高，如烧牛柳配龙虾便选取来自美国安格斯的牛肉。只有半生的牛肉才有美妙的牛肉原汁。

相对于传统西餐的烦琐礼仪，美国人的饮食文化简单多了。餐台上并没有多少刀叉盘碟，仅放着最基本的刀叉勺子各一把。只有在非常正式的宴会或家庭宴客时，才会有较多的规矩和程序。

美式菜肴的名菜有：烤火鸡、橘子烧野鸭、美式牛扒、苹果沙拉、糖酱煎饼等。各种派是美式食品的主打菜品。

（五）　俄式菜肴

沙皇俄国时代的上层人士非常崇拜法国，贵族不仅以讲法语为荣，而且饮食和烹饪技术也主要学习法国。但经过多年的演变，特别是俄国地理位置的特殊性，食物选用热量高的品种，逐渐形成了自己的烹调特色。俄国人喜食热食，爱吃鱼肉、肉末、鸡蛋和蔬菜制成的小包子和肉饼等，各式小吃颇有盛名。

俄式菜肴口味较重，喜欢用油，制作方法较为简单。口味以酸、甜、辣、咸为主，酸黄瓜、酸白菜往往是饭店或家庭餐桌上的必备食品。烹调方法以烤、熏、腌为特色。俄式菜肴在西餐中影响较大，一些地处寒带的北欧国家和中欧地区的人们日常生活习惯与俄罗斯人相似，大多喜欢腌制的各种鱼肉、熏肉、香肠、火腿以及酸菜、酸黄瓜等。

俄式菜肴的名菜有：什锦冷盘、鱼子酱、酸黄瓜汤、冷苹果汤、鱼肉包子、黄油鸡卷等。哈尔滨由于历史的原因，现尚保存有正宗的俄式西餐。

（六）　德式菜肴

德国人对饮食并不讲究，喜吃水果、奶酪、香肠、酸菜、土豆等，不求浮华只求实惠营养，首先发明自助快餐。

德国的传统菜品有：蔬菜沙拉、鲜蘑汤、焗鱼排等。

德国人喜喝啤酒，每年的慕尼黑啤酒节大约要消耗掉 100 万升啤酒。

二、西餐的特点

1. 选料精细

西餐选料特别精细，在原料质量和规格上都有严格的要求，如牛肉要用黄牛、仔牛、乳牛的除去骨无脂肪的瘦肉；鸡选用雏鸡，且应去头爪；鱼选用剔净头尾和骨刺的净肉等。

2. 调料讲究

西餐所用的调料十分讲究，除常用的盐、胡椒、酱油、番茄酱、芥末、咖喱汁等调味品外，还在菜肴中添加香料，如桂皮、丁香、茴香、薄荷叶等，以增加菜肴香味。另外，烹制菜肴所用的酒类也是丰富多样的，如葡萄酒、白兰地、朗姆酒等。且不同的菜肴使用不同的调料用酒。

3. 沙司单独制作

沙司是西式菜肴的调味汁。沙司与菜肴主料分开烹调是西餐的一大特点。沙司是西式菜肴的重要组成部分，将单独制作的沙司浇在单独制作的菜肴上面，可起到调味、增色、保温的作用。常见的沙司有以下几种。

(1) 冷沙司和冷调味汁，主要有：马乃司沙司,其主要用于鸡蛋、土豆、鸡肉沙拉的调味；千岛汁，其主要适用于各式海鲜、鱼、虾类冷菜菜肴；醋油汁，其主要用于各式蔬菜沙拉；芥末沙司，其主要适用于冷吃、生吃的菜肴，如烤肉类、冰鲜海产品等。

(2) 热沙司，主要有：布朗沙司，其主要适用于各种牛扒、牛里脊等；苹果沙司，其主要适用于烤猪排、烤鸭等；咖喱沙司，其主要适用于鱼虾、牛肉、鸡等。另外，还有奶油沙司、番茄沙司、黄油沙司等。

4. 注重菜肴生熟程度

西餐中的一些食草动物的肉（如牛、羊肉）、禽类（如鸭）和海鲜一般烹制得较为鲜嫩以保持其营养成分，有的甚至生食，如牡蛎。但杂食动物类的肉及河鲜必须全熟方能食用。

烹制牛、羊肉时的生熟程度一般分为以下几种。

(1) 三成熟（Rare）。切开牛排见断面仅上下两层呈灰褐色，其中间 70%的肉为红色并带有大量血水，最能品尝牛肉的鲜美。

(2) 五成熟（Medium）。切开牛排见断面中央 50%的肉为红色，带少量血水，是品尝牛扒的最佳成数。

(3) 七成熟（Medium Well）。切开牛排见断面中央只有一条较窄的红线，肉中血水已近干，是大众选择的成数。

(4) 全熟（Well Done）。切开以后渗出少量清澈的肉汁，肉质变得稍硬，一般不推荐选择，但适合有宗教信仰的人。

5. 搭配丰富、营养全面

西式热菜在主料烹制好装盘后，还要在盘子边上或在另一盘子内配上少量加工成熟的蔬菜、米饭或面食，才能组成一道完整的菜肴。这样的搭配一方面可增加菜肴的美观程度，并使菜肴富有风味特色；另一方面可使菜肴的营养搭配更为合理，从而达到营养平衡的要求。

知识拓展 5-1

西餐就餐礼仪

(1) 最得体的入座方式是从左侧入座。当椅子被拉开后，身体在几乎要碰到桌子的距离站直，领位者会把椅子推进来，腿弯碰到后面的椅子时，就可以坐下来了。就座时，身体要端正，两腿并拢，手肘不要放在桌面上，与餐桌的距离以便于使用餐具为佳。餐台上已摆好的餐具不要随意摆弄。将餐巾对折轻轻放在膝上。

(2) 使用刀叉进餐时，从外侧往内侧取用刀叉，要左手持叉，右手持刀。切东西时左手拿叉按住食物，右手拿刀将其切成小块，用叉子送入口中。使用刀时，刀刃不可向外。进餐中放下刀叉时应摆成“八”字形，分别放在餐盘边上。刀刃朝向自身，表示还要继续吃；每吃完一道菜，将刀叉并拢放在盘中，表示可以收盘。如果是谈话，可以拿着刀叉，无须放下。不用刀时，可用右手持叉，但若需要做手势时，就应放下刀叉，千万不可手拿刀叉在空中挥舞摇晃；也不要一手拿刀或叉，而另一只手拿餐巾擦嘴；更不可一手拿酒杯，另一只手拿叉取菜。要记住，任何时候，都不可将刀叉的一端放在盘上，另一端放在桌上。

用餐时，上臂和背部要靠到椅背，腹部和桌子保持约一个拳头的距离。两腿并拢摆放。

(3) 喝汤时不要啜，吃东西时要闭嘴咀嚼。不要舔嘴唇或咂嘴发出声音。如汤菜过热，可待稍凉后再吃，不要用嘴吹。喝汤时，用汤勺从里向外舀，汤盘中的汤快喝完时，用左手将汤盘的外侧稍稍翘起，用汤勺舀净即可。吃完汤菜时，将汤匙留在汤盘（碗）中，匙把指向自己。

(4) 吃鱼、肉等带刺或骨的菜肴时，不要直接外吐，可用餐巾捂嘴轻轻吐在叉上放入盘内。如盘内剩余少量菜肴，不要用叉子刮盘底，更不要用手指相助食用，应以小块面包相助食用。吃面条时要用叉子先将面条卷起，然后送入口中。

(5) 面包一般掰成小块送入口中，不要拿着整块面包去咬。抹黄油和果酱时也要先将面包掰成小块再抹。

(6) 吃鸡时，欧美人多以鸡胸脯肉为贵。吃鸡腿时应先用力将骨去掉，不要用手拿着吃。吃鱼时不要将鱼翻身，要吃完上层后用刀叉将鱼骨剔掉后再吃下层。吃肉时，要切一块吃一块，块不能切得过大，或一次将肉都切成块。

(7) 喝咖啡时如愿意添加牛奶或糖，添加后要用小勺搅拌均匀，将小勺放在咖啡的垫碟上。喝时应右手拿杯把，左手端垫碟，直接用嘴喝，不要用小勺一勺一勺地舀着喝。吃水果时，不要拿着水果整个去咬，应先用水果刀切成四瓣再用刀去掉皮、核，用叉子叉着吃。

(8) 用刀叉吃有骨头的肉时，可以用手拿着吃。若想吃得更优雅，还是用刀较好。用叉子将整片肉固定（可将叉子朝上，用叉子背部压住肉），再用刀沿骨头插入，把肉切开。最好是边切边吃。必须用手吃时，会附上洗手水。当洗手水和带骨头的肉一起端上来时，意味着“请用手吃”。用手指拿东西吃后，将手指放在装洗手水的碗里洗净。吃一般的菜时，如果把手指弄脏，也可请侍者端洗手水来，注意洗手时要轻轻地洗。

(9) 吃面包不可蘸调味汁，吃到连调味汁都不剩，这是对厨师的礼貌。注意不要把面包盘子“舔”得很干净，而要用叉子叉住已撕成小片的面包，再蘸一点调味汁来吃，这才是雅观的做法。

（资料来源：林莹. 西餐礼仪[M]. 北京：中央编译出版社，2010.）

三、西餐服务方式

（一） 法式服务

传统的法式服务（French Style Service）在西餐服务中是最豪华、最细致和最周密的服务。通常，法式服务用于法国餐厅，即扒房。法国餐厅装饰豪华高雅，以欧洲宫殿式为特色，餐具常采用手推车，或旁桌现场为顾客提供加热和调味菜肴及切割菜肴等服务。在法式服务中，服务台的准备工作很重要，要在营业前做好服务台的一切准备工作。法式服务注重服务程序和礼节礼貌，注重吸引客人的注意力，服务周到，每位顾客都能得到充分的照顾。但是法式服务节奏缓慢，需要较多的人力，用餐费用昂贵。

法式服务有两名服务员，即一名服务员和一名服务员助手为一桌宾客服务。服务员的任务是：接受宾客点菜点酒，上酒水；在宾客面前即兴烹制表演，以烘托餐厅气氛；递送账单，为宾客结账。服务员助手的任务：送点菜单入厨房；将厨房准备好的菜盘放在推车上送入餐厅；将服务员已装好盘的菜肴端送给宾客；负责收拾餐具，听从服务员的安排。在法式服务中，除面包、黄油、色拉和其他必须放在客位左边的食品从宾客的左手边上桌外，其他食品饮料一律用右手在客位的右边送上餐桌。

法式服务是一种非常豪华的服务，最能吸引宾客的注意力，给宾客的个人照顾较多。但是，法式服务要使用许多贵重餐具，需用餐车、旁桌，故餐厅的空间利用率很低，同时还需要较多的经过培训的专业服务人员。

（二） 俄式服务

俄式服务（Russian Style Service）同法式服务相似，也是一种讲究礼节的豪华服务，但其服务不同于法式。俄式服务讲究优美文雅的风度，将装有整齐、美观菜肴的大浅盘端给所有宾客过目，让宾客欣赏厨师的装饰和手艺，并且也刺激了宾客的食欲。俄式服务由一名服务员完成整套服务程序，服务的方式简单快速，服务不需要较大空间。因此，它的效率和餐厅空间的利用率都比较高。服务员从厨房里取出用加以装饰的银制菜盘盛放的菜肴，还要一同取出热的空盘，将其置于餐厅服务边桌之上。用右手将热的空盘按顺时针方向，从客位的右侧依次派给宾客，然后将其盛在银盘端上桌让宾客观赏，再用左手垫餐巾托着银盘，右手持服务叉勺，从客位的左侧按逆时针方向绕台给宾客派菜。派菜时，根据宾客的需求量派给，避免浪费和不足分派，每派一道菜都要换用一套清洁的服务叉勺。汤类菜肴可盛放在大银碗中用勺舀入宾客的汤盆里，也可以盛在银杯中，再从杯中倒入汤盆。

由于俄式服务使用了大量的银器，并且服务员将菜肴分给每一个宾客，使每位宾客都能得到尊重和较周到的服务，因此烘托了餐厅的气氛。由于俄式服务是大浅盘里分菜，因此，可以将剩下的、没分完的菜肴送回厨房，从而避免不必要的浪费。俄式服务的银器投资很大，如果使用和保管不当会影响餐厅的经济效益。在俄式服务中，最大的问题是最后分到菜肴的宾客，看到大银盘中的菜肴所剩无几，总有一些影响食欲的感觉。虽然采用大量的银质餐具，但服务员的表演较少，它注重实效，讲究优美文雅的风度。

俄式服务较法式服务节省人力，服务速度也快，餐厅的空间利用率高，又能显示其讲究、优雅的特点，使宾客感受到特别的关照，派菜后多余的食物也可回收。但是，如果每一位宾客点的菜不同，那么服务员必须端出很多银盘。可想而知，多种银器的投资很大，而使用率却相当低，因此高额的固定成本也会影响餐厅的经济效益。

（三） 英式服务

英式服务（British Style Service）也称为家庭式服务，其服务方法是服务员从厨房里取出烹制好的菜肴，盛放在大盘里和热的空盘里，一起送到主人面前，由主人亲自动手切割主料并分盘，服务员充当主人的助手，将主人分好的菜盘逐一端给宾客。各种调料、配菜都摆放在餐桌上，由宾客根据需要互相传递或自取。英式服务的家庭气氛很浓，许多服务工作由客人自己动手，用餐的节奏较缓慢，主要适用于宴会，很少在大众化的餐厅里使用。在美国，家庭式餐厅很流行。

（四） 美式服务

美式服务（American Style Service）又称为“盘子服务”，是一种简单的餐饮服务方式，一名服务员可以看数张餐台。食物都由厨师烹制好，并分别装入菜盘里，由服务员送至餐厅，直接从客位的右侧送给每位宾客，脏盘也从右侧撤下。热菜要备上盖子，并且在顾客面前打开盘盖。传统的美式服务，上菜时服务员在客人左侧，用左手从客人左边送上菜肴，从客人右侧撤掉用过的餐盘和餐具，从顾客的右侧斟倒酒水。目前，许多餐厅的美式服务从顾客的右边，用右手，顺时针进行。

美式服务简单明了，速度快，人工成本低、有利于用有限数量的服务人员为数量众多的宾客提供服务，常用于各类宴会，也是西餐厅、咖啡厅中十分流行的一种服务方式。

（五） 大陆式服务

大陆式服务（Continental Service）融合了法式、俄式、英式、美式的服务方式，餐厅根据菜肴的特点选择相应的服务方式。如第一道菜用美式服务，第二道菜用俄式服务，第三道菜用法式服务等。但不管采用何种方式，都必须遵循方便宾客用餐，方便员工操作这两个原则。又如，西餐零点餐厅多以美式服务为主，但也可以根据点菜情况在宾客面前烹制青椒扒，配制爱尔兰咖啡，用法式服务来点缀菜肴，烘托整个餐厅的气氛。

（六） 自助式服务

自助式服务（Buffet Service）是把事先准备好的菜肴摆在餐台上，客人进入餐厅后支付一餐的费用，便可自己动手选择符合自己口味的菜点，然后拿到餐桌上享用。餐厅服务员的工作主要是餐前布置，餐中撤掉用过的餐具和酒杯，补充餐台上的菜肴等。当今自助餐和各种冷餐会的用餐方式日趋流行。原因之一是食品台上的菜肴丰富，装饰精美，价格便宜。人们只花少量的钱即可品尝到品种繁多，又具特色的佳肴。原因之二是就餐速度快，餐位周转率高。宾客进入餐厅后，无须等候，适合现代社会快节奏的工作方式和生活方式。服务员只需提供简单的服务，如斟倒酒水、撤脏盘、结账等，这样餐厅可节省人员、节省开支。因此许多酒店的咖啡厅早餐、午餐多采用自助餐的开餐形式。

案例 5-1

第一次享用西餐

2010 年 9 月 10 日，刘先生携妻子来到北京某高级宾馆的西餐厅用餐。入座后，服务员为他们端上冰水，接着问他们要什么小吃和鸡尾酒。男士不知所措地说：“小姐，我们是教师，从来没有在高级饭店吃过西餐。今天正好是教师节，我们想趁此机会体验一下吃西餐的感受，请帮我们多介绍一些情况，以免我们出丑。”

服务员王小姐听后欣然同意，并微笑着向他们介绍：“吃西餐一般要先喝一些清汤或冰水，目的是减少喝酒对胃的刺激，然后可以按顺序要鸡尾酒和餐前小吃、开胃菜、汤、色拉、主菜、水果和奶酪、甜点、餐后饮料。实际上，不必每个程序都点菜，可根据自己的喜好和口味任意挑选。”

刘先生听罢忙用笔记录下来，并请王小姐告诉他们怎样用餐具，怎样点菜。王小姐先将一份菜单递给刘夫人，又将另一份菜单递给刘先生，简要地介绍了菜单上的内容，然后又送上酒单，告诉他们点菜后可以点酒，并耐心地介绍了相应的酒菜搭配知识。刘氏夫妇听得津津有味，还不时打断她，奋笔疾书。

“还是请你为我们点菜吧。”刘先生停笔后恳切地要求着。根据客人的要求和意愿，结合餐厅的特色酒、菜，王小姐为他们按全部程序点了血腥玛丽鸡尾酒、冷肉、法式小面包、黄油、汤、海鲜色拉、虾排、鹿肉、牛排、红葡萄酒、甜食、冰激凌、咖啡等饮食。

餐后，刘氏夫妇非常高兴地对王小姐说：“今天我们不但得到了良好的服务，而且还体会到了吃西餐的乐趣，以后一定再来。”

（资料来源：陈燕航. 西餐服务[M]. 北京：中国人民大学出版社，2014.）

评估练习

1. 西餐的特点是什么？
2. 西餐服务方式有几种？其各自有什么特点？

第二节　西餐服务运行流程

教学目标：

1. 掌握西式早餐的服务流程。
2. 掌握扒房的服务流程。

一、西式早餐服务

西式早餐比较科学，主要供应一些选料精细、粗纤维少、营养丰富的食品，如各种蛋类、面包、肉类、水果、热饮等，见表 5-1。

表 5-1　西式早餐的组成

序号	早餐的组成	具 体 内 容
1	果汁类	有橙汁、西柚汁、西红柿汁、猕猴桃汁等
2	水果类	一般用新鲜水果，如圣女果、香蕉、木瓜、苹果等
3	五谷类	有燕麦片、玉米片等
4	鸡蛋类	有煎蛋、煮蛋、水波蛋、安列蛋等
5	肉类	有火腿、香肠、熏肉等
6	热饮类	有咖啡、茶、可可、牛奶等
7	面包类	有烤面包、牛角包、面包卷等

（一） 西式早餐的形式、内容及特点

西式早餐有 3 种形式，分别是大陆式早餐、英式早餐、美式早餐。

大陆式早餐含有果汁或水果、牛角包或丹麦甜饼、各种面包配黄油、咖啡或茶。其特点是无蛋无肉。

英式早餐含有果汁或水果、冷或热的谷物食品、各式鸡蛋、吐司配黄油或各式果酱、咖啡或茶。其特点是有蛋无肉。

美式早餐含有果汁或水果、冷或热的谷物食品、糖胶煎饼或各式蛋类配以肉食、吐司配黄油及果汁、咖啡或茶。其特点是有蛋有肉。

（二） 西式早餐服务流程

1. 餐前准备

(1) 准备用具。

① 将早餐餐桌上所需的一切用具：餐巾、主刀、主叉、甜食勺、咖啡勺、面包碟、面包刀分类依次整齐放入服务托盘内。

② 各类餐具必须经过高温消毒，擦拭干净，光洁无异物、无破损。

③ 主刀、主叉、面包刀及甜食勺须事先放在叠好的餐巾里，以加快服务速度。

(2) 摆桌和检查。

① 检查桌面，桌面要光洁，无异物，无污迹。

② 将桌面上的花瓶、糖盅、椒盐瓶、奶壶等依次摆放好。

③ 将咖啡杯放在咖啡碟上，杯口向上，杯把向右，咖啡勺放在杯把处，再摆在桌上。

④ 检查糖盅是否清洁无污迹，各类袋糖是否齐全及摆放整齐。

⑤ 检查餐台上各种用具是否齐全，餐具是否清洁、无破损，桌椅是否整齐干净。

2. 迎客服务

(1) 客人进入餐厅时，迎宾员要微笑问好：“早上好，先生/女士，请问几位？”

(2) 迎宾员以手示意引领客人进入餐厅，为客人安排其喜欢的餐位并拉椅让座。

3. 点菜服务

(1) 递上餐牌并介绍当日新鲜水果。

(2) 记录菜点。如果宾客点用蛋类，要问清宾客喜欢什么样的烹调。如煎蛋，要问清是单面煎还是双面煎，煮蛋要几分钟，蛋类是配熏肉（Bacon)、香肠（Sausage)还是火腿（Ham)。

(3) 复述点菜内容，确保点菜正确。

(4) 迅速将订单送至厨房或酒吧，再将其送至收款台。

4. 餐间服务

(1) 根据早餐上菜顺序上菜，即咖啡或茶、果汁、面包和黄油（果酱)、谷物食品、蛋类、肉类、水果。给客人上食品或饮品时，将餐盘上的店徽对着正前方，介绍菜肴、

饮品。

(2) 及时撤走脏盘、空盘，及时添加咖啡或茶。

(3) 巡视服务区域，询问客人有无其他要求。

5. 结账送客

(1) 等客人示意结账后，按照结账的规范为客人结账。

(2) 送客，检查有无遗留物品。

(3) 恢复台面，使用托盘，分类收拾口布、餐具，用清洁的抹布擦净台面，按摆台要求重新布置台面。

案例 5-2

不一样的煎蛋

在某一西餐厅的早餐营业时间，服务员小芳注意到一位年老的顾客先用餐巾纸将煎蛋上面的油吸掉，又把蛋黄和蛋白用餐刀分离，再用白面包包着蛋白一起吃掉，而且在吃煎蛋时没有像其他客人那样在鸡蛋上撒盐。小芳猜想着客人可能是患有某种疾病，才会有这样特殊的饮食习惯。第二天早晨，当这位客人又来到餐桌入座后，未等其开口，小芳便主动上前询问客人，你是否还享用和昨天一样的早餐。待客人应允后，小芳便将早餐摆在老先生的餐桌上。与昨天不同的是煎鸡蛋只有蛋白而没有蛋黄，客人见状非常高兴，边用餐边与小芳谈心，之所以有这样的饮食习惯，是因为他患有顽固的高血压症，饮食上需要遵从医嘱。以前在别的酒店餐厅用餐时，他的要求往往被服务员忽视，这次在这家酒店住宿用餐，他感到非常满意。

（资料来源：陈的非. 饭店服务与管理案例分析[M]. 北京：中国轻工业出版社，2010.）

二、扒房服务

“扒房” (Grill Room)是酒店为体现自己菜肴与服务的水准，满足高消费宾客需求，以增加经济收入为目的而开设的高级西餐厅。扒房以提供午晚餐为主，有的只提供晚餐。在欧美，晚餐比午餐更正式、更受重视。一般来说，午餐时间有限而晚餐时间较长，因此，扒房的服务节奏较慢。扒房服务应体现酒店餐饮与服务的最高水准，服务员应熟悉菜肴与酒水及其服务方式，掌握客前烹制技能，有娴熟的推销技巧。用外语对客服务，并应彬彬有礼，具有绅士风度。扒房服务专业性强，应经培训合格后才能上岗。员工搭配往往是一名领班带一名或两名服务员和一名助手负责服务一个区域。

（一）西式正餐菜肴的组成

西餐的午餐、晚餐不论是宴会还是便餐，大致由头盆、汤类、副盆、主菜、甜点组成，见表 5-2。

表 5-2 西餐组成

序号	西餐组成	要求/特点	盛 器	分 类		名 菜
1	头盘 (Appetizer)	色彩鲜艳、装饰美观，以达到增进宾客食欲的目的	中、小型盘子或鸡尾酒杯盛装	冷头盆		熏三文鱼、虾仁鸡尾杯
				热头盆		法式焗田螺、串烧海虾
2	汤 (Soup)	原汤、原色、原味	宽边小汤碗或带柄小汤碗	冷汤类		西班牙冻汤、德式杏冷汤
				热汤类	浓汤	法式洋葱汤、奶油汤
					清汤	牛尾清汤、鸡清汤
3	副盆 (Side Course)	刺激食欲的功能，分量不多，起均衡营养的作用	中型浅盘、深碟或中碗	鱼类 海鲜类 软体动物类		法式焗蜗牛、芝士大虾
4	主菜 (Main Course)	制作考究，考虑菜肴的营养价值	大型浅盘	海鲜类 禽畜类		焗烤银鳕鱼 法式烤羊腿 沙朗牛排
5	奶酪 (Cheese) 甜点 (Dessert)	营养丰富	小型浅碟、冰激凌杯	甜点有冷热之分		各式奶酪、冰激凌、布丁、蛋糕等

（二） 扒房服务流程

1. 接受预订

扒房一般由领位员或餐厅预订部负责接受宾客的电话预订或当面预订，接受预订后即填写预订单，并根据宾客要求留好相应餐台。

2. 餐前准备

(1) 餐厅的台面应根据宾客预订要求摆台，并按照预订登记表所记人数选定餐桌，在餐桌上放置留座卡。每个餐位按西餐正餐所要求的规格摆放餐具。

(2) 准备服务用具（菜单、服务手推车、保温盖、笔等），准备冰水、咖啡和茶，准备调味品（芥末、胡椒、盐、柠檬角、辣椒汁、奶酪、番茄酱等）。

(3) 开餐前会。由餐厅经理或主管召集员工开会，会议内容：明确任务分工；介绍当日特别菜肴和服务方式；了解当日客情；VIP 接待注意事项；检查员工仪表仪容等。

3. 迎宾入座

餐厅领位员见到宾客首先问候，如“Good evening sir/madam. DO you have a reservation sir/madam?”。如果宾客有预定，领位员将宾客引领到预留的餐桌，与餐厅服务员合作，为客人拉椅，铺餐巾，点蜡烛。迎宾员离开时要向客人说：“Enjoy your dinner.”。

4. 餐前酒水服务

绝大多数西方客人在点菜前先喝些餐前酒。因此，应先递上酒水单，不要急于将菜单递上。酒水员或餐厅领班到宾客面前推销餐前饮品：“请问餐前需要用些什么酒水？我们备有各种鸡尾酒、啤酒和果汁饮料，请问需要哪一款？”酒水订单一式三联，第一联交收款台以备结账，第二联拿到吧台取酒水，第三联自留备查。在一桌有很多宾客的情况下，往往需要在草稿纸上画出餐位示意图，按图用缩写或符号记下宾客要求，以防止上错酒水。开单后，应尽快将酒水送到客人桌上，没有点酒的宾客应为其倒上冰水。上餐前酒时，轻声重复酒水名称，并视需要用搅拌棒为客人的餐前酒调和。

5. 呈递菜单

扒房领班为每位顾客呈递一份菜单，呈递按先女后男或先宾后主次序进行。呈递时从宾客的右边递送，要打开菜单的第一页，同时介绍当日厨师特选和当日特殊套菜，然后略退后，给宾客看菜单的时间。

6. 点菜服务

扒房是由领班接受宾客点菜，在一般情况下服务员不能接受点菜。因西餐是分食制，人手一份菜单，每位宾客所点的菜式都可能不一样，点菜时就需要事先在草稿纸座位示意图上将相应宾客所点菜名写上。熟练运用推销技巧，确保记录无误。点菜时从女宾开始，最后为主人点菜，菜点确认无误后，领班将开好的订单第一联交收款台，第二联交厨师长备菜，将第三联与草稿纸一起交给服务员，由服务员去做准备工作。

知识拓展 5-2

点菜服务的注意事项

（1）点牛排、羊排问生熟程度（全熟/七成熟/五成熟/三成熟/一成熟）。

（2）点沙拉要问搭配何种沙拉汁。

（3）正式的西餐订单见表 5-3.

表 5-3　西餐订单

部门： Outlet	NO. 000001		
日期 DATE	服务员 WAITER	人数 PERSONS	台号 TABLE
数量 QIY	品名 DETAILS		单价 PRICE

（资料来源：桂佳，吴升旸．餐饮服务与管理[M]．北京：对外经济贸易大学出版社，2013.）

7. 呈递酒单

领班或酒吧调酒师根据宾客所点的菜肴，推销与其相配的佐餐酒，并留足宾客自己选择的时间，在上酒水单时，应根据客人所点的菜，主动推销红、白葡萄酒："先生，红葡萄酒/白葡萄酒如配上您的牛排/海鲜，风味将会更好，请问需要一瓶吗？"

8. 调整台面餐具

服务员根据订单和草稿纸上的示意图，给每位宾客按上菜顺序摆换刀、叉、勺。最先吃的菜肴用具放在最外侧，其余刀叉依次向中央摆放。如最后吃主菜牛排，则牛排刀、叉置于最里面靠垫盘两侧。

9. 点酒水及上酒水服务

征求宾客用什么葡萄酒（西餐的红、白葡萄酒是整瓶出售的）。如果订红葡萄酒，要问清是现在喝还是配主菜喝，如果配主菜喝，现在是否要打开。红葡萄酒要盛放在酒篮里（图 5-1）展示给宾客，开瓶要当着宾客进行，开启后将酒瓶与酒篮放在宾客餐桌上。白葡萄酒则需要立即服务，即将白葡萄酒瓶放在盛冰块的香槟桶（图 5-2）里，连酒桶架一起端至主人右手边，同时根据订单摆放酒杯，有的餐厅摆位时已准备了红、白葡萄酒杯。如果只订一种葡萄酒，则将多余的葡萄酒杯撤下。

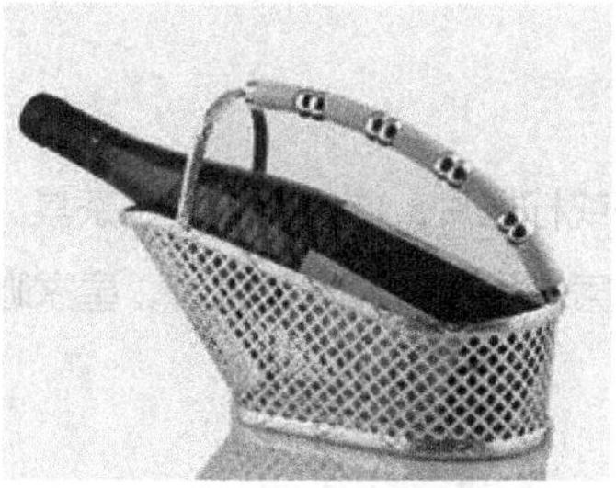

图 5-1 酒篮服务

图 5-2 冰桶服务

10. 上面包、黄油

服务员从宾客左边上黄油，再礼貌地请客人选择喜欢的面包品种，然后右手持匙和叉将面包篮内的面包夹送至客人的面包盘里。面包服务按逆时针方向进行，每服务完一位客人要将匙和叉放回篮子里，同时后退一步再转身去为下一位客人服务。

11. 上菜服务

上菜从宾客右边进行，上菜顺序必须严格按照西餐的上菜顺序要求，即先开胃菜、汤，再上沙拉，然后上主菜，最后上甜品、奶酪、水果和餐后饮料。

（1）服务头盘。西餐的第一道菜是头盘，也称开胃品。根据订单和座位示意图，用餐厅规定的服务方式上菜。端上菜肴时，要报菜名。一般情况下，上菜时服务员用右手从宾客右边端上，直接放入装饰盘内。

头菜吃完后，撤盘前需征求宾客意见，注意将刀叉放在空盘里一同撤下。西餐服务要求徒手撤盘，只有玻璃杯具、烟灰缸、面包盘、黄油盅等小件物品用托盘撤送。收盘时，用右手从宾客的右边撤下，从主宾开始按顺时针方向依次撤下每位宾客的空盘。撤下的脏盘子直接送入洗碗间，分类摆放。

（2）服务第二道菜（汤或沙拉）。服务员用手推车或旁桌服务方式送上第二道菜，直接放在装饰盘内。沙拉汁、奶酪粉等配料一律从宾客左手边分派。

宾客吃完第二道菜后，服务员将空盘连同装饰盘一起撤下。餐桌上只留下吃主菜的刀叉用具、面包碟及刀等。

(3) 服务主菜。许多餐厅的主菜是在宾客面前烹制表演、切割装盘。服务员要提前做好准备工作，然后由领班进行操作表演。将菜肴装盘时要注意布局，一般蔬菜等配菜放在大块肉上方，汁酱不要挂在盘边。服务员在宾客右侧上菜，上完后要报菜名，牛、羊排要告知几成熟。放盘时，让主菜、肉类靠近宾客面前，蔬菜则靠桌心方向。

当全部宾客吃完主菜后，除水杯（包括有饮料的玻璃杯）、烟缸、蜡烛座外，应将餐桌的其他餐具撤下。撤餐具按顺时针方向进行，同时用服务巾和面包碟将桌上的面包碎屑扫干净。

12. 推销奶酪和甜点

先展示各式奶酪，将宾客点的奶酪当场切割装盘、摆位，并配上胡椒、盐盅、黄油、面包、蔬菜。待宾客吃完奶酪后，将用具撤下，只留下甜品叉、勺及有酒水的杯子、餐巾、烟缸、花瓶、蜡烛。然后展示甜品车，服务蛋糕、甜点、水果。有些扒房则呈递甜品单，甜品在厨房里准备。

13. 服务咖啡或茶

先问清宾客喝咖啡还是茶，随后送上糖缸、奶壶或柠檬片，准备咖啡具、茶具。咖啡和普通红茶配糖和淡奶，柠檬茶配糖和柠檬片。有些扒房现场提供爱尔兰咖啡、皇家咖啡的制作表演，以渲染餐厅气氛。

14. 撤走甜品用具

服务员用托盘撤走甜品用具，将咖啡和茶杯移至宾客面前，随时准备添加。在宾客离桌前，所有酒杯均应保持原位不动，待宾客离去后再撤走。

15. 推销餐后酒和雪茄

展示餐后酒车，问宾客是否在餐后享用利口酒或干邑白兰地或雪茄烟。用酒车上准备好的各式酒杯倒酒并随之记账。如果宾客点了雪茄，要帮助宾客点燃。

16. 结账

(1) 准备好账单。如果宾客是各自结自己的账，应仔细核对，保证结账的准确性。

(2) 结账后须向客人表示感谢。

17. 送客清理

宾客起身离座时，要帮助拉椅、递外套，并提醒宾客带上自己的物品，礼貌致谢：“希望能再次为您服务”“谢谢光临”“欢迎下次再来”，送宾客出餐厅门口。

摆好椅子，清理餐台，换上干净台布，准备迎接下一批宾客或为下一餐铺台。

评估练习

1. 简述西式早餐的形式、内容及特点。
2. 试述西式早餐的服务流程。
3. 试述西式正餐由哪几部分组成。
4. 论述扒房的服务流程。

第三节　西餐菜肴与酒水搭配

教学目标：

1. 了解西餐菜肴与酒水的搭配原则。
2. 掌握西式正餐与酒水的搭配方法。

一、西餐菜肴与酒水搭配原则

在西餐中，酒水与菜式的搭配有一定的规律。这些规律是人们长期饮食实践的总结，也可以称之为饮食习惯。

总的来说，色、香、味淡雅的酒品应与色调冷、香气雅、口味纯、较清淡的菜肴搭配，如头盘、鱼、海鲜类应配白葡萄酒（需冰镇）；香味浓郁的酒应与色调暖、香气浓、口味杂、较难消化的菜肴搭配，如肉类、禽类配红葡萄酒。另外，咸食选用干、酸型酒类，甜食选用甜型酒类。在难以确定时，则选用中性酒类，如香槟酒。

二、西式正餐与酒水的搭配方法

了解西餐菜肴与酒水的搭配知识，可以帮助服务员在服务时向宾客推销恰当的酒品，使之与宾客所点用的菜肴相得益彰。

1. 餐前酒

餐前酒，别名开胃酒。显而易见，它是在开始正式用餐前饮用，或在吃开胃菜时与之配伍的。在一般情况下，在用西餐之前，很多西方宾客喜爱饮用一杯具有开胃功能的酒品，如法国和意大利生产的味美思酒（Vermouth），也有用鸡尾酒（Cocktail）作为餐前酒的，如血腥玛丽（Blood Mary）。

2. 开胃头盘

西方宾客吃开胃头盘时要根据开胃头盘的具体内容选用酒水品种。如鱼子酱要用俄国或波兰生产的伏特加酒（Vodka），虾味鸡尾杯则用白葡萄酒。口味选用干型或半干型。

案例 5-3

哪瓶 Chablis 更合适呢？

西餐厅里，来了一位贵客。前菜点了生牡蛎。一般来说，生牡蛎配 Chablis 是大家都知道的，由于是贵宾，服务生特地为客人拿来了一瓶上好的 Chablis，从服务常识上说这没有什么问题，但是从侍酒的角度考虑，生牡蛎虽然适合 Chablis，但是高级的 Chablis 其高贵的洋梨、菠萝等香味，会使新鲜的牡蛎变得腥味十足，完全忽视了酒和料理的关系，这样，即使是再高级的酒，客人也不会高兴。所以正确的做法是为客人换上一瓶价格适中的 Chablis 就可以了。

（资料来源：曾海霞，汪蓓静．西餐服务[M]．北京：旅游教育出版社，2011.）

3. 汤类

不同的汤应配用不同的酒，如牛尾汤配雪利酒、蔬菜汤配干味白葡萄酒等。

4. 沙拉

与沙拉搭配的一般是口味清淡的白葡萄酒或开胃酒，具体要根据沙拉的内容选用酒水品种。

5. 鱼类及海味菜肴和肉类、禽类及各式野味菜肴

西餐里的佐餐酒均为葡萄酒，而且大多数是干葡萄酒或半干葡萄酒。在正餐或宴会上选择佐餐酒，有一条重要的讲究不可不知，即“白酒配白肉，红酒配红肉”。所谓的白肉，即鱼肉、海鲜、鸡肉。吃这类肉时，须与白葡萄酒搭配。所谓的红肉，即牛肉、羊肉、猪肉。吃这类肉时，则应配以红葡萄酒。

6. 奶酪

奶酪适合配用香味浓烈、口味较甜的葡萄酒，有些品种的奶酪可配用波特酒。

7. 甜品

甜品一般配用甜葡萄酒或葡萄汽酒，有德国莱茵白葡萄酒、法国的香槟酒等。

8. 餐后酒

餐后酒指的是在用餐之后，用来助消化的酒水。最常见的餐后酒是利口酒。最有名的餐后酒，则是有“洋酒之王”美称的白兰地酒。

在此值得一提的是，西餐在进餐过程中，饮用香槟酒佐餐是件愉快的事，它可以与任何种类的菜式相配。

知识拓展 5-3

西餐配酒小常识

碰到一餐中需要开多瓶酒水来配不同的菜肴时，哪些规则是要遵守的呢？

(1) 先开白酒后开红酒，这也与吃西餐“先鱼后肉”的规则配合。

(2) 如果开两瓶或更多瓶的红酒，应先饮新酒后饮陈酒，愈陈的酒愈迟饮。

(3) 如果开两瓶或更多瓶的白酒，应先饮较“干”的，再顺次饮“甜”的。

(4) 一般而言，红酒宜佐红肉，白酒宜佐鱼或白肉。

（资料来源：陈衍怀. 酒吧服务[M]. 广州：暨南大学出版社，2014.）

评估练习

1. 简述西餐菜肴与酒水的搭配原则。
2. 试述西式正餐与酒水的搭配方法。

第六章

宴会服务

引导案例

致辞时有菜端出

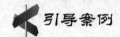

某四星级酒店里，富有浓郁民族特色的贵妃厅今天热闹非凡，30余张圆桌座无虚席，主桌上方是一条临时张挂的横幅，上书“庆祝××集团公司隆重成立”。今天来此赴宴的都是商界名流。由于人多、品位高，餐厅上自经理下至服务员从早上开始就换地毯、装电器、布置环境，宴会前30分钟所有服务员均已到位。

宴会开始，一切正常进行。值台员早已接到通知，报菜名、递毛巾、倒饮料、撤盘碟，秩序井然。按预先的安排，上完“清炒澳龙”后，主人要祝酒讲话。只见主人和主宾离开座位，款款走到话筒前。值台员早已接到通知，在客人杯中已斟满酒水饮料。主人、主宾身后站着一位漂亮的服务小姐，手中托着装有两杯酒的托盘。主人和主宾简短而热情的讲话很快便结束，服务员及时递上酒杯。正当宴会厅内所有来宾站起来准备举杯祝酒时，厨房里走出一列身着白衣的厨师，手中端着刚出炉的烤鸭向各个不同方向走出。客人不约而同地将视线转向这支移动的队伍，热烈欢快的场面就此给破坏了。主人不得不再一次提议全体干杯，但气氛已大打折扣了。客人的注意力被转移到厨师现场分工割烤鸭上去了。

（资料来源：陈的非. 饭店服务与管理案例分析[M]. 北京：中国轻工业出版社，2010.）

辩证性思考：

1. 本酒店宴会服务中哪个环节出了问题？

2. 如果你是餐厅经理，如何确保宴会服务无差错？

宴会一般要求格调高雅，在环境布置及台面布置上既要舒适、干净，又要突出隆重热烈的气氛。在菜点选配上有一定格式和质量要求，按一定的顺序和礼节递送上台，讲究色、香、味、形、器，注重菜式的季节性，用拼图及雕刻等形式烘托喜庆、热烈的气氛。在接待服务上强调周到细致。讲究礼节礼貌，讲究服务技艺和服务规格。

第一节　宴会概述

教学目标：

1. 了解宴会的特点。
2. 理解宴会的种类与形式。
3. 掌握宴会预定的程序与方法。

一、宴会的特点

宴会是在普通用餐基础上发展而成的一种高级用餐形式，是指宾、主之间为了表示欢迎、祝贺、答谢、喜庆等目的而举行的一种隆重、正式的餐饮活动。其特点如下。

(1) 规模和规格预先确定。

(2) 菜点、酒水的种类数量预先确定。

(3) 用餐标准预先确定。

(4) 对服务要求高，强调细致周到，讲究礼貌礼节。

(5) 对环境布置要求较高，强调隆重热烈，讲究气氛渲染。

二、宴会的种类与内容形式

(一) 宴会的种类

根据不同的分类方式，宴会有如下种类。

(1) 按内容和形式分类。宴会按内容和形式的不同可分为中餐宴会、西餐宴会、冷餐酒会、鸡尾酒会、茶话会等。

(2) 按进餐标准和服务水平分类。宴会按进餐标准和服务水平的高低可分为高档宴会、中档宴会、一般（普通）宴会等。

(3) 按进餐形式分类。宴会按进餐形式的不同可分为立餐宴会、坐餐宴会、坐餐和立餐混合式宴会等。

(4) 按礼仪分类。宴会按礼仪可分为欢迎宴会、答谢宴会、告别宴会等。

(5) 按主办人身份分类。宴会按主办人身份的不同可分为国宴、正式宴会、非正式宴会（便宴）、家庭宴会等。

(6) 按规模分类。宴会按其规模大小（出席者的人数多少）可分为大型宴会（200 人以上）、中型宴会（100～200 人）、小型宴会（100 人以下）等。

(7) 按菜肴特点分类。宴会按菜肴特点的不同可分为海鲜宴、野味宴、全羊席、满汉全席、火锅宴、素席等。

(二) 宴会的内容形式

宴会的种类不同，其内容和形式也各不相同。

1. 国宴

国宴是一个国家的元首或政府首脑为国家的庆典（如国庆），或为欢迎来访的外国元首、政府首脑，或来访的外国元首（政府首脑）为答谢东道国政府而举办的一种正式宴会，这是一种招待规格最高、礼仪最隆重、程序要求最严格、政治性最强的宴会形式。国宴设计既要体现民族自尊心、自信心、自豪感，又要体现兄弟国家和民族之间的平等、友好、和睦气氛。举办国宴，厅内要求悬挂国旗，安排乐队演奏国歌及席间乐，席间还要致辞和祝酒，礼仪要求十分严格。

2. 正式宴会

正式宴会通常是政府和人民团体有关部门为欢迎应邀来访的宾客而举行的宴会。正式宴会的安排和服务程序大体与国宴相同。宾主按身份排席次和座次。在礼仪上的要求也比较严格，席间一般都致辞，但不悬挂国旗，不奏国歌。

3. 中餐宴会

中餐宴会是按中国传统举办的一种宴会形式。中餐宴会根据中国的饮食习惯，吃中国菜点，喝中国酒水，用中国餐具。菜点品种和数量根据进餐标准高低而不同。

4. 西餐宴会

西餐宴会是按西方传统举办的一种宴会形式。西餐宴会根据西方的饮食习惯，吃西式菜点，喝西式酒水，根据菜点不同使用多套餐具，讲究菜点与酒水的搭配。

5. 冷餐酒会

冷餐酒会是按自助餐的进餐方式而举办的一种宴会形式。冷餐酒会的菜点以冷菜为主，也有部分热菜，且既有西菜西点，又有中菜中点，客人可根据其饮食爱好自由选择。酒水通常放在吧台上由客人自取，或由酒水员托送。这种宴会形式因其灵活方便而常为政府部门、企业界、贸易界举办人数较多的欢迎会、庆祝会、开业或周年庆典、新闻发布会所采用。

6. 鸡尾酒会

鸡尾酒会是欧美社会传统的聚会交往的一种宴会形式。鸡尾酒会以供应酒水（特点是鸡尾酒和混合饮料）为主，配以适量的佐酒小吃，如三明治、果仁、肉卷等。鸡尾酒会可在一天中的任何时候单独举办，也可在正式宴会前举办（作为宴会的一部分）。

知识拓展 6-1

宴会发展趋势

一、营养化、卫生化

步入市场经济后，宴会作为饮食文明的重要举措，合理配膳越来越受到人们的关注，在此背景下，现行宴会的饮食结构已发生了很大的变化：变重荤轻素为荤素并举；变重菜肴轻主食为主副食并重；变猎奇求珍为欣赏烹饪技艺与品尝风味并行。人们喜欢食用既有味觉吸引力，又富有营养、低胆固醇、低脂肪、低盐的食物。仅从色、香、味、形的角度来考虑宴会食物的搭配已不能满足市场的需求，宴会食物结构必然朝着营养化的趋势发展，绿色食品、保健食品将会越来越多地出现在宴会餐桌上，膳食的营养价值将成为衡量宴会食品质量的一条重要标准。

二、节俭化、精致化

宴会反映一个民族的文化素质，量力而行的宴会新风会被更多的社会各阶层人士所接受、提倡，提供“物有所值”的宴会产品是未来的主流。宴会的精致化趋势是指菜点的数量与质量。新式宴会设计要讲究实惠，力戒追求排场，既应适当控制菜点的数量与用量，防止堆盘叠碗的现象，又需改进烹调技艺，使菜肴精益求精，重视口味与质地，避免粗制滥造。

三、多样化、特色化

所谓多样化，即宴会的形式会因人、因时、因地而异，显现需求的多样化，而宴会因适合这种需求而出现各种形式。

特色化趋势是宴会有地方风情和民族特色，即能反映某酒店、地区、城市、国家、民族所具有的地域、文化、民族特色，使宴会呈现精彩纷呈、百花齐放的局面。如对待外地宾客，在兼顾其口味嗜好的同时，适当安排本地名菜，发挥烹调技术专长，显示独特风韵，以达到出奇制胜的效果。

四、美境化、食趣化

宴会的美境化趋势主要是指设宴处的外观环境和室内环境布置两个方面。人们特别关注室内环境的布置美，关心宴会的意境和气氛是否符合宴会的主题。诸如宴会厅的选用，场面气氛的控制，时间节奏的掌握，空间布局的安排，餐桌的摆放，台面的布置，台花的设计，环境的装点，服务员的服饰，餐具的配套，菜肴的搭配等都要紧紧围绕宴会主题来进行，力求创造理想的宴会艺术境界，给宾客以美的艺术享受。

宴会的食趣化趋势是注重礼仪，强化宴会情趣，提高服务质量，体现中华民族饮食文化的风采，能够陶冶情操，净化心灵。如进食时播放音乐，盛大宴会有时还边吃边喝、边看歌舞表演节目。音乐、舞蹈、绘画等艺术形式都将成为现代宴会乃至未来宴会不可缺少的重要部分。

五、自然化、国际化

自然化，即宴会的地点、场所会进一步向大自然靠拢，举办的场所可能会选择在室外的湖边、草地上、树林里，即使在室内，也要求布置更多的绿叶、花卉来体现自然环境，让人们感受大自然的氛围，满足人们对回归自然的渴望。

烹饪文化的国际交流给中国饮食文化的发展带来新的活力。宴会的国际化，即宴会的形式会更向国际标准靠拢，同国际水平接轨，这是东西方烹饪文化交流的必然结果，也是迎合各国旅游者、商务客户需要的市场自然选择。

（资料来源：刘根华，谭春霞．宴会设计[M]．重庆：重庆大学出版社，2013.）

三、宴会预订

宴会预订是一项具有较强专业性而又有较大灵活性的工作。宴会预定过程既是产品推销过程，又是客源组织过程。所以，餐厅应根据宴会举办者的要求，积极推销，受理预订，并组织为完成宴会而需要的各项服务工作。

（一）　宴会预订方式

1．直接预订（面谈）

直接预订是宴会预订较为有效、实用的方式。在宴会规模较大、宴会出席者的身份较高或宴会标准较高的情况下，宴会举办单位或个人一般都要求当面洽谈，直接预订。饭店宴会销售员或预订员应根据客人要求详细介绍宴会场地和所有细节安排，如厅堂布置、菜单设计、席位安排、服务要求等，应尽量满足客人提出的各项要求，并商洽付款方式、填写宴会预订单、记录预订者的联系地址、电话号码等以便日后用信函或电话等方式与客人联络。

2. 电话预订

电话预订是另一种较为有效的宴会预订方式，常用于小型宴会的预订、查询饭店宴会资料、核实宴会细节等，在饭店的常客中尤为多见。此外，大型宴会面谈、宴会的落实或某些事项的更改等通常也是通过电话来传递相关信息的。与直接预订相同，预订员应在电话中向客人介绍、推销餐饮产品，落实有关细节，填写宴会预订单等。

除上述两种主要的宴会预订方式外，客人还可通过信函、传真等方式进行宴会预订，饭店应想方设法与客户联络，尽力扩大宴会销售业务，努力提高宴会设施利用率，从而为饭店创造良好的社会效益和经济效益。

（二） 宴会预订程序

1. 接受预订

(1) 热情应接。向宾客问好，感谢宾客对本酒店的信任。

(2) 仔细倾听，了解宾客需求。

(3) 认真记录。

① 宴会的类型，是中餐宴会，还是西餐宴会，或是冷餐酒会。

② 宴会的举办日期和时间。

③ 宴会的出席人数（包括最低保证人数）和餐桌数。

④ 宴会的名称、性质和客人身份等。

⑤ 宴会的举办单位或个人、联络人、联络地址和电话号码等。

⑥ 计划安排的宴会厅名称，厅堂布置和台形设计的要求。

⑦ 菜单的主要内容、酒水的种类和数量。

⑧ 收费标准和付款方式。

⑨ 宴会的其他要求，如休息室、请柬、席位卡、致辞台等。

⑩ 接受预订的日期和预订员的签名，等等。

宴会预订单填写好以后，应向客人复述，并请预订客人签名。

(4) 礼貌道别。

2. 宴会预订的落实

(1) 填写宴会预订单。格式见表 6-1。

表 6-1 宴会预订单

公司名称 Company's Name ________			
联 系 人 Contact Person ________			
电 话 Tel ________	手 机 Mobile ________		
传 真 Fax ________	电子邮箱 E-mail ________		
地 址 Add ________			
宴会日期 Date/Day Of ________	时 间 Time ________	场 地 Ground ________	
宴会人数 Person ________	保底人数 Attendance Guaranteed ________		

续表

宴会标准 Banquet Standard ____________ 宴会台数 Number ____________ 付款方式 Payment ____________ 预付款 Deposit ____________ 备　注 Remarks ____________	
附加要求 1. 宴会形式　☐ 正式宴会 ☐ 茶话会 ☐ 鸡尾酒会 ☐ 其他 ________ 2. ☐ 签到桌：______张　☐ 位置______　☐ 抽奖箱 3. ☐ 蜡烛　☐ 暖炉　☐ 投影（收费/不收费）费用______元　☐ 白板 4. 指示牌______个　内容 ____________ 5. 其他：☐ 鲜花　☐ 水果　☐ 茶歇 标准　元/人　☐ 车位______辆　☐车型______ 6. 备注	
菜单 Menu	酒水 Drinks
主办单位确认签字 ____________ 时间 ____________	预订接待签字 ____________ 时间 ____________
酒店核准签发 ____________　签发时间 ____________	
送至部门 ☐总经理室　☐餐饮部　☐客房部　☐前厅部　☐总机　☐公关部　☐销售部 ☐财务部　☐管事部　☐工程部　☐安全部　☐厨房　☐营销部　☐酒水部	

（2）签订宴会合同。一旦宴会安排得到确认，菜单、饮料、场地布置等细节内容认可以后，应将这些信息以确认信的方式送交给客人，并附上宴会合同书，经双方签字即生效。

（3）收取订金。为了保证宴会预定的成功率，可以要求顾客预付订金。

（4）建立宴会预订档案。将预订客人的有关信息和宴会活动资料整理归档，尤其整理客人对菜肴、场地布置等方面的特殊要求和一些常客的详细资料，以便提供针对性服务。

（5）宴会预订的更改或取消。在宴会活动前两天，必须设法与客人取得联系，进一步确定已谈妥的事项，将“宴会预订单”送往各部门；若确认的内容有变动，应填写“宴会更改通知单”，发送相关部门。

如果客人要取消预订，预订员应填写“取消预订报告”送至相关职能部门，并按宴会合同上约定的条款妥善处理。

案例6-1

试吃河豚

某日晚上，一市政府接待活动在酒店宴会厅举行。在晚餐开始前一个半小时，接待办人员在了解菜单后，发现菜单中安排了河豚，就要求试吃，但宴会预订人员之前并未询问客人是否需要试吃（因为河豚烧制时间较长）。宴会预订员将该情况向餐厅经理做了汇报，通过餐厅经理的协调，在比较仓促的情况下，让厨房立即做了河豚让其试吃。虽然此事通过及时处理并未耽误宴会的正常进行，但也给从事宴会服务工作的人员作了警醒。宴会结束后，经理召开宴会总结会议，强调了宴会服务各环节工作细致的重要性，如菜单中安排河豚，宴会预订员一定要主动询问客人，河豚是否需要试吃，以便让餐厅及厨房提前做好准备工作。

（资料来源：单铭磊. 餐饮运行与管理[M]. 北京：北京大学出版社，2012.）

评估练习

1. 简述宴会的种类与形式。
2. 宴会预订方式有哪些？如何做好宴会预订工作？

第二节　中餐宴会服务

教学目标：

1. 了解宴会服务工作的岗位配置。
2. 掌握中餐宴会服务程序及操作标准。
3. 掌握中餐宴会服务注意事项。

一、宴会前的组织准备工作

1. 掌握情况

接到宴会通知单后，餐厅管理人员和服务员应做到“八知”“三了解”。

“八知”是知台数、知人数、知宴会标准、知开餐时间、知菜式品种及出菜顺序、知主办单位或房号、知收费办法、知邀请对象。

“三了解”是了解宾客风俗习惯、了解宾客生活忌讳、了解宾客特殊需要。如果是外宾，还应了解国籍、宗教、信仰、禁忌和口味特点。

对于规格较高的宴会，还应掌握下列事项：宴会的目的和性质，有无席次表、席位卡，有无音乐或文艺表演及其他特殊要求等。

2. 明确分工

规模较大的宴会，要确定总指挥人员。在人员分工方面，根据宴会要求，对迎宾、值台、传菜、酒水供应、衣帽间、贵宾室等岗位都要有明确分工，都要有具体任务，将责任落实到人。做好人力物力的充分准备，要求所有服务人员思想重视，措施落实，保证宴会善始善终。

3. 宴会布置

宴会布置分场景布置和台形布置两部分，见表 6-2。

表 6-2 宴会布置

类型	设计步骤	内容及要求
场景布置	确定绿化装饰	(1) 绿化装饰区域，一般是在厅外两旁、厅室入口、楼梯进出口、厅内的边角或隔断处、话筒前、花架上、舞台边沿等，宴会餐台上有时也布置鲜花 (2) 盆栽品种。可供选用的有盆花、盆草、盆树、盆景等几种。一般来说，喜庆宴会可选用盆花，以季节的代表品种为主，形成百花争艳的意境，以示热烈欢快的气氛。大型隆重的宴会，一般要在主台的后面用花坛、画屏，大型青枝、翠柏、盆景作装饰，以增加宴会隆重、热烈的气氛。选用盆花时要考虑各国各地习俗对花的忌讳
	确定标志与墙饰	(1) 标志指宴会厅中使用的横幅、徽章、标语、旗帜等。这是表现宴会主题的最直接方式，要根据宴会的性质、目的及承办者的要求来设置。如国宴，就要悬挂主客双方的国旗，菜单上要印国徽；婚宴可悬挂大红喜字或龙凤呈祥图案；其他可悬挂横幅 (2) 墙饰指宴会厅内四周的字画、匾额、壁毯及其他类型的工艺装饰品，它对整个宴会的环境起着衬托和美化作用。在一般情况下，它是相对固定的、非特殊要求可不做更改
	确定色彩和灯光	宴会厅内各部分的色彩必须依据一定的美学原理合理搭配，注意色调的和谐及统一。中餐宴会的灯光应设计得明亮、辉煌，在讲台、主台、舞台所处的区域，其光线应该更强一些，以显示其重要
	确定餐台	确定餐台，即定好餐台的类别、形状、数量及规格 (1) 主台：宴会主台指供宴席主宾、主人或其他重要客人就餐的餐台。通称为“1号台”，它是宴请活动的中心部分。主台一般只设 1 个，安排 8～20 人就座，中餐宴会以圆形主台为多，主台的规格为：圆台直径在 200cm 以上，要比其他餐台大 (2) 副主台：参加宴会的贵宾较多时，可设若干副主台。一般设 2～4 个，其大小应在主台和一般餐台之间 (3) 一般餐台：每席坐 10 人，餐台的直径为 180cm (4) 备餐台：多为长方形，根据餐桌数量和服务要求而设。一般是 1 餐台配 1 个或 2 个餐台配 1 个，用小条桌、活动折叠桌拼接。备餐台的规格有：45cm×90cm，80cm×160cm 等 (5) 致辞台：放在主台附近后面或侧面，装有两个麦克风，台前用鲜花围住
	确定餐椅	宴会餐椅以靠背椅为主，主台的餐椅可以特殊一些，同时要考虑预备一定数量的备用餐椅

续表

类型	设计步骤	内容及要求
场景布置	确定宴会厅室温	宴会厅的室温要注意保持稳定，且与室外气温相适应。一般冬季保持在 18～20℃，夏季保持在 22～24℃
	其他	(1) 宴会厅的照明、音响要有专人负责，宴会前必须认真检查一切照明设备及线路，保证不发生事故 (2) 宴会期间要有工程人员值班，一旦发生故障即刻组织抢修
台形布置	确定平面布局图	根据宴会厅的形状、实用面积和宴会要求，按宴会台形布置的原则，即“中心第一，先左后右、高近低远”来设计 (1) 既要突出主台，又要排列整齐、间隔适当；既要方便宾客就餐，又要便于服务员席间操作 (2) 通常宴会每桌占地面积标准为 10～20m²，桌与桌之间距离为 2m 以上 重大宴会的主通道要适当宽敞一些，同时铺上红地毯，突出主通道
	确定席位安排	中餐宴会多数使用圆桌，一般每桌安排 10 人就餐。主台的主人位确定之后，其余台面的主人位方向同主台保持一致

知识拓展 6-2

宴会厅国旗悬挂的国际惯例

国宴活动要在宴会厅的正面并列悬挂两国国旗，正式宴会应根据外交部规定决定是否悬挂国旗。国旗的悬挂按国际惯例，即以右为上、左为下。由我国政府宴请来宾时，我国的国旗挂在左方，外国的国旗挂在右方，来访国举行答谢宴会时，则相互调换位置。

（资料来源：李晓云．酒店宴会与会议业务统筹实训[M]．北京：中国旅游出版社，2012.）

4．熟悉菜单

服务员应熟悉宴会菜单和主要菜点的风味特色，以做好上菜、派菜和回答宾客对菜点提出询问的思想准备。同时，应了解每道菜点的服务程序，保证准确无误地进行上菜服务。对于菜单，应做到能准确说出每道菜的名称，能准确描述每道菜的风味特色，能准确讲出每道菜的配菜和配食佐料，能准确知道每道菜肴的制作方法，能准确服务每道菜肴。

5．物品准备

席上菜单每桌一至两份置于台面，重要宴会则人手一份。要求封面精美，字体规范，可留作纪念。根据菜单的服务要求，准备好各种银器、瓷器、玻璃器皿等餐酒具。要求每一道菜准备一套餐碟或小汤碗。根据菜肴的特色，准备好菜式跟配的佐料。根据宴会通知单要求，备好鲜花、酒水、香烟、水果等物品。

6. 铺好餐台

宴会开始前1小时，根据宴会餐别，按规格摆好餐具和台上用品。台号放在每桌规定的同一位置，高档宴会可在每个餐位的水杯前放席位卡，菜单放在正副主位餐碟的右上侧。同时，备好茶、饮料、香巾，上好调味品，将各类开餐用具摆放在规定的位置，保持厅内的雅洁整齐。

7. 摆设冷盘

大型宴会开始前15分钟摆上冷盘，然后根据情况可预斟葡萄酒。冷菜摆放要注意色调和荤素搭配，保持冷盘间距相等。如果是各客式冷菜则按规范摆放，冷菜的摆放应能给客人赏心悦目的艺术享受，应为宴会增添隆重而又欢快的气氛。

知识拓展 6-3

宴会准备后的检查工作

(1) 检查人员分工、任务分配是否合理。

(2) 检查餐具、饮料、酒水、水果是否备齐。

(3) 检查摆台是否符合规格，各种用具及调料是否备齐。

(4) 检查宴会厅的环境卫生、餐酒具的消毒是否符合卫生标准。

(5) 检查员工的个人卫生、仪表仪容是否符合酒店要求。

(6) 检查照明、空调、音响等系统能否正常工作。

所有工作都要一一进行仔细的检查，做到有备无患，并及时召集餐前会，保证宴会能按时顺利进行。

（资料来源：顾秀玲. 餐饮服务与管理[M]. 北京：国防工业出版社，2013.）

二、宴会的迎宾工作

1. 热情迎客

根据宴会的入场时间，宴会主管人员和引座员提前在宴会厅门口迎候宾客，值台员站在各自负责的餐桌旁准备为宾客服务。宾客到达时，要热情迎接，微笑问好。待宾客脱去衣帽后，将宾客引入休息区就座稍息。

2. 接挂衣帽

如宴会规模较小，只在宴会厅房门前放衣帽架，安排服务员照顾宾客宽衣并接挂衣帽；如宴会规模较大，则需设衣帽间存放衣帽。接挂衣服时，应握衣领，切勿倒提。贵重的衣服要用衣架，贵重物品请宾客自己保管。

3. 端茶递巾

宾客进入休息区后，服务员应招呼入座并根据接待要求，按先宾后主，先女后男的次序递上香巾、热茶或酒水饮料。

三、宴会中的就餐服务

1. 入席服务

当宾客来到席前，值台员要面带微笑，按先宾后主，先女后男的次序引请入座。待宾客坐定后，即把台号、席位卡、花瓶或花插拿走。菜单放在主人面前，然后为宾客取餐巾，将餐巾摊开后为宾客围上，脱去筷套，斟倒酒水。

2. 斟酒服务

为宾客斟酒水时，要先征求宾客意见，根据宾客的要求斟各自喜欢的酒水饮料。应从主宾开始先斟葡萄酒（提前斟除外），再斟烈性酒，最后斟饮料。如果宾客提出不要，则应将宾客位前的空杯撤走。

酒水要勤斟倒，宾客杯中酒水只剩 1/3 时应及时添酒，斟倒时注意不要弄错酒水。宾客干杯或互相敬酒时，应迅速拿酒瓶到台前准备添酒。主人和主宾讲话前，要注意观察每位宾客杯中的酒水是否已准备好。在宾、主离席讲话时，值台员应备好酒杯斟好酒水供客人祝酒。当主人或主宾到各台敬酒时，值台员要准备酒瓶跟着准备添酒，宾客要求斟满酒杯时，应予以满足。

3. 上菜、分菜服务

根据宴会的标准规格，按照宴会上菜、分菜的规范进行上菜、分菜。可用转盘式分菜、旁桌式分菜、桌上分让式分菜，也可将几种方式结合起来服务。

4. 撤换餐具

为显示宴会服务的优良和菜肴的名贵，突出菜肴的风味特点，保持桌面卫生雅致，在宴会进行的过程中，需要多次撤换餐具或小汤碗。重要宴会要求每道菜换一次餐碟，一般宴会的换碟次数不得少于 3 次。通常在遇到如表 6-3 所示的情况时，就应更换餐碟。

表 6-3　换碟时机及要求

换碟时机	换 碟 要 求
上翅、羹或汤之前	上一套小汤碗。待宾客吃完后，送毛巾，收翅碗，换上干净餐碟
吃完带骨的食物之后	更换餐碟
吃完芡汁多的食物之后	更换餐碟
上甜菜、甜品之前	更换所有餐碟和小汤碗
上水果之前	换上干净餐碟和水果刀叉
残渣刺较多的餐碟	随时更换
宾客失误将餐具跌落	要立即更换

更换餐碟时，要待宾客将碟中食物吃完后方可进行，如宾客放下筷子而菜未吃完的，应征得宾客同意后才能撤换。撤换时要边撤边换，撤与换交替进行。

5. 席间服务

宴会进行中，要勤巡视、勤斟酒、勤换烟灰缸（现在公共场合禁烟，此操作可省略），并细心观察宾客的表情及需求，主动提供服务。服务时，态度要和蔼，语言要亲切，动作要敏捷。

宾客吃完水果后，撤去水果盘，送上小毛巾，然后撤去用点心和水果的餐具，摆上鲜花，以示宴会结束。

四、宴会的送宾服务

1. 结账服务

上菜完毕后即可做结账服务。清点所有酒水、香烟、佐料、加菜等宴会菜单以外的费用并累计总数，送收款处准备账单。宾客示意结账后，按规定办理结账手续，注意向宾客致谢。现金现收；签单、信用卡或转账结算，应将账单交宾客或宴会经办人签字后送收款处核实，及时送财务部结算。大型宴会上，此项工作一般由管理人员负责。

案例 6-2

同意客人签单吗？

某日中午，一批来自某单位的客人来某酒店餐厅用餐。餐后客人提出该单位在酒店约有两万元的存款，要求签单而不付现金。信用结算组查阅，发现客人所报金额与签单人姓名均与原始记录不符。为维护签单人的权益，信用结算组便通知餐厅该单位在本店并无内存，而宾客坚持称确有内存，一定要签单。餐厅与客人协调，提出先将餐费结算，由账台出具收条，待有确切证明能够签单，再退还此款，在内存中结算餐费。客人当时表示同意。

过了两天，经该单位存款当事人与酒店联系，说明了上次餐费可以签单，酒店立刻退还了钱款。而此时宾客已经以餐厅服务工作有疏漏为由向酒店提出投诉，并要求餐费折扣。餐厅与信用结算组共同向客人解释了缘故，再三说明这也是维护该单位内存的安全以及保密性而执行的一项工作制度，对于此事给宾客造成的不便表示歉意，餐厅给予该单位用餐8.8 折优惠，信用结算组也提出将尽快改进工作方法，避免类似的误会发生。最终，宾客表示满意。

事后，酒店的质量管理办公室召集这两个相关部门针对此次投诉进行了分析。财务部态度非常积极，提出了一项改进方法，即向各有内存的单位签单人发放临时卡片，其他客人消费时只需出示此卡片同样签单有效，这样能够使工作做得更圆满一些。餐厅也表示将增强两个部门之间的协调与合作，促使服务更加完美。

（资料来源：陈的非. 饭店服务与管理案例分析[M]. 北京：中国轻工业出版社，2010.）

2. 拉椅送客

主人宣布宴会结束，值台员要提醒宾客带齐携来的物品。当宾客起身离座时，要主动为宾客拉椅，以方便宾客离席行走，视具体情况目送或随送宾客至餐厅门口。衣帽间的服务员根据取衣牌号码，及时、准确地将衣帽取递给宾客。

3. 收台检查

在宾客离席的同时，值台员要检查台面上是否有未熄灭的烟头、是否有宾客遗留的物品。在宾客全部离去后立即清理台面。先整理椅子，再按餐巾、小毛巾、酒杯、瓷器、刀叉的顺序分类收拾。贵重物品要当场清点。

4. 清理现场

各类开餐用具要按规定位置复位，重新摆放整齐。开餐现场重新布置恢复原样，以备下次使用。

收尾工作完成后，领班要做检查。大型宴会结束后，主管要召开总结会，服务员要关好门窗。待全部收尾工作检查完毕后，全部工作人员方可离开。

评估练习

1. 简述中餐席位是如何安排的。
2. 论述中餐宴会服务程序及操作标准。

第三节　西餐宴会服务

教学目标：

1. 了解西餐宴会台型设计和席位安排。
2. 掌握西餐宴会服务程序及操作标准。

一、宴会前的组织准备工作

1. 台型设计和席位安排

(1) 台型设计。西餐宴会一般使用长台。异形餐台由小型餐台（方形、长方形、半圆形）组合拼接而成。如 T 形、U 形、一字形、教室形、M 形等，如图 6-1 所示。总的要求是美观舒适。

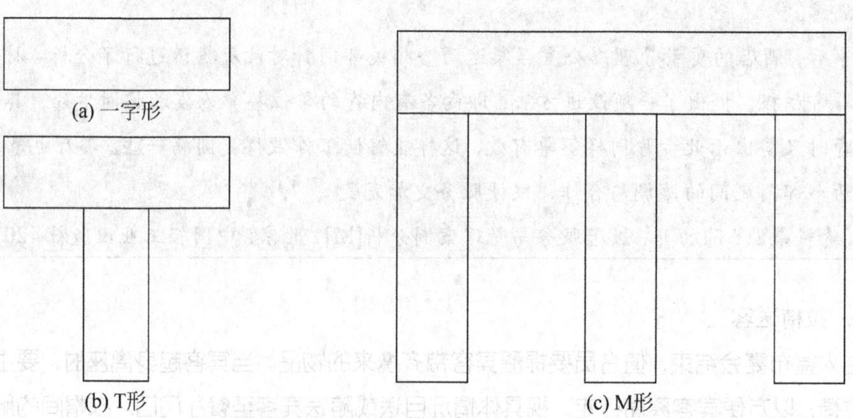

图 6-1　台型示例

(2) 席位安排。西餐宴会一般有主人、副主人、主宾、副主宾、翻译及其他陪同人员。其席位都有固定的安排，主人坐在上首面对众席，副主人在主人的对面，主宾在主人的右侧，副主宾在副主人的右侧，翻译在主宾的右侧，其他陪同人员一般无严格规定，如图 6-2 所示。

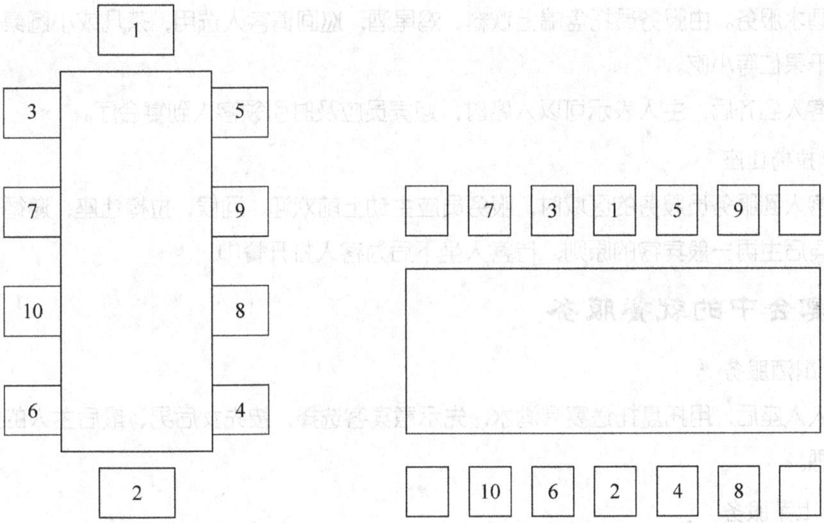

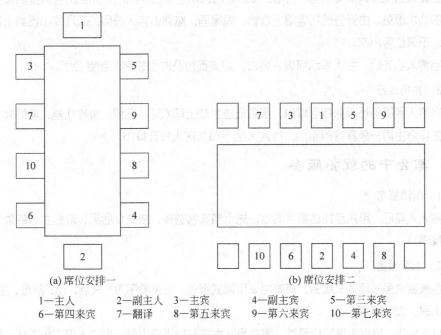

(a) 席位安排一　　(b) 席位安排二

1—主人　2—副主人　3—主宾　4—副主宾　5—第三来宾
6—第四来宾　7—翻译　8—第五来宾　9—第六来宾　10—第七来宾

图 6-2　席位安排

2. 了解掌握宴会情况

服务员应掌握宴会通知单的内容，如宴请单位、宴请对象、宴请人数、宾主身份、宴会时间、地点、规格标准、客人的风俗习惯与禁忌等。同时要求服务员掌握相应的西餐宴会服务方式。

3. 熟悉菜单内容

服务员要熟悉宴会所备菜式的风味特点、主料、配料及制作方法；熟记上菜顺序和菜肴与酒水、酒杯的搭配。

4. 准备物品及摆台

根据宴会规格、规模等准备工作台。备齐面包、黄油、开胃品、咖啡具、茶具、冰水壶、托盘、服务用的分菜叉、勺等。

根据宴会通知单备足所用餐具，按西餐宴会要求摆台。

5. 餐前服务

在客人到达餐厅前 5～10 分钟，服务员将开胃品、面包、黄油依次摆放到客人的餐桌上、面包盘、黄油碟里，每位客人的分量应一致，同时为客人斟倒好冰水或矿泉水。

餐厅管理人员在开餐前做好全面检查工作。重要宴会服务员要佩戴手套服务。

二、宴会的迎宾工作

1. 热情迎宾

客人到达时要礼貌热情地表示欢迎，迎领客人到休息室休息，在征询宾客意见后，根据客人的要求送上饮料或餐前酒。目前，多数酒店通常在宴会厅门口为先到的客人提供鸡尾酒会式的酒水服务。由服务员托盘端上饮料、鸡尾酒，巡回请客人选用，茶几或小圆桌上备有虾片、干果仁等小吃。

当客人到齐后，主人表示可以入席时，迎宾员应及时引领客人到宴会厅。

2. 拉椅让座

当客人到服务员服务的区域时，服务员应主动上前欢迎、问候、拉椅让座，遵循女士优先、先宾后主再一般宾客的原则，待客人坐下后为客人打开餐巾。

三、宴会中的就餐服务

1. 斟酒服务

客人入座后，用托盘托送宴会酒水，先示意宾客选择，按先女后男、最后主人的顺序斟上佐餐酒。

2. 上菜服务

西餐宴会多采用美式服务，有时也采用俄式服务。上菜顺序为：头盘、汤、副盘、主菜、甜点水果、咖啡或茶。

(1) 头盘。根据头盘配用酒类，服务员从主宾开始进行斟倒。当客人用完头盘后，服务员从主宾位置开始将头盘连同头盘刀叉一起撤走。

(2) 上汤。上汤时连同垫盘一起上，上汤时一般不喝酒。如安排了酒品，则先斟酒再上汤。当客人用完汤后，即可从客人右侧撤下汤盆。

(3) 上鱼类。应先斟倒好白葡萄酒，从宾客右侧上鱼类菜肴。当宾客吃完鱼类菜肴后即可从客人右侧撤下鱼盘及鱼刀、鱼叉。

(4) 上主菜。上主菜前，服务员应先斟倒好红葡萄酒。主菜一般为肉类菜肴。主菜的服务程序是：从客人右侧先撤下装饰盘，服务员再依次从主宾开始为各位来宾上主菜，每位宾客面前的主菜摆放要一致，一般盘内的荤菜靠近客人，蔬菜沙司朝前靠近桌心。当宾客吃完主菜后即可从客人右侧撤下主菜盘及主刀、主叉。

(5) 上甜点。吃甜点的餐具要根据甜点的品种而定，热甜点一般用甜品叉和甜品勺，吃冰激凌用冰激凌匙。这里需要注意的是，如果宴会安排甜点的配用酒类，服务员应在上甜点前斟倒好酒水。当客人用完甜点后，将甜品盘、甜品叉、甜品勺一起撤走。

(6) 上水果。将水果叉放在水果盘里，用托盘给每位客人送上人手一份的水果盘。

(7) 上咖啡或茶。上咖啡或茶时，服务员应送上糖缸、奶壶。在客人的右侧放咖啡具或茶具，然后用咖啡壶或茶壶依次斟上。

案例 6-3

席间服务中的尴尬

王玲在一家外企做总经理秘书工作，中午要随总经理到五星级酒店西餐厅宴请利华公司的张总一行。宴会开始后，西餐宴会服务员按照菜单程序进行上菜、撤盘。宴会途中，服务员在为客人上副盘“香焗鳕鱼”时，王玲的电话突然响了，为了不破坏宴会的气氛，王玲离席走出餐厅接听电话，此时餐盘里的鳕鱼一口未吃。等王玲接完电话回到餐位时，发现鳕鱼没有了，眼前是空空的展示盘。王玲立即找来服务员问个明白，原来在她离席期间，服务员根据西餐上菜的要求，做到先撤后上，所以在上主菜前把客人刚才使用过的餐盘及刀叉已全部收走。餐后，王玲向餐厅经理进行了投诉，经理了解情况后向王玲作了道歉。同时，在宴会结束后的总结会议中，经理就此事提醒员工，在西餐席间服务中，撤盘一定要征得客人的同意或按照客人刀叉的摆放提示方可撤走。

（资料来源：林莹．西餐礼仪[M]．北京：中央编译出版社，2010.）

四、宴会的结束工作

1. 结账服务

宴会接近尾声时，服务员要清点所消耗的酒水饮料。由收银员开出总账单，宴会结束时，由主办单位的经办人负责结账，其方法与中餐宴会相同。

2. 送客服务

客人离开时，服务员要主动为客人拉椅、取递衣帽，其要求同中餐宴会服务。

知识拓展 6-4

西餐宴会服务注意事项

（1）宴会服务操作规范：左叉右刀，右上右撤（美式服务），先撤后上，先宾后主。

（2）宴会服务时，应先斟酒后上菜。上菜前，须将用完的前一道菜的餐具撤下。

（3）宴会厅全场的上菜、撤盘要求应以主台为准。

（4）宴会各桌台面始终保持干净整洁，餐具收拾情况直接反映服务员操作水平和餐厅档次，应熟练掌握。

（资料来源：张淑云．餐饮服务实训教程[M]．上海：复旦大学出版社，2014.）

评估练习

1. 简述西餐席位是如何安排的。
2. 论述西餐宴会服务程序及操作标准。

第七章

酒水及酒吧服务

引导案例

佳人问“佳人”？

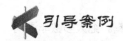

某日下午，王先生带着客户张小姐来到某酒店大堂吧洽谈工作事宜。两人入座后，实习生小林立即上前招呼，送上柠檬水和点酒单，让客人点酒水。

王先生点了一瓶啤酒，为张小姐点了一杯“红粉佳人”。小林认真地记录着并重复了客人所点的酒水。此时，张小姐对小林说：“你能给我介绍一下红粉佳人的配方吗？”小林没想到客人会提这样的问题，他只知道是用金酒调制的，但准确的配方他也不清楚。顿时红着脸，不知如何回答客人的提问。此时，站在旁边的李主管看到这一幕后，立即向前为张小姐做了详细的酒水介绍，并得到了客人的肯定及赞扬。

小林站在一旁看着，心想，以后还要多了解各种酒水知识，才能满足客人的服务需要。

（资料来源：赵金霞. 酒店实习管理案例精选解析[M]. 北京：北京大学出版社，2012.）

辩证性思考：

1. 作为一名服务员，应如何为宾客提供满意的酒水服务?

2. 你从这个案例中获得了怎样的启发?

走进酒吧，酒柜中摆设着琳琅满目的来自世界各国的酒水。作为酒吧服务员，你熟知酒吧中所有的酒品吗？如它们是如何酿造出来的？具有什么的特点？如何为客人服务？酒吧服务员只有掌握了一定的酒水知识，才能更好地为顾客推荐酒水。

第一节　酒水知识概述

教学目标：

1. 了解酒水的概念及酒度的表示方法。
2. 掌握酒水分类的基本知识。
3. 掌握不同酒水的鉴别方法。

一、酒水的定义

酒水就是人们通常所说的饮料（Beverage）的总称。酒水，顾名思义，既包含酒，也包含水。其中“酒”是人们熟悉的含有乙醇的饮料，而“水”是饭店业和餐饮业的专业术语，是指所有不含乙醇的饮料或饮品。一般来讲，酒水按照是否含酒精成分，可分为酒精饮料和非酒精饮料两大类。

1. 酒精饮料

酒精饮料就是人们日常生活中常说的酒，是指酒精浓度为0.5%～75.5%的饮料。它是一种比较特殊的饮料，是以含淀粉或糖质的谷物或水果为原料，经过发酵、蒸馏等工艺酿造而成的，既有营养成分，同时又具有刺激和麻醉作用，能使人兴奋，是人类日常生活中重要的饮品。

2．非酒精饮料

非酒精饮料俗称软饮料，是指酒精浓度不超过 0.5%的提神解渴饮料。绝大多数非酒精饮料不含有任何酒精成分，但也有极少数含有微量酒精成分，但是其作用也仅仅是调节饮品的口味或改善饮品风味而已。

二、酒度的表示

酒度又称酒精度，是指乙醇在酒液中的含量，是对饮料中所含有的乙醇量的表示。酒度有以下几种表示方式。

1．国际标准酒度

国际标准酒度表示法又称盖•吕萨克法，是指在 20℃的条件下，每 100ml 酒液中含有酒精的毫升数。通常用“%Vol”或“GL”表示。例如，30%表示在 100ml 酒液中含有 30ml 的乙醇。

2．英制酒度

英制酒度是在 18 世纪由英国人克拉克发明的一种酒度表示法，将衡量酒度的标准含量称为 proof。1proof 等于 57.06%的国际标准酒度。英制酒度也使用 sikes 作为单位，1proof 等于 100sikes。

3．美制酒度

美制酒度的计算方法是在华氏 60°（约 15.6℃）的条件下，200ml 的酒液中所含有的纯酒精的毫升数。美制酒度用 proof 作为单位。美制酒度大约是国际标准酒度的 2 倍，例如，一杯酒精含量为 40%的白兰地酒，其美制酒度是 80proof。

3 种酒度之间可以进行换算，酒度换算公式如下：

$$美制酒度 = 标准酒度 \times 2$$

$$英制酒度 = 标准酒度 \times 1.75$$

$$英制酒度 \times 8/7 = 美制酒度$$

中国采用标准酒度来表示酒度。

三、酒的分类

（一）按生产工艺分类

1．酿造酒

酿造酒又称原汁酒、发酵酒，是指将酿造原料（通常是谷物或水果）直接放入容器中，加入酵母菌进行发酵酿制而成的含有乙醇的饮料，其酒精含量低，属于低度酒。

代表品种：葡萄酒、苹果酒、啤酒、黄酒等。

2．蒸馏酒

蒸馏酒又称烈酒，是指将经过发酵处理的含有乙醇的原料（发酵酒）加以蒸馏提纯，然后经过冷凝处理而获得的含有较高乙醇纯度的液体。

代表品种：白兰地酒、威士忌酒、金酒、伏特加酒、朗姆酒、特基拉酒、茅台、五粮液等。

3. 配制酒

配制酒是在发酵酒、蒸馏酒或食用酒精中加入药材、香料或特定的植物等浸泡、配制而成的液体。配制酒的方法很多，常用浸泡、混合、勾兑等。

代表品种：药酒、味美思酒等。

（二）按配餐方式和饮用方式分类

1. 餐前酒

餐前酒又称开胃酒，是指餐前饮用的，能刺激人的胃口使人增加食欲的酒水。开胃酒通常用药材浸制而成。

代表品种：味美思、茴香酒等。

2. 佐餐酒

佐餐酒也称葡萄酒，是西餐配餐的主要酒类。佐餐酒中包含酒精、天然色素、脂肪、维生素、碳水化合物、矿物质、酸类等营养成分，对人体非常有益。

代表品种：红葡萄酒、白葡萄酒等。

3. 餐后酒

餐后酒是供餐后饮用的含糖分较多的酒类，饮用后有帮助消化的作用。这种酒有多种口味，原材料分为两种类型，果料类和植物类，制作时用蒸馏酒加入各种配料和糖配制而成。

代表品种：绿薄荷酒、蓝香橙酒等。

（三） 按酒精含量分类

1. 低度酒

酒精度数在 20° 以下的酒为低度酒。代表品种有葡萄酒、啤酒、清酒等。

2. 中度酒

酒精度数在 20°～40° 的酒为中度酒。代表品种有味美思、五加皮、米酒等。

3. 高度酒

酒精度数在 40° 以上的酒为高度酒。代表品种有白兰地、威士忌、茅台等。

（四） 按国别分类

1. 中国酒

(1) 白酒。中国白酒是以谷物等农副产品为原料，经发酵蒸馏而成的一种高酒精含量的酒。酒度一般为 50°～60°。颜色透明、质地纯净、醇香浓郁、口感丰富。白酒香型可分为：酱香、浓香、清香、米香和复合香型 5 种。

(2) 黄酒。黄酒又称压榨酒，是以谷物(主要是糯米和黏米）为原料，经过特定的加工工艺酿制而成的一种低酒精含量的原汁酒。因大多数品种中都有黄亮或黄中带红的色泽，故名黄酒。酒度一般为 12°～18°。

(3) 药酒。药酒是配制酒，是以烈酒为酒基，加入各种中药材经过酿制或泡制而成的一种具有药用价值的酒。因加入的药材不同，药酒的药用效果不同。常见的药酒：人参酒、灵芝酒、竹叶青酒。

2. 外国酒

(1) 烈酒。烈酒主要有以下六大类，白兰地、威士忌、伏特加、朗姆酒、金酒和特基拉酒。

① 白兰地。白兰地源于荷兰语，意即可燃烧的酒，它是由葡萄或水果发酵后蒸馏而成的，但须放在橡木桶里经过相当时间的陈年。世界上生产白兰地的国家很多，但以法国产量最大，尤其以干邑（Cognac）最著名，因干邑区的土壤好，气候好，再加上特殊的蒸馏技巧，故其品质极佳而享誉全球，Cognac 作为白兰地的一种特殊名称，是受法律的限制和保护的，其他地方的白兰地不能称为 Cognac，干邑白兰地被称为“白兰地之王”。

② 威士忌。威士忌是蒸馏酒中一类重要的酒品，它是由麦芽、玉米、燕麦等谷物经发酵后蒸馏而成的酒水，主要生产国为英国、美国、加拿大等，其中以苏格兰威士忌最负盛名。英国人喜欢喝威士忌，他们称其为“生命之水”。

③ 伏特加。伏特加起源于俄罗斯，它是以谷物、马铃薯为原料经发酵后蒸馏，并经过活性炭过滤而成的酒水。生产伏特加的国家很多，如美国、波兰、丹麦等，但仍以俄罗斯的伏特加品质最好。

④ 朗姆酒。朗姆酒是以甘蔗汁、甘蔗糖浆及其他蔗糖副产品为原料，经发酵蒸馏而得的酒，因此朗姆酒实质上是制糖业的副产品。朗姆酒的主要特征是具有甘蔗香气，产地以西印度群岛最多，其中牙买加的 Bacardi(百加地)牌朗姆酒最为著名。此外，美国、海地、墨西哥等国也出产朗姆酒。

⑤ 金酒。金酒又称琴酒、毡酒、杜松子酒。17 世纪荷兰的一位医学教授知道杜松子有利尿的功能，于是在酒精中掺入杜松子后进行蒸馏，结果取得了一种含有杜松子油的药酒。经过临床试验，发现这种药酒除了有利尿的作用之外，对于健胃、解热都很有功效。这种酒一面世即受到了热烈的欢迎，广为流传。金酒有荷兰金酒、英国伦敦金酒、美式金酒及其他国家的金酒。

⑥ 特基拉酒。特基拉酒又称“龙舌兰酒”，它出产于墨西哥的 Tequila 小镇，因而得名。同时只有产自该地区的龙舌兰酒才可标为 Tequila，Tequila 酒是墨西哥的国酒，大量出口到世界各地，它是以龙舌兰和仙人掌为原料经发酵、蒸馏制作而成的酒水。

(2) 葡萄酒。葡萄酒是以葡萄为原料，经过压榨、破碎、发酵、熟化、换桶、澄清等工艺流程酿制而成的发酵酒。葡萄酒主要有红、白葡萄酒和香槟酒等。一般度数为 8°～18°。葡萄酒的产地越来越多，但依然是法国葡萄酒较受欢迎。

案例 7-1

2014 年中国葡萄酒市场消费情况分析

一、我国葡萄酒消费量提升空间巨大

2014 年我国葡萄酒消费量 15.8 亿升，占全国酒类消费的比重仅为 2.6%，而我国烈性酒消费量超过100亿升，啤酒消费量更是接近500亿升，占比分别达17.2%和80.2%。从全球角度看，我国啤酒消费量已超过全球啤酒消费量的1/4，烈性酒消费量接近全球烈性酒消费量的40%，而葡萄酒仅占全球葡萄酒消费量的7%。从人均消费量看，中国内地人均葡萄酒消费量仅为1.24升，中国香港地区、日本、新加坡人均消费量则分别达到5.3升、2.7升、2.3升；而法国、意大利、澳大利亚、英国、美国分别达45升、38升、22升、20升和9升。

二、公务消费挤压充分，中国葡萄酒行业迈入黄金10年

我国葡萄酒行业尚处于发展初期，调查显示仍有近70%消费者不了解葡萄酒，这一阶段的人均消费量会快速提升，且不易受经济波动影响。2002—2012 年中国人均红酒消费量由0.25 升大幅攀升至1.31 升，即使是2008 年、2009 年遭遇全球金融危机，我国人均红酒消费量仍由2007 年的0.62 升升至2009 年的0.85 升。

中共十八大之后，“限制三公消费、八项禁令、军队禁酒令”等举措严重挤压了高端葡萄酒公务消费，我国人均葡萄酒消费量快速提升态势中断，国外高端葡萄酒价格和销售也因此受到拖累。站在当前时点，公务消费已充分挤压，个人消费和商务消费重新占据主导地位，代表全球高端葡萄酒市场风向标的Liv-ex50和Liv-ex100红酒指数均已触底回升，我国人均葡萄酒消费量将重新开启快速增长模式，2015 年以后中国葡萄酒行业迈入黄金10年。

目前来看，我国葡萄酒消费呈现出两大特征。

1. “75后”人群已成为我国葡萄酒消费主力军

根据也买酒《2014葡萄酒电商大数据报告》，我国葡萄酒消费群体主要集中在19～30岁、31～40岁这两个年龄段，各年龄段葡萄酒消费占比分别为46%、38%，葡萄酒消费低龄化态势明显。根据我国人口结构，2013 年10～19 岁、20～29 岁、30～39 岁的人口数量分别达到1.5亿人、2.3亿人、2.0亿人，占总人口比重分别达到11.3%、17%、14.9%，随着10～19岁人群也逐渐步入社会，葡萄酒消费潜在人群有望突破5.8亿人。

2. 葡萄酒消费快速向三四线城市渗透

随着收入水平提升，以及葡萄酒文化的普及，葡萄酒消费正快速向三四线城市渗透，2014 年三四线城市葡萄酒消费占比已上升至21%，与省会城市消费量基本持平。

三、进军全球最大消费国，中国崛起将使葡萄酒供不应求

2014 年我国葡萄酒人均消费量在1.16 升，当人均消费量超过2.5 升时，中国即有望取代美国成为全球最大的葡萄酒消费国。2000—2014 年全球葡萄酒产量稳定在250亿～300亿升，2014 年全球葡萄酒产量275亿升，消费量240亿升，供给量仅超过需求量35亿升，中国葡萄酒需求量的快速提升将导致全球葡萄酒供不应求。

（资料来源：heailian. 2014 年中国葡萄酒市场消费情况分析[OL].中商情报网，http://www.askci.com/news/chanye/2015/05/08/142542nwci.shtml,2015-05-08.）

（3）啤酒。啤酒有“液体面包”之称，是优良的营养食品，一般是用大麦芽发酵，加蛇麻子花（啤酒花）及其他含淀粉的香类植物和优质的水等酿造而成。一般啤酒的麦芽浓

度为 12°，特制啤酒则为 14°，其酒精度一般为 3.5°～8°。啤酒有生啤、熟啤、黑啤 3 种。美国是生产啤酒最多的国家。

知识拓展 7-1

非酒精饮料

（1）咖啡（Coffee）：号称世界三大饮料之首。传说在非洲埃塞俄比亚的高原上，牧羊人加尔第突然发现羊群疯狂地喧闹起来。经过多次探查，才发现每当羊群吃了一种野生灌木的果实之后，就不由自主地兴奋，果实呈深红色，内有两颗种子——这种子就叫咖啡豆。所以有“咖啡初生日，羊群也疯狂”之说。喝咖啡不仅能解渴，而且还具有提神醒脑、解除疲劳、除湿利尿、提高心脏功能、增进血液循环等功效；餐后喝咖啡可以分解肉类脂肪。喝咖啡很快成为人们生活的一部分。

（2）茶（Tea）：在商业经营上，茶的分类是以采制工艺和茶叶品质特点为主并结合其他条件，有绿茶、红茶、乌龙茶、花茶和紧压茶等。现时西餐和酒吧通常使用的是红茶茶包。

（3）可可（Cocoa）：原产美洲热带，我国广东、台湾等地也有栽培，种子焙炒、粉碎后即可成为可可粉，是制作巧克力的原料。巧克力又名朱古力，是以可可为原料制成的一种高热量和高营养的糖食品，富含脂肪，有浓郁的可可香味。

（4）矿泉水：是高山岩石中流出的清泉，含有多种矿物质，以其水质好，无杂质污染，营养丰富而深受人们的喜爱。其味有微咸、微甜两类，清凉爽口，可助消化。

（资料来源：田芙蓉. 酒水服务与酒吧管理[M]. 2 版. 昆明：云南大学出版社，2007.）

四、酒水的质量鉴定方法

（一） 白酒的鉴别

（1）看色：无色透明、无悬浮物和沉淀物的液体。

（2）闻香：溢香——酒的芳香或芳香成分溢散在杯口附近的空气中；喷香——酒液饮入口中，香气充满口腔，如五粮液；留香——酒已咽下，而口中仍持续留有酒香味，如茅台。

（3）尝味：浓厚、淡薄、绵软、辛辣、纯净。

（4）特点：清澈透明、质地纯净、芳香浓郁、回味悠长。

（二） 啤酒的鉴别

1. 色泽鉴别

优质啤酒：浅黄色，不呈暗色，有醒目光泽，清亮透明，无明显悬浮物。

劣质啤酒：色泽暗而无光或失光，有明显悬浮物和沉淀物，严重者酒体混浊。

2. 泡沫鉴别

优质啤酒：倒入杯中时起泡力强，泡沫达 1/2 至 2/3 杯高，洁白细腻，挂杯持久(3.5 分钟左右)。

劣质啤酒：倒入杯中稍有泡沫且消散很快，或者泡沫粗黄，不挂杯，似一杯冷茶水状。

3. 香气鉴别

优质啤酒：有明显的麦香以及啤酒花香气，无其他异味。

劣质啤酒：无酒花香气，有苦味和涩味。

4. 口味鉴别

优质啤酒：口味纯正，酒香明显，无任何异杂滋味。

劣质啤酒：味不正，有明显的异杂味、怪味，如酸味或甜味过于浓重，有铁腥味、苦涩味或淡而无味。

（三） 葡萄酒的鉴别

1. 观察酒瓶外观

(1) 酒瓶标签印刷是否清楚？模糊不清的可能是仿冒翻印。

(2) 酒瓶的封盖是否有异样？有没有被打开或破坏的痕迹？未开封的酒，如果瓶塞凸起或瓶口有黏液，说明该酒品质出问题了。

(3) 从酒瓶背面标签上的国际条形码可以判断是哪国出品，如以 3 字打头的，是法国生产的；以 9 字打头的，是澳大利亚生产的；以 6 字打头的，是中国生产的。

2. 观察葡萄酒体

(1) 葡萄酒的颜色是否自然？通常葡萄酒的颜色呈宝石红或淡金、桃红等清澈的自然葡萄酒色，酒体变质后会有浑浊感，如果色泽不自然，就会有勾兑等嫌疑。

(2) 葡萄酒体中是否有不明悬浮物？如果瓶底有少许沉淀的结晶体是正常现象。

(3) 葡萄酒瓶底部都会有凹凸，用来在葡萄酒直立时存放沉淀酒渣的。越需要长时间储存的葡萄酒，凹凸越深。所以，一般来讲，好酒因需要长期保存，瓶底凹凸都比较深。

3. 观察酒塞标识

打开酒瓶，看木塞上的文字是否与酒瓶标签上的文字一样。在法国，酒瓶与酒塞都是专用的。

4. 闻葡萄酒的气味

通常打开一瓶葡萄酒，会闻到扑鼻而来的酒香（馥郁的果香，甚至是花香），如果葡萄酒有指甲油般呛人的气味，或醋酸味，说明酒已变质。

5. 观察葡萄酒的挂杯

将葡萄酒倒入红酒杯，轻轻摇晃，观察酒体是否有挂杯现象，如果酒体不能挂杯，说明酒有勾兑的可能。正常的葡萄酒酒液挂在杯壁上一圈，像“小裙子”一样，均匀、细致。

6. 品尝葡萄酒

喝第一口酒，酒液经过喉头时，正常的葡萄酒是平顺的，如有强烈的刺激感，或残留在口中的气味有异样，则不正常。

评估练习

1. 简述酒水的概念及酒水的种类。
2. 试述白酒、啤酒、葡萄酒的鉴别方法。

第二节 酒吧服务

教学目标：

1. 了解酒吧营业3个阶段的工作程序。
2. 掌握酒吧服务工作3个阶段的工作要求。

一、营业前的准备工作

（一） 清洁卫生和检查酒吧物品

酒吧一般由吧台区、音控室、主题活动区、座位区、包厢、卫生间等组成。酒吧营业前需要做好清洁卫生工作和准备好各项酒吧服务用品，具体内容如下。

(1) 清洁吧台、酒吧设备。用湿布和消毒液擦拭台面和酒吧设备，然后用干布擦干；用另一块湿布擦拭所有的椅子，确保椅子干净、整洁、无尘、无破损。

(2) 摆放酒吧桌面用具。糖罐内按数量要求摆放白砂糖和咖啡糖包；烟缸、花瓶等用具干净、无破损；酒水单或酒水牌干净清洁、无破损。

(3) 清洗托盘、小吃盘。确保托盘、小吃盘等用具干净、无破损，确保数量充足。

(4) 清洁酒吧地面。地面洁净、无水渍。如果是地毯要经常吸尘。

(5) 其他检查。营业前调节好室温、室内灯光，检查音响设备是否完好。

（二） 整理和摆放调酒用具和设备

吧台摆设主要包括瓶装酒摆设、酒杯摆设和工具设备摆设。摆设要讲究美观大方，有吸引力，方便工作，专业性强。酒吧的摆设要让客人知道这是酒吧，是品酒的地方。

瓶装酒可以按照酒的类别、酒的价值进行摆放；酒杯的摆设一般采用悬挂和摆放两种方式。

（三） 擦拭杯具

(1) 准备工作。服务员在擦拭杯子前应洗净双手并消毒，准备两块清洁、干爽的餐巾和盛放热水的冰桶；保持摆放杯具的台面清洁。

(2) 擦拭杯具。将酒杯杯口向下放在盛有热水的冰桶上方，让热水的蒸汽充满杯子内外。一手用餐巾的一角包裹住杯子的底部，一手将餐巾的另一端塞入杯中擦拭，擦至杯中的水汽完全干净、杯子透亮为止。

(3) 擦拭玻璃杯时，双手不得直接接触杯子，也不可用力太大，以免扭碎杯具。擦拭后的杯子不能再用手直接接触，以防留下指印。

(4) 擦好的杯子要摆放整齐，分类放置。

(四) 清点酒水

(1) 酒吧服务员拿着酒水部经理签字确认后的酒水原料领货单到库房领取酒水。

(2) 领好后，将所有酒水擦拭干净并根据类别放入冰柜中或摆上酒架。补充酒水原料时应遵循先进先出原则，特别是保质期短的原料，以防酒水过期。

(3) 在酒水销售盘存表中登记好当日酒水原料领入数，以便营业结束后统计实存数。

(五) 准备调酒装饰物

调酒装饰物包括各类水果、造型吸管、装饰牙签及细盐、糖霜等。

二、营业中的服务流程

(一) 迎宾服务

(1) 迎候宾客。当客人到达时，服务员应精神饱满地站在门口迎接。见到客人进入时，应主动、热情地招呼客人。

(2) 引领宾客。用适当的步速走在客人的侧前方，随时用手示意客人往这边走。

(3) 入座。为客人拉椅，待其站入座位后，用膝盖将椅子轻轻推入，帮助客人放好随身携带的物品或行李。

(二) 点选酒水服务

(1) 呈递酒水单。当客人入座后，站在客人右侧，打开酒水单，双手递上。

(2) 接受点单。站在客人右侧，认真听取客人点单，点单过程中要适时向宾客推荐饮品。记住客人所点酒水、饮料名称，重复客人所点饮料内容，得到确认后，收回酒水单，致谢离开。

(3) 填写单据。将客人所需的酒水写在一式三联的单据上，第一联交收银台，第二联交吧台出酒品，第三联自留作备查。收银员根据订单输入计算机并出小票，服务员将小票交给客人，留作结账使用。

(三) 饮品制作服务

(1) 正确地按客人所点饮品的要求出品，保证质量。

(2) 严格按照酒水部的操作规程调制饮品，并在 3 分钟之内出品给客人。

(3) 出品前按规定检查杯具是否破损，是否干净无污渍。

(四) 送酒服务

(1) 上酒水给客人时，应先摆杯垫纸，注意酒店标志的正面对着客人；拿捏酒杯时尽量拿杯脚或杯子下部，放在杯垫纸上，并向客人报所点的饮品名称，请客人慢用。

(2) 罐装、瓶装饮品应主动为客人倒进杯子里。饮品放在客人右手边，杯子放在客人的左手边；杯子在前，饮品在后，成 45° 斜线摆放。

(3) 在送酒服务中，服务员应注意轻拿轻放，手指不要触及杯口，处处显示礼貌卫生习惯。

(五) 服务过程

(1) 要多留意客人的动态，随时为客人服务。不时收撤空瓶、空罐、空杯子等杂物，勤换烟缸。

(2) 坚持做好微笑服务，态度亲切。当客人喝完饮品后 2 分钟内，主动热情询问客人是否需要添加酒水或其他饮品；当客人在谈话时，尽量不要打扰，与客人保持一定的距离；当客人暂时离开座位时，应提醒客人带上随身物品或请其朋友帮忙看管。

知识拓展 7-2

红葡萄酒服务程序

一、准备工作

客人订完酒后，立即去酒吧取酒，不得超过 5 分钟。将取回的红葡萄酒放在酒篮中，商标朝上。

二、示酒服务

服务员拿着客人需要的红葡萄酒，走到主人座位的右侧；左手轻托住酒瓶的底部，右手扶住瓶颈，瓶身成 45° 倾斜，商标朝上，请主人看清酒的商标，进行鉴定认可（第一次鉴定：看外包装）。询问客人："先生/夫人/太太/小姐，请问我现在可以为您服务红葡萄酒吗？"

三、开酒服务

(1) 割酒塞封皮：将红酒置于酒篮中，左手扶住酒瓶，右手用开酒刀割开铅盖，割酒塞封皮时动作要轻而快，不能晃动瓶身。用干净的口布将瓶口擦干净。

(2) 打开酒塞：将酒钻垂直钻入木塞，待酒钻完全钻入后，轻轻拔出木塞，木塞出瓶时不应有声音。

(3) 请主人第二次鉴定：看酒塞上的标识、闻酒塞上的香气。

四、斟酒服务

(1) 服务员将打开的红葡萄酒斜放在酒篮中，商标朝上，同时用右手拿起酒篮，从主人右侧往其杯中倒入 1/5 杯的红葡萄酒，请主人品评酒质（主人第三次鉴定：品酒）。

(2) 得到主人认可后，按先宾后主、女士优先的原则，依次为其他客人倒酒，倒酒时站在宾客右侧，倒入杯中 1/2 即可。

(3) 每倒完一杯酒要轻轻转动一下酒瓶，避免酒滴在台布上。倒完后，把红葡萄酒及酒篮放在主人的右手边，瓶口不要对着客人。

白葡萄酒服务程序

一、准备工作

客人订完酒后，立即去酒吧取酒，不得超过 5 分钟。将取回的白葡萄酒放入冰桶中冰镇（冰桶内放入 2/3 的冰块，冰桶放在冰桶架上，并配一块条状的口布搭放在冰桶上），商标朝上。冰桶架放置在主人座位的右后侧。

二、示酒服务

服务员左手持口布，右手持白葡萄酒，将酒瓶底部放在条状口布的中间部位，再将条状口布两端拉起至酒瓶商标以上部位，使商标全部露出。右手持口布包好的酒瓶，用左手 4 个指尖轻托住酒瓶底部，走到主人座位的右侧，请主人看清酒的商标，进行鉴定认可（第一次鉴定：看外包装）。询问客人："先生/夫人/太太/小姐，请问我现在可以为您服务白葡萄酒吗？"

三、开酒服务

（1）割酒塞封皮：得到主人允许后，将酒瓶放回冰桶中，左手扶住酒瓶，右手用开酒刀割开铅盖，割酒塞封皮时动作要轻而快，不能晃动瓶身。用干净的口布将瓶口擦干净。

（2）打开酒塞：将酒钻垂直钻入木塞，待酒钻完全钻入后，轻轻拔出木塞，木塞出瓶时不应有声音。

（3）请主人第二次鉴定：看酒塞上的标识，闻酒塞上的香气。

四、斟酒服务

（1）服务员右手持条状口布包好的酒瓶，商标朝向客人，从主人右侧往其杯中倒入 1/5 杯的白葡萄酒，请主人品评酒质（主人第三次鉴定：品酒）。

（2）得到主人认可后，按先宾后主、女士优先的原则，依次为其他客人倒酒，倒酒时站在宾客右侧，倒入杯中 2/3 即可。

（3）每倒完一杯酒要轻轻转动一下酒瓶，避免酒滴在台布上。倒完后，把白葡萄酒放回冰桶，商标朝上。

（资料来源：佚名. 葡萄酒的服务程序[OL]. 职业餐饮网，http://www.canyin168.com/glyy/cygl/ctfwlc/201104/29778.html，2011-04-29.）

（六）结账服务

（1）客人提出结账要求后，必须在 3 分钟内为客人准备好账单。账单要清晰、正确地列出各项明细。

（2）当客人要求结账时，将准备好的账单恭敬地递给客人，报数时不能太大声。

（3）当客人有疑问时，应及时向客人详细解释清楚。

（4）收取客人现金应当面点清，并向客人报数，同时询问客人是否需要发票和是否需要酒店停车券。

（5）结账后，将客人的账单、发票以及找回的零钱用账单夹夹好，呈给客人。

(6) 如客人使用信用卡结账，服务员将客人引至收银台进行刷卡结账。

案例 7-2

先埋单，后消费

在某饭店的特色酒吧内，宾客盈门，生意兴隆。因为该酒吧十分特别，既有热闹的室内重金属音乐精彩表演场所，也有伴着饭店游泳池的室外安静聊天场所，所以吸引了住店客人和该市的很多常住人口前来消费娱乐。因为客人众多，所以该酒吧一直以来都是采取迎宾员带领客人落座后，送上酒水单，点单后先交费，再送上酒水和找退零钱的形式进行服务和销售。

某天，一位客人带着朋友来到该酒吧消遣，因是晚饭后前来，所以这位客人已然带着醉意。当服务人员按照服务程序请他们先埋单时，该客人十分生气地说，"怎么？以为我消费不起啊？我有的是钱！"服务人员见到这种情形，也不敢与客人过多理论，只好请领班出面解决。领班见客人的朋友还很清醒，就没有正面应答正在愤怒中的醉酒客人，避免了与客人的正面冲突，而是婉转地对其朋友讲明了本酒吧的消费接待程序，请客人予以谅解，从而妥善地解决了这个问题。

（资料来源：匡家庆．调酒与酒吧管理[M]．北京：中国旅游出版社，2012.）

（七） 送客服务

(1) 热情向客人致谢，感谢他们的光临。

(2) 当客人走后，立即清理吧台并检查是否有客人遗留的物品；抹干净台面后，将吧凳复原，准备好迎接下一位客人。

三、营业结束后的清洁工作

(1) 营业结束后，服务员清洁场地打扫卫生，清洁吧台区内的调酒设备、调酒工具、酒杯等物品，使其恢复成营业前的状态。

(2) 酒吧领班全面检查卫生，确认合格后，服务员方可离开。

评估练习

1. 酒吧营业前的准备工作有哪些要求？

2. 详述酒吧营业中的服务流程及服务要求。

第三节 酒水的成本控制与管理

教学目标：

1. 了解酒吧的成本构成和类型。

2. 掌握酒吧成本核算的方法。

3. 掌握酒水流程管理的要求。

一、酒吧成本内容

酒吧成本构成主要包括 3 个方面：原料成本、人工成本和经营费用。

(1) 原料成本。原料成本是指直接销售给顾客的各种酒、咖啡、茶、果汁和小食的成本。

(2) 人工成本。人工成本包括酒吧经营的管理人员、技术人员和服务人员的工资和其他（餐费、奖金、交通补贴等）支出。

(3) 经营费用。经营费用是指酒水经营中，除原料成本、人工成本以外的其他费用和支出，包括营业税、房屋租金、固定资产折旧费、燃料和能源费、低值易耗品费、采购费、绿化费、清洁费、广告和公关费等。

二、酒吧成本类别

酒吧成本指酒吧经营过程中物质费用与人工费用的货币表现，包括酒水成本、各种小食品、装饰品与调味品成本、人工成本、能源成本、设备折旧费及管理费等。在酒吧经营的各成本中，按不同的标准对成本进行分类，有固定成本与变动成本、可控成本与不可控成本、标准成本与实际成本。

(1) 固定成本。固定成本指在一定的业务范围内，其总量不随产量或销量增减而相应变动的成本。如酒吧的管理费、酒吧的折旧费、员工工资等，这些成本在一定的经营范围内并不随酒水的销售量而增加。

(2) 变动成本。变动成本是随酒水销售量的变化而变化的成本，如酒水成本、低值易耗品成本、实习人员工资及能源成本等，这类成本总量随酒水销售量增加而增加。

(3) 可控成本。可控成本是酒吧管理人员在短时期内可以改变和控制的成本，如酒水成本、小食品、装饰物、调料成本及广告与公关费用等。酒吧管理人员和调酒师可以通过变换酒水的份额、配方及加强对餐饮原料的采购、验收、储存、生产的管理来控制酒水成本，降低经营费用。

(4) 不可控成本。不可控成本是指酒吧管理人员在短时间内无法改变和控制的成本，如房租、固定资产折旧费、贷款利息及管理人员工资等。因此必须改进酒吧经营，不断开发新产品，增加营业收入，减少固定成本在单位产品总成本中的比重。

(5) 标准成本。标准成本指酒吧在正常的经营情况下，酒水经营和服务所应达到的目标成本。标准成本是根据过去几年经营成本的记录，预测当年原料成本、人工成本和经营费用的变化而制定出来的各项成本。

(6) 实际成本。实际成本是酒吧经营过程中实际发生的原料成本、人工成本和经营费用核算出来的成本。它是酒吧经营企业进行财务成本核算的基础。

三、酒水成本的核算

酒水度量标准化就是指在酒水饮料的销售过程中，应严格按照度量标准，使用标准量杯进行销售。酒吧常用的盎司杯有两种：一种是盎司计量的专用载杯；一种是多用途的组合载杯。酒水度量标准化要求酒吧工作人员严格执行酒水调制生产的标准度量制度，在销售与服务过程中为酒水饮料消费者提供度量与计量标准化的酒水产品。

（一） 零杯酒成本核算

在酒吧经营过程中，烈性酒和利口酒以零杯方式出售，每杯烈性酒和利口酒的标准容量为 1 盎司（约 30ml）。因此计算每一杯酒的成本，需要先计算出每瓶酒可以销售多少杯酒，然后用每瓶酒的成本除以销售的杯数就可以得到每杯酒的成本。

$$每盎司酒的成本=\frac{每瓶酒的成本(进价)}{每瓶酒的容量(盎司)-每瓶酒标准流失量(盎司)}$$

注：每瓶酒标准流失量（盎司）在 1 盎司以内，一般以 1 盎司计算。

例如，金酒每瓶成本 200 元，容量是 40 盎司。某酒吧规定金酒零杯销售时，每杯是 1 盎司的标准量，计算每杯金酒的成本。

解： $每盎司金酒的成本=\frac{200}{40-1}\approx 5.13$（元）

$每杯金酒的成本 5.13\times 1=5.13$（元）

（二） 整瓶销售

在酒吧经营中较常见的是以瓶、听为单位对外销售，如葡萄酒、矿泉水、软饮料、啤酒以及名品白兰地等。

$$整瓶酒水售价=\frac{进价}{成本率}$$

成本率：高档酒吧一般定在 50%左右，中低档酒吧一般定在 25%左右。

（三） 混合销售

混合销售主要指混合饮料和鸡尾酒的销售，这种销售方式控制的难度较大。

鸡尾酒成本=基酒的成本+辅料成本+配料和装饰物成本

鸡尾酒成本控制的有效手段——建立标准配方（酒名、各种调酒材料及用量、成本、载杯和装饰物）

例如，马天尼标准配方见表 7-1。

表 7-1 马天尼标准配方

原料名称	用 量	成本单价	成本总价
金酒	1.5 盎司	5.13 元/盎司	7.7 元
干味美思	5 滴	0.1 元/滴	0.5 元
青橄榄	1 枚	0.5 元/枚	0.5 元

续表

原料名称	用　量	成本单价	成本总价
柠檬皮	适量		2元
冰块适量	适量		0.2元
合　计			10.9元

（四） 酒水原料成本率

$$酒水成本率=\frac{酒水成本}{酒水售价}\times 100\%$$

（五） 酒水产品毛利额

$$酒水毛利额=酒水售价-酒水直接成本$$

（六） 酒水产品毛利率

$$酒水毛利率=\frac{酒水毛利额}{酒水售价}\times 100\%$$

（七） 企业每日成本核算

首先对酒吧每日入库的酒水及其他原料进行统计，然后统计当日酒水销售情况及库存酒水数量，再根据各种统计数据计算出当日酒吧的实际成本、成本率、毛利率、毛利额等。

案例 7-3

酒吧的经营成本控制

在一次饭店酒吧员工的例会上，经理给各位服务人员强调了应加强内部成本控制的问题，让服务人员各抒己见，谈谈自己的经验和看法。针对酒吧经营成本的控制问题，服务人员从酒吧产品的价值含量和更新换代角度谈了谈各自的看法，从岗位、班组、工作程序、管理者职责和督察审核角度，讨论了酒吧经营成本的控制和管理，强调了对酒吧产品销售过程和质量控制的重要性。

最后，经理总结说："酒吧的销售与管理是一对矛盾，要从管理和服务之外，探索酒吧产品更新的廉价途径。如日本一些饭店采用计算机控制，在酒吧和冰箱内分别安装芯片，并与饭店管理网络联机，自动记录饮品的存放和取用，由计算机主机存储、记账。避免了客人与服务员之间的常见纠纷，也能有效地控制偶尔的逃账、漏账问题。"

（资料来源：申琳琳. 酒水服务与酒吧管理[M]. 北京：北京师范大学出版社，2011.）

四、酒水流程管理

酒水流通过程包括酒水的采购、验收、储藏、发放，酒水的配制和酒水的销售服务等主要环节。在这些环节中，每进行一步都必须采取严格的管理措施，杜绝任何不利于成本控制的现象发生。

（一） 酒水的采购

酒水的控制是从采购开始的，行之有效的采购工作应该是“购买的原料最大限度地生产出所需要的各种食品或饮料，节约成本，节约时间”。

1. 选择合格的酒水采购员

国际上的一些饭店和餐饮管理专家认为，一个优秀的采购员可为企业节约2%～3%的餐饮成本。作为一名合格的酒水采购员必须具备以下条件。

（1）丰富的酒店从业经验。

（2）较强的市场采购技巧，了解市场行情。

（3）懂得各种会计知识，掌握订货单、发票、收据以及支票的作用。

（4）掌握各种酒水知识。

（5）诚实可靠、有进取心。

（6）能制订各种酒水原料的采购规格等。

2. 控制酒水采购的质量和价格

没有合格的酒水原料等于成本控制的失败，在控制酒水采购质量前必须制订酒水标准采购规格，内容必须包括酒水的品种、商标、产地、等级、外观、气味、酒精度、酒水的原料、制作工艺、价格等，采购规格制订以后，应分送有关部门，这样可以保证酒吧的酒水原料的质量和价格，以控制酒水的成本。

3. 控制酒水采购的时间和数量

酒水的采购时间和数量应当根据酒水销售量来决定，数量的多少还应考虑酒水饮料的保质期和库房的容量；许多大中型饭店制定了酒水定点采购法，以保证酒水原料的销售和控制、酒水采购的时间和数量。

4. 控制酒水的采购程序

通常酒水采购单是根据仓库酒水的库存情况由酒水储存管理员提出申请，通过餐饮部经理、采购部经理或酒吧经理等主管部门批准，由负责采购酒水的人员根据酒水采购申请单上的品种、规格和数量进行采购，通过仓库验收员对酒水质量、价格和数量进行验收，由财务主管人员审查后将货款付给供应商。

5. 控制酒水的价格

为了有效地控制酒水成本，酒店非常重视酒水的采购价格。通常，酒店至少会取得3家供应商的报价，通过与供应商谈判价格后，选择最低报价的供应商。

（二） 酒水的验收

1. 配备优秀的验收员

一个优秀的验收员应当熟悉酒水知识，了解酒水采购价格，熟悉财务制度，并且认真地按照企业规定的验收程序、酒水规格、数量和价格进行验收。通常，酒水验收员不应当由采购员、调酒师或酒吧经理兼任，而应当由仓库保管员兼任，较大型企业可以设专职验收员，验收员应属财务部门领导。

2. 制定严格的验收程序和验收标准

验收员在验收酒水时应检查发票上的酒水名称、数量、产地、级别、年限、价格是否与订购单上的一致。与此同时，再检查供应商实际送来的名称、数量、产地、级别、年限是否与发票上的相同，这就是酒水验收控制中的“三相同”，即发票、订购单与实物相同。验收员在每次酒水验收后，都要填写酒水验收单，并且在酒水发票后盖上验收合格章，财务人员根据验收合格的发票付给供应商货款。

（三） 酒水的储藏

酒水储存应注意的事项如下。

(1) 酒品必须储存在凉爽干燥的地方。

(2) 应避免阳光或其他强烈光线的直接照射，特别是酿造酒品。

(3) 避免震荡，与特殊气味的物品分开储藏，以免串味。

(4) 保持一定的储存温度和湿度。

(5) 分类存放，便于清点。物品存放要做到“先进先出”，并经常检查酒水的保质期。

(6) 名贵酒应单独存放。

酒窖的钥匙必须专人保管，其对储藏室所有物品均负有完全责任。

每个月月底餐饮主管会同酒窖管理人员进行存货盘点核实，这对于有效的控制和管理至关重要。

（四） 酒水的发放

含酒精的烈酒是以瓶为单位发放的，软饮料以箱或打为单位发放。饮料发放一般在上午 8 点至 10 点或下午 2 点至 4 点进行，因为这段时间酒吧生意清淡，可以集中调派人员前往领货。酒水的发放以申领单为依据，一式三份，酒吧经理或主管签字后方可生效。发完货后，三联单第一联交财务部，第二联留存酒窖，第三联交酒吧保管。

（五） 酒水的销售

酒吧销售的酒水，特别是进口酒类，价格一般都比较高。一些酒吧员工，特别是调酒师，可能会利用工作之便，私吞酒吧销售的酒水牟利。因此，在酒吧经营中，要严格防止此类作弊行为，减少酒水销售损失。在酒吧经营过程中，常见的酒水销售形式有 3 种，即零杯销售、整瓶销售和混合销售。这 3 种销售形式各有特点，管理控制的方法也各有不同。

1. 零杯销售控制

零杯销售控制首先必须计算每瓶酒的销售份额，然后统计出每一段时间的总销售数，采用还原控制法进行酒水的成本控制。

2. 整瓶销售控制

整瓶销售是以瓶为单位的对外销售，一般酒水整瓶售价要低于零杯销售价。为了防止调酒师和收银员联合作弊，减少酒水销售损失，对整瓶售出的酒可以用《整瓶酒水销售日报表》进行严格控制，一式两份或三份，每日由酒吧填写，交主管签字后一联交财务部，一联酒吧留存。

3. 混合销售控制

酒水混合销售的控制比较复杂，有效的手段是建立标准配方。标准配方的内容一般包括酒名、各种调酒材料及用量、成本、载杯和装饰物等。建立标准配方的目的是使每一种混合饮料都有统一的质量，同时确定各种调配材料的标准用量，以利于加强成本核算。

总之，酒水的销售控制虽然有一定的难度，但只要管理者认真对待，注意做好员工的思想工作，建立完善的操作规程和标准，是可以做好的。

知识拓展 7-3

酒水标准化管理

一、度量标准化

所谓度量标准化就是说在酒水，特别是烈酒的销售过程中，严格按照度量标准，使用标准量杯进行销售。酒吧常用的盎司杯有两种：一种是1盎司的单用量杯，一种是多用途的组合量杯。度量标准化要求酒吧工作人员严格执行标准度量制度，销售过程中认真使用量杯，既不多给也不克扣。

二、酒单标准化

酒单设计的标准化主要有以下几点内容。

(1) 酒单内容完整，文字简洁明了。

(2) 标准化酒单定价公道合理。

(3) 印刷清晰，整洁漂亮。

(4) 设计要有特色。

三、价格标准化

价格标准化包括两个方面：一是酒水定价标准公道；二是售价一视同仁。制定酒水价格要考虑的主要因素有以下几个方面。

(1) 根据酒店的标准制定价格。

(2) 根据酒店的客源市场制定价格。

(3) 酒店的地理位置。

(4) 价格的稳定性。

(5) 适当的灵活性。如各种推销活动或者淡旺季的价格变化等。

四、配方标准化

标准配方的内容包括：酒水的名称、主配料名称、数量、成本价、调制方法、杯具、装饰物以及售价，它是成本控制的极好途径。

五、杯具标准化

首先，要正确地使用杯具；其次，应使用无破损的杯具为客人服务；最后，必须使用干净的杯具。一方面要遵循这三方面原则，另一方面也应认真细致地管理好杯具，杜绝不利于成本控制的现象发生。

（资料来源：王晓洋，陶佳琦．酒水服务实务［M］．南京：南京大学出版社，2015.）

评估练习

1．简述酒吧成本的内容。

2．酒水采购控制包括哪些内容？

3．简述验收的程序和验收标准。

4．零杯酒、鸡尾酒的成本核算方法。

第八章

餐厅的设计与布局

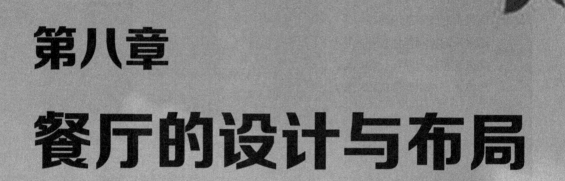

引导案例

别开生面的沃德西餐厅

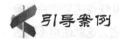

沃德西餐厅入口门厅处于居住楼的底层而主要营业空间则处于二楼。可以醒目地看到金黄色"沃德西餐"的标志。装饰很简洁，白色板饰面层给人以清淡的感觉，大门柱子则为比较庄重的棕色色调，再加上一些黑色的构件，起到了提高档次的效果。

门厅：该门厅位于一楼，顾客由此上二楼的餐饮区的。首先，当进入门厅时，就有一种温馨的感觉。那方格的地板给人一种平静之感。其实，令我感到新奇的不是别的，就是位于门厅右面的墙上那一个个椭圆柱体的红色构件，它们交错垒积而形成一道风景。其次是接待吧台的设置，吧台不用以往的方形的形式，而是采用三角弧形，体现了其特殊的风格。在门厅入口处还设置了一个招牌的雕塑厨师小品，使得氛围变得活跃了许多。在色彩上，顶部的吊灯、其他部位等多采用金黄色的色调，烘托出高档的气氛。

吧台：从动感十足的楼梯出来以后，缓冲空间就给人以开阔、明亮的感觉，尽管空间面积不大，但层高适合和窗户开敞，内部家具布置得当。在色彩上，建筑内部墙体、柱子以淡黄色调为主，而天花板、吧台、桌子等则以白色为主，显得有了几分浪漫。

天花板：构件上，由网格状的白色梁、楼板等构件和吊灯组成。色彩上，以白色为主，偶尔点缀些金黄色。沃德西餐厅天花板设计中用了纯西式的风格，估计是想被更多的人所接受。并使人们产生一种启发，那就是天花板的设计可以用结构装饰的手法，突出装饰梁能得到些好效果。

餐区：这间餐厅的设计运用中西结合的装饰风格，西式的水晶吊灯，昏暗的灯光，使餐厅显得优雅而静谧。棕色的沙发与紫檀色的隔断相搭配大方得体。隔断是用中国传统的格子方式，在西餐厅中显得不太搭调，反而让人耳目一新。窗边的纱幔若隐若现随风轻摆，更增添了几分情意。餐厅整体使用紫檀色实木打造，笼罩在暖黄色的灯光中，让人感觉温暖而且亲近，身在其中是一种舒适的享受。

饰品：客席布局的秩序感营造边界，使客席能依托边界客席布置灵活多变。整齐的座席，合适的间距，与简约风格相适应的桌设计，都显得清晰有序。还有那些吊灯、壁灯、盆栽梁根叶壁饰有很强的装饰性和戏谑性，点明了新型西餐厅的地域性风格。形式上重视轻松、淡泊、休闲和怀旧。装饰手法上采用仿博古架、隔板，体现与茶相合的氛围和神韵。

（资料来源：马开良．餐饮管理与实务[M]．北京：高等教育出版社，2003.）

辨证性思考：

1．餐厅的设计与布局对于餐饮企业而言有何重要意思？

2．你对不同风格的餐厅设计与布局有何建议？具体从哪些方面入手？

随着当前餐饮消费水平的不断提高，人们对餐饮环境舒适性、休闲性与文化性的消费倾向十分明显，而餐厅的设计与布局正是彰显这一系列特征的重要手段。从快餐店到综合性餐饮企业，从一般餐馆到星级酒店，无不从改善就餐环境做起以吸引消费者，这就使得不同层次与规模的餐饮企业，在餐厅设计与布局的软硬件环境方面节节攀升。餐厅设计的概念不同于建筑设计和一般的公共空间设计，在餐厅中人们需要的不仅仅是美味的食品，更需要的是一种使人的身心彻底放松的气氛。餐厅的设计与布局强调的是一种文化，是一种人们在满足温饱之后的更高的精神追求。它一般包括餐厅的位置、餐厅的店面外观及内部空间、色彩与照明、内部陈设及装饰布置，也包括影响顾客用餐效果的整体环境和气氛。

第一节　餐厅设计的基本原理

教学目标：

1. 了解餐厅及其分类。
2. 掌握餐厅布局设计的原则。
3. 理解餐厅设计布局的主体内容。

一、餐厅及其分类

（一）餐厅

餐厅是通过出售服务、菜肴来满足宾客饮食需求的场所。餐厅必须具备下列3项条件：一定的场所，即具有一定的接待能力的餐厅和设施；提供食品、饮料和服务，食品、饮料是基础，而餐饮服务是保证；以营利为目的，餐厅是各类餐饮企业的利润核心之所在。餐饮市场上对餐厅的称谓各异，但集中于“餐”与“饮”的单体或综合体，如餐厅、餐馆、酒吧、咖啡厅，以及中式的茶室、茶楼等。

知识拓展 8-1

餐厅的功能

餐厅具有用餐的场所、娱乐与休闲的场所、各类庆典的场所、信息交流的场所、交际的场所、团聚的场所等多种功能。

（资料来源：郭敏文．餐饮部运行与管理[M]．北京：旅游教育出版社，2003.）

（二）餐厅的类别

参照餐饮企业经营内容、功能、规模大小等因素，餐厅可以分成若干类型。

1. 按照经营内容划分

（1）宴会餐厅。宴会餐厅主要用来接待外国来宾或国家大型庆典、高级别的大型团体会议以及宴请接待贵宾。这类餐厅按照国际礼仪，要求空间通透，餐座、服务通道宽阔，设有大型的表演和演讲舞台。一些高级别的小团体贵宾用餐要求空间相对独立、不受干扰、配套功能齐全，甚至还设有接待区、会谈区、文化区、娱乐区、康体区、就餐区、独立备餐间、厨房、独立卫生间、衣帽间和休息卧室等功能空间。

(2) 普通餐厅。这类餐厅通常指经营方式传统的高、中、低档次的中餐厅和专营地方特色菜系或专卖某种菜式的专业餐厅，适应机关团体、企业接待、商务洽谈、小型社交活动、家庭团聚、亲友聚会和喜庆宴请等。这类餐厅要求空间舒适、大方、体面，富有主题特色，文化内涵丰富，服务亲切周到，功能齐全，装饰美观。

(3) 食街。食街主要经营传统地方小食、点心、风味特色小菜或中、低档次的经济饭菜，适应简单、经济、方便、快捷的用餐需要，如茶餐厅、美食街、大排档、粥粉面食店等。这类餐厅要求空间简洁，运作快捷，经济方便，服务简单，干净卫生。

(4) 快餐厅。由于目前经济生活节奏加快，许多人不愿意在平时吃食物方面花太多的时间，快餐厅可满足这部分客人的需要。快餐厅的内部装潢清洁而明快，所提供的食品都是事先准备好的，以保证能向客人迅速提供所需的食品。同时，质量稳定，清洁卫生，价格低廉以及分量充足。

(5) 西餐厅。西餐厅主要是满足西方人生活饮食习惯的餐厅。其环境按西式的风格与格调布置，并采用西式的食谱来招待顾客，分传统西餐厅、地方特色西餐厅和综合、休闲式西餐厅。前者主要经营西方菜系，是以传统的用餐方式和正餐为主的餐厅，有散点式、套餐式、自助餐式、西餐、快餐等的街头快餐。后者主要是为人们提供休闲交谈、会友和小型社交活动的场所，如咖啡厅、酒吧、茶室等。

(6) 自助式餐厅。这是一种方便餐厅，主要是方便希望迅速、简单就餐的客人。它的特点是客人可以自我服务，如菜肴不需要服务员传递和分配，饮料也是自斟自饮。

2. 按餐厅功能划分

(1) 零点餐厅。零点餐厅是零点散客就餐的餐厅，其菜式品种较多，以供应日常的三餐饮食为主。零点餐厅又可分为正餐厅、茶市、小吃店、咖啡厅等。正餐厅经营午、晚餐饮食，菜点酒水品种多，消费层次偏中、高档。茶市经营早点或消夜饮食，以供应中国特色的茶品、点心为主，也是人们聊天、休闲、待客的场所，在我国南方较为盛行。小吃店一般经营早餐饮食，但也有全天经营的，以面粉制品及风味小吃为主要品种，其消费层次偏中、低档。咖啡厅经营一日三餐，所供应的都是一些简单的西餐食品，如快餐、饮料、甜品等，也是人们会客、交际的场所，其消费档次偏中、低档。

(2) 包餐厅。包餐厅是接待团体客人预订就餐的餐厅，且有若干不同的消费标准可供选择。包餐厅包括普通包餐厅和宴会厅。普通包餐厅以接待会议客人、旅游团体客人为主，提供日常的三餐饮食，也接待其他社会团体组织的一般聚餐活动；宴会厅接待有一定目的的，消费层次和礼仪要求较高的聚餐活动，提供配套的筵席菜式品种，其食品制作讲究，环境美观舒适，服务殷勤周到。

(3) 多功能餐厅。多功能餐厅能根据客人的需要而变化，有能作多种用途的厅堂，它既可接待零点，也可供应包餐，还可作会议厅、展览用厅，许多多功能餐厅都有活动性隔板，可将厅堂按所需面积自由分合，做到一厅多用。

（4）其他特色餐厅如下。

① 海鲜餐厅：这是以鲜活海、河鲜产品为主要原料烹制食品的餐厅。

② 野味餐厅：顾名思义，这是以山珍、野生动物为原料的餐厅，特别是春、秋、冬季很受欢迎。

③ 火锅厅：专门供应各式火锅。此类餐厅的设备很讲究，安排有排烟管道，条件好的地方备有空调，一年四季都能不受天气影响品尝火锅。火锅厅内一般火锅品种式样较多，供客人挑选。服务也有一套专门的程式，如上料添火等有专门的讲究。

④ 烧烤餐厅：专门供应各式烧烤。这类餐厅内也都设有排烟设备，在每个烤炉上方即有一个吸风罩，保证烧烤时的油烟焦煳味不散播开来。烧烤炉根据不同的烧烤品种而异，有的是专门的炉，有的是组合于桌内的桌炉。服务也有其自身的特点。

⑤ 旋转餐厅：这是一种建在高层酒店顶楼一层的观景餐厅。一般提供自助餐，但也有点菜的或只喝饮料吃点心的。旋转餐厅一般 1 个小时至 1 小时 20 分旋转一周，客人用餐时可以欣赏窗外的景色，如天津天塔等旋转餐厅备受消费者的追捧。

3. 按供餐品种划分

（1）中餐厅：专门供应中国饭菜，使用中国餐具进餐的餐厅。如其供应的菜式具有鲜明的地方特色，则冠以地方名称，如“川菜餐厅”“粤菜餐厅”等。

（2）外国餐厅：按照不同国度的餐饮文化及习俗提供本国或本地区的餐饮产品。如专门供应欧美各国菜点，使用西式餐具进餐的餐厅，一般将经营正宗西菜的高档餐厅称为“扒房”。又如，日本餐厅是专门供应日本料理，并按其传统方式进食的餐厅；韩式餐厅专供韩国风味的餐饮产品。

（3）清真餐厅：专门供应清真菜点的餐厅。

4. 按照空间规模划分

（1）小型：指 $100m^2$ 以内的餐厅，这类餐厅空间功能比较简单，主要着重于室内气氛的营造。

（2）中型：指 100～$500m^2$ 的餐厅，这类餐厅空间功能比较复杂，除了加强环境气氛的营造之外，还要进行功能分区，流线组织以及一定程度的围合处理。

（3）大型：指 $500m^2$ 以上的餐厅，这类餐厅空间应特别注重功能分区和流线组织。

5. 按照空间布置类型分类

（1）独立式的单层空间：一般为小型餐馆、茶室等采用的类型。

（2）独立式的多层空间：一般为中型餐饮企业采用的类型，也是为大型的食府或美食城所采用的空间形式。

（3）附建于多层或高层建筑：大多数的办公餐厅或食堂属于这种类型。

（4）附属于高层建筑的裙房：部分宾馆、酒店的餐饮部或餐厅、宴会厅等大中型餐厅。

知识拓展 8-2

餐厅设计程序

熟知现场 →了解投资→分析经营→ 考虑因素→决定风格→创作方案图 → 审核修整 → 设计表达（平面图、立面图、结构图、效果图、设计说明等）→ 材料选定→跟进施工→ 家具选择 →装饰陈设→调整完成。

（资料来源：李勇平．酒店餐饮运行管理实务[M]．北京：中国旅游出版社，2013．）

二、餐厅设计与布局的原则

（一） 顾客导向性原则

餐厅的设计首先应根据市场定位，在以顾客为导向的前提下进行。一个餐饮企业得以在市场上立足与发展，其根本在于是否受到顾客欢迎，其产品是否以顾客为导向。“以顾客为导向”应该真正地了解顾客的需求，从最根本上给顾客以关怀。一些餐厅一味地追求豪华材料的堆砌来强调高档，而忽视了生态环境的需要。一些餐厅走进了高档的误区，认为只有强调卖场的金碧辉煌、豪华气派，才能吸引客人，似乎必须采用高档进口材料、水晶吊灯，才能带给客人高档的享受，却没有注意到客人真正的需要，没有认识到为客人创造一个好的生态环境的重要性。

（二） 符合性及适用性原则

1. 符合性

餐厅的设计是餐饮企业经营的基础环节，其中包括店址确定、餐厅环境设计、平面设计、空间设计、造型设计及室内陈设设计等。这一切都必须以餐饮企业需要满足的功能为依据，都必须以餐饮企业的经营理念为出发点。不同等级、规模、经营内容及理念的餐饮企业，其餐厅设计的重点和原则也各有不同。

2. 适应性

餐厅设计还应注意与当地的环境相适应。餐厅的设计一方面要尊重顾客的偏好，另一方面也要考虑当地的环境。设计餐厅时，必须配合餐厅所在地的环境条件，否则也会失去顾客。不考虑土地、环境等因素，尤其是周边居民的生活情况，就不能使餐厅经营有好的发展。周边环境是餐厅设计的基本限制因素，要做到对环境了如指掌，并给予恰当的配合。

（三） 方便性、独特性、文化性、灵活性原则

1. 方便性

餐厅设计除了要注重顾客的需要，还必须考虑如何方便服务与管理。就餐厅而言，产品及服务的生产、销售及消费基本上是在同一时间同一场所发生的，顾客与员工紧密联系，无法割舍。所以，在考虑顾客的同时，也应同时考虑如何尽可能地方便员工及管理者。

2. 独特性

餐厅设计的特色与个性化是其取胜的重要因素。设计与餐厅运营的脱节、主题性的缺乏，使一些餐厅的设计显得比较平庸，因此过分地趋于一致化或追求某些略带盲目的“时兴”而缺乏个性和特色。盲目堆砌高档装修材料，忽视个性风格塑造和文化特征对餐厅设计是大忌，对整个餐饮业的发展是不利的。

3. 文化性

随着经济的发展，社会文化水平的普遍提高，人们对餐饮消费的文化性的要求也逐步提高。世界饭店业发展趋势指饭店产品文化内涵的不断升值，通过文化氛围的营造与文化附加值的追加吸引顾客。这对餐饮业而言，同样适用。从餐厅建筑外形、室内空间分隔、色彩设计、照明设计乃至陈设品的选用都应充分展现具有特色的文化氛围，帮助餐饮企业树立形象和品牌。

4. 灵活性

餐厅的经营秘诀在于常变常新，这一方面体现在菜肴口味的更新上，另一方面也体现在餐馆设计的灵活调整上。因此，在设计餐馆时应注重灵活性。根据经常性、定期性、季节性以及与菜肴产品更新的同步性、适应性原则，通过对餐厅某些方面，如店面、店内布局、色彩、陈设、装饰等进行适当调整变更，达到常变常新的效果。

案例 8-1

海底捞餐厅设计之一隅

海底捞火锅餐厅是一家以经营川味火锅为主，融汇各地火锅特色于一体的大型直营连锁企业，是朋友、同事、家人相聚，尽享舒适时光的理想场所。海底捞以高档的装潢、舒适的设计、训练有素的服务人员，再加上诱人锅底、新鲜美食和特色服务，吸引了大批的新老顾客。欧普为海底捞提供完整的照明解决方案，力图用灯光诠释其“快乐等餐、极致服务、地道口味、健康营养”的品牌理念，根据区域功能划分，做出等位区、就餐区、包厢区、功能空间等区域空间的照明设计规划。

等位区入口处使用16W、20°嵌入式LED射灯——灵昊，打亮颜色较深的饰面，增加私密感，避免泛光破坏整体餐厅气氛。店面通道同样采用16W、20°LED射灯——灵昊，均布提供通道的基础照明。20°的光束角在打亮墙面的同时，合理控制了光效范围，像一个无形的引导牌，引导并吸引顾客。装饰性墙面以及墙面上的装饰品采用7.5W、20°LED射灯——灵清，均布提供墙面的洗墙效果，补充了空间墙面的照度，体现空间照明的层次感与节奏感。就餐区餐桌选择显色性高的灯具，采用16W、24°LED射灯——灵昊，照亮餐桌，根据不同的吊顶形式灵活选择吊装或嵌入式的安装方式，真实还原蔬菜和肉类的本身色彩。具有屏风玻璃区的餐桌采用4盏7.5W、24°LED射灯——灵清，照亮桌面，保留花灯的装饰性效果。秀色可餐的菜品、温馨舒适的灯光环境让消费者在海底捞体验一场愉悦的用餐之旅。包间则采用7.5W、24°LED射灯，设计时根据包间大小，餐桌大小和位置确定射灯组合的照明方式，确保满足照度要求的同时满足了消费者对于私密空间的要求，包间墙面根据需要采用 7.5W、24°LED 射灯提供洗墙的装饰性效果，不仅达到了节约成本、提升光效的双重效果，而且与室内设计的完美结合，更是把海底捞的个性服务魅力展露无遗。

（资料来源：胡章鸿．餐饮服务与管理实务[M]．北京：高等教育出版社，2014.）

（四） 多维设计原则

1．二维设计

二维平面设计是整个餐厅设计的基础，是指运用各种空间分割方式来进行平面布置，包括餐桌或陈列器具的位置、面积及布局、客人通道、员工通道、货物通道的分布等。合理的二维设计是在对供应餐饮产品的种类、数量、服务流程及经营的管理体系及顾客的消费心理、购买习惯以及餐厅本身的形状大小等各种因素进行统筹考虑的基础上形成的量化平面图。根据人流、物流的大小方向、人体学等来确定通道的走向与宽度；根据不同的消费对象分割不同的消费区域，如散客大厅区、无烟区、儿童玩耍区、豪华包厢区、待客休息区。

2．三维设计

三维设计即三维立体空间设计，它是现代化餐厅卖场设计的主要内容。三维设计中，针对不同的顾客及餐饮经营产品，运用粗重轻柔不一的材料，恰当合宜的色彩及造型各异的物质设施，对空间界面及柱面进行错落有致的划分组合，创造出一个使顾客从视觉与触觉都感到轻松舒适的用餐空间。例如，采用带铜饰的黑色喷漆铁板装饰餐厅中的柱子，营造出坚毅而豪华的气势，较为适合提供商务套餐的商务型餐厅；而采用喷白淡化装饰，用立面软包设计圆柱，则更易创造出较为温馨的环境，适合于以白领女性或家庭为对象的餐厅。

3．四维设计

四维设计是对空性设计，它主要突出的是卖场设计的时代性和流动性。卖场设计需要顺应时代的特点，随着人们生活水平、风俗习惯、社会状况及文化环境等因素变迁而不断标新立异，时刻走在时代的前沿。同时，卖场设计还应具有流动性，即在卖场中运用运动中的物体或形象，不断改变处于静止状态的空间，形成动感景象。流动性设计能打破卖场内拘谨呆板的静态格局，增强卖场的活力与情致，活跃卖场气氛，激发顾客的购买欲望及行为。餐厅的动态设计可以体现在多个方面，如餐厅内美妙的喷泉、顾客在卖场中的流动、不断播送各种菜品信息的电子显示屏以及旋律优美的背景音乐等。

4．意境设计

意境设计是餐厅卖场形象设计的具体表现形式，它是餐厅经营者根据自身的经营范围和品种、经营特色、建筑结构、环境条件、顾客消费心理、管理模式等因素确定企业的理念信条或经营主题，并以此为出发点进行相应的卖场设计。一般地，通过导入企业形象策略来实现意境设计，如按餐饮企业视觉识别系统中的标识、字体、色彩而设计的图画、短语、广告等均属意境设计。意境设计是卖场整体设计的核心和灵魂。

三、餐厅的设计布局

广义的餐厅设计布局涉及的范围很广，从餐厅的功能来看，餐厅设计布局包括餐饮功能区设计布局与制作功能区的设计布局。从空间位置上看，餐厅设计的内容主要分为餐厅外部卖场设计及餐厅内部设计，具体包括餐厅外部设计和内部设计。餐厅外部设计包括选址、外观造型设计、标识设计、门面设计、橱窗设计、店外绿化布置等。

知识拓展 8-3

餐厅选址

一、区域规划的考察

当选中某一区域后，必须了解该区域的规划是否有拆迁和重建项目，这些项目涉及的位置和动工时间，应避免在餐厅成本回收之前遇到拆迁和重建。

二、竞争环境的考察

在市场的竞争中，对于竞争的评估分为竞争方式和竞争密度两种。竞争方式分为直接竞争和间接竞争。竞争密度是指同行业和相关行业营业点的个数以及本区域内餐厅的总座位数，即是否是生意扎堆。这体现了本区域内餐饮业的供求关系。

三、社区特性

餐厅周边社区的特性直接影响餐厅的经营，必须根据其特性做出相应的对策。如商业区、商务区、工业区、大学区、娱乐区或住宅区等不同特性的区域以及它们不同的规模和档次，餐饮的经营要采用不同的营销策略。

四、地区经济背景

选址区域的经济发展趋势，特别是商业发展速度，对餐厅的前景有很大的影响。详细考察这一区域经济发展的动态和模式，是经营者和设计师不可忽视的重要工作，经济背景将决定餐厅的发展前景。

（资料来源：胡章鸿．餐饮服务与管理实务[M]．北京：高等教育出版社，2014.）

狭义的餐厅设计布局一般指餐厅空间的内部设计与布局。餐厅内部设计包括餐厅室内空间布局设计，餐厅动线设计，餐厅主体色彩设计，照明的确定和灯具的选择，家具的配备、选择和摆放，地毯及其他装饰织物的选择及铺放，餐具的选择和配备，室内观赏品、绿化饰品的陈设，服务流程与服务方式设计，员工形象及服饰设计，餐厅促销用品设计，餐厅促销活动设计。

（一） 用餐区的设计布局

目前，餐厅在店面设计与布局上摆脱了以往封闭式的方法而改为开放式。外表采用大型的落地玻璃使之透明化，使人一望即能感受到厅内用餐的情趣；同时注重餐厅门面的大小和展示窗的布置，招牌文字的醒目和简明。

1. 门厅、通道与休息室

门厅与通道是独立式餐厅的交通枢纽，是顾客从室外进入餐厅的过渡空间，也是留给顾客第一印象的场所。因此，门厅的装饰一般较为华丽，视觉主立面设店名和店标。根据门厅的大小还可设置迎宾台、顾客休息区、餐厅特色简介等。餐厅通道的设计布局应体现流畅、便利、安全，切忌杂乱。另外，休息室是从公共交通部分通向餐厅的过渡空间，主要是迎接顾客到来和供客人等候、休息、候餐的区域。休息厅和餐厅可以用门、玻璃隔断、绿化池或屏风来加以分隔和限定。

2. 餐厅内部空间、座位的设计与布局

(1) 餐厅。

① 流通空间：通道、走廊、座位等。

② 管理空间：服务台、办公室、休息室等。

③ 调理空间：配餐间、主厨房、冷藏保管室等。

④ 公共空间：洗手间等。

餐厅内部的设计与布局应根据餐厅房间的大小决定。由于餐厅内部各部门所占空间的需要不同，要求在进行整个空间设计与平面布局规划时，统筹兼顾，合理安排。要考虑到客人的安全性与便利性，营业各环节的机能、实用效果等诸因素；注意全局与部分间的和谐、均匀、对称，体现出浓郁的风格情调，使客人一进入餐厅即在视觉和感觉上都能强烈地感受到形式美与艺术美，得到一种享受。

(2) 餐厅座位。餐厅座位的设计、布局，对整个餐厅的经营影响很大。尽管座位的餐桌、椅、架等大小、形状各不相同，但还是有一定的比例和标准，一般以餐厅面积的大小，按座位的需要作适当的配置，使有限的餐厅面积能极大限度地发挥其运用价值。目前，餐厅中座席的配置一般有单人座、双人座、四人座、六人座、火车式、圆桌式、沙发式、方形、长方形、情人座、家庭式等形式，以满足各类用餐客人的不同需求，如图 8-1 所示。

图 8-1　餐厅座位布局

3. 餐厅动线的安排

餐厅动线是指客人、服务员、食品与器物在厅内的流动方向和路线。

(1) 客人动线。客人动线应以从大门到座位之间的通道畅通无阻为基本要求，一般来说，餐厅中客人的动线采用直线为好，避免迂回绕道，任何不必要的迂回曲折都会使人产生一种人流混乱的感觉，影响或干扰客人进餐的情绪和食欲，餐厅中客人的流通通道要尽可能宽敞，动线以一个基点为准。

(2) 服务人员动线。餐厅中服务人员的动线长度对工作效益有直接的影响，原则上越短越好。在服务人员动线安排中，注意一个方向的道路作业动线不要太集中，尽可能除去不必要的曲折。可以考虑设置一个“区域服务台”，既可存放餐具，又有助于服务人员缩短行走的路线。

4. 餐厅的光线与色调

大部分餐厅设在邻近路旁的地方，并以窗代墙；也有些设在高层，这种充分采用自然光线的餐厅，使客人一方面能享受到自然阳光的舒适；另一方面能产生一种明亮宽敞的感觉，心情舒展而乐于饮食。还有一种餐厅设立于建筑物中央，这类餐厅须借助灯光，并摆设各种古董或花卉，光线与色调也十分协调，这样才能吸引客人注目，满足客人的视觉感受。通常餐厅所使用的光源如表 8-1。

表 8-1 光源种类说明

类别	亮度	寿　命	色彩	调光	用途	性能
白炽灯	1	100 小时，使用调光器时，可用 400 小时	红、黄	可调光	入口门厅、餐厅、厨房、洗手间处	钨丝制成，熔点甚高
日光灯	3	3000 小时，每开关一次，就缩短 2 小时寿命	黄、绿（红、橙、黄色）	不可调光	外灯、门灯、公用灯等	即荧光灯

餐厅入口照明是为了使客人能看清招牌，吸引注意力。它的高度与建筑物的高低相适应，光线以柔和为主，使客人感觉舒适为宜。餐厅走廊照明，如遇拐弯和梯口，应配置灯光，灯泡只需 20～60W。长走廊每隔 6m 左右装一盏灯，如遇角落区有电话或储物，要采取局部照明法。餐厅光线与色调的配置方案要结合季节来制定，或依餐厅主题制定，分别见表 8-2 和表 8-3。

表 8-2 根据季节配置的餐厅色调

季节	色　调	光源/流明
春	明快	50～100
夏	冷色调为主	50
秋	成熟、强烈色彩	50～100
冬	暖色调为主	100

表 8-3 根据餐厅类型配置的餐厅色调

餐厅	色 调	光源/流明
豪华型	软暖或明亮	50
正餐	橙黄、水红	50～100
快餐	乳白色、黄色	100

无论采用哪一种光线与色调，都是为了充分发挥餐厅的作用，以获取更多的利润和提高客人的满意度。

（二） 配套功能区

配套功能区一般是指餐厅营业服务性的配套设施，如卫生间、衣帽间、视听室、书房、娱乐室等非营业性的辅助功能配套设施。餐厅的级别越高，其配套功能就相应越齐全。有些餐厅还配有康体设施和休闲娱乐设施，如表演舞台、影视厅、游泳池、桌球、棋牌室等。

餐厅根据营业需要，应考虑音响设施的配置。音响设施既包括背景音乐设备，也包括乐器和乐队。有的高雅的餐厅在营业时，有钢琴演奏表演。有的餐厅营业时播放轻松愉快的乐曲；也有一些餐厅提供乐队演奏、歌星献艺表演，或提供客人自娱自唱的设备。有时餐厅还会被用作会场，还要为会议提供多种同声翻译的音响设备。所以，各餐厅应根据自己的需要配备相应的音响设施。

卫生间应有醒目的指示标志，卫生间的入口不应靠近餐厅或与餐厅相对，卫生间应宽阔、明亮、干净、卫生、无异味，可用少量的艺术品或古玩点缀，以提高卫生间的环境质量。

衣帽间是供顾客挂衣帽的设施，也是餐馆为客人着想的体现，衣帽间可设置在包房里，占用面积不需要很大，设衣架、衣帽钩、穿衣镜和化妆台等。

视听室、书房、娱乐室为顾客候餐时或用餐后小憩享用。一般设置电视机、多媒体设备、书台、文房四宝、书报等。

另外，客人来到餐厅，希望能在一个四季如春的舒适空间就餐，因此室内空气质量与温度对餐厅的经营有密切的关联。餐厅的空气调节受地理位置、季节、空间大小、室外温度等因素的制约。

（三） 服务功能区

服务功能区也是餐厅的主要功能区，主要功能是为顾客提供用餐服务和经营管理服务。

备餐间或备餐台用于存放备用的酒水、饮料、台布、餐具等菜品，一般设有工作台、餐具柜、冰箱、消毒碗柜、毛巾柜、热水器等。在大厅里的席间增设一些小型的备餐台或活动酒水餐车，供备餐上菜和酒水、餐具存放之用。

收银台通常设在顾客离席的必经之处，也有单独设置在相对隐蔽的地方，收银台一般用于结账、收款，设有计算机、账单、收银机、电话及对讲系统等，高度以 1000～1100mm 为佳。

营业台用于接待顾客、安排菜式、协调各功能区关系等，设有订座电话、订餐计算机、订餐记录簿，营业台高度一般为 750～800mm，宽度为 700～800mm，配有顾客座椅和管理人员座椅等。

酒吧间供应顾客饮料、茶水、水果、烟、酒等，一般有操作台、冰柜、陈列柜、酒架、杯架等。服务功能区一般设在大厅显眼位置并靠近服务对象。

评估练习

1. 简述餐厅有哪些基本类型。
2. 餐厅设计布局的基本原则有哪些？
3. 举例说明餐厅设计布局过程各主要环节。

第二节　主题餐厅策划的技巧

教学目标：

1. 了解主题餐厅创意。
2. 理解主题餐厅设计布局基本风格。
3. 掌握中式餐厅及西式餐厅设计布局。

一、主题餐厅的创意

主题餐厅的创意是餐厅总体形象设计的决定因素,它是由功能需要和形象主题概念而决定的。餐饮功能区是餐厅中进行创意和艺术处理的重点区域，它的创意设计应体现建筑主题思想，并且是室内设计的延续和深化。设计题材和艺术创意的手法非常广泛，可取材于餐厅的经营内容、地区特色、时代风貌和整体环境等。创意设计的关键是设计主题的定位，施工材料的选择和制作技术的配合。

（一）　经营形式是主题餐厅创意设计定位的关键

在创意设计中，餐厅的内容表现为餐厅功能内在的要素总和，创意设计的形式则是指餐厅内容的存在方式或结构方式，是某一类功能及结构、材料等的共性特征。在创意设计时，应该充分注意内容与形式的统一。餐厅的形式是多变的，空间设计的形式随着功能改变而改变。

休闲功能为主要目的的餐饮行为，其行为特点是轻松、随意。例如，酒吧空间，对空间的要求不高，只需要满足基本的服务柜台空间要求，满足小型表演空间要求，以及使顾客间有一定的独立性和私密性空间。整体设计中注重光和色的设计要素，大多采用低照度暖色体系，形成一种国际统一的设计格调，设计要素变化在局部光和色的处理上，主要营造一种亲切而欢乐的设计风格。

风味饮食功能为主要目的的餐饮行为，设计中主要把握风味的特色特点，如中式（包括川菜、湘菜、粤菜、鲁菜、闽菜等）、日式、韩式、西餐等，这些功能空间不仅要求饮食口味上有特色，更重在体现空间环境设计上，空间要求通道流畅、幽雅，具有私密性，服务空间大，设计风格要突出特色。

社交和宴会功能为主要目的的餐饮行为，其行为以餐饮为形式，实际情感交流为目的，均具有一定的私密性，在设计中经常采用灵活隔断、移动隔板、帷幕等形式来进行空间分隔，以流通路线与展餐台之间的关系为设计重点，最终达到主次分明、服务设施完善，其空间分而不乱、合而不板的一种设计体现。

（二）民俗习惯、地区特色是餐厅创意设计的源泉

不同的民族有着不同的宗教形态、伦理道德和思维观念。主题餐厅作为一种空间形态，它不仅满足特定民族和地区餐饮活动的需要，而且还在长期的历史发展中，逐渐成为一种文化象征。不同的地区、不同的生活习惯、不同的民族风俗、不同的文化背景和审美情趣，其对设计的形式手法、装饰的符号、环境的色彩搭配都有一定的影响。以地方风情和民俗特色为主题，通过具有浓郁乡土气息、富有民族艺术特点的素材来烘托餐厅的环境气氛，使餐厅呈现新颖感、亲切感，让顾客有家一样的感觉。

（三）时代风貌是主题餐厅创意设计的生命力

在餐厅的创意设计中，要考虑满足当代的餐饮文化活动和人们现代行为模式的需要，积极采用新的装饰概念和装饰技术手段，充分体现具有时代精神的价值观和审美观，还要充分考虑历史文化的延续和发展，因地制宜地采用有民族风格和地方特色的创意设计手法，做到时代感与历史文脉并重。

（四）环境因素是主题餐厅创意设计的再创造

著名建筑师沙里宁曾说过：“建筑是属于空间中的空间艺术。”整个环境是一个大空间，餐厅是处于其间的小空间，两者之间有着极为密切的依存关系。主题餐厅的环境包括有形环境和无形环境，有形环境又包括绿化环境、水体环境、艺术环境等自然环境和建筑景观等人工环境，无形环境主要指人文环境，包括历史、文化和社会、政治因素等。

（五）装饰材料和施工技术是主题餐厅创意设计的前提条件

将创意构思变为现实的主题餐厅，必须要有可供选用的装饰材料和可操作的施工技术。没有两者作为前提条件的保障，所有的创意构思只能是一纸空文、纸上谈兵。现代材料和结构技术的出现才使得超大跨度建筑空间的实现成为可能。

知识拓展 8-4

餐厅的帘幔

餐厅的帘幔主要有窗帘、门帘及帷幔。它们对餐厅整体环境和主题的体现有着至关重要的作用。窗帘不仅在功能上起到遮蔽、调温和隔音等作用，同时又有很强的美观装饰性。窗帘的色彩、图案、质感、垂挂方式及开启方式都对餐厅的环境、主题气氛及格调构成影响。门帘与帷幔是餐厅公共空间内极富有感染力的装饰之一，活跃的空间为帘幔提供了用

武之地，常常在大空间中成为视觉焦点。帘幔的选料广泛，除了织物外，竹帘、木珠帘、草帘等都别具风味。

（资料来源：郭敏文．餐饮部运行与管理[M]．北京：旅游教育出版社，2003.）

二、主题餐厅的风格设计

（一） 现代简约主义风格

简约主义是以简洁的表现形式来满足人们对空间环境感性的、本能的和理性的需求，这是当今国际社会流行的设计风格。快节奏、高频率、满负荷的现代生活，已到了让人无可接受的地步，人们在繁忙的生活中，渴望得到一种彻底放松、以简洁和纯净来调节转换精神的空间，这是人们在互补意识支配下所产生的亟欲摆脱烦琐、复杂，追求简单和自然的心理。

简约主义把设计的元素简化到它的本质，强调元素内在的魅力，这里设计的元素可有民族的、历史的、文化的属性，所以要求设计师有高度的概括能力，把庞杂的设计元素属性进行提炼、浓缩、构思。简化的室内空间使人有更多眼球闲荡、视觉放松的地方。

简约主义风格是以单种颜色，如白色、浅黄色等作为基本色调，给人以纯净、文雅的感觉，增加室内的亮度，使人容易产生乐观的情感，也可以很好地衬托、调和鲜艳的色彩，产生美好的节奏感、韵律感，像一个干净的舞台，能最大限度地表现陈设的品质、灯具的光亮、色彩的活力。简约的表现背景颜色可以是单纯的、灰色的、热烈的，用色平整、面大、鲜活、有层次。家具要统一、完整。强调灯光烘托陈设品，如织物、雕塑、工艺品等，制造情调。

（二） 中式风格

我国历史悠久,有着丰富而渊博的历史文化素材，而不同的历史时段和地域，其风格也有着很大的不同。这些宝贵的历史财富取之不尽，在设计者的手中，可以被充分利用，从而营造出质朴又华美的中国风。目前，中式风格的运用，其共同特点主要体现在材料和制作工艺上，如传统木构架建筑，室内的藻井天棚、挂落、雀替的构成和装饰，以及明、清家具造型和款式特征等，如图 8-2 所示。空间中常装饰以古代典故为题材的人物壁画、浮雕、木刻版画。大到柱梁、门窗，小到桌椅甚至牙签，都是精雕细刻，雅致而不失富贵之感。

图 8-2　中式风格餐厅布局

（三）　东南亚异国风情风格

现代餐厅中有很多像曼谷村、印度等东南亚地域性特点非常强的餐厅,其装修风格主要以东南亚一些国家或城市的异国民族特色为主。很多装饰材料和家具都是从原属地进口,保证了室内风格的原汁原味。从色彩搭配、材料使用和工作人员的服装,以及各式食品上充分地体现其餐厅的特色和与众不同,使客人一进入餐厅,就有身临异国他乡的感觉。

（四）　绿色生态餐厅

田园风格在室内环境中力求表现悠闲、舒畅、自然的田园生活情趣，也常运用天然木、石、藤、竹等材质质朴的纹理。巧于设置室内绿化，创造自然、简朴、高雅的氛围。对生态环境利用及升华是其设计的重点，理念就是倡导生态、时尚、自然。设计师运用大量绿色植物，采自纯天然的山石盆景，将餐厅布置成了室内花园，各种包房、隔间均是以植物围合而成，山水草木之间，清新淡雅之中，客人能够感受到繁忙都市中难得一见的田园生活，视觉上绿色植物的冲击更是让人心情舒畅，就如同脱离了城市的喧嚣，身在大自然之中。

知识拓展 8-5

餐厅绿化不可少

绿化对餐厅环境的美化作用主要有两个方面:一是植物本身的美,包括它的色彩、形态和芳香;二是通过植物与室内环境恰当地组合,有机地配置,从色彩、形态、质感等方面产生鲜明的对比,从而形成美的环境。餐厅绿化让这种大自然的美融入室内环境中,对人们的性情、爱好都有潜移默化的调节作用,提高审美观念,起到陶冶人的情操,净化人的心灵的作用。

（资料来源：王志民，许莲．餐饮服务与管理实务[M]．2 版．南京：东南大学出版社，2014.）

（五）　民族地方特色的餐厅

中国是一个有着 56 个民族的大家庭,各民族都有独立的信仰,独特的生活习惯,自然也就产生了各种各样独特的饮食风格。饮食文化的地域性都是以一定的历史文化为依托的，并伴随着经济文化的发展而长期发展起来。因此，在以各地方菜系为主的特色餐厅设计中，尤其要从地域传统与历史文脉中寻求鲜明而独特的切入点，除了以色彩、材质、陈设等富有民族性的装饰手段来凸显各地域的饮食特点，也可以依据历史上菜系间的相关传说等人文素材加以强化，并运用现代设计语言和技术手段加以创造性地诠释，从而有效地传达出不同地域饮食文化的魅力。

（六）　混合风格

混合风格的室内设计在总体上呈现多元化、兼容并蓄的状况。室内布置中既趋于现代实用，又吸取传统的特征，在装潢与陈设中融古今中西于一体，如传统的屏风、摆设和茶几，配以现代风格的墙面及门窗装修、新型的沙发；欧式古典的琉璃灯具和壁面装饰，配以东方传统的家具和埃及风格的陈设、小品等。混合型风格虽然在设计中不拘一格，运用多种体例，但仍然是匠心独具，深入推敲形体、色彩、材质等方面的总体构图和视觉效果。

案例 8-2

长沙窑主题餐厅

国际知名设计师登琨艳先生历时半载，前后十余次造访千年古窑址长沙铜官镇，提炼本土元素，以国际化与时尚的超前目光，重构湖湘文化的活泼鲜亮的全新风貌，设计了长沙窑餐厅，依凭千年大唐文化之深厚根基和湖湘文化之鲜明个性，更融汇了中国风水学、易经、传统中医学之精华，给食客留下了鲜明的印象，如图 8-3 和图 8-4 所示

（资料来源：郭敏文. 餐饮部运行与管理[M]. 北京：旅游教育出版社，2003.）

图 8-3　窑主题餐厅公共区

图 8-4　窑主题餐厅酒廊

三、中式餐厅室内设计

（一）　风格和特征

在我国传统的餐饮模式中，中式餐厅是宾馆、饭店和老字号特色饭店的主要餐饮场所，使用频率较高。中式餐厅是以品尝中国菜肴，领略中华文化和民俗为目的，故在环境整体风格上应体现中华文化的精髓。中式餐厅的装饰风格、室内特色以及家具与餐具、灯饰与工艺品，甚至服务人员的服装等都应围绕文化与民俗展开设计创意与构思。

（二）　平面布局与空间特色

中式餐厅的平面布局可以分为两种类型：以宫廷、皇家建筑空间为代表的对称式和以中国江南园林为代表的自由与规格相结合的布局。宫廷式：这种布局采用严谨的左右对称方式，在轴线的一端常设主宾席和礼仪台；该布局方式显得隆重热烈，适合于举行各种盛大喜庆宴席，布局空间开敞，场面宏大，与这种布局方式相关联的装饰风格与细部采用或简或繁的宫廷做法。园林式：这种布局采用园林的自由组合的特点，将室内的某一部分结合休息区处理成小桥流水，而其余各部分结合园林的漏窗与隔扇，将靠窗或靠墙的部分进行较为通透的二

次分隔，划分出主要就餐区与若干次要就餐区。这种园林式的空间给人以室内空间室外化的感觉，犹如置身于花园之中，使人心情舒畅，增进食欲，与这类布局方式相关联的装饰风格与细部常采用园林的符号与做法。

（三） 家具与风格

中式餐厅的家具一般选取中国传统的家具形式，尤以明代家具的形式居多，因为这一时期的家具更加符合现代人体工学的需要。除了直接运用传统家具的形式以外，也可以将传统家具进行简化、提炼，保留其神韵，这种经过简化和改良的现代中式家具，在大空间的中式餐厅中得到了广泛应用。而正宗的明清式样的家具则更多地应用于小型雅间中。

（四） 照明与灯具

中式餐厅的照明设计应在保证环境照明的同时，更加强调对不同就餐区域进行局部重点照明。进行重点照明的方法有以下两种。

(1) 采用与环境照明相同的灯具（常常为点光源）进行组合，形成局部密集，从而产生重点照明。这种方法常常应用于空间层高偏低，以及较为现代的中式餐厅。

(2) 采用中式宫灯进行重点照明，这种方法常结合顶棚造型，将灯具组合到造型中，适合于较高的空间，以及较为地道的中式餐厅。这种传统中式宫灯应根据空间的高低来确定选用竖向还是横向的灯具。

（五） 装饰品与装饰图案

1. 传统吉祥图案的运用

传统吉祥图案拙中藏巧，朴中显美，以特有的装饰风格和民族语言，几千年来在民间装饰美术中流行，给人们对美好生活的向往带来精神上的愉悦。吉祥图案包括龙、凤、麒麟、鹤、鱼、鸳鸯等动物图案和松、竹、梅、兰、菊、荷等植物图案，以及它们之间的变形组合图案等。

2. 中国字画的运用

中国字画具有很好的文化品位，同时又是中式餐厅很好的装饰品，有3种长宽比例：横幅、条幅和斗方，在餐厅装饰中到底采用何种比例和尺寸，要视墙面的大小和空间高度而定。

3. 古玩、工艺品的点缀

古玩、工艺品也是中式餐厅中常见的点缀品，其种类繁多、尺寸差异很大。大到中式的漆器屏风，小到茶壶，除此之外，还有许多玉雕、石雕、木雕等，也有许多中式餐馆常见的福、禄、寿等瓷器。对于较小的古玩和工艺品，常常采用壁龛的处理方法，配以顶灯或底灯，会达到意想不到的视觉效果。

4. 生活用品和生产用具

生活用品和生产用具也常常用于中式餐厅的装饰，特别是那些具有浓郁生活气息和散发着泥土芬芳的用品和用具常常可以引起人们的遐思。这种装饰手法在一些旅游饭店的中式餐厅中运用颇多，它可以使游客强烈地感受到当地的民风民俗。

案例 8-3

桂肴园餐厅设计风格

桂肴园餐厅位于宝安区新湖路西城雅筑二楼。餐厅分为三大部分：骑楼用餐区、公共用餐区和包厢。材质均以木质为主，配以艺术感的肌理漆，使空间格局显得高档大气。利用隔断巧妙分开各个空间区域，骑楼用餐区充分挖掘地块不同界面的景观朝向价值优势，基本铸造了各种资源差异化、扩大化、价值最大化的优化设计。隔断中心镂空的圆形使空间从里到外无限延伸。临窗傍景，山水屏风与窗外的风景自然衔接，色彩清新淡雅，恍惚间，错以为自己本为画中人。公共用餐厅整个空间方圆有致，中央以圆为中心，四周方正。布局突破现有的形状，以半圆的沙发搭配弧形的木椅，加以柔软的椅垫，达到似圆非圆的效果。装饰与整个空间交相辉映，统一却又别致。以一个层次为一个基准，用木格栅做成隔断，将整个空间有机地排列，给人一种统一却又独立，封闭却又开放的空间感。卡座上方悬挂两扇镂空艺术窗格，柔和的灯光将窗格的影子投到卡座背景墙上，丰富了界面的层次，渲染了空间的艺术气息。带有古朴韵味的装饰摆件，展示了空间特有的经营特色。吧台上的陶瓷花束，无疑更深沉地体现了素雅格调。装修风格突出了室内设计简洁的设计理念，在设计中调用光以及配景、植物等表现手法来增强空间主题对人所产生的温馨，让客人在就餐时充分感受到美味所带来的生活享受，如图 8-5 所示。

（资料来源：王志民，许莲．餐饮服务与管理实务[M]．2 版．南京：东南大学出版社，2014．）

图 8-5　桂肴园餐坐与照明

四、西式餐厅室内设计

（一） 风格和特征

西式餐厅泛指以品尝国外的饮食，体会异国餐饮情调为目的的餐厅（主要以欧洲和北美为主）。西式餐厅与中式餐厅最大的区别是以国家、民族的文化背景造成的餐饮方式的不同。欧美的餐饮方式强调就餐时的私密性，一般团体就餐的方式较少，因此，就餐单元常以 2～6 人为主，餐桌为矩形，餐桌上常以美丽的鲜花和精致的烛具对台面进行点缀。另外，淡雅的色彩、柔和的光线、洁白的桌布、华贵的线脚、精致的餐具加上安宁的氛围、高雅的举止等共同构成了西式餐厅的特色，如图 8-6 所示。

图 8-6 西餐厅环境布局

（二） 平面布局与空间特色

西式餐厅的平面布局常采用较为规整的方式，酒吧柜台是西式餐厅的主要景点之一，也是每个西餐厅必备的设施，更是西方人生活方式的体现。除此之外，一台造型优美的三脚钢琴也是西式餐厅平面布置中需要考虑的因素。在较小的西餐厅中，钢琴经常被置于角落，这样可以不占据太多的有效面积；而在较大的西餐厅中，钢琴则可以成为整个餐厅的视觉中心，为了加强这种中心感，经常采用抬高地面的方式，有的甚至在顶部加上限定空间的构架。由于西式餐厅一般层高比较高，因而也经常采用大型绿化作为空间的装饰与点缀。由于冷餐是西餐中的主要组成部分，因此，冷餐台也成了西式餐厅中重点考虑的因素，原则上设于较为集中的地方，便于餐厅的各个部分取食方便。当然也有不设冷餐台的西式餐厅，主要靠服务人员送餐。西式餐厅在就餐时特别强调就餐单元的私密性，这一点在平面布局时应得到充分体现。创造私密性的方法一般有以下几种。

(1) 抬高地面和降低顶棚，这种方式创造的私密程度较弱，但比较容易感受到所限定的区域范围。

(2) 利用沙发座的靠背形成比较明显的就餐单元，这种 U 形布置的沙发座，常与靠背座椅相结合，是西餐厅特有的座位布置方式之一。

(3) 利用刻花玻璃或绿化槽形成隔断，这种方式所围合的私密性程度要视玻璃的磨砂程度和高度来决定。一般这种玻璃都不是很高，距地面 1200～1500mm。

(4) 利用光线的明暗程度来创造就餐环境的私密性。有时，为了营造某种特殊的氛围，餐桌上点缀的烛光可以创造出强烈的向心感，从而产生私密性。

（三） 风格造型与装饰细部

西餐厅的风格造型源于欧洲的文化和生活方式，但最直接的来源是欧式古典建筑。虽然欧式古典建筑在不同的时期和不同的地区风格造型各不相同，但西式餐厅并不需要完全复制一个古典建筑的室内环境。因此在设计中可以将所有的欧式古典建筑的风格造型以及装饰细部进行筛选，选出有用的部分直接应用于餐厅的装饰设计；也可以将欧式古典建筑的元素和构成进行简化和提炼，应用于餐厅的装饰。西式餐厅在设计中经常使用以下装饰细部。

1. 线角

欧式线角在餐厅设计中经常使用，主要用于顶棚与墙面的转角（阴角线），墙面与地面的转角（踢脚线），以及顶棚、墙面、柱、柜等的装饰线。装饰线的大小应根据空间的大小、高低来确定，一般来说，空间越高，相应的装饰线角也较大。

2. 柱式

柱式是西式餐厅中的重要装饰手段。无论是独立柱、壁柱，还是为了某种效果而增设的假柱，一般都采用希腊或罗马柱式进行处理。以往这些柱式全部采取现制的方法，给施工带来一定的难度，而现在各种柱式的柱头、柱身、柱础均可以到一些装饰商店选购，具有很大的灵活性。柱式有圆柱和方柱之分，还有单柱与双柱之别。

3. 拱券

拱券是古罗马时期的特产，在西式餐厅中，拱券经常用于墙面、门洞、窗洞以及柱内的连接。大型的拱券常于上部中央加锁石，而一些较小的拱券和简化的做法则没有。拱券包括尖券、半圆券和平拱券，也可应用于顶棚，结合反射光槽形成受光拱形顶棚。

（四） 家具的形式与风格

西式餐厅的家具处于吧台之外，主要是餐桌椅。餐桌一般是每桌 2 人、4 人、6 人或 8 人的方形或矩形台面（一般不用圆形）。由于餐桌经常被白色或粉色桌布覆盖，因此一般不对餐桌的形式与风格作太多的要求，主要满足使用即可。餐椅以及沙发成为主要的视觉要素，餐椅的靠背和坐垫常采用与沙发相同的面料，如皮革、纺织品等。无论餐厅装修的繁简程度如何，西式餐厅的餐椅造型都可以比较简洁，只要具有欧式风味即可，很少大面积采用装饰复杂的法式座椅，这种复杂的古典家具同中式家具一样经常在一些豪华的雅间中使用。

（五） 照明与灯具

西式餐厅的环境照明要求光线柔和，应避免过强的直射光。就餐单元的照明要求可以与就餐单元的私密性结合起来，使就餐单元的照明略强于环境照明。西式餐厅大量采用一级或多级二次反射光或有磨砂灯罩的漫射光，常用灯具可以分成以下三类。

（1）顶棚常用古典造型的水晶灯、铸铁灯以及现代风格的金属磨砂灯。

（2）墙面采用欧洲传统的铸铁灯和简洁的半球形反射壁灯。

（3）结合绿化池和隔断常设庭院灯或上反射灯。

（六） 装饰品与装饰图案

西式餐厅离不开西洋艺术品和装饰图案的点缀与美化。不同空间大小的西式餐厅对这些艺术品与图案的要求也是不一样的，在一些装饰豪华的较大空间中，无论是平面还是立体的装饰品，尺寸一般都较大，装饰图案也运用较多；而空间不大的西式雅间，则装饰品的尺寸相对较小。用于西式餐厅的装饰品与装饰图案可以分为以下几类。

1. 雕塑

雕塑从古至今就是所有西洋艺术中最伟大、最永恒的。西式餐厅经常需要用一些雕塑来点缀，根据造型风格，雕塑可以分为古典雕塑与现代雕塑。古典雕塑适用于较为传统的装饰风格，而有的西式餐厅装饰风格较为简洁，则宜选用现代感较强的雕塑，这类雕塑常采用夸张、变形、抽象的形式，具有强烈的形式美感。雕塑常结合隔断、壁龛以及庭院绿化等设置。

2. 西洋绘画

西洋绘画包括油画和水彩画等。油画厚重浓烈，具有交响乐般的表现力；而水彩画则轻松、明快，犹如一支浪漫的小夜曲。油画与水彩画都是西式餐厅经常选用的艺术品，油画无论大小常配以西式画框，进一步增强西式餐厅的气氛；而水彩画则较少配雕刻精细的西式画框，更多的是简洁的木框与精细的金属框。

3. 工艺品

工艺品是欧美传统手工艺劳动的结晶，经过现代的工艺美术运用、新艺术运动和装饰艺术运动的发展，已达到了很高的水准。工艺品涵盖的范围很广，包括瓷器、银器、家具、灯具以及众多的纯装饰品。西式餐厅的室内设计常常将这些工艺品融入整个餐厅的装饰以及各种用品中，如银质烛台和餐具、瓷质装饰挂盘和餐具等，而装饰浓烈的家具既可用于雅间，也可在一些区域作为陈列展示之用，充分发挥其装饰功能。

4. 生活用具与传统兵器

除了艺术品与工艺品之外，一些具有代表性的生活用具和传统兵器也是西式餐厅经常采用的装饰手段，常用生活用具包括水车、飞镖、啤酒桶、船舵与绳索等，这些生活用具都反映了西方人的生活与文化。除此之外，西方人在传统上具有争强好胜的天性，能征善战是人们心中英雄的标准。因此，传统兵器在一定程度上反映了西方的历史与文化，传统兵器包括剑、斧、刀、枪等。

5. 装饰图案

在西式餐厅中也常采用传统装饰图案。西式传统装饰图案在新艺术运动的促进下得到了长足的发展，主张完全走向自然，强调自然中不存在直线，因而在装饰上突出表现曲线和有机形态。其装饰图案大量采用植物图案，同时也包含一些西方人崇尚的凶猛的动物图案，如狮、鹰等，还有一些与西方人的生活密切相关的动物图案，如牛、羊等，他们甚至将牛、羊的骨头作为装饰品。

知识拓展 8-6

巧用色彩装饰餐厅

(1) 景色：如墙面、地面、天棚，它占有极大面积并起到衬托室内一切物件的作用。因此，背景色是餐厅色彩设计中首要考虑和选择的色彩。

(2) 装修色：如门、窗、通风孔等，它们常和背景色彩有紧密的联系。

(3) 家具色彩：不同品种、规格、形式、材料的各式家具是餐厅陈设的主体，是表现室内风格、个性的重要因素，它们和背景色彩有着密切关系，常成为餐厅总体效果的主体色彩。

(4) 织物色彩：包括窗帘、帷幔、台布、地毯、座椅等蒙面织物。餐厅织物的材料、质感、色彩、图案五光十色，千姿百态，在餐厅色彩中起着举足轻重的作用。织物可用于背景，也可用于重点装饰。

(5) 陈设色彩：包括灯具、工艺品、绘画、雕塑等，它们体积虽小，但可起到画龙点睛的作用，不可忽视。在餐厅色彩中，常作为重点色彩或点缀色彩。

(6) 绿化色彩：盆景、花篮、吊兰、插花，不同的花卉、植物，有不同的姿态色彩、情调和含义，和其他色彩容易协调，它对丰富空间环境，创造空间意境，加强生活气息有着特殊的作用。

（资料来源：李勇平. 酒店餐饮运行管理实务[M]. 北京：中国旅游出版社，2013.）

五、宴会厅室内设计

（一） 特征与一般要求

在高档宾馆、饭店及餐饮场所内，一般设有宴会厅作为大规模的餐饮和礼仪场所。宴会厅满座人数一般为 200～500 人，也有一些可达千人。宴会厅的最大特点是室内空间较大，大型宴会厅满座率具有间断性。为了提高宴会厅的使用效率，我国大多数宾馆、饭店的宴会厅常与大餐厅的功能相结合，同时充分考虑多功能使用的可能性，如将宴会厅临时分隔后兼有礼仪、会议、报告等功能。

（二） 平面布局原则

(1) 宴会厅在建筑内部的位置应方便大股人流的集散。

(2) 宴会厅的宾客出入口应有两个以上，并作双向双开，尺度可比普通双开门稍大。出入口应与建筑内部的主要通道相连，以保证疏散的安全性。

(3) 宴会厅的室内布置应有主要观赏面，并设司仪台和主背景，以满足礼仪、会议等视线要求。

(4) 宾客人流与服务人流应避免交叉。由于宴会厅一般较大，一个服务口难以满足使用要求，同时又不易避免人流交叉，因此在宴会厅的一侧常设服务廊，通过服务廊，可以开设两个或两个以上的服务口。

(5) 宴会厅的周边须配置相当的储藏空间，储藏转换不同功能时多余的家具和用品。同时还应设专门的音响、灯光控制室。

(6) 宴会厅的周边应有专用卫生间并满足人数较多时的使用要求，档次较高。

(7) 宴会厅周边的疏散空间内应适当布置座椅、沙发等，以保证宴会厅活动前宾客休息、等候的要求。

(三)　装饰与照明

宴会厅的主要活动一般具有喜庆色彩而且人数较多，因此视觉效果应着力渲染喜庆气氛。同时由于室内空间较大，在设计时各部分的比例和尺度应与之相协调，把握整体和谐与大尺度的比例关系，切忌琐碎和凌乱。由于宴会厅具有多功能的特征，因此在装饰风格上应具有一定的通用性，一般应避免强烈的风格倾向。

宴会厅设计的主要内容是地面、顶棚和墙面。地面经常铺暖色调的地毯。墙面的处理着重考虑色彩和材质的选择与配置，面的分隔，相应的线脚处理以及质感和纹理的效果，墙面多选用较为温馨的天然材质，同时应适当考虑吸声的需要，多采用木材、壁纸和织物软包等。顶棚的设计应根据建筑的结构来进行，如顶棚分隔与藻井式处理，应当考虑梁柱的位置与大小，同时还应充分考虑照明方式，将反射光槽、漫射光和大型主灯具有机地结合成为一个整体。一般来讲，顶棚的造型和风格应有大尺度的效果，强调大的形体转换和变化，反射光槽与漫射光的配置应结合空间转折的变化来进行，主灯具应选用整体感强，高贵华丽的。所有光源应尽可能选用白炽光，以增强光源的显色性，另外在礼仪台的区域应设置面光以增强该区域的视觉效果，在墙面上可设置装饰壁灯以烘托气氛。

六、茶室、酒吧、咖啡厅室内设计

(一)　茶室室内设计

茶文化是中国传统文化的重要组成部分，近年来，茶室、茶楼的数量在我国许多城市迅速增长，人们在这里休闲、娱乐，进行社交活动，茶室已经成为人们进行交流的重要场所。茶文化在中国具有悠久的历史，茶艺、茶道同样也受到许多现代人的青睐。由于时代的变迁，茶室的装饰风格也演变为多种多样，归纳起来，主要有以下两种。

1. 传统地方风格

传统地方风格的茶室多位于风景旅游区和公园内，由于建筑本身就具有明显的地方特色，因此室内设计大多也具有相同的风格。这类风格的茶室着力体现地方性，因此，多采用地方材质进行装饰，如木、竹、漆器以及石材等，以体现地方特色。顶棚可根据建筑本身的屋顶来进行设计，若为坡屋顶，则应保留这一特性进行装饰，照明也采用竹编或木制灯具；若为平屋顶，则可以根据室内高度进行简单处理。墙面应尽可能打破单调感，可采用石材墙面或木质梁柱等来实现，墙面可采用地方工艺品或条轴字画等进行装饰。地面以青砖或仿青砖材料铺设为宜，也可采用毛面花岗石。

茶室在空间组合和分隔上应具有中国园林的特色，曲径通幽可以用在对人流的组织上，应尽可能避免一目了然的处理方式，遮遮掩掩、主次分明正是茶室的主要空间特色。

2. 都市现代风格

都市现代风格在城市区正逐渐兴起，它主要在空间特色上体现传统文化的精髓，而在装饰材质上和细部上则更加注重时代感。如大量采用玻璃、金属材质、抛光石材和亚光合成板，这些材质本身就体现着强烈的时代特征。顶棚也采用比较简洁的造型，结合反光灯槽或透光织物进行设计，增强了空间气氛和情调。墙面装饰以带镜框的小型字画为主，再加上精美的工艺品，一起构成了这类茶室的主要装饰品。

（二）酒吧室内设计

英国人称酒吧为 Pub，美国人称 Bar，只是传统和现代的区别。酒吧大约 10 年前进入我国，“泡吧”是近年来才兴起的。酒吧进入我国后，得到了迅猛的发展，尤其在北京、上海、广州、深圳等地，更是得到了淋漓尽致的体现：北京的酒吧粗犷开阔，上海的酒吧细腻伤感，广州的酒吧热闹繁杂，深圳的酒吧最不乏激情。总的来说，都市的夜空已离不开酒吧，都市人更离不开酒吧，人们需要将繁忙与快节奏的生活、工作等暂时遗忘或以求沉醉。

酒吧的经营方式更是形形色色，在酒吧设计中，要营造具有特色的、艺术性强的、个性化的空间。往往需要将若干种不同的材料组合起来，把材料本身具有的质地美和肌理美充分地展现出来。各界面的设计在选材时，既要组合好各种材料的肌理，又要协调好各种材料质感的对比关系。酒吧的空间环境比较活泼、刺激，选择材料、色彩、造型时都要具有一种动感。不论使用哪种材料，表现材料肌理时都应具有醒目、突出的触觉特征，以烘托酒吧独特的环境气氛。

一般来说，吧台应在显著的位置，如进门处、正对门处等。在平面规划中应以中心吧台为核心，呈发散状分布各功能区域。依据功能要求，分别设置通道区、零点消费区、包间消费区、吧台区、演艺区、卫生间区和后厨区域等，并根据人流动线形成环绕中心吧台的热点区域。

吧台是酒吧空间的一道亮丽风景，选料上乘，工艺精湛，在高度、质量、豪华程度上都是所置空间的焦点，吧台用料可以是大理石、花岗岩、木质等，并与不锈钢、玻璃、金属等材料协调构成，因其空间大小的性质不同，形成风格各异的吧台风貌。从造型看有一字形、半圆形、方形等，吧台的形状视空间的性质而定，因建筑的形式与格局而定。酒吧的吧台是其区别于其他休闲场所的一个重要环节，它令人感到亲切和温馨，潜意识里传达着平等的观念。与吧台配套的椅子大多采用高脚凳，尤以可以旋转的为多，它给人以全方位的自由，让人放松情绪。

直线吧台的长度没有固定尺寸，一般认为，服务人员能有效控制的最长吧台是 3 米。如果吧台太长，就要增加服务人员。另一种形式的吧台是马蹄形，或者称为“U”形吧台，吧台伸入室内，一般安排 3 个或更多的操作点，两端抵住墙壁。第三种主要吧台类型是环形吧台或中空的方形吧台，这种吧台的好处是能够充分展示酒类，也能为客人提供较大的空间，但它使服务难度增大。其他还可为半圆形、椭圆形、波浪形等，但无论其形状如何，都是为了操作方便及视觉的美观。

吧台由前吧台、后吧台及下吧台三部分组成。吧台高度为 1～1.2m，但这种高度标准并非绝对，应随调酒师的平均身高而定。

前吧台是供应顾客酒水饮料的地方，宽 41～46cm，上贴有防水表面的木板、大理石或塑胶板。前吧台后方称为凹槽，分为杯槽、滴水槽、溢水槽等，是调酒师调酒的地方，高度一般为 76cm。

后吧台是吧台后靠墙的区域，主要功能为装饰与储存，常展示名贵、高级的酒和酒具，配上射灯，突出玻璃器皿的晶莹剔透之感。高度通常为 1.75m 以上，但顶部不可高于调酒师伸手可及处，下层一般为 1.1m 左右，或与吧台（前吧台）等高。前吧台至后吧台的距离，即服务人员的工作走道，一般为 1m 左右，且不可有其他设备使走道突出。顶部应装有吸塑板或橡皮板顶棚，以保证酒吧服务人员的安全。

下吧台是整个饮料供应系统的心脏，制冰机常装置于下吧台，靠近水槽的位置。储存酒水与物品也是下吧台的重要功能。

吧台椅的形状很多，但是大都是高脚座，一般固定于吧台的周围，多为排列式。吧台的高度为 1～1.1m，吧台座的凳面比台面低 25～35cm，脚踏又比凳面低 45cm。酒吧内的其他桌椅有车厢座式、小方桌、小圆桌、长条桌式及由组合沙发构成的自由散座式，以 2～4 人为主。

酒吧追求轻松，具有个性及隐秘的气氛，设计上常刻意创造某种气氛意境或强调某种主题。轻松浪漫的音乐、浓郁深沉的色调、幽暗的灯光，使整个环境神秘而朦胧。

（三） 咖啡厅室内设计

咖啡厅一般是在正餐之外，以提供咖啡为主，供客人休息放松的营业场所，但也供应其他饮料，有的还提供简单食品与茶点。咖啡厅是半公开性的活动场所，讲究轻松的气氛、洁净的环境，适合与朋友休闲小聚、亲切谈话。

咖啡厅的平面布局比较简明，内部空间以通透为主，厅内有较好的交通流线。座位有车厢座、小方桌、小圆桌等形式，座位布置比较灵活，有的以高矮的轻隔断对空间进行二次划分，对地面和顶棚加以高低变化。

咖啡厅的立面多设计为大玻璃窗，透明度大，使过往行人可以清楚地看到里面，出入口也设置得明显而方便。咖啡厅整体布置上要求活泼、甜美，最普遍使用的色彩是金黄色、粉红色、奶油色、咖啡色及白色。

评估练习

1. 举例说明主题餐厅设计布局的创意源泉有哪些。
2. 主题餐厅设计布局常见的基本风格有哪些？
3. 简述中式主题餐厅室内设计布局基本环节。

第九章

菜单的策划与设计

引导案例

高价菜单的麻烦

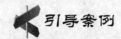

某四星级西餐厅，为了让顾客不断品尝到有特色的食品，每逢节日，餐厅都会推出节日菜单。情人节前夕，中方厨师长出国交流学习，由副厨师长王师傅临时负责主持厨房工作。情人节前两周，餐饮部经理请王师傅设计了情人节晚餐套餐菜单。王师傅是技术能手，很快列出了3套不同价位的情人节套餐菜单，完成后交给了餐饮部经理秘书。情人节当天下午3点，餐饮部召开餐厅例会后，餐厅马经理将制作好的菜单拿回餐厅，让服务员在每个餐台上放一份，并再次检查了公关部放在一楼大厅及餐厅门口的情人节菜单告示牌。一切就绪后，于开餐前对服务员进行了10分钟的简单培训，并让服务员主动向客人介绍此菜单。

晚上5点后，来餐厅就餐的客人很多，一对对情侣更是毫不犹豫地预订了最高价位的情人节菜单，这样喜人的销售情况让餐厅马经理很满意。营业刚开始时，厨房能根据订单正常出菜，可是刚过晚上6点，厨房就通知最高价位的套菜已售完，请餐厅不要再推销了，改换其他套餐。这样的通知让马经理和餐厅员工措手不及，同时也让6点过后来就餐的客人极其不满，纷纷找马经理投诉。虽然酒店在第一时间撤下最高价位的情人节菜单，马上停止推荐，并对已下订单未能出菜的客人给予退款，但还是给酒店造成了不良的声誉。第二天，酒店总经理召开会议，针对餐饮部马经理和王师傅在开餐前沟通不够，餐前原料准备不足等情况，做出了严厉的批评，并提出了处罚要求。

（资料来源：陆朋．餐饮管理[M]．北京：中国财富出版社，2013.）

辩证性思考：

1．怎样的菜单才是一份好的菜单?

2．如果你是王师傅,如何把3份菜单设计得各有千秋,满足不同消费层次客人的选择?

一份精心设计的菜单，装帧精美，雅致动人，色调得体，洁净大方，不仅看起来赏心悦目，而且能使客人的心情舒畅，这样的一份菜单映入眼帘，顾客就会对餐厅产生好感。菜单是经营者和消费者之间沟通的桥梁。

第一节　菜单概述

教学目标：

1. 了解菜单的含义及作用。
2. 掌握菜单的各种类别及其特点。

一、菜单的含义及作用

（一）菜单的含义

餐饮学中的菜单，其英文名为 Menu，语源为法文中的“Le menu”，原意为食品的清单或项目单（Bill of Fare）。餐厅的菜单，不仅要给厨师看，还要给用餐客人看，可以用一句话来概括：“菜单是餐厅作为经营者向用餐者展示其各类餐饮产品的书面形式的总称。”因此，菜单是餐饮场所的商品目录和介绍书，是餐饮场所的消费指南，也是餐饮场所最重要的“名片”。

所谓菜单，是指饭店等餐饮企业向宾客提供的有关餐饮产品的主题风格、种类项目、价格水平、烹调技术、品质特点、服务方式等经营行为和状况的总的纲领。其内容主要包括食品、饮料的品种和价格。

菜单，通常以书面的形式将餐厅的餐饮产品，尤其是特色菜经过科学的排列组合，并加以考究的装帧、精美的印刷，融入风格突出的餐厅环境气氛，呈现于宾客面前，供宾客进行欣赏和选择。菜单和菜谱是有区别的，通常说的菜谱是描述某一菜品制作方法及过程的集合。很多餐厅都把菜单和菜谱混为一谈，其实两者之间有明显的差别。当客人走进餐厅，服务员所递给客人的是菜单，而不是菜谱。菜单有两种含义，第一种含义是指餐厅中使用的可供顾客选择的所有菜目的一览表，也就是说，菜单是餐厅提供商品的目录。餐厅将自己提供的具有各种不同口味的食品、饮料按一定的程式组合排列于特定的载体如纸张上，供顾客从中进行选择。其内容主要包括食品、饮料的品种和价格。菜单的第二种含义是指某次餐饮活动中菜肴的组合。例如，婚宴菜单的设计，其重点并不是如何设计印刷精美的菜品一览表，而是设计该宴会应为顾客准备哪些菜品或饮料。因此，在不同的情况下应正确理解菜单的不同含义。

（二） 菜单的作用

菜单是餐饮经营管理信息的重要表现形式，它充分展示了餐饮经营要目，在餐饮经营中起着十分重要的作用。

1. 从顾客角度看菜单的作用

(1) 连接顾客与餐厅的桥梁。客人可以通过菜单了解餐厅的类别、特色、产品及其价格，并凭借菜单选择自己需要的产品和服务。因此，菜单是连接餐厅与顾客的桥梁，起着促成买卖成交的媒介作用。

(2) 菜单设计的好坏直接反映了餐厅的档次和经营水平。不同类型的菜单是由不同业态的餐饮企业所制定的，菜单所显示的是食物产品的类型、定价、风格、质量标准、原料性状及所隐含的制作工艺、技术难易程度、品种组合和风味流派等，在一定程度上反映了企业经营的特色、实力和优势。菜单决定了餐厅是以什么菜系为主调。

(3) 菜单既是宣传品又是艺术品。菜单不仅通过提供信息向顾客进行促销，而且其艺术设计能衬托餐厅的形象。菜单还可以制作成各种漂亮精巧的宣传品，它可以陈列在潜在顾客易见之处，进行各种有效推销。另外，制作精美的菜单还可作为纪念品，可以引起顾客的美好回忆，吸引顾客再次光临。

2. 从餐厅管理者角度看菜单的作用

(1) 菜单反映了餐厅的经营管理方针。由于菜单所销售的食物产品类型、特色和风味等决定了菜单对餐饮综合资源的紧密依靠程度。因此，菜单在一定程度上决定了餐饮企业技术人员、服务人员、后勤人员及管理人员的选拔；决定了食品原料的采购和储存；决定了就餐区、生产区、酒水区的设计与布局；决定了设施设备、用器用品的采购和管理；决定了用餐服务规格和要求，并直接影响着企业餐饮成本的控制及餐饮经营效益的实现；餐饮管理者在经营管理中会定期对菜单各菜点的销售规模、畅销程度、顾客满意度和顾客对菜品价格的敏感度等进行计算、分析测定；同时，餐饮食物产品的研发与生产，集中体现在菜单的编排上，菜单是餐饮营销组合策略与分析的前提。此外，菜单与客源市场需求相吻合的程度，菜单的特色、优势、水准、品位，所售品种的生命周期，餐饮消费者对产品的评价和接受程度等信息，都是餐饮企业经营分析的重要基础。

(2) 菜单影响着餐厅设备与用具的采购。餐饮企业选择购置设备、灶具、桌椅和餐具时，无论它们的种类、规格，还是质量、数量，都取决于菜单的菜式品种、水平和特色。菜式品种越丰富，所需设备的种类就越多；菜式水平越高，所需设备、餐具也就越专业。总之，每种菜式都有相应的加工烹制设备和服务餐具，菜单是餐饮企业选择购置设备的依据和指南，在一定程度上决定了企业的设备成本。

(3) 菜单影响着餐厅人员的配备，决定了对服务的要求。菜单决定了厨师、服务员的配备。菜单内容标志着餐饮服务的规格水平和风格特色，餐饮企业在配备厨房和餐厅员工时，应该根据菜式制作和服务的要求，招聘具有相应技术水平的人员。如果招收的是非熟练工，就要以既定菜单内容为标准对员工进行培训，使他们尽快达到技术水平的要求。另外，菜单还将决定员工工种和人数；菜单决定了餐厅服务的方式和方法，服务人员必须根据菜单的内容及种类，提供各项标准的服务程序，既能让客人得到视觉、味觉、嗅觉上的满足，又能让客人享受到优质的服务。

(4) 菜单影响着食品原料的采购与储藏。食品原料的采购和储藏是餐饮企业业务活动的必要环节，受到菜单内容和菜单类型的影响和支配。菜单内容规定采购和储藏工作的对象，菜单类型在一定程度上决定着采购和储藏活动的规模、方法和要求。

案例 9-1

药膳宴席菜单

冷菜

紫苏牛肉、丁香鸭子、桂皮熏鱼、山楂肉干、仙人鲜菇、薏仁豇豆

炒菜

斑龙海参　乌龙展翅　枸杞肉丝　参芪鳝段

炖品

虫草鸭子　参麦团鱼　天麻鲤鱼　龙马童子鸡

小吃

当归蒸饺　神仙富贵饼　茯苓包子　杏仁豆腐

饮品

菊花饮

【菜单说明】

在我国一直以来有医食同源之说，传统医学对人们的饮食有着重要的指导作用，一些饮食学家和医学家更是不断探索饮食与健康的关系，追求饮食疗疾的方法，从而产生了药膳。药膳宴席因其特殊的滋补作用而成为宴席中的另类。药膳菜单的设计，决定了餐饮企业的经营方向及采购的内容。

（资料来源：周妙林．菜单与宴席设计 [M]．3 版．北京：旅游教育出版社，2014.）

(5) 菜单影响着餐饮成本及利润。菜单在体现餐饮服务规格、水平、风格特色的同时，决定了企业餐饮成本的高低。原料价格昂贵的菜式过多，必然导致较高的食品原料成本；而精雕细刻的菜式过多，又会相应增加企业的劳动力成本。确定各菜式成本，调整不同成本菜式的品种数量、比例，是餐饮企业成本管理的首要环节，也就是说，餐饮成本管理须从菜单设计开始。

(6) 菜单影响着厨房布局与餐厅装饰。厨房布局和餐厅装饰也同样受到菜单的影响。厨房是加工制作餐饮产品的场所，厨房内各业务操作中心的设备布局，各种设备、器械、工具的定位，应当以适合既定菜单内容的加工制作需要为准则。餐厅装饰的主题立意、风格情调及饰物陈设、色彩灯光等，都应根据菜单内容的特点来精心设计，以达到整体环境能够体现餐饮风格及氛围，烘托餐饮特色的效果。

二、菜单的种类

菜单的种类多种多样，菜单为餐饮企业的运营起到指导性作用，所以必须掌握餐饮企业的常用菜单类别以及各类菜单的区别。一般根据业内惯例，以菜单的功能来划分菜单的种类。

（一） 零点菜单

零点菜单又称为点菜菜单，是使用最为广泛的一种菜单，客人可以按照自己的喜好随意组合搭配菜点，形式灵活多样，现吃现点现做。由于零点菜单一般针对流动性大的顾客，其内容在一段时间内可以保持相对不变，因此可以更好地体现餐厅的特色，突出自身经营优势。为了满足顾客口味求新的需求，零点菜单也应该注意适当推出一些推荐新菜和时令菜，这不仅会加强零点菜单本身适应面广的特性，同时也会进一步增加餐厅的经营效益。

知识拓展 9-1

零点菜单的编排方法

零点菜单的编排方式很多，有的按烹饪技法分类排列，有的按原材料类别排列，有的按价格档次排列。但无论怎么排列，以下几个方面都是值得重视的。

(1) 必须突出招牌菜的地位。餐厅应该将自己最有特色、最拿手的几道菜品放在菜单的首页，并用彩照和简练的文字着重推荐。

（2）菜单上的菜品一般为 80～100 道（包括小吃、凉菜）即可，太多了反而不利于客人点菜，不利于厨师的加工制作。如果是快餐厅，菜单上的菜品还会大大减少。因为快餐是在卖时间，品种复杂了肯定是快不起来的。

（3）菜名既要做到艺术化，又要做到通俗易懂。要让顾客明白其菜品的用料、制作方法和味道。

（4）注意例份、大份、小份的标注。许多餐厅的菜单都不太注意通过分量标准来满足不同数量宾客的点菜需要，因此影响了销售。例如，2～3 人到餐厅用餐，如果餐厅菜单上的菜品全部是供 10 个人吃的例份，真是不知道如何点菜了。如果有了小份的安排，客人就能根据自己的口味喜好多点几个菜了。

（资料来源：沈涛，彭涛. 菜单设计[M]. 北京：科学出版社，2010.）

零点菜单一般按照用餐时间可以分为早餐、正餐、晚餐。按餐别分，则有中餐、西餐的区别。

1. 中式零点菜单

(1) 早餐与宵夜零点菜单。一般早餐与宵夜零点菜单内容大体可分为粥类、点心类、小吃类等，分量较小，且价格低廉，如图 9-1 所示。

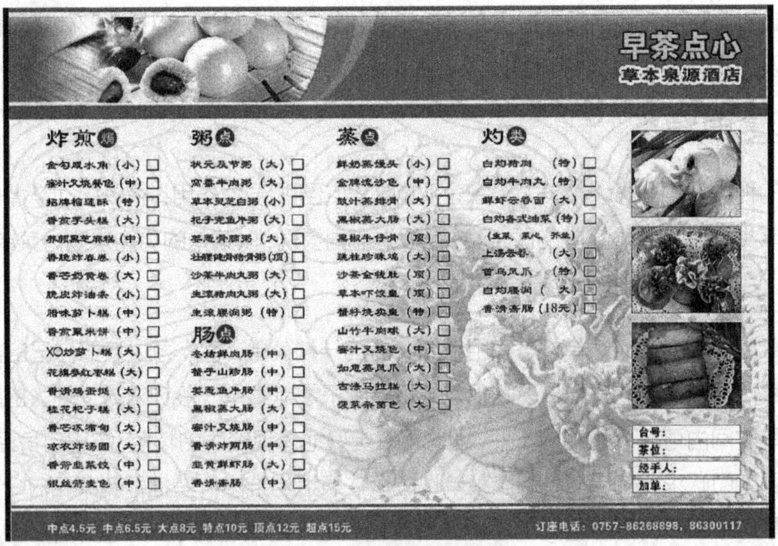

图 9-1　早餐零点菜单

(2) 中式正餐零点菜单。通常情况下，中餐厅的午餐与晚餐使用同样的零点菜单，由于品种较多，且复杂，所以统称为正餐零点菜单。由于中餐菜系的多样性，菜品种类丰富，所以确定菜单内容时首先要根据本餐厅的特色，并且也要考虑原料的采购情况及餐厅的档次。中餐零点菜单一般按习惯分为冷菜、热菜、主食、点心（小吃）、汤羹、甜品等几大类，如图 9-2 所示。其中，热菜又有荤素之分，热荤会按照原料商品种类分为禽类、畜肉类、水产品类等。酒水饮料单一般附在菜单的最后一页；有时经营者会将推销的品种放在首页以突出其地位，如一些以经营海鲜为主的餐厅。菜单中菜点的定价一般是依据菜点定量的大小。

图 9-2 中式正餐零点菜单

2. 西餐零点菜单

(1) 西餐早餐零点菜单。一般在星级涉外酒店，西餐的早餐是由咖啡厅负责供应的，与正餐供应的品种有较大的差异，主要分为果汁类、面包类、水果类、蛋类、谷麦类等，如图 9-3 所示。

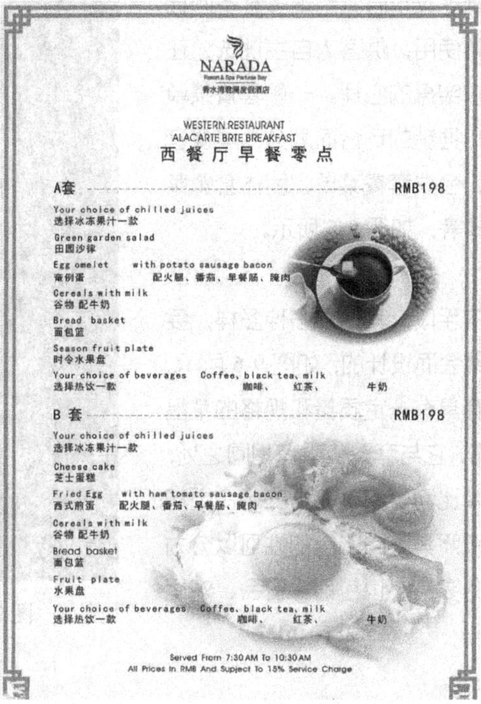

图 9-3 西餐早餐零点菜单

（2）西餐正餐零点菜单。西餐的正餐零点菜单主要是依据就餐顺序排列分类的，主要为开胃菜、汤、主菜、沙拉、三明治、甜品、酒水饮料，如图 9-4 所示。有些餐厅为体现特色菜，会在菜单中设一个活动的第一页，称为“厨师长特别介绍”，目的在于宣传促销。

图 9-4　西餐正餐零点菜单

（二）　套餐菜单

套餐实际上是餐饮企业为了满足顾客的种种需求，同时也是为了促销的需要而推出的搭配好的菜点组合。套餐以就餐人数为标准，按套餐的档次定价收费。套餐在制定菜单时会制定多套不同标准、不同档次的菜单循环使用，供客人自主挑选，在一定程度上满足了人们求实惠的心理。一般套餐菜单会根据顾客的不同需求和推销的场合而划分为早餐套餐菜单、午餐套餐菜单、会议套餐菜单、团体套餐菜单、情人节浪漫套餐菜单等，如图 9-5 所示。

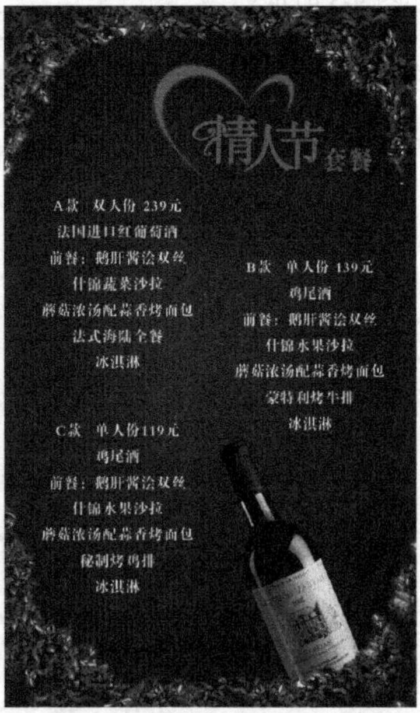

图 9-5　套餐菜单

（三）　宴会菜单

宴会作为一种社交的手段，其形式多种多样，宴会菜单就是为这种社交聚会而设计的，如图 9-6 所示。宴会菜单本身是由一整套具有一定质量和规格的菜品组成的，因而从形式上看，它与套餐菜单有相同之处，但严格意义上，宴会菜单比套餐菜单适用的场合更加正式，规格更高。宴会按照其不同的目的性可以分为婚宴、寿宴、家宴、公务宴请，也包括冷餐会、鸡尾酒会等。

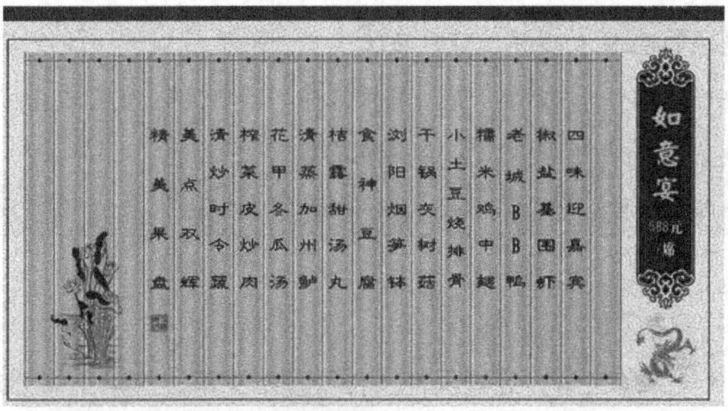

(a) 宴会菜单一

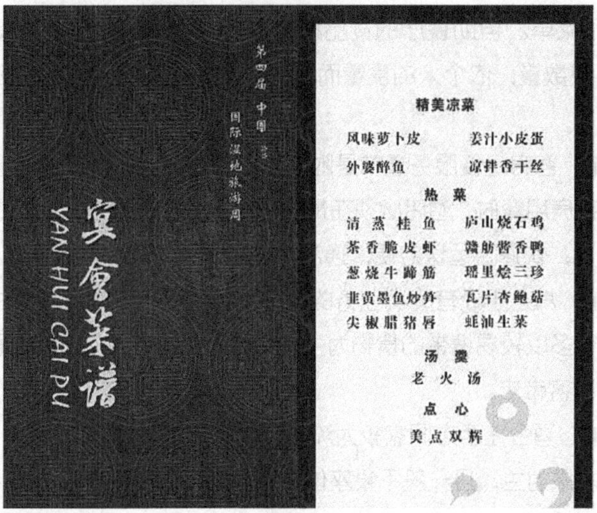

(b) 宴会菜单二

图 9-6　宴会菜单

知识拓展 9-2

编制宴会菜单的原则

(1) 要了解客人宴会的意图，根据不同的要求，编制多套不同档次、不同需求的宴会菜单，供客人根据自身的要求选择，同时也要根据实际的情况做出适当的灵活调整。

(2) 合理定价，让客人感到物有所值。宴会业务做为餐饮企业一项增加效益的重要来源，在编制宴会菜单时，既要考虑依靠降低成本增加利润，同时也应该迎合顾客的消费心理，让顾客在同等零点的消费额度情况下，可以品尝到安排更加合理，品种更多，口味更加丰富的菜点，从中体会到消费的实惠。

(3) 突出风味，显示特色。宴会菜单要根据本地和本店的情况，适当选用本地特色菜与本餐厅的“招牌菜”，使宴会具有特色，给客人留下深刻印象。

(4) 宴会菜单所选用菜点，要通过制作工艺的多样化，体现菜点的形、色与口味多变，将宴席的艺术性与实用性巧妙结合。

(5) 宴会菜单编制要因人而异，因时而配。宴会菜单的制作一定要考虑客人的不同需求，有时菜单需要根据客人的生活习惯、宗教信仰、民族等方面灵活变化。随着不同的季节变化，一年四季的原料也不同，所以菜单也有季节之分。

（资料来源：李晓云.酒店宴会与会议业务统筹实训[M].北京：中国旅游出版社，2012.）

（四） 其他菜单

除以上常见的 3 类菜单之外，还有其他多种类型的菜单，这里不详细介绍，仅列举几种供参考。

(1) 自助餐厅菜单。自助餐厅的食品种类繁多，可一次享用各种美食，而不局限于某一种菜式，且不限数量，依个人的食量而取用。客人依菜单所列的名称自行取食所喜爱的食物。

(2) 客房菜单。客房送餐服务通常是附有住宿功能的酒店所提供给客人的贴心服务项目。当客人希望在客房用餐时，酒店必须在最短的时间内提供餐食，所以这类菜单内容较为有限，强调烹调容易，快速且运送方便，通常客房送餐服务需加收服务费。

(3) 外卖菜单。常见于经营外卖业务的餐厅，顾客可用电话订购后由专人送达，或自己拿取。菜单的内容多以较易携带的食物为主，菜点的种类较少，一般印刷于卡片或小型的纸上，便于散发和顾客带走。

(4) 酒会菜单。酒会在西方国家较为流行，我国近些年也顺应潮流。菜单内容多以冷盘、酒水、点心、水果为主，且一般不设座位，菜点摆在大餐台上，由客人自行取用。由于用餐气氛较为自在，且不拘泥于形式，所以广受人们的喜爱。

评估练习

1. 简述菜单的作用。
2. 简述零点菜单的编排方法。
3. 简述编制宴会菜单的原则。

第二节 菜单的设计与制作

教学目标：

1. 了解菜单设计的基本原则和设计程序。
2. 理解菜单结构设计包含的内容。
3. 掌握菜单设计的技巧方法。

一、菜单设计的基本原则

（一） 以客人的需要为导向

菜单上所列出的菜点要体现餐厅的经营宗旨，而餐厅的经营宗旨就是要迎合客人的需求。例如，餐厅经营目标定位于中等收入水平的消费群体，就应该选择一些中档的菜点。否则就可能造成餐厅的经营定位不准，影响客人对餐厅的期望值。

（二） 菜点品种数量适当

菜单上列出的菜点应该保证供应，否则会引起就餐客人的不满，所以菜点的品种不宜过多。品种过多意味着餐厅要为保证供应需要准备大量的原料，由此会占用大量的资金，付出过高的保管费用，同时也会增加经营风险。

（三） 及时根据市场饮食趋势更换部分菜点

为了使就餐客人对菜单始终保持新鲜感，菜单的部分品种要根据季节、市场的流行菜点等情况及时更换或者补充新菜点，让客人感到餐厅的菜点在保持原有特色的基础上推陈出新。

（四） 菜点品种的选配要平衡

首先，菜点的档次要搭配合理，根据餐厅的档次搭配中、高、低档的菜肴比例。其次，原料的搭配要合理，以适应不同口味的客人需求。再次，菜点的烹调技法要搭配合理，使菜点在制作技法上丰富多彩。最后，要注意菜点营养的平衡，使客人在满足自己需求的情况下，保证合理的膳食营养。

知识拓展 9-3

不同阶段的菜单设计要求

餐厅的经营一般都要经历以下 4 个阶段，在不同的阶段对菜单有不同的要求，因此，在策划菜单时一定要根据经营阶段的特点来进行设计。

1. 开业构思阶段

在开业构思阶段，要设计一个试验性菜单草案，它可帮助管理人员决定餐厅经营的类别。试验性菜单在树立餐厅形象方面是一个十分重要的工具。如果试验性菜单编制得合适，就能吸引餐厅的目标顾客，并把餐厅经营的主题传递出去。

开业构思阶段的菜单应反映以下内容。

(1) 餐厅针对的目标对象。菜单的设计应反映出针对哪些顾客群体。

(2) 表示需购买的设备。试用期的菜单好像一份计划表，反映出加工菜单上的菜品应购置什么炊具和设备，反映出厨房应有多大空间。

(3) 餐厅应聘用怎样的员工。菜单要反映出是需要有工作经验的员工，还是需要普通的经过短期岗前培训的员工。例如，快餐店并不需要经验十分丰富的员工。菜单要反映出食品生产和服务的难度。

(4) 反映出对餐厅装潢的要求。菜单提供的菜式必须与餐厅的装饰风格协调，菜单提供的品种反映出需要什么样的就餐环境。

2. 经营阶段

一家成功的餐厅必须与饮食潮流和公众用餐习惯相一致，餐厅在开业时一般都计划了一些当时流行的菜式。如果菜单编制及使用后，出现餐厅客源下降情况，餐厅管理人员就要及时对菜单上各种菜品的销售情况进行分析，对饮食潮流快速做出反应，随时加入能使销售额和利润额增加的品种，去掉那些销售差、盈利低的品种。

3. 衰退阶段

如果餐厅的生意出现衰退，餐厅的利润率和投资回收率不断下降，就要对菜单进行更换。在衰退阶段，可设法提供一些每日特色菜来吸引客人，要着重推销那些盈利大、受顾客欢迎的品种。有时菜单外观的改变（变换菜单的布局、设计、印刷格调）也会影响餐厅的生意。

4. 转换阶段

餐饮业中不可避免地会有变革，由于社会经济形势的变化和人口特征的变化，需要从目前的经营类型转换到另一种类型。当饮食潮流和习惯产生变化时，餐厅应该及时改变菜单和变换市场。转换阶段影响餐厅的更新改造和业务扩展，需改换经营目标以增加营业额和利润。做到这些首先要改变的是菜单，有的餐厅要求降低成本以增加利润，这样更要探索出能够满足市场需求的新产品和新的烹调方法。

（资料来源：贺习耀. 餐饮菜单设计[M]. 北京：旅游教育出版社，2014.）

二、菜单设计的程序

（一） 准备所需参考资料

这些资料包括以下几个方面。

(1) 各种旧菜单，包括酒店正在使用的菜单。

(2) 标准菜谱档案。

(3) 库存信息和时令菜单、畅销菜单等。

(4) 每份菜成本或类似信息。

(5) 各种烹饪技术书籍、普通词典、菜单词典。

(6) 菜单食品饮料一览表。

(7) 过去的销售资料。

（二） 推行标准菜谱

标准菜谱是指关于菜点烹饪制作方法及原理的说明卡，它列明某一菜点在生产过程中所需要的各种主料、辅料及调料的名称、数量、操作方法，每份的量和装盘工具及其他必要的信息。利用标准菜谱不仅有利于计划菜肴成本，同时经营管理人员充分了解菜点的生产和服务要求，也有利于菜点产品质量标准化。

（三）　初步设计构思

刚开始构思时，最好选用一张空白表格，把可能提供给客人的菜点、饮料、酒水等先填入表格，再综合考虑各项因素后确定菜单的内容。

（四）　菜单的装潢设计

在对菜单进行装潢设计时，可召集有关广告宣传、美工、有经验的厨师及相关管理人员，对菜单的封面设计、式样选择、图案文字说明等工作进行讨论。

无论在哪个步骤，设计者必须把顾客的需求放在第一位，优先考虑他们的消费动机和心理因素，然后以此为依据，做好各步骤工作。

三、菜单结构设计

（一）　菜品的名称与价格

(1) 菜品名称应真实可信。菜品名称应该好听，但更应该真实，不应太离奇。事实上，故弄玄虚、哗众取宠的菜品不仅不能吸引顾客，相反还会使顾客产生反感，不易被顾客接受。

(2) 外文名称应准确无误。许多餐厅为了吸引国外旅游者或为了展示其高档次服务，菜单上每一个菜品都配有相应的外文名称。这本来是一种与国际接轨的良好表现，但如果外文名称译错，或印刷时校对不仔细，出现拼写错误，将会使外国客人感到茫然不知所措。

(3) 菜品的质量真实可靠。菜品的质量真实可靠，包括原料的质量和规格要与菜单的介绍相一致；原料的产地也应该真实，菜单上说是进口牛肉，就不应该用国产的代替；菜品的份额同样应该真实，菜单上注明的分量为多少，就应该保量供应；原料的新鲜程度也应保证真实，如果菜单上注明的是新鲜蔬菜，就不应该使用罐头或速冻的代替。

(4) 菜品的价格应明确无误。菜肴的收费应与实际供应的相符。有些餐厅加收服务费，则必须在菜单上加以注明，若有价格变动要立即做出相应的处理或更改菜单。

（二）　描述性说明

描述性说明就是以简洁的文字描述出该菜品的主要原料、制作方法和风味特色。有些菜名或源于典故，或追求悦耳，顾客不易理解，更应清楚描述，如佛跳墙、叫花鸡、如意炸响铃、狗不理包子等。这些菜名都很让人费解。

设计合理的菜单应能对菜单项目进行描述说明或简单介绍，这些介绍可以代替服务员向顾客介绍，可以帮助顾客下决心挑选某些菜品，并能减少顾客的选菜时间。菜单的描述性说明应包括以下几个方面。

(1) 主要原料、配料及一些独特的浇汁和调料。

(2) 菜品的烹调和服务方法。

(3) 菜品的分量大小。

(4) 菜品的烹饪准备时间。

虽然，对菜单上的菜品进行这样的描述性说明有助于菜品的推销和服务。但应该注意的是，描述性说明必须恰如其分，实事求是。因为描述性说明文字关系到菜品的真实性问题。如果顾客被菜单上的描述性说明文字所吸引而点了某菜，但该菜品名不副实，并没有文字描述的那么好，顾客肯定会大失所望。

（三） 告示性信息

除菜肴名称、价格等这些菜单必不可少的核心内容之外，菜单还应提供一些告示性信息。告示性信息必须简洁明了，一般包括以下内容。

(1) 餐厅的名字。通常安排在封面。

(2) 餐厅的特色风味。如果餐厅具有某些特色风味而餐厅名字本身又反映不出来的，最好在菜单封面、餐厅的全名下列出其风味。

(3) 餐厅的地址、电话和商标记号。一般列在菜单的封底下方，有的菜单还列出餐厅在城市中的地理位置。

(4) 餐厅的营业时间。列在菜单的封面或封底。

(5) 餐厅加收的费用。如果餐厅加收服务费，通常在菜单每一张内页的底部标明，如所有价目加收 10%的服务费。

（四） 机构性信息

有些菜单上还介绍酒店的历史背景和餐厅特点。

四、菜单设计的技巧

（一） 菜单的制作材料

菜单的制作材料好不仅能很好地反映菜单的外观质量，同时也能给顾客留下较好的第一印象。因此，在菜单选材时，既要考虑餐厅的类型和规格，也要顾及制作成本，根据菜单的使用方式合理选择制作材料。一般来说，长期重复使用的菜单，要选择经久耐磨又不易沾染油污的重磅涂膜纸张；分页菜单，往往是一个厚实耐磨的封面加上纸质稍逊的活页内芯组成。而一次性使用的菜单，虽然只使用一次，但仍然要求选材精良，设计优美，以此来充分体现宴会服务规格和餐厅档次。

（二） 菜单封面与封底设计

菜单的封面与封底是菜单的“门面”，其设计如何在整体上影响菜单的效果，所以在设计封底与封面时要注意下述 4 项要求。

(1) 菜单的封面代表着餐厅的形象，因此，菜单必须反映出餐厅的经营特色、餐厅风格和餐厅的等级等特点。

(2) 菜单封面的颜色应当与餐厅内部环境的颜色相协调，当顾客在餐厅点菜时，菜单可以作为餐厅的点缀品。

(3) 餐厅的名称一定要设计在菜单的封面上，并且要有特色，笔画要简单，容易读，容易记忆，这样一方面可以增加餐厅的知名度，另一方面又可以树立餐厅的形象。

(4) 餐单的封底应当印有餐厅的地址、电话号码、营业时间及其他的营业信息等，可以通过菜单向顾客推销。

（三） 菜单的文字设计

菜单作为餐厅与顾客沟通交流的桥梁，其信息主要是通过文字向顾客传递的，所以文字的设计相当重要。一般情况下，好的菜单文字介绍应该做到描述详尽，起到促销的作用，而不能只是列出菜肴的名称和价格。菜单文字部分的设计主要包括食品名称、描述性介绍、餐厅声誉的宣传（包括优质服务、烹饪技术等）三方面的内容。

此外，菜单文字字体的选择也很重要，菜单上的菜名一般用楷体书写，以阿拉伯数字排列、编号和标明价格。字体的印刷要端正，使顾客在餐厅的光线下很容易看清楚。

（四） 菜单的插图与色彩运用

为了增加菜单的艺术性和吸引力，往往会在封面和内页使用一些插图。使用图案时，一定要注意其色彩必须与餐厅的整体环境相协调。菜单中常见的插图主要有：菜点的图案、中国名胜古迹、餐厅外貌、本店名菜、重要人物在餐厅就餐的图片。除此之外，几何图案、抽象图案等也经常作为插图使用，但这些图案要与经营特色相对应。

此外，色彩的运用也很重要。赏心悦目的色彩能使菜单显得有吸引力，更好地介绍重点菜肴，同时也能反映出一家餐厅的风格和情调。色彩能够使人的心理产生不同的反应，能体现出不同的暗示特征，因此选择色彩一定要注意餐厅的性质和顾客的类型。

（五） 菜单的规格和篇幅

菜单的规格应与餐饮内容、餐厅的类型和面积、餐桌的大小和座位空间等因素相协调，使顾客拿起来舒适，阅读时方便，因此菜单的开本选择要慎重。调查结果表明，最理想的开本为 23cm×30cm。管理人员确定了菜单的基本结构和内容，并将菜品清单列出后，选择几种尺寸较适合的开本，排列不同型号的字体进行对比。在篇幅上应保持一定的空白，通常文字占总篇幅的面积不能超过 50%。

（六） 菜单的照片和图形

为了增加菜单的营销功能，许多餐厅都会把特色菜肴的实物照片印在菜单上，能为菜单增加色彩，增加其美观度，从而加快顾客订菜的速度。但是在使用照片与图片时，一定要注意照片与图片的拍摄和印刷质量，否则达不到其预期结果。

五、菜单程式

菜单制作很重要的一步就是要考虑菜单程式问题。所谓菜单程式就是菜单上各类菜式的排列次序。一顿餐饮如同一首乐曲，有前奏，有高潮，也有尾声。乐曲的各个组成部分位置不可互逆，进餐次序也同样不能颠倒。因此，不论何种菜单，其程式必须根据进餐程序进行安排。中餐一般程式：冷菜一热菜（分类排列）一汤羹一面点。因此，设计中餐菜单的程式必须根据这一次序将各类菜式按原料分类进行排列，如冷菜类、鸡鸭类、猪/牛肉类、海鲜类、鱼虾类、汤类、面饭类、点心类等。西餐一般程式：开胃菜一汤一副盘一主菜一甜点等。因此，西餐午晚餐菜单通常是开胃菜、汤类、主菜类、甜点、餐后饮料依次排列。安排菜单程式时首先必须注意次序不可错乱，同时要设法把主要菜式安排在菜单最显眼的地方。

（一） 主要菜式的编排

菜品类别要按最重要、重要、次要的先后顺序编排。菜品类别的编排顺序，要兼顾菜单的不同位置对吸引人们视线的能力。心理学家研究表明，单页菜单的中央部位、对折菜单的右页上中部以及三折菜单的中心部位，一般最受宾客的注意，他们的目光首先并经常会停留在这些地方。主菜是菜单中价格较高，能给餐厅带来较多利润的菜品。因此，在设计菜单时，应设法把那些高利润的菜式或重点推销的菜式安排在这些最显眼的地方。

（二） 重点菜式的编排

菜单上有些重点推销的菜肴、名牌菜、高价菜和特色菜或套菜可以单独进行推销。这些菜不要列在各类菜通常的位置。不同大小的菜单其引人注意的重点推销区是不同的，如用横线将单页菜单对分，菜单的上半部分就是重点推销区。

案例 9-2

抗战 70 周年纪念日国宴菜单曝光

抗战 70 周年阅兵结束后，国家主席习近平将在人民大会堂宴会厅举行招待会，此次宴会菜单有冷盘、松茸山珍汤、香草牛肉、奶香虾球、上汤双菜、酱烤鳕鱼、素什锦炒饭，还为贵宾提供了点心、椰香西米露、水果、咖啡、茶。酒品为长城干红 2010、长城干白 2011。

（资料来源：佚名. 2015 阅兵招待会国宴菜单曝光[OL].中国青年网，http://mt.sohu.com/20150903/n420369892.shtml.）

评估练习

1. 简述菜单设计的基本原则。
2. 简述菜单结构设计包含的内容。
3. 论述菜单设计的技巧要求。

第十章

管事部的运转与管理

引导案例

海河假日管事部中班卫生计划

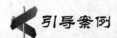

星期一：各洗碗间地沟卫生，各楼过道墙面卫生。

星期二：加工间墙面及死角卫生。

星期三：各楼层开水器卫生，货架卫生，烧味间、饼房墙面卫生，布菲炉及布菲台大清洁。

星期四：各洗碗间地沟卫生，大厨房墙壁卫生。

星期五：各楼灭蝇灯卫生，货架卫生，明档、冷菜间墙面卫生。

星期六：清洗各洗碗间洗碗机，洗碗间墙面卫生。

星期日：各楼污水箱下PVC管卫生及水台上下墙面卫生。

（资料来源：李勇平．酒店餐饮运行管理实务[M]．北京：中国旅游出版社，2013.）

辩证性思考：

管事部在餐饮企业中处于什么位置？结合案例请思考，管事部运营涉及哪些具体事务及相应的工作职责？

一个餐饮企业的好坏与否取决于它在餐饮方面是否有自己的独到之处，是否有吸引人的地方，而做到这一点不仅要在饮食上下功夫，而且要在配套的服务上比他人更胜一筹，如一个酒店的饭菜做得很好，服务生的素质也很好，说话彬彬有礼，但餐具、台布都不干净，服务的衔接调度跟不上，物品补给效率低下，碗碟残缺不全，顾客可能再也不会光顾该酒店，而餐饮管事部的配套服务工作则是这些环节的重要保障。

第一节　管事部概述

教学目标：

1. 了解餐饮企业管事部。
2. 掌握管事部的具体工作与职能。
3. 理解管事部主要岗位及职责。

一、餐饮企业的管事部

管事部往往是餐饮企业的重中之重，小到一般餐馆，大到综合性酒店，管事部的工作是绝对不可缺少的。管事部是在餐饮部领导下，联系餐厅和厨房及相关部门的重要纽带。它的工作是负责各种宴会活动、会餐、散客用餐，并对其用具及场地进行清洁、清洗、消毒等，从而保证餐饮活动得以顺利运营。

（一）管事部具体工作

(1) 负责编制餐饮部所需餐具和用具的年度预算。

(2) 根据餐具的盘点情况，负责与采购部门沟通，提出物品的购置计划，保证及时补充餐具和用具。

(3) 检查和管理各餐厅餐具的使用情况，分析损耗的原因，提出降低损耗的建议。

(4) 负责安排好管事部员工的工作班次。

(5) 负责做好餐具用具的保管、发放、回收工作，负责厨房区域的环境卫生。

(6) 负责对下属员工的考勤、考核工作，督导员工做好安全工作。

（二） 管事部职能

管事部是餐饮部附属部门之一，主要职能是负责餐厅厨房和所有餐用具的清洗工作，厨房油烟罩、抽风机、墙壁、地板、水沟卫生工作，控制好各餐厅及厨房餐用具损失、流转，管理及清洁用品使用、保养等制度方案的制订，并负责维修保养好洗碗机等各类厨卫基础性设施设备，在机械操作、清洁用品使用等方面对员工进行培训，服从酒店及餐饮部各项工作安排并积极配合，协助各餐厅厨房做好后勤保障工作，以保证厨房与餐厅之间物流、人流和信息流的正常运转，做到干净、整洁、有序，提供足够的餐具给厨房和餐厅使用，并保质保量，如期地完成各方面工作。

案例 10-1

如何给洗碗机换水？

王刚被招聘到海河假日管事部，交给他的第一份工作就是给洗碗机（图 10-1）换水。他在没有关掉机器电源的情况下就开始操作，你觉得他以下的操作正确吗？

放水：打开机器放水阀门。

取盘：取出所有隔渣盘；用炊刷清扫隔渣盘上的食品残留物；用清水冲洗干净。

清渣：用毛刷或炊刷清除缸底的食品残留物。

灌水：打开灌水阀；向水缸中灌水，当预洗缸水位到达溢水线高度时，关闭灌水阀门。

放盘：把隔渣盘放回原位；关闭三个水缸侧门，待用。

（资料来源：郭敏文．餐饮部运行与管理[M]．北京：旅游教育出版社，2003.）

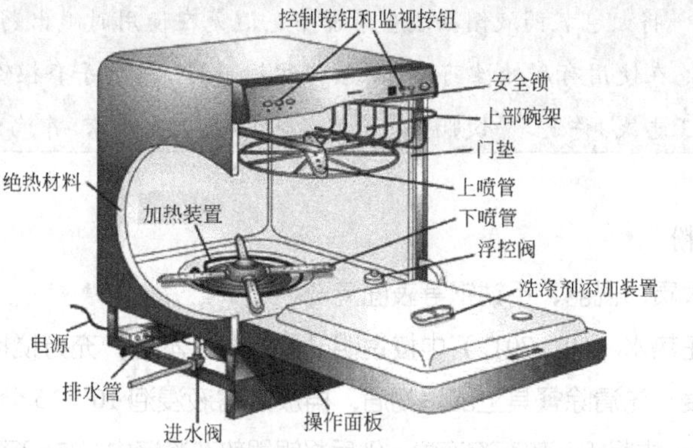

图 10-1　洗碗机结构

二、管事部产品使用

（一） 机用液

适用范围：洗涤除银器外的任何餐具、玻璃器具。

使用方法：由洗碗机计算机分配器自动加药清洗，自动配比为 1∶800～1∶1200。

注意事项：在洗碗机上配套使用。本品属弱碱性。

（二） 催干光亮剂

适用范围：一切经洗碗机清洗后的餐具催干。

使用方法：由洗碗机计算机分配器自动加药清洗，自动配比为 1∶10000～1∶12000。

注意事项：本品属中性。

（三）去渍粉

适用范围：去除密胺塑料、瓷器、各类金属餐具上的咖啡渍、茶渍等顽垢，并对餐具有氧化漂白功能。

使用方法有以下两种。

(1) 餐具去渍：每升水（45～60℃）放 7g 去渍粉，等溶解后再将餐具放入去渍，用清水冲洗和机洗均可。

(2) 咖啡机去渍：先将去渍粉倒入水（45～65℃）中配置，然后将该溶液按需灌入咖啡机内，并使其流动 8～10 分钟，至咖啡渍彻底清除，清洗冲刷干净。

注意事项：切勿将干粉直接撒在铜、铝质表面，以防侵蚀；使用本品前须将餐具油垢清除。

知识拓展 10-1

清洁药品的安全使用

阅读药品说明：详细读懂清洁药品使用说明后方可操作。

不同药品切勿混合：药品不得混合使用，否则放出毒气引起中毒，甚至发生爆炸事故。

容器内使用：将大包装药液倒在适当容器中，避免在使用时溅出药液，造成浪费。

戴防护面具：在使用有腐蚀性药液时，须戴防护面具、橡胶手套操作，确保人身安全。

（资料来源：王志民，许莲. 餐饮服务与管理实务 [M]. 2 版.南京：东南大学出版社，2014.）

（四） 银器去渍粉

适用范围：银质、瓷器、不锈钢等表面清洗。

使用方法：在热水（60～70℃）中按说明书要求加入本品，充分搅拌直至产生溶液泡。

(1) 餐具预浸：先清除餐具上的污物后，再放入溶液浸泡 10～15 分钟。

(2) 银器去污：先将铝箔放在溶液内，然后将银器放在溶液中，与铝箔充分接触 20～40 分钟（最佳预浸温度为 60～70℃）。

注意事项：油垢过多会影响预浸效果。

（五） 除垢剂

适用范围：玻璃、瓷器、不锈钢、塑料、上釉地面等表面水垢的清除。

使用方法有以下 3 种。

(1) 喷淋设备水垢清除：根据待洗设备容积大小，在每个缸内倒入 0.3～2L 原液，开机清除；对难洗处可用原液涂施片刻后擦拭并清洗。

(2) 不锈钢清洗：浸入 1∶20～1∶30 配置的溶液内浸泡。

(3) 地砖、釉砖清洗：用 1∶10～1∶30 配置的溶液人工或机器浸洗并擦刷。

注意事项：本品呈酸性，注意防护。

（六） 炉灶清洁剂

适用范围：炉灶、烟罩、烤架、墙面、地面等油污表面清洗。

使用方法有以下两种。

(1) 灶清洗：将原液喷施在待洗表面 3～5 分钟，用湿布抹去已溶解的油污，再用水冲洗干净。

(2) 墙、地面清洗：按 1∶8～1∶25 配置后人工或机器刷洗，再过清水。

注意事项：本品属碱性，油漆面、软金属面的器皿等切勿使用。

（七） 烟罩清洁剂

适用范围：烟罩、墙面、地面等油污清洗。

使用方法有以下 3 种。

(1) 运水烟灶清洗：由运水烟罩已配的分配器自行抽取，如图 10-2 所示。

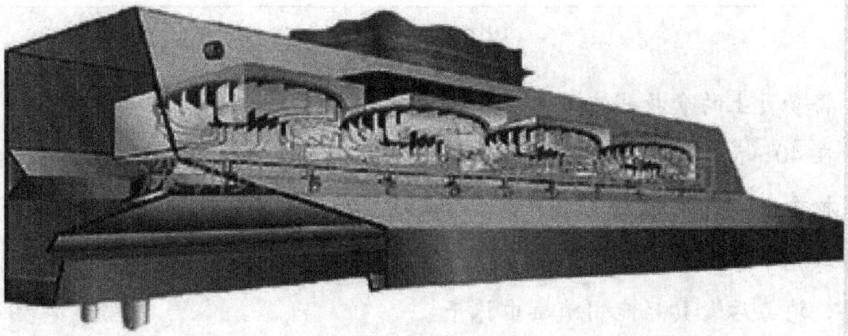

图 10-2　运水烟灶

(2) 墙、地面及排烟罩清洗：按 1∶20 配比清洗。

(3) 重油污表面：按 1∶4～1∶8 配比清洗。

注意事项：本品属弱碱性。

（八） 通渠粉

适用范围：碳化焦垢、下水道、地面等油污区域面的清洗。

使用方法有以下 3 种。

(1) 下水道疏通：将 0.5～1.5L 本品直接投入下水道，缓缓注入温水，使本品在溶解过程中发生强力烈化反应分解油垢，再用水过清。

(2) 碳化焦垢清洗：除去残渣，按照 5%配置温度 80℃左右的溶液，再施于待洗表面或浸泡（效果更佳），用水过清。

(3) 墙、地面重油清洗：每升温水加本品 8g，施于待清洗表面 3 分钟后刷洗，再用水过清。

注意事项：本品属强碱性，注意防护。

三、洗碗岗位

（一） 洗碗岗位卫生责任制

(1) 食具清洗必须做到一洗、二刷、三冲、四消毒、五保洁。

(2) 清洗完的食具必须无污垢、无油渍、无食物残渣。

(3) 清毒后的食具应该无水干爽、无污垢、无油渍、无食物残渣、无异味，并做到抽检合格。

(4) 消毒的食具不能与未消毒的食具混放，不能将未消毒的食具提供客人使用。

(5) 保洁柜必须每天清洁，做到无杂物、无苍蝇、无蟑螂及其他昆虫。

(6) 管道内食物残渣每天必须清洗干净。

(7) 严禁使用钢丝球。

知识拓展 10-2

洗碗五环节

一洗：将食具上的食物残渣冲入食物残渣管道。

二刷：在 40～50℃温度纯碱水中（即加有洗洁精的水中）用抹布用力刷洗食具。

三冲：把食具内外用自来水冲干净。

四消毒：洗干净放进消毒柜里（120℃）消毒 20 分钟，不能高温消毒的玻璃可用适当消毒水消毒，消毒后食具只能用消毒巾抹干。

五保洁：清毒后的食具放入保洁柜内专人保管。

（资料来源：吴克祥．餐饮经营管理 [M]．3 版.天津：南开大学出版社，2008.）

（二） 洗碗机操作程序

1. 开动洗碗机前的注意事项

(1) 检查喷臂、隔渣网、机帘、排水口网等是否安装妥当。

（2）关上排水阀。

（3）是否装满水（本机有自动注水功能）。

（4）检查机粉、催干剂是否够用。

2．开机的步骤

（1）打开电源，加热，稍等几分钟，让温度达到要求，即 60～80℃。

（2）将启动开关打开。

（3）将餐具送进洗碗机清洗、消毒，如图 10-3 所示。

图 10-3　大型洗碗机

3．下班前清洗洗碗机

（1）关闭运输开关、水泵开关。

（2）打开排水阀。

（3）清除机内垃圾。

（4）清洗洗碗机，包括机帘、喷臂、隔渣网等。

（5）打开机门，让其风干。

（6）清理工作台及洗碗机范围地面卫生。

（三）洗碗机的保养与清洁

（1）关断电源，打开排水阀，放尽机器水箱里的污水，把隔渣盘的垃圾倒干净。

（2）关闭排水阀，打开入水阀，把水箱放满水，加入适量的洗机水开动机器，运行大约 10 分钟，利用洗机水在洗碗机内循环把洗碗机内的污渍清洗干净。

（3）打开排水阀，把机器水箱里的含有洗机水的水排放后再关上排水阀，打开入水阀，将水箱放满水，开动机器运行，再清洗一次，之后把水放掉。

（4）清洗喷水臂的喷水孔和挂帐，并冲洗机底的地面。

（5）擦干净机面，然后用不锈钢光亮剂擦机器的外壳不锈钢板。

（6）将挂帐、垃圾隔渣盘、喷水臂等放回原处安装好，关上排水阀，打开机器门。

四、清洁岗位

（一） 洁净员、清洁员工作职责

(1) 将所有使用过的餐用具洗干净，消毒符合卫生标准。

(2) 工作间必须保持卫生、整洁。餐用具排列合理，方便使用部门使用。

(3) 服从上司合理的工作安排，同事之间互相合作。

(4) 适当使用清洁剂用品，树立节约概念。

(5) 工作认真负责，小心洗涤餐用具，尽量减少不必要损耗，发现用具破烂立即取出交领班统计损耗。

(6) 根据工作安排做好浸渍工作及金银器保养措施。

(7) 发现本部机械设备不正常应及时汇报上司处理。

(8) 卫检时应熟读卫生知识，做好卫检准备工作。

(9) 及时将垃圾清运到垃圾房。

(10) 准时按排班表上班。

（二） 清洁银器

1. 清洁银器程序

(1) 用清水冲掉银器上的残留物。

(2) 将“快速浸银水”注入适当的容器中，水位达容器 3/4 处。

(3) 将银器浸泡在“快速浸银水”中，时间约为 6～10 秒，不能超过 10 秒，否则银器会发黑。

(4) 取出银器，在洗洁精水中清洗。

(5) 再用清水冲洗，直至洁净。

(6) 放入洗碗机内再清洗、消毒。

(7) 把用过的“快速浸银水”倒回容器罐中，留待下次再用。

2. 手工抛光银器程序

(1) 把银器在 40～60℃的热水中浸泡片刻取出。

(2) 用海绵蘸适量的擦银膏擦拭银器，确保银器的每个部位和角落都擦干净。

(3) 用洗洁精水把银器上的污渍清洗干净。

(4) 用清水把银器冲洗干净。

(5) 将银器送入洗碗机中清洗消毒。

(6) 把消毒完的银器抹干，分类存放。如果暂不用银器，要用纸或薄膜封包起来再存放。

知识拓展 10-3

去除茶渍、咖啡渍

(1) 将 2 汤匙“涤普特”药粉溶于 4L 60～70℃的热水中，配成药液。

(2) 将餐具中的剩余物冲刷干净。

(3) 将餐具浸泡在已配制好的药液中约 10 分钟。

(4) 取出餐具，再次用水冲干净。

(5) 将餐具送入洗碗机清洗消毒。

（资料来源：郭敏文. 餐饮部运行与管理[M]. 北京：旅游教育出版社，2003.）

（三） 清洁垃圾桶

1. 倒垃圾

将垃圾桶内的垃圾倒干净。

2. 清洁

(1) 用水龙头冲洗垃圾桶内外各处。

(2) 喷洒“灭菌魁”清洁消毒液于垃圾桶内，停留 10 分钟。

(3) 用长毛刷刷洗垃圾桶，然后倒出药液。

(4) 将“灭菌魁”与 40℃温水配制成清洁用药液，比例为 1∶400。

(5) 用抹布蘸上药液擦拭垃圾桶外部。

(6) 用水龙头冲洗垃圾桶内外各处。

(7) 用抹布擦净垃圾桶外部。

3. 消毒

用“灭菌魁”药液喷洒于垃圾桶内部除味、消毒、晾干。

4. 检查

检查垃圾桶内外各处洁净无异物。

（四） 清洁炉灶

1. 降温

关火降温。

2. 清理

将炉灶上的食品用具全部移开。

3. 清洁

(1) 戴上橡胶手套。

(2) 取下炉支和炉盘，放于地沟处。

(3) 拣出炉盘下的食品残渣。

(4) 用“炉灶液”喷壶对炉支和炉盘做全面喷淋。

(5) 用毛刷清洁炉支和炉盘被溶解下的油污。

(6) 用清水冲净炉支和炉盘，洁净无异物。

(7) 用干净抹布擦干。

4. 复位

将炉支、炉盘放在炉灶上原来的位置。

（五） 清洁炉罩

1. 准备

戴上胶皮手套；将适量“炉灶液”倒于容器中。

2. 清洁

（1）清理炉灶周围的食品及用具。

（2）将抹布浸在药液中，取出后挤干至不滴药液为止。

（3）将抹布对折两次，来回翻用，可有 8 个面使用。

（4）站在炉灶上先将罩里带有黑烟、黄印较重的部位抹一遍，让其渗透、溶解油污。

（5）擦罩子两边、外边、顶，最后擦前部，随时翻转使用抹布。

（6）用清水抹布擦两遍。

3. 抛光

喷“不锈钢清洁保护剂”于罩子上；用干净的干抹布顺一个方向擦抹，直至洁净光亮。

（六） 清洁烤箱

（1）取架：将烤箱中所有隔架取出放到刷锅池中浸泡。

（2）刮油：用手铲将烤箱内的油污刮掉。

（3）升温：将烤箱温度升至 60℃。

（4）喷药：将“炉灶液”喷进烤箱内停留 3～5 分钟。

（5）清洁内部：用湿布抹去被溶解下的油污；用清水冲洗干净。

（6）清洁外部：稀释“炉灶液”，根据油污情况确定浓度；用稀释“炉灶液”擦拭烤箱外部；用清水擦洗；用干布擦干净。

（7）洗架：用稀释炉灶液刷洗烤架；用清水冲干净、擦干。

（8）复位：清洁好的隔架放回到烤箱内原来位置；关好烤箱门待用。

（七） 清洁烤炉设备

（1）升温：趁热或将烤炉温度升至 60℃。

（2）喷洒药液：喷“炉灶液”使其渗透和溶解油污，停留 3～5 分钟。

（3）刷油垢：用毛刷将烤具上的油垢刷掉。

（4）蘸油垢：用湿布蘸出被溶解后的油垢、油污。

（5）清洗：用清水冲净、晾干。

（八） 清洁冷库

（1）调温：调整冷库温度在 0℃以上。

（2）腾库：将冷库内堆放的食品及货架全部搬出。

（3）清扫：清扫库内的食品垃圾。

（4）清洁冷库四壁、门和货架：用“迅洁”与60～70℃热水配溶液，比例为1∶400；用抹布蘸“迅洁”溶液清洁四壁、门和货架；用清水抹布擦冷库四壁、门和货架。

（5）清洁冷库地面：用“刷必脱”与40～60℃热水配溶液，比例为1∶50，放于拖布车里；用拖布蘸拖布车里的溶液拖冷库地面，重油污可把配制的溶液泼在冷库地面上，使其渗透十分彻底，起溶解油污作用，然后再拖；用清水拖布拖净、晾干。

（6）复位：清洁干净的货架放回冷库原位；按冷库管理制度规定的货位把食品放回原位；关闭冷库门。

（7）调温：调节冷库温度，升至原来度数。

（九）　清洁制冰机

（1）断电：关闭制冰机（图10-4）电源。

图10-4　制冰机

（2）清理冰块：用冰铲铲出所有冰块，放于清洁的容器中。

（3）配药：配制“迅洁”与60℃热水溶液，比例为1∶600～1∶700。

（4）清洁：用长把毛刷蘸上配制好的药液，彻底刷洗制冰机内部；用抹布蘸上配好的药液擦拭制冰机小窗户、门及外部；用皮管接冷水彻底冲刷制冰机内各处，达到洁净无异物；用净水抹布擦拭制冰机小窗户、门以及制冰机外部，达到洁净无异物。

（5）抛光：喷“不锈钢清洁保护剂”于制冰机外部；用干净抹布顺一个方向擦拭制冰机外部，直至光亮。

（6）检查：检查制冰机内外清洁，是否达到上述标准。

（7）放回冰块：将铲出的冰块放回制冰机内。

（8）通电：关闭制冰机小窗户和门；接通电源开关，使制冰机恢复工作。

评估练习

1．管事部在餐饮企业中处于什么样的位置？

2．简述管事部的基本职能。

3．举例说明管事部主要的工作岗位及其职责有哪些。

第二节　管事部的运转与管理

教学目标：

1. 了解管事部基本管理制度。
2. 理解管事部对员工的管理过程。
3. 掌握管事部仓库管理的程序。

一、管事部管理制度

（一）酒店消毒制度

（1）操作人员应经健康检查和卫生知识培训后持有效证明上岗。

（2）待清洗餐饮具应有固定接收台，不得以任何方式直接堆放在地上。

（3）盛装熟食的容器、工用具及餐饮具应有专池消毒，严格 4 道工序进行操作。

（4）物理消毒：去残渣，碱水刷，净水冲，热力消，感官检查，达到光洁、干涩的效果。

（5）化学消毒：去残渣，碱水刷，药物消毒，流动水冲，应达到光洁无味的效果。含氯化学消毒药液配比浓度为 0.3%～0.5%，冷水配制，消毒池标明容量水位线，并配备量杯。

（6）消毒后餐饮具及盛装熟食的容器应专柜储存。做到防尘、防蝇、防污染。

（7）必须备置专用垃圾桶存放废弃物，用后加盖，做到不暴露，不积压，不外溢，并及时清理。保持工作场所的整洁卫生。

（二）管事部环境制度

（1）所有餐具、厨具清洁后须用 1∶200 的洗消灵浸泡消毒 5 分钟以上。

（2）洗碗机的预洗温度达到 55～65℃，过水温度达 85～95℃。

（3）每天由专人负责用 1∶100 的雅特消毒液对各厨房、冷荤间、传菜间、洗碗间进行上午、下午两次空气消毒。

（4）每天用 1∶150 的雅特消毒液对厨房的不锈钢按台、冰箱外表及墙壁进行擦拭消毒。

（5）每天用 1∶100 的洗消灵对各厨房和洗碗间地面进行两次消毒（下午一次，夜间一次）。

（6）每天早班将窗户打开，对各场所进行通风，晚上由专人负责关闭。

(7) 每晚夜班倒完垃圾后，应用洗消灵对垃圾桶里外进行擦抹消毒。

（三） 管事部卫生制度

(1) 工作区域内应保持墙面无污垢，地面无垃圾、积水、油渍并保持干燥。

(2) 定期喷洒除虫药并由专人负责，保持区域内四害达到国家要求的密度以下。

(3) 洗碗碟时严格按照标准操作，做到一刮、二冲、三机洗、四保洁。并严格把好浸泡、消毒关。保证洗出的餐具干净，符合卫生防疫标准。

(4) 餐具、厨具统一摆放，分类，分档，整齐划一，防止交叉感染。

(5) 厨房不锈钢台面、货架、冰柜外表保持清洁，无油污。

(6) 碗柜里外保持清洁，无灰尘。放进取出瓷器后及时关闭。

(7) 地沟每日一清一消毒，保持清洁畅通。

(8) 隔水箱每周清洁两次，并做里外消毒，防止产生异味。

(9) 垃圾桶加盖，每日一清一消毒，残物、垃圾一日一清。

(10) 清洁用品、药品由专人负责，规范摆放，防止交叉感染。

案例 10-2

海河假日管事部夜班工作项目

一、一楼西厨房

1. 中西厨房加工间

所有地面、水池、地沟、接手台冲干净。

2. 面点间

所有地面、水池、地沟冲干净，接手台、十眼梅花灶、十眼梅花灶下面接油盘、所有炒锅、排烟罩、运水烟罩、两边操作台柜擦干净，2 台消毒柜、所有生柜、半成品柜、冰箱、蒸柜、两眼梅花灶、不锈钢保洁柜、面粉桶无杂物。

3. 明档

所有地面冲干净，水池内无杂物，炸炉、扒炉、四头炉、烤炉、六眼汤炉、蒸笼、电磁炉、大理石面台、3 台冰柜、操作台擦干净。

4. 凉菜间

所有地面冲干净，水池、地沟、接手台、冰柜无杂物。

5. 西热厨

所有地面冲干净，水池、地沟、接手台无杂物。不锈钢稀饭桶、蒸柜、烤箱、梅花灶、炒锅四周、过水盆、排烟罩、运水烟罩、冰柜、所有不锈钢保洁柜擦干净。

二、二楼中厨房

1. 面点房

所有地面冲干净，水池、地沟、接手台、六眼梅花灶、炒锅、排烟罩、炸炉、烙饼机、面包发酵箱、沙门柜、面粉机、和面机、烤箱、四头炉、所有不锈钢保洁柜、面粉桶、所有半成品柜擦干净。

2．烧腊间

所有地面冲干净，水池、地沟、接手台无杂物，烤鸭吊架、两头梅花灶、排烟罩、运水烟罩、操作台、所有半成品柜、乳猪烤炉擦干净。

3．凉菜刺身间

所有地面冲干净，水池、地沟、接手台无杂物、无污迹，成品柜、冰柜、所有不锈钢保洁柜擦干净。

4．中热厨

所有地面冲干净，水池、地沟、接手台无杂物，十眼梅花灶、十眼梅花灶下面接油盘、所有炒锅、排烟罩、运水烟罩、两边操作台柜、2台消毒柜、所有生柜、半成品柜、冰箱、蒸柜、两眼梅花灶擦干净。

三、三楼日韩厨房、寿司吧

所有地面冲干净，水池、地沟、接手台无杂物，四眼梅花灶、保洁柜、烤炉、蒸箱、六眼梅花灶、烤炉、炸炉、2组冰箱擦干净。

四、三楼中厨房

所有地面冲干净，水池、地沟、接手台无杂物，十眼梅花灶、十眼梅花灶下面接油盘、所有炒锅、排烟罩、运水烟罩、两边操作台柜、2台消毒柜、所有生柜、半成品柜、冰箱、蒸柜、两眼梅花灶擦干净。

（资料来源：吴克祥．餐饮经营管理[M]．3版.天津：南开大学出版社，2008.）

二、管事部员工管理

（一）领班工作职责

（1）督导下属员工用正确方法完成本职工作，处理偶发事件及报告上司。

（2）检查下属员工是否依照工作时间表上下班，必要时与下属一起工作。

（3）定时向主管汇报员工工作表现。

（4）如实向上司报告工作的困难及提议解决办法。

（5）尽量供给各饮食单位足够的餐用具。

（6）经常检查洗涤后的餐具是否符合卫生标准。

（7）留意所有废料及损坏物品，做出报告并提议减少损耗的较好方法。

（8）督导下属严格控制所有清洁剂（用品）的消耗。

（9）督导下属搞好工作范围的整洁卫生。

（10）保持本部所有机械设备的完善，如有损坏知会工程部维修。

（二） 员工管理

(1) 上班前检查好自己的仪容仪表，注意礼节、礼貌，提早 10 分钟到部门进行二次签到。

(2) 各班须保管好自己本班领用的物品，自觉控制易耗品的用量。

(3) 严禁偷吃厨房或餐厅撤下的食品和菜肴。

(4) 清洁碗碟时必须轻拿轻放，减少破损，如由于个人失误造成破损，须按原价赔偿。

(5) 每位员工必须熟悉各种洗涤药品的配比及用途，并能正确使用，注意安全保护，防止意外事故发生。

(6) 每位员工必须熟知洗碗机的使用、清洗和保养方法，严格按规范操作。

(7) 严禁使用钢丝球洗刷塑料菜筐和不锈钢煎锅等，损毁严重者照价赔偿。

(8) 上班时间不能私自串岗，督导负连带责任。

(9) 发现不团结、做事故意拖延时间、背后搞小动作者以开除处理。

(10) 上班打架和吵架立即开除。

(11) 下班前应做好收尾的相关工作，并由领班检查无误后方可下班。

案例 10-3

海河假日管事部管理规范条例

为了规范管理，加强员工对纪律制度的重视，海河假日酒店现制订如下处理制度，望各员工共同知照执行。

一、违反如下工作条例的扣例假一天处理

(1) 不服从上司工作安排或拖拉应付上司工作安排者。

(2) 迟到、早退、超时用餐 30 分钟扣例假一天。

(3) 未经许可接待亲友者。

(4) 未经许可当值擅离工作岗位或当值睡觉者。

(5) 未经许可私自调班、调假者。

(6) 当值时在工作岗位吃零食、打盹儿者。

(7) 工作态度不端正，当值唱歌、看报纸、看电视、在工作岗位上大声喧哗、粗言秽语、打闹趣笑、争吵、倚墙靠柱懒散者。

(8) 未经许可使用酒店电话、厅房电话、客用电梯、客用通道或在客用公共场所无谓逗笑及做出不雅表现影响客人的。

(9) 工作不认真，不按规范操作造成酒店物品损坏，应按价赔偿酒店损失。

二、违反以下工作条例者扣工资 5%处理

(1) 每月犯以上过失 3 次者扣 5%工资。

(2) 无故旷工一天者扣当月例假 3 天，旷工 3 天作自动离职处理。

（3）故意损坏酒店物品，拿用酒店物品移作私用一经发现立即解雇。

（4）散布谣言，恶意中伤其他同事不利团结者扣5%工资。

（资料来源：李勇平．酒店餐饮运行管理实务[M]．北京：中国旅游出版社，2013）

（三） 破损餐具的控制与管理

（1）瓷器的运送要分类和平稳。一次拿餐具不宜过多，双手抱起不能超过下颚高度。

（2）同类餐具，大尺寸餐具放在小尺寸餐具的下边。各种玻璃杯具应放在相应的杯筐里。

（3）杯筐叠放时要插严四角，高度以不超过视线为宜。

（4）在洗碗机上插、收餐具时动作要轻。用运碟车运送餐具时，大件的餐具放车底层。

（5）小件餐具如酱油碟、汤匙等放在平筐中清洗。

（6）车速度不宜过快，应选择比较平衡的地面行走，注意保护车上的餐具。

（7）当值主管负责监督，检查各餐厅的管事部员工的工作，随时纠正和指导他们易造成破损的不正确的操作方法；当班管理员真实记录每日破损情况。

（8）将破损的餐具集中放在专用的容器里，发现破损现象较严重的餐具，及时通报部门经理和管事部经理。

（9）各餐厅管事部管理员每星期做一份破损记录交管事部餐具管理员；管事部餐具管理员每星期汇总一份餐饮部各处破损餐具记录交管事部经理，以便及时掌握破损情况；管事部经理每月做一份各餐厅、厨房餐具破损报告上交餐饮部总监。

知识拓展 10-4

洗碗机的日常维护与保养

（1）餐具在过机前应刮、冲掉残渣，尽量不要将渣带入洗碗机。

（2）清洗过程中应多检查隔渣盘和筛篦上有无大的异物，及时清理。

（3）在清洗量大时，每隔1～2小时应全面换水一次，并清除残渣。

（4）每星期应定期用酸宝除垢一次。

（5）每星期测定一次洗碗机的药液配比，调整偏差（由洗碗机供应商测定、调整）。

（资料来源：王志民，许莲．餐饮服务与管理实务[M]．2版.南京：东南大学出版社，2014.）

三、库房管理

库房管理流程如图10-5所示。

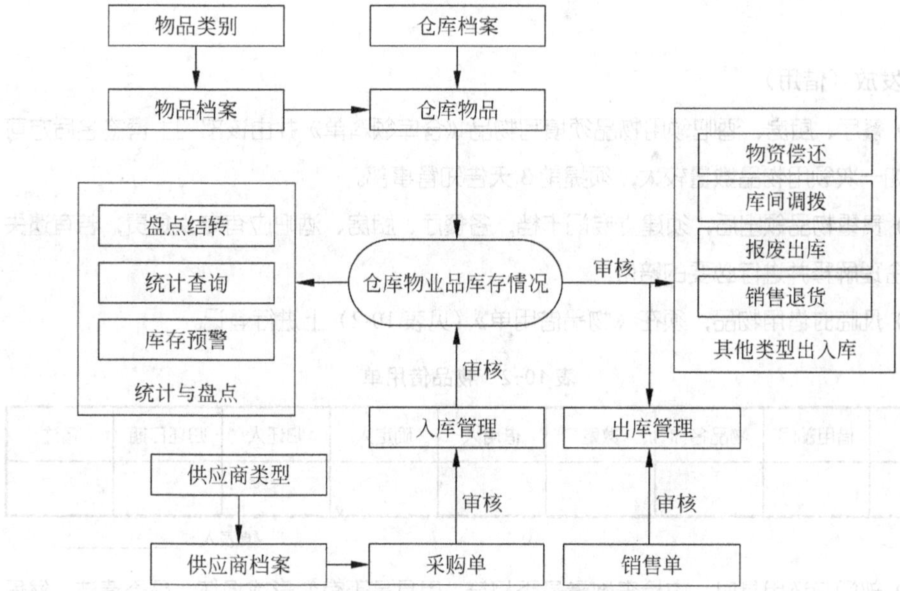

图 10-5　库房管理流程图

（一）　申领

（1）根据需要量和库存量，有计划地向采供部提出申购或向酒店总仓提出申领，申购时避免不必要的申购或过多申购造成库存积压。

（2）申购用品须填写《采购申请单》，申领用品须填写《仓库领料单》，见表 10-1。经批准后方可执行。

表 10-1　采购申请单/仓库领料单

编号:　　　　　　　　申请部门:　　　　　　　　日期:

序号	物品名称	规格型号	数量	价格	用途	需用数量	备注

（二）　验收

（1）仓库根据已审核的《采购申请单》内容进行成品收货。

（2）凡进入管事部仓库的物品，应根据品名、质量、规格、价格等进行验收，验收中如出现不符合要求的产品，应予以退货。

（三）　入库

（1）所有入库物品均须注册登记。

（2）物品按仓库管理要求，分类整齐堆放，物与物之间要间隔一定距离，常用的和易碎品放于货架下层，物品堆放不宜过高。易燃品要统一集中管理。

（3）各种物品的货位上要标明名称，库房内应挂“用具摆放方位图”，以便物品能及时领取。

（四） 发放（借用）

（1）餐厅、厨房、酒吧领用物品须填写物品《仓库领料单》并由该部门主管签名后方可领取。如一次领用物品数量较大，须提前 3 天告知管事部。

（2）贵重物品领出后，须建立专门卡档，各餐厅、厨房、酒吧应有专人负责，若有遗失须做出合理解释并进行必要的赔偿。

（3）凡临时借用物品，须在《物品借用单》（见表 10-2）上进行登记。

表 10-2　物品借用单

日期	借用部门	物品名称	数量	借用人	确定人	归还人	归还日期	备注

填表人：____________

（4）部门归还用具时，应检查数量是否相符，用具是否有变形或损坏，是否清洁，然后放回仓库固定位置；如发出的物品因某种原因当晚收不回来的，应做好交接班手续，告知领班及下一班员工尽快收回；如长期借用的用具，均应告知领班，由领班了解清楚部门的用途，然后开具《仓库领料单》借出，此项应该列入长期借用登记册内，以便日后查核。

（五） 盘点

（1）各类清洁剂每月盘点一次，操作用具每季盘点一次。盘存表报告见表 10-3。

表 10-3　盘存表报告

部门：　　　　　　　　　　　　　　　　　　　　月份：

品名	单价	固定数	上期盘存数	转入＋	转出－	本期盘存数	破损／遗失数	破损／遗失金额	备注

填表人：________　　　　　　部门经理：________

管事部：________　　　　　　部门总监：________

（2）盘点前，要确定盘点时间，发出盘点通知，召开盘点小组会议并进行具体布置，以统一思想认识，明确任务。

（3）管事部库房管理员和当班管理员负责组织人员盘点洗碗间和厨房所有的用具，并填写盘点单和管理员姓名；管理员负责盘点餐具库所有用具，并填写盘点单、签字。

（4）由财务部、餐饮部、管事部总管事组织餐具盘点抽检小组，按已通知的盘点具体时间表到各分部进行抽检，要求抽检合格率在 98%以上，否则将责令该部门重新盘点。

（5）各部门盘点结束后，要将盘点表交管事部统一汇总，汇总表报餐饮部和财务部。

（6）管事部在盘点的基础上，提出申购、申领计划或制定年度申购预算。

四、管事部安全管理

（一） 机器设备使用安全

（1）在使用前了解它是否正常无故障。

（2）查看机器是否完好。

（3）使用者必须自行控制开关，切勿几人同时操作控制。

（4）在使用中有异常情况，应立即停止使用，关上开关，拔掉电源插头。

（5）对机器使用过程中的异常情况须及时报告上级。

（6）清洁时要关掉机器，拔掉插头，使用后清洁保养并检查。

（二） 清洁电器、开关等安全

（1）套好绝缘胶手套。

（2）使用干抹布，不可用湿抹布清洁。

（3）切勿用湿手触摸开关、电器等。

（4）如有人触电，应马上关电闸，同时用非导电物品（如木头胶、竹等）将触电者与电分开，切勿用手直接去拉，以免触电。

知识拓展 10-5

控制餐具的破损

将餐厅收来的脏餐具分类摆好，从清洗到浸渍的过程要轻放在专用平筛，插筛的餐具分别摆好；负责餐具过洗碗机的员工要做到轻拿轻放，不能整盆餐具倒进传送带，餐具摆放不能超高、超重、过密；负责洗碗机机尾的员工不能用手支配传送带中运行的餐具，放置餐具的时候不能乱抛、乱倒，餐具要分类叠放好；运送餐具的时候，餐具不能超出运碟车的平面，避免餐具的相互碰撞和跌落地面；有破损的餐具要挑选出来，做好记录，堆放在指定的位置；领班做好餐具破损的控制和登记。

（资料来源：吴克祥. 餐饮经营管理[M]. 3版. 天津：南开大学出版社，2008.）

（三） 注意事项

（1）不得在厨房内奔跑，搬运东西时，要量力而行。

（2）勿将热的液体，如开水、药水、汤汁等放在高架上。

（3）切勿将物品叠放过高，注意叠放物品的平稳。勿用玻璃瓷器等器皿取用冰块。

（4）勿用手去捡破损的玻璃、瓷器等餐具。勿将玻璃、瓷器等物品直接放在地上。

（5）切勿用脚踢门。途径拐弯处或斜坡时要放慢速度。堆放物品不要超出盛载物的边缘。

（6）不要用松弛的钢丝球擦洗煲。厨房内如有煤气味，立即关闸门，尽快使室内空气畅通。

(7) 地面要保持干燥，及时清洁地面污垢、水迹。拿热的器皿时要用厚布。

(8) 盛装热水时要放下衣袖，带好围裙，戴上手套。勿将刀具放入水池。

评估练习

1. 举例说明管事部消毒制度的特点。
2. 简述管事部仓库管理的基本流程。
3. 举例说明管事部在机器设备等方面的安全管理环节。

第十一章

厨房的生产与管理

引导案例

成都丽思卡尔顿酒店厨房设计及安装

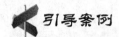

作为万豪国际集团旗下顶级品牌之一的超五星级丽思卡尔顿酒店，一直被誉为酒店业中的“国王”，以细致的个性化服务享誉全球，是唯一一家两次获得美国商务部颁发国家质量奖的服务行业企业，也是举世公认的金字招牌，曾被《华尔街日报》多次评选为亚洲最佳雇主之一。2012 年，北京东邦御厨厨房设备有限公司成功中标成都丽思卡尔顿酒店厨房设计及安装工程，地下一层员工厨房及后勤厨房区域、2 层宴会厅厨房及备餐间（见图 11-1 和图 11-2）、24 层全日制餐厅、25 层中餐厅、26 层特色餐厅、27～40 层楼层服务间、37 层行政酒廊备餐间，工程设计严谨合理，为丽思卡尔顿预期纳客开业做出了重要贡献。

（资料来源：赵金霞. 酒店实习管理案例精选解析[M]. 北京：北京大学出版社，2012.）

辩证性思考：

1．厨房在餐饮企业中处于什么地位？

2．厨房设计与布局应把握哪些基本原则？

3．在厨房设计的过程中应注意把握哪些环节？

图 11-1　厨房炉灶区

图 11-2　备餐间

有了好的大厨，餐饮企业就等于有了客源保证。许多大型餐饮企业往往不惜以车、房、股份等作为福利留住一个优秀的厨师团队。但厨房设计合理与否、工作环境怎样却是厨师们关注的重要领域。油烟、温度、噪音等在不知不觉中威胁着他们，对餐饮企业则会明显地影响厨房生产效率及出品质量，进而降低餐饮企业整体效益。

第一节　厨房的设计与布局

教学目标：

1. 了解厨房设计与布局的原则。
2. 掌握餐厅设计的内部环境要求。
3. 理解厨房布局的基本特征。

一、厨房设计与布局原则

（1）必须保证厨房生产流程的畅通。厨房的设计与布局必须保证厨房生产流程的畅通，避免厨房内的人流、物流的交叉和碰撞。

(2) 以主厨房为中心进行设计与布局。餐饮企业尤其是星级饭店，有的只有一个厨房，而大多数的企业会有多个厨房，但必须以主厨房为主进行合理设计布局。

(3) 厨房要尽可能靠近餐厅。中国菜的一大特色就是热菜热吃，厨房与餐厅如间隔距离太远，一会影响出菜的速度，二会影响菜点成品的质量，三会造成人力浪费而导致成本的上升。

(4) 厨房各作业点应安排紧凑。厨房和作业点之间都有一定的联系，设计布局时应将工作联系紧密的、合用一种设备或工序交叉的作业点排放在一起。对于各作业点内部的布局也应安排紧凑得当，使各作业点的工作人员都能便利地使用各种必需的设备和工具，而不必东奔西跑去寻找。

(5) 设施、设备的布局要合理。厨房生产间噪音较大，如果机械设备布局不妥，就会加重厨房的噪音。设备的安放要便于使用，便于清洁，便于维修和保养。厨房的设施，必须要根据饭店的总体规划进行设计布局，有利于饭店实施高标准的卫生、安全、防火措施。

(6) 要注重工作环境的设计与布局。厨房工作很辛苦，生产环境和生产条件的优劣都会直接影响到员工的工作情绪和工作量，确切地说，会影响到产品的质量和生产效率。厨房环境因素有温度、湿度、通风、照明、墙壁、天花板、地面强度、颜色、噪音以及工作空间的大小等。舒适的工作环境、现代化的设施设备可减少厨房工作人员的体能消耗，还可提高员工的工作热情。

(7) 要符合卫生和安全的要求。厨房设计不仅要选好恰当的地理位置，而且要从卫生和安全的角度来考虑。

二、厨房的设计

(一) 厨房位置

1. 厨房位置设计

餐饮企业厨房设计总的要求是：明亮、通风、干燥、防潮、安全、卫生。

(1) 厨房的位置要求。离大厅越近越好；应尽可能地与消费场所保持在同一水平线上；距离能源供应点越近越好；厨房中排放的一切废弃物如油烟、废水、垃圾等，不得对餐饮企业其他部位，特别是大厅造成污染或其他有害影响。

(2) 厨房总面积与餐饮企业总面积的比例，以 1∶2 至 2∶3 较为经济合理。厨房面积过小，将造成拥挤，缺乏必要的物资储存场所和生产场地；厨房面积过大，既加长生产作业线和运输作业线，更占用了宝贵的营业场地。

(3) 厨房地面应用不吸潮而且防滑的瓷地砖铺设。地面要略呈龟背状，以便冲刷和干燥。龟背两侧特别是靠炉灶一侧应设排水明沟，排水沟上要盖铸铁隔渣网以便冲刷清洗和处理废料垃圾。

(4) 用不吸潮的白色瓷砖贴墙。从地平线起，贴至天花板，以便清洗油烟和污物。

(5) 厨房，特别是炉灶一线在高温作业生产时产生大量的油烟、水蒸气和其他气味。因此，排烟通风功能一定要好。在厨房或炉灶上方应装置排气扇、排烟罩或抽油烟机、送风管等设备。这些设备上所沾染的油脂污物必须定期清理，以防火灾、污染食物事件发生。为了通风而开启的窗户必须装上纱窗，防止苍蝇飞入。

(6) 由于厨房环境潮湿，又有腐蚀性物品，工作台面应用不吸水、结实耐用、容易清洗的材料制成，以不锈钢工作台为好。切菜板用硬质塑料或压缩橡胶为佳，要生、熟、荤、素分开使用。

(7) 所有设备的电源部分，其闸刀或插座应安装在离地面 1.5m 左右的地方，并突出墙面。在清洗墙面时可用胶袋或防水布封住，以防渗水漏电。

(8) 连锁餐饮企业储存肉类产品的冻库应自成系统，与其他房间隔绝。厨房一定要设干货仓和冷藏柜，冷藏柜储存近期使用产品，温度一般控制在 1～5℃。要将生熟产品分开存放，并定期除霜，用温水洗刷冷藏柜。

(9) 厨房内除加工部分设置足够数量的洗涤池外，必须在生产作业线上设置数个专门的洗手槽。

(10) 在有条件的餐饮企业，厨房区域应建员工专用卫生间，并与外界隔绝开来。

2. 厨房生产流程设计

(1) 餐饮生产应做到程序化，即按照餐务的生产流程，选择最短的生产线路。按照粗加工靠近库房和鲜活产品原料入口，形成厨房内产品粗加工→产品精加工→产品成品出口→餐饮企业出餐台的主要流水作业线。粗加工一头靠近原料仓库、通风库和养放活鲜动物的地方，另一头靠近切配间。在粗加工与切配间之间应有带通道的隔断措施。冷藏柜、工具柜应靠近切配间。

(2) 冷菜间要与厨房其他岗位隔开，并靠近产品出口处。

(3) 三线平行。主食生产线、副产品生产线和餐具洗涤消毒线应保持平行，不可交叉或重叠。

(4) 四口分设。即产品原料入口、垃圾污物出口和产品成品出口、餐后用具入口应分开设立不同的通道。前两个通道靠近后门，后两个通道连接餐饮企业，这样，可以防止产品的交叉污染。

(5) 在清洁卫生方面，厨房的生产布局还要符合国家颁布的产品卫生法和饮食卫生“五四”制所规定的各项卫生标准。

知识拓展 11-1

五四制度

(1) 由原材料到成品实行“四不制度”。采购员不买腐烂变质的原料；保管验收不收腐烂变质的原料；厨师不用腐烂变质的原料；服务员不卖变质的食品。

(2) 仪器存放实行“四隔离”：生与熟隔离；成品与半成品隔离；食物与杂物药品隔离；海产品与肉类隔离。

(3) 餐具实行“四过关”：一洗、二刷、三冲、四消毒。

(4) 环境卫生做到“四定”：定人、定物、定时间、定质量。

(5) 个人卫生做到“四勤”：勤洗手剪指甲、勤洗澡理发、勤洗衣服被褥、勤换工作服。

(资料来源：邵万宽. 现代厨房生产与管理[M]. 南京：东南大学出版社，2010.)

（二） 厨房面积的确定

1. 按餐座数计算厨房面积

各类餐厅餐位数所对应的厨房面积见表 11-1。

表 11-1　各类餐厅餐位数所对应的厨房面积

餐厅类型	厨房面积/（m^2/餐位）	后场总面积/（m^2/餐位）
正餐厅	0.5～0.8	1～1.2
咖啡厅	0.4～0.6	
自助餐厅	0.5～0.7	

2. 根据就餐人数计算厨房面积

不同就餐人数时每人所需厨房的面积见表 11-2。

表 11-2　不同就餐人数时每人所需厨房面积

就餐人数	平均每位用餐者所需厨房面积/m^2
100	0.697
250	0.48
500	0.46
750	0.37
1500	0.309
2000	0.279

3. 餐饮企业各部门面积的分配比例

餐饮企业各部门面积的分配比例见表 11-3。

表 11-3　餐饮企业各部门面积分配比例(总面积为 100%)

各部门名称	百分比/%
餐厅	50
客用设施	7.5
厨房	25
清洗	5.5
仓库	7
员工设施	3.5
办公室	1.5

4. 厨房各作业区总面积所占比例

厨房生产区域面积比例见表 11-4。

表 11-4　厨房生产区域面积比例表

各作业区名称	百分比/%
炉灶区	32
点心区	15
加工区	23
配菜区	10
冷菜区	8
烧烤区	10
厨师长办公室	2

（三） 厨房内部环境的设计

厨房内部的环境设计主要包括厨房的高度、墙壁、顶部、地面、门窗、厨房通风、厨房灯具以及排水系统等。

1. 厨房的高度

厨房应该具有适宜的高度，便于安装抽排油烟罩，便于空调、换气排风等管道的布排，也有利于保持厨房内空气流通。如果厨房高度太低，工作人员就有一种压抑感，另外空气不流通容易造成厨房内温度升高、闷热，严重影响厨房的正常生产。厨房高度若太高，不仅造价高，而且也难清洁保养，根据经验，厨房的高度控制在 4m 左右为宜。

2. 厨房的墙壁

厨房的墙壁应保持平整无凹陷。墙面要用色淡的瓷砖贴面（一般使用纯白色或奶白色）。一般要求根据餐饮卫生管理制度，从墙根贴至天花板接口处。这样处理过的墙壁既美观又易于清洁卫生，防止灰尘、油渍污染后厨房产生异味。

3. 厨房的顶部

许多饭店为了节约成本，往往将厨房顶部连同所安装的各种管道一起喷黑处理而不刻意去吊顶。其实，管道和电线上容易积污积尘，甚至滋生虫害，时间久了容易脱落下来，严重影响厨房的食品卫生，违反了餐饮卫生管理制度。因此，为了确保厨房卫生安全，厨房需吊顶处理，吊顶时可采用防火、防潮材料便于消防验收，吊顶力求平整，不应有裂缝，同时要考虑到一些通风设备的安装，留出适当的位置，防止顶吊好后又反复拆装，浪费材料，不利于餐饮成本控制管理。

4. 厨房地面

厨房的地面尽量采用防滑地砖，地砖要求由耐磨、耐压、耐高温、耐腐蚀的材料制成，砖的颜色不能有强烈的色彩对比，也不能过于鲜艳，否则容易引起人们的视觉疲劳。另外，在铺设地砖时地面要求平整，不积水，向排水沟方向有一定的倾斜度，以便清扫卫生时用水冲洗，地砖铺设后不要马上使用，应留有两至三天的保养期，否则地砖容易脱落。

5. 厨房的门窗

厨房门的安装既要考虑到方便进货，方便人员出入，又要考虑到防止虫害侵入及防盗功能。所以厨房一般应该设置两道门：一是沙门、二是铁门，有的还在顶部装有风幕机，夏天防蝇、冬天防寒。厨房的窗户一是便于通风，二是便于采光。在窗户处理上，应设计安全防盗窗和纱窗，符合餐饮管理制度。

6. 厨房通风

厨房通风一般有两种方法，一种是靠厨房自身的门窗通风换气，这种通风换气的量较小，一般不能将厨房内的油烟排除，极易使油烟进入餐厅。所以需借助另一种机械通风设备换气，这种机械通风设备有换气扇、排油烟机、空气交换器等机械通风系统，可保持厨房为负气压，使室外的清新空气源源不断流入厨房，以保证厨房空气清新。根据厨房生产权威资料，一般每小时换气 60 次左右，可使厨房保持良好的通风效果。

7. 厨房灯具

厨房灯具包括照明灯具、紫外线消毒灯具及灭蚊灭蝇灯、防爆灯具等。照明灯具安装在厨房的各工作区域，一般照明为 200 勒克斯（lx），但食品操作区应为 400lx。紫外线灯具一般安装在冷菜间，餐前餐后开，起杀菌消毒作用，员工在冷菜操作间内不要随意开，以防紫外线对人体健康造成伤害。灭蚊灭蝇灯一般垂直挂在厨房的入口处，起杀灭蚊蝇作用，防止蚊蝇进入各生产区域污染环境，违背餐饮卫生管理制度。防爆灯通常安装在每个炉头的上方，固定在抽排油烟罩上，增大照明度，利于厨房烹制菜肴。

知识拓展 11-2

厨房照明

整个厨房照明度应为 100 流明，主要工作区为 200 流明。灯的安装必须注意避免产生阴影，特别是要注意当某些设备的顶盖掀起或打开柜门时，不会遮住光线。灯光的颜色要自然，看物品时不失真。光线要稳定、柔和。厨房设备光洁的表面在灯光下常常会产生耀眼的光线。使用间接照明和漫射灯光，可有效地防止炫光。厨房的照明设备，大多要安装保护罩，特别是炉灶区，灯管或灯泡瞬间受热易发生爆裂。因此，要经常仔细检查和维修照明设备。在选择灯具时还应该考虑到便于清洁和维修。

（资料来源：邵万宽．现代厨房生产与管理[M]．南京：东南大学出版社，2010.）

8. 排水系统

可在下水道内安装废料粉碎机，将下水道收纳的物料粉碎后排出。对排水沟的设计要有一定流向倾向，沟底两侧必须用白色瓷砖贴，做好防水措施，防止水向外渗透，排水道必须加盖。有的为防鼠害在下水道口和盖底加装防鼠网，下水道口要有过滤网，防止厨房内的杂物堵塞下水口。当下水管道被堵塞后，还可采用化学品来分解杂物，再用水冲去，达到疏通的目的。

9. 能源的选择

厨房的能源主要有电、煤气、油料、天然气等。能源的选择应取决于设备及经济与否，厨房最好能根据菜单和生产的需求，考虑多种能源并用的方案，以避免受困于一种能源而制约生产活动。

三、厨房的布局

（一） 布局应考虑的因素

(1) 厨房各作业区的面积的大小、场地的形状、高度、门窗的位置。

(2) 厨房能源管道的形状。厨房的能源关系到设备的选择和安装的位置，厨房管道现状也关系到设备和格局的合理性和安全性。

(3) 厨房的投资费用。对厨房的投资多少直接影响到布局的标准和设备的选用。

(4) 厨房的生产功能。厨房的生产形式，是加工厨房还是烹调厨房，是中餐厨房还是西餐厨房，是宴会厨房还是快餐厨房，是制作广东菜的厨房还是四川菜的厨房，不同的生产功能应有不同的布局要求。

(5) 厨房所需的生产设备。厨房需要哪些设备，设备的种类、型号、功能、所需能源、占地面积、颜色等情况，决定着摆放的位置，影响着布局的基本格局。

(6) 应遵循有关法令和法规。例如，《食品卫生法》对饮食部门提出的有关规定，如卫生防疫、消防安全、环境卫生等要求。

（二） 实施布局的要求

(1) 保障生产流程的顺畅合理。在厨房的生产中，各道加工程序都应按顺序流向下一道工序，应避免回流和交叉。

(2) 保证厨房的生产人员能极便利地使用各种必需的设备和用具，简化操作程序，缩短员工在生产中行走的路线。

(3) 加强环境布置。要能为职工提供一个卫生、安全、舒适的工作场所，符合卫生法规，符合劳动保护和安全的要求。

(4) 设备和设备的布局要便于清洁、维修和保养。

(5) 保证生产不受特殊情况的影响。在能源的选择上，要尽可能使用两种或两种以上的能源。假如煤气管道检修停气时，仍然有其他能源代替生产。在这一条线路停电后，另一条线路能保证照明的正常等。

(6) 从长远的生产考虑，在整体布局时，对厨房的面积、厨房内部的格局、设备的选择等要根据发展规划，留有一定的余地。

（三） 厨房的具体布局

1. 厨房的整体布局

厨房的整体布局是对厨房整个生产系统的规划。中小型饭店的厨房，通常是一个多功能的综合厨房；而大型饭店的厨房则是由若干个分厨房组成，每一个分厨房既相互联系又相互独立，由于大型饭店分工较细，厨房的布局也大不一样。

厨房的整体布局应考虑以下几个方面。

(1) 人流走向。从员工上班到更衣，到进入岗位，这条路线是畅通的。

(2) 物流走向。从原料的进货、验收、储藏，领料，发料，到加工、切配、烹调，直至走菜，这条物流线也是畅通的。

(3) 各作业点的位置。

(4) 厨房与餐厅的连接。

(5) 食品仓库与厨房内的冰箱。

(6) 厨师长办公室。厨师长办公室的位置应尽量设在厨房内，要能便利地观察到每一个作业点的工作状况，其目的是：能及时发现问题，及时解决；便于工作的指挥和协调；能有效地控制食品成本；能有效地堵塞各种漏洞。

2. 功能性作业区的布局

常见的功能布局有直线形布局、L 形布局、相对型布局等。

四、厨房其他方面的布局

厨房布局合理，厨师的工作效率就高。但是，厨房布局不仅要注意整体和局部的布局，还要考虑到厨房室内温度、噪音和设备的摆放等具体环境布局。

（一） 温度控制

厨房的温度控制是布局中必须考虑到的一个因素。闷热的环境会导致厨房人员的工作耐力下降，容易疲劳，且体力消耗大，还会使得员工容易暴怒。一些饭店管理者对此已经予以关注，并采取相应措施。例如，将中央空调通进厨房（一些小厨房则分别安装空调器），厨房的温度得到控制，员工的生产效率自然会有很大的提高。

降低厨房温度还可在厨房设备上、布局上下功夫：一是在厨房内安装抽风机或排油烟机、排风扇等，将厨房内的热空气、油烟气体及时排出；二是将烧烤间、蒸煮间与炉灶间相隔开，分散厨房热量的挥发。但是，厨房内的温度过低也是不利的，容易导致厨师手脚受冻麻木，工作速度下降。因此，厨房的适宜温度应为 20℃左右。

（二） 噪音控制

厨房是一个比较嘈杂的地方。噪音的主要来源一是炉灶上方排风扇的声响，二是炉灶内的鼓风声响，三是餐具的碰撞声，四是各种敲打声，五是冷藏设备的机器工作声等。噪音分散人的注意力，会使血压增高，心情烦躁，听力下降，容易疲劳，从而使得工作效率降低，严重的会影响人的身体健康。消除噪音的措施是在墙壁或天花板上砌上消音砖，或涂上消音漆，也可改进厨房内的设备，以降低噪音。降低噪音可有效地提高生产率，可以降低事故的发生率，提高产品质量。

（三） 设备的摆放

厨房各作业点的布局和设备的摆放既要考虑到生产流程的畅通，也要考虑到厨房人员身体的伸展幅度，以保证每位厨师拥有足够的工作空间和便利地使用设备。一般来说，厨师在操作时双手左右正常伸展幅度为 1.15m，最大伸展幅度为 1.75m 左右。因此，工作台的大小，工具、用具的摆放位置都不应超出人体正常伸展的范围。厨房设备的摆放除要考虑到使用方便、清洁和保养外，还要考虑到厨房通道的位置和距离。厨房内的主要通道常要有 1.6～1.8m

宽，一般的通道不得窄于 0.75m；如果要蹲下从柜台底下取东西，其通道不得窄于 0.9～1m；如果通道的两侧都有人站在固定的位置上干活，其通道不得窄于 1.6～2m。

评估练习

1. 简述餐厅设计与布局的基本原则。
2. 餐厅设计应把握哪些基本的环节？
3. 举例说明餐厅布局主要体现在哪些方面？

第二节　厨房的生产效率管理

教学目标：

1. 了解厨房生产管理的意义。
2. 理解厨房生产效率管理的基本环节。
3. 掌握厨房生产标准化的内涵。

案例 11-1

厨房是餐饮企业的心脏

某家经营湘菜的餐厅，面积 400m^2，中档装修,大厅有 20 张餐桌，3 个包间，厨房有 20 个人，厨师长是经营者的朋友，也懂些基本的管理。经营者自己则是一个外行，销售也比较好，但每个月下来厨房工资费比较高，且厨房的工作效率并不高，时而出现因出菜慢而遭到顾客的投诉等问题。

（资料来源：马开良. 现代厨政管理[M]. 北京：高等教育出版社，2010.）

一、合理规划厨房

厨房负责产品的制作与供应，是餐饮企业最大的生产场所，也是餐饮管理的重要部位，凡是有经验的管理人员无不对其予以特别的关注。厨房工作很辛苦，生产环境和生产条件的优劣都会直接影响员工的工作情绪和工作量。参照餐饮企业厨房设计与布局（第一节）的相关要求合理安排，进行厨房的科学规划与管理，为厨房生产效率的提高奠定物质及环境等方面的基础。

二、选择适当的厨房生产方式

合理的厨房生产方式，可以为餐饮企业带来最大的经营利润。常见的厨房生产方式主要有以下几种。

（一）岗位责任制

在确定岗位结构及人员编制后，厨房就将各项生产任务定性、定量地落实到岗位中。

所以，制定岗位职责和明确生产任务成为厨房生产的关键。但由于厨房生产种类多，使用的原材料大部分为初级产品，因此只能对岗位进行粗略分工，可分为加工区、切配区、炉灶区、冷菜区、面点区五大作业区，然后在每个部门由有专业特长的、技术等级较高的厨师负责组织生产。

（二） 包干制

这种方式基本上以手工操作为主，责任清楚，结构简单，通常由几个厨师结合在一起，由“包头”负责组织生产。由于餐饮的原材料千差万别，生产技艺复杂，厨师进行的是单件的随意的手工生产，烹制菜品从原材料到成品要经过若干道工序。由于规模小，厨师并不进行明确的分工，每个人都要从事不同的操作，因而，能在此厨房中工作的厨师，要兼任多种岗位的工作，大多掌握多种烹饪技艺并成为“全能型”厨师。这种方式的劳动效率不高，生产规模太小，设备利用不充分，手工随意性强，而且厨房生产的安全性不高，容易产生饮食卫生问题。因而适合于小型餐饮企业。

知识拓展 11-3

选用厨师的误区

第一种是喜欢去挖生意好的餐饮店的厨师，然后把该厨师在该店卖得好的菜品照搬过来，根本就没有菜品设计这一说法，结果最后客人反馈的意见是菜品没有特色，没有某某店做得好吃，其实就是原来那家店的大厨，这就是客人都有一种先入为主的观念，哪家店最先做哪家就是最好的，所以挖人这种方法是不可取的，一个餐饮店生意的红火有多方面的因素，不是某一个厨师的功劳，每一个人都必须在特定的环境和团队当中才能展示他的价值。

第二种是在选用厨师人才的时候必须要试菜，全部的考核是通过试菜来定结论，其实试菜只是一种形式，试菜最为重要的是看厨师的基本功、操作手法、操作习惯等，试菜才能决定他做的菜品好与差，可餐饮老板根本不知道一个厨师要展示他们的技术和才华需要具备多方面的条件才能达到最佳的效果，如原料、初加工、半成品处理、调味品、烹调环境等因素，任何条件缺失都会影响试菜效果，更不要说到一个新的环境中去试菜。

第三种是在选取厨师长或总厨的时候，也往往以试菜而论，但一个厨师长或总厨的职责是什么？他是一名炒菜的厨师吗？他真正有多少时间在炉子上炒菜？如果这个厨师长或总厨天天都在炉子上炒菜，可以想象他对整个厨房的管理能力。企业要用的是厨师长或总厨的管理能力和组织菜品开发能力等，烹饪技术只是他管理上最基本的一个环节，所以对于厨师长和总厨来说，厨房管理思路、组织菜品开发思路、懂得餐饮市场运作才是最重要的，好的思路才能决定整个厨房的产品和管理水平。

（资料来源：马开良．现代厨政管理[M]．北京：高等教育出版社，2010.）

（三） 中心厨房制生产方式

所谓中心厨房制生产方式，就是设立一个集中加工的主厨房，负责所有经营产品的原材料加工和切割、配份。这种生产方式是餐饮企业进入产业化和规模化之后，采用标准配份的生产方法，它使快餐的数量保持了统一；所有的原材料购入后均按标准加工生产，可以使快餐的质量得到保证；采取了集中的统一加工、切配之后，使原材料的利用率达到最大，加上人工成本的降低，从而使厨房的效益处于最佳状态。

（四） 流水线生产方式

这是一种工业化的生产方式，强调专业化分工，通过生产来对人进行管理，改变了厨房主管人员“以厨师为中心”的管理方式。

三、厨房的组织结构与职责要匹配

厨房组织机构应当与餐饮企业的规模及市场定位等相结合，避免大而不当。规模小的厨房按工种设岗，规模大的厨房则按工作性质分设班或组。厨房一般按工作性质分为产品原材料初加工、切配、炉灶、冷菜、面点等岗位，而且各岗位应有明确的职责。

（一） 厨师长及其职责

厨师长是厨房业务的组织者和指挥者，对大厅经理负责并担任厨房的全面管理工作。

(1) 根据接待任务，统筹安排厨房生产流程各工序和协调各管理环节的工作，保证按时、按质制作和供应快餐。

(2) 组织制订各项工作计划，制定产品及饮料的成本标准。关心下属，注意调动员工的积极性。

(3) 保持与快餐店和采购部门的密切联系，掌握货源供应情况和征求顾客意见，以便不断改进工作。

(4) 现场指挥，督促检查，保证快餐质量。做好技术培训，提高员工素质，不断研制和推出新快餐种类。

(5) 负责督促检查产品、餐具、用具，检查环境和厨房工作人员的个人卫生，严格执行各项卫生制度，防止传染疾病和产品中毒事故的发生。

(6) 做好成本控制，加强物资管理，减少能耗，提高利用率，堵塞浪费和偷盗漏洞。

（二） 厨房主管及其职责

厨房主管在厨师长领导下工作。厨师长不在时行使厨师长职责，并对大厅经理负责。

(1) 检查开餐前的各项准备工作，开餐时亲临现场指挥，做到出餐（点）程序正确、适时、无错漏。

(2) 计算产品成本，控制产品质量和销售价格，与厨师共同研制和推出新的菜品种类。

(3) 落实岗位责任制，合理调整人力、物力，负责厨工的业余培训工作。

(4) 每天对厨房员工进行考勤、考绩登记。

(5) 检查个人卫生、产品卫生与环境卫生，贯彻执行产品卫生法和饮食卫生“五四”制，保证不发生产品卫生事故。

（三） 其他工作岗位及其职责

(1) 加工岗。对产品原材料进行粗加工。负责将蔬菜拣剔、清洗，分级利用；将水产禽畜类产品原材料剥洗加工，备料待用，供当日生产之需。除完成本职工作外，还应主动协助其他工种工作及负责环境卫生。

(2) 切配岗。负责各种用料的领、存、保管加工、腌制及浸发。完成预订快餐和日常快餐的切配工作。把好产品生、熟、变质、变味关，管理冰柜。

(3) 炉灶岗。根据接待任务的要求，负责快餐的烹制加工，包括调料半成品和汤汁的准备工作。

(4) 冷菜岗。负责各式快餐店所需凉菜、工艺冷盘的加工制作。

(5) 面点岗。负责主食及各种面点和风味小吃的加工制作。

(6) 其他。厨房除了上述几个岗位外，还有专司餐具保管和清洁工作的管事组，以及因厨房规模扩大、人员增多而导致分工更细的工种。一般这些岗位人员归相近的专业工种管辖或由厨房主管直接指挥。

四、厨房产品力求标准化

标准化是餐饮企业规模发展的技术保证及长远效率保证。国内大多数餐饮企业存在着同一种奇怪的现象，就是大厅服务规范化、标准化而后台操作却模糊化。摆台要求到厘米距离，出餐按分钟计算，而产品的制作却全凭厨师的灵感。顾客到同一家餐厅就餐，不同时间吃到的饭菜质量不甚一样，甚至差别很大，不仅影响快餐店的声誉，更不利于进行未来外延发展时所要进行的工业化生产。工业化生产是餐饮企业扩大经营规模进程中必然采取的生产方式。在这种生产中，要求不同时间和地点生产的同一品牌饮食产品品质保持高度的一致性。

案例 11-2

特色馄饨店的成功

上海有一家特色馄饨店，虽然设备不精，门面装修不豪华，但主营品种——馄饨颇具特色，皮儿薄、个儿大、馅儿多、汤鲜，而且个个均匀，色泽鲜亮，质量上乘，供应的 80 多个品种一致赢得顾客好评、市场认可。该店 1999 年 5 月成立，以 5 万元起家，第 4 个月就开始开第一家连锁店，当年年底达到 5 家，如今已有 50 多家，年产值达 2000 多万元。什么诀窍使得这个小店发展得如此之快？原来这个小店从开设之初就借鉴外国餐饮业标准化经营的先进经验，从馅、皮、汤三方面入手制定制作标准，无论何时、何店都严格按照标准操作，保证了优良质量的一贯性、长期性、稳定性。该店的馄饨皮由面、水、鸡蛋按一定比例和成，各种馄饨馅中的肉、青菜、调味品和其他配料用电子秤按标准调配，汤按标准采用工厂化制作成浓缩高汤，配送各店调制使用，每一个环节都按统一标准执行。高度的标准化推动了该店经营的成功。

（资料来源：马开良. 现代厨政管理[M]. 北京：高等教育出版社，2010.）

(一) 制定规范作业程序与质量标准

要确保厨房生产的良好运行和优质的出品，关键在于对菜肴生产环节进行有效管理。一切厨房生产的有效管理，总是体现在两个方面，即保证生产的运行秩序和菜肴的出品质量。这就需要制定规范作业程序与质量标准。此处仅以砧板规范作业程序与质量标准为例，在规模较大的厨房中，菜肴厨房的砧板岗位实际上是由两部分构成的，一是对原料进行切型处理的切制人员，二是负责对菜肴生料进行配份的人员。负责对菜肴生料进行配份的厨师通常称为主配师，在一般的小型厨房中这两个岗位是合二为一的。常用主、配料料型切割规格见表 11-5，常用料头切割规格见表 11-6。

表 11-5　常用主、配料料形切割规格

料形名称	适用范围	切 制 规 格
丁	鱼、肉等	大丁：1～1.5cm。碎丁：0.5cm 见方
方块	动、植物	2～3cm 见方
粗条	动、植物	1.5cm 见方，4.5cm 长
细条	动、植物	1cm 见方，3cm 长
粗丝	动物类	0.3～0.5cm 见方，4～6cm 长
细丝	植物类	0.1～0.2cm 见方，长 5～6cm
长方片	动、植物	厚 0.1～0.2cm，宽 2～2.5cm，长 4～5cm

表 11-6　常用料头切割规格

料头名称	用料	切 制 规 格
葱花	大葱	0.5～1cm 见方
葱段	大葱	长 2cm，粗 1cm 见方
葱丝	大葱	长 3～5cm，粗 0.2cm 左右
姜片	生姜	长 1cm，宽 0.6～0.8cm，厚 1cm 左右
姜丝	生姜	长 3～5cm，粗 0.1cm
香菜段、末	香菜梗	段：长 3～5cm。末：0.5～0.6cm
蒜片	蒜瓣	厚 0.1cm 左右，自然形
葱姜米	大葱、生姜	0.2～0.3cm 见方
蒜蓉	蒜头	0.1～0.2cm 见方
干辣椒段、丁	干辣椒	段：1～1.5cm 长。丁：0.5～1cm 见方
青红辣椒丁	青红辣椒	0.2～0.3cm 见方

(二) 建立菜品规范作业指导书

《菜品规范作业指导书》，也称为《菜品规范作业书》，一般酒店称为《标准菜谱》，或叫《标准档案菜谱》，是厨房用来规范厨师菜肴烹制时操作流程的作业性文件，是厨房生产标准化控制的重要环节。《标准菜谱》是对厨房生产的菜品在菜品的份额量、烹制份数、配份、烹调方法和原料标准成本等方面的规定，是配料厨师和烹调厨师技术操作的依据和准则。

1．标准菜谱的设计原则

(1) 以客人的需求为导向原则。标准菜谱的设计，首先是根据饭店所做的市场调查，确定餐饮食品的种类和质量水平。餐饮产品质量水平必须以能提高客人的满意度为目的。所以，标准菜谱的设计首先要以客人的需求为导向，筛选品种，并设计适应性强的质量水平。

(2) 要能体现本餐厅的经营特色，具有较强的竞争力。饭店首先要根据餐厅的经营方针来决定提供什么样的菜品、面点等，是鲁菜还是粤菜，是风味菜还是特色菜，是大众化的菜还是高档的菜。标准菜谱的设计要尽可能选择反映本店特色的菜品，并依据市场的竞争情况，制订具体的质量标准，使菜品具有较强的竞争力。

(3) 要根据厨房的生产能力、技术水平设计菜品的质量。厨房生产设备的优劣与齐备程度、厨师的技术水平对于标准菜谱的设计有直接影响。操作工艺复杂、所需工具设备独特的菜品尤其要在充分了解设备情况的基础上做出设计决策，不能盲目设计。同时，厨师的技术水平也是标准菜谱设计的关键。如果设计的菜品厨师不会烹制，或烹制的成品达不到设计的质量要求，这样的标准菜谱对于生产而言就毫无意义。

(4) 要考虑食品原料的供应情况。标准菜谱的设计虽然内容很多，但其中最主要的是食品原料。食品原料的供应往往受到供求关系、采购、运输条件、生产季节、生产地区、生产量等因素的影响。因此，设计标准菜谱时，必须充分考虑这一因素。例如，某饭店地理位置较偏远，或位于某山区风景区内，交通不是十分便利，且属内陆，如果非要设计使用海鲜活品原料，显然是较难实现的。所以，标准菜谱在设计时要考虑原料的供应情况。

(5) 标准菜谱的设计要适应市场原料价格的变化情况。市场经济时期，食品原料因供求关系的变化、季节的变化、淡旺季的不同、生产量的不同，其价格也随时发生变化，因而在设计标准成本时就应保持一定的灵活性，留有充分的变动余地，以适应市场的变化，又便于生产成本的控制与管理。

(6) 求变求新，适应饮食新形式。标准菜谱，虽说不能经常变动，但设计时还是以求新求变为原则，注意各种菜品、各类食肴、各种风味的搭配。同时，菜肴在有一部分稳定的基础上，要经常更换，推陈出新，总能给常来就餐的客人以新鲜感。还要考虑季节因素，安排时令菜肴，同时还应顾及客人对营养的不同需求、客人的健康状况、进餐要求等，这些都促使饭店在设计标准菜谱时不能有一劳永逸的观念，必须求变求新，才能吸引更多的客人。

2．标准菜谱的设计内容

一般来说，标准菜谱设计的内容主要有以下几个方面。

(1) 基本信息。标准菜谱中的基本信息，也可以称为基础技术指标，主要包括菜点的编号、生产方式、盛器规格、烹饪方法、精确度等，它们虽然不是标准菜谱的主要部分，但却是不可缺少的基本项目，而且它们必须在设计的一开始就要设定好。

(2) 标准配料及配料量。菜肴质量的好坏和价格的高低很大程度上取决于烹调菜肴所用的主料、配料和调味料等的种类与数量，标准菜谱首先在这方面做出了规定，为菜肴的质价相称、物有所值提供了物质基础。

(3) 规范烹调程序。规范烹调程序是对烹制菜肴所采用的烹调方法和操作步骤、要领等方面所做的技术性规定。这一技术规定是为保证菜肴质量，对厨房生产的最后一道工序进行规范。它全面地规定了烹制某一菜肴所用的炉灶、炊具、原料配份方法、投料次序、坯型处理方式、烹调方法、操作要求、烹制温度和时间、装盘造型和点缀装饰等，使烹制的菜肴质量有了可靠保证。

(4) 烹制份数和标准份额。厨房烹制菜肴多数是一份一份单独进行的，也有的是多份一起烹制的。标准菜谱对每种菜肴、面点等的烹制份数进行了规定，是以保证菜肴质量为出发点的。如一般菜肴为单份制作，也就是其生产方式是单件式；面点的加工一般是多件式，带有批量生产的特征等。

(5) 每份菜肴标准成本。标准菜谱对每份菜肴标准成本做出规定，就能够对产品生产进行有效的成本控制，可以最大限度地降低成本，提高餐饮产品的市场竞争力。标准菜谱对标准配料及配料量做出了规定，由此可以计算出每份菜肴的标准成本。由于食品原料市场价格的不断变化，每份菜肴标准化成本也要及时做出调整。

(6) 成品质量要求与彩色图片。通过标准菜谱对用料、工艺等的规范，保证了成品的质量，标准菜谱为此对出品的质量要求做出规定。但因为菜点的成品质量有些项目目前尚难以量化，如口味的轻重等，所以在设计时，应制作一份标准菜肴，拍成彩色图片，以便作为成品质量最直观的参照标准。

(7) 食品原料质量标准。只有使用优质的原料，才能加工烹制出好的菜肴。标准菜谱中对所有用料的质量做出规定，如食品原料的规格、数量、感官性状、产地、产时、品牌、包装要求、色泽、含水量等，以确保餐饮产品质量达到最优。

3. 标准菜谱的设计过程

标准菜谱的设计制订是一项十分细致复杂的技术工作，也是厨房生产管理的重要手段，必须高度重视和认真做好。标准菜谱的设计制订应该由简到繁逐步完成和完善，并充分调动厨师的积极性，反复试验，使标准菜谱中的各项规定都能科学合理，切实成为厨师生产操作的准则，以规范厨师烹调菜肴过程中的行为。设计制订的标准菜谱要求文字简明易懂，名称、术语确切规范，项目排列合理，易于操作实施。

标准菜谱的设计过程如下。

(1) 确定菜肴名称。

(2) 确定烹制份数和规定盛器。

(3) 确定原料种类、配份与用量。

(4) 计算出标准成本。

(5) 确定工艺流程与操作步骤。

(6) 编制标准菜谱初稿。

(7) 制作标准菜谱文本。

(8) 核对编册。

4. 编制标准食谱的一般程序

(1) 确定主、配料原料及数量。这是十分关键的一步，它确定了产品的基调，也决定了该产品的主要成本。有的产品只能批量制作，通过平均分摊测算数量，如点心、菜肴单位较小的品种。无论如何，都应力求精确。

(2) 规定调味料品种，试验确定每份用量。调味料品种、牌号要明确，因为不同厂家、不同牌号的质量差别较大，价格差距也较大。调味料只能根据批量分摊的方式测算。

(3) 根据主、配、调味料用量，计算成本、毛利及售价。随着市场行情的变化，单价、总成本会不断变化，每项核算都必须认真对待。

(4) 规定加工制作步骤。将必需的、主要的、易产生歧义的步骤加以统一，规定可用术语，精练明白即可。

(5) 确定盛器，落实盘饰用料及式样。根据菜肴的形态与原料的形状，确定盛装菜肴餐具的规格、样式、色彩等，并根据餐具的色泽与质地确定对装盘后的菜肴进行盘饰的要求。

(6) 明确产品特点及质量标准。标准食谱既是培训、生产制作的依据，又是检查、考核的标准，其质量要求更应明确具体才切实可行。

(7) 填写标准食谱。对以上的内容，按项填写到标准食谱中，填写标准食谱时，要字迹端正，表达清楚，要使员工都能看懂。

(8) 按标准食谱培训员工，统一生产出品标准。按标准食谱中的技术要求对各个岗位的员工进行操作培训，以规范厨师的作业标准，从根本上确保生产出品标准的统一。

评估练习

1. 举例说明厨房生产效率的意义。
2. 举例说明厨房如何选择适合自身的管理方式。
3. 举例说明厨房生产标准化的操作步骤。

第三节　菜品的设计与开发

教学目标：

1. 掌握菜品设计对于餐饮企业的意义。
2. 了解菜品设计与开发的团队。
3. 掌握菜品设计与开发的基本思路。

一、菜品设计

(一)　菜品设计是餐饮企业菜品体系的供血剂

餐饮行业通常说：“菜品质量是餐饮企业的生命线”，那么新菜品的研究和开发将是餐饮企业菜品体系不断完善和健全的供血剂。只有分步骤按计划地完善菜品体系，才能赢得消费者和餐饮市场的认可，餐饮企业品牌才能够形成，餐饮品牌的辐射圈才会越来越大，乃至发展到全国，餐饮品牌的运作才会长久持续下去成为百年餐饮品牌，否则将是短期行为，避免不了餐饮行业传统的一句老话："各领风骚三五年"的结局。如成都以前的菜根香、巴国布衣等一些知名品牌，在全国迅速发展而最后又迅速倒闭，甚至最后成都的直营店也受很大影响，基本都要关门大吉了，原因何在？最大的问题就是发展速度过快，连最基础的加盟连锁体系都没有健全，用人乱、产品乱、管理乱，总部没有足够的保障支持，那么如何实现企业经营发展的战略需要呢？

（二） 菜品设计必须改变传统模式与企业发展接轨

餐饮企业必须根据经营发展的需要与世界先进管理模式和先进管理理念接轨，改变传统运营模式，建立菜品研发中心和研发团队。菜品设计开发（图 11-3）将是餐饮企业产品推陈出新的有利和有效的手段或方法，那么菜品研发者将是一个餐饮企业产品规划和产品设计的工程师。传统的运作模式当中基本都是由行政总厨或厨师长带领一线的主厨开发菜品，作为一名厨师是应该去研究和开发新菜品，有责任去进行推陈出新，但是由于他们的职业环境、教育程度、工作经验、领悟能力、思维能力、创新能力等不同，并且一般的厨师很多对餐饮市场很少研究，基本都没有概念或模糊不清，或十分茫然，所以往往设计开发的新菜品不尽如人意。因为研究开发人员都不够专业或者专业程度都不高，就会出现菜品思路乱，不能突出菜品特色、卖点、自身的资源优势等问题。

图 11-3 菜品研发与设计

（三） 合理优化厨师团队

现代餐饮市场的细分化十分明显，不可能什么都由厨师长兼职代替去完成，一个人的精力是有限的，那么一个人的能力也是有限的，因此必须发挥好厨房团队的作用和价值，必须不断地对厨师团队进行优化。

懂技术只能在现场操作的厨师可以定义为机械类型的厨师，主要负责菜品的制作加工，通过系统培训、严格要求、质量监督就能把每道菜品做得很好，扮演的是螺丝钉的作用，这样既降低了技术加工人员的人力资源成本，又降低了人员流失的风险；既懂技术，又爱学习，愿上进，肯学习的可以划分为培养类型的厨师，作为企业发展的后备力量；擅长技术，经验丰富，爱学习，爱创新，具有钻研精神的厨师可以划为创造类型（研发类型、菜品工程设计），负责菜品的研究和开发，扮演菜品工程设计的角色，只要付出相应的待遇基本能够留住这样的人才；既懂技术又有领导能力的厨师可看作管理类型的，主要负责厨房的一些相应的管理工作。最后再根据企业经营发展的需要，合理有效地搭配各种类型的厨师团队，这样既体现了分工又体现了合作，更好地体现了团队的价值，并不断地优化团队以达到最佳的效果，同时能有效地控制人力资源成本和菜品质量。

案例 11-3

维多利亚大酒店菜品开发

配合维多利亚大酒店的全年计划，为下半年迎接旺季做准备，特制订本菜品开发计划：在 2015 年 6 月 10 日开始厨师菜品开发培训。由全师傅组织主持中餐厅全体厨师参加，每周两次，每次 2 小时。参加培训后每周每位厨师要推出两道菜供评委评判，评委由维多利亚大酒店股东组成，全厨师、邹厨师、张厨师也参加评判。从参赛菜品中评出两道菜，条件成熟后推出去。每个厨师结合自身特长和市场需求选好两道菜品进行炒作。经过评委评判入围的菜品要写好菜单，完成菜单所有菜品的标准化和规范化。了解原材料、调料的市场价格，根据对菜品毛利的要求核算，做出单个菜品的市场售价。主动收集客户对菜品的意见和信息，及时做出相应的调整，每周至少一次向董事会汇报厨师培训情况并予以总结改进。

（资料来源：邵万宽．现代厨房生产与管理[M]．南京：东南大学出版社，2010.）

（四）餐饮菜品发展规划

（1）中低档菜品规划：传承创新。挖掘传统的菜品，保留传统菜品好的一面，利用现代的烹饪手法和包装形式以新的面貌展示给消费者，既能感受到传统菜肴的味美，又能感受到现代人的审美观，将传统的菜品进行重新融合设计创新。

（2）中高档菜品规划：融会贯通。多方创新发展，融会贯通世界饮食文化进行创新设计，学习和交流我国及世界各大菜系的饮食文化和菜品文化。

（3）高档菜品规划：文化融合。朝着文化餐饮创新发展，开发具有西方文化和中国文化的养生长寿理念、文化理念的菜品，融会世界各种文化精髓，将西方营养学、分子美食、中国养生长寿文化等融入菜品，在菜品色、香、味、形、质、器、营养等的基础上通过绘画、书法、诗词、面塑、糖艺等意境手法提高其菜品的视觉、听觉、闻觉、感觉、乐趣、文化等的品位，更大程度地提高菜品的性价比，促使其成为商界精英、政界精英、教育精英、社会精英等高端人士所青睐的菜肴。

(4) 汤品菜肴规划：研究中外汤品菜肴，将我国各大菜系汤品的优缺点进行系统分析和研究，融入西方营养学和中国养生长寿文化，设计出一年四季的汤品、功能性汤品、文化性汤品等；在原料的选材上和搭配上讲究绿色、生态、营养、养生、长寿、科学的合理搭配；在原料的装盘和包装上融合现代审美艺术进行包装；在味碟上面再采用中餐和西餐的优点，根据市场的变化进行弥补和创新，最后以达到产品完美的结合。

知识拓展 11-4

菜式设计的注意事项

食用为先：设计菜品尤其是创新菜，首先应具有食用的特性，只有使消费者感到好吃，有食用价值，而且感到越吃越想吃的菜，才会有生命力。

注重营养：营养卫生是食品的最基本的条件，设计菜品要优先考虑卫生与营养。

关注市场：在设计菜品的不同阶段，要考虑到当前顾客比较感兴趣的东西。在开发创新菜点时，也要从餐饮发展趋势、菜点消费走向上做文章。准确分析、预测未来饮食潮流，做好相应的开发工作，时刻研究消费者的价值观念、消费观念的变化趋势，去设计、创造，引导消费。

适应大众：设计菜品的推出，是要求适应广大顾客的。绝大多数顾客是坚持大众化的，所以为大多数消费者服务，这是菜肴设计创新的方向问题。立足于一些易取原料，价廉物美，广大老百姓能够接受，其影响力必将十分深远。

（资料来源：赵海咏．餐饮服务与管理[M]．成都：西南交通大学出版社，2015.）

二、菜品开发

（一） 原材料的开发与利用

不同的地理、气候区域，使得原料特点各异，这为菜品制造与翻新奠定了物质基础。一种动物原料，可能制成多种多样的菜品。同一种食品原料也可能根据不同的部位制成各不相同的菜品，猪、牛、羊等牲畜，从头到尾，从皮肉到内脏，样样可用，也正因为一物多用，才呈现了以某一类原料为主的“全席宴”，如全猪席、全羊席、全鸭席、全菱席、茄子扁豆席等。一物多用的关键，就是要善于利用与巧用烹饪原料，即存在利用原材料的翻新意识。近年来，进厨房的原材料非常丰富，如山芋藤、南瓜花、青椒叶、臭豆腐干以及猪大肠、肚、肺、鳝鱼骨、鱼鳞等也登上了大雅之堂，成了人们爱好之物，因此，对原料的利用，重在发明与新辟。引进外国的食品原料更加丰富多彩。除了天然的食品以外，也呈现了很多加工品、合成品，这些为我国烹饪原料增加了新的品种，烹调师利用这些原料，洋为中用，大显本领，创作出很多适合中国人口味的新品佳肴。

很多原材料是本地餐饮及菜品的招牌，当地原材料使菜品身价倍增。如南京的野芦蒿、菊花脑，淮安的蒲菜，天目湖的鱼头，云南的野菌，胶东的海产，东北的猴头菇等，当它们异地烹制开发、销售时，其效益自然会十分可观。利用当今便捷的物流与交通，开发异地原材料并不艰苦，翻新菜肴也必将有其广阔的市场。

案例 11-4

利用本地资源开发菜品

攀枝花得天独厚餐饮管理有限责任公司位于四川省西南部、川滇交界处，金沙江与雅砻江在此汇合，地处攀西裂谷中南段，山高谷深、盆地交错分布，境内分属金沙江、雅砻江水系。邓小平盛赞攀枝花“得天独厚”，那么如何展示攀枝花得天独厚的资源优势呢?

一是近邻的云南地区天然生态资源相当的丰富，如野菜、野菌、鲜花、野味、昆虫、地方特色原料等，可本地的云南人由于地理环境、文化、思想保守等多方面因素很少有人将自身的资源优势发挥好，然后发展到全国去，这是一种资源的极大浪费，可四川人将云南的资源融合川菜、粤菜、湘菜等菜系的烹饪手法来展示其资源优势，让那些生态资源在近邻的攀枝花开花结果展向全国。

二是攀枝花的水产品资源也是相当的丰富，金沙江、雅砻江都在境内，可以系统研究我国各地，尤其是四川境内的水产品制作方法，然后结合资源优势进行组合设计菜品，展示攀枝花的水产品菜品魄力。

三是利用川滇菜的烹饪手法和特色味型制作河鲜、海鲜产品，展示攀枝花自己独有的新式做法。然后再用文化等进行包装以提升菜品的价值。

四是融会贯通打造新派盐边菜肴，在保证盐边菜特色、口味不变的前提下融合川菜、粤菜等其他菜系的烹饪手法和包装进行重新搭配设计盐边菜，以全新的面貌展示给客人。

（资料来源：马开良. 现代厨政管理[M]. 北京：高等教育出版社，2010.）

（二） 调味品的组配与出新

菜品风味的构成，首先是存在丰富的调味品。高超的烹调师就是食品的调味师，所以，烹调师必须掌握各种调味品的有关常识，并善于适度控制，五味和谐，才能创制出味厚可口的佳肴。而今，全国各地的调味品味型较多，加之引进的一些特色味型调味品的利用，为菜品的味型创新奠定了物质基础。假如在原有菜点中就味型与调味品的变更方面深入思考，调换个别味料，或者变换味型，就会产生一种不同凡响的风格菜品。只要敢于变更，大胆尝试，就能产生更多新、奇、特的风味特点菜品。上乘的调料，奇妙的调配，可为调制新味型奠定良好的基础。把各种不同的调味品机动应用，进行反复试制，创造出新型口味的菜肴，这是菜肴变新的一种方法，也是以味取胜、吸引宾客的一个绝佳思路。

案例 11-5

翻新口味出新品

鸭掌一直是食客们热衷的菜品，从传统的红烧鸭掌、糟香鸭掌、水晶鸭掌到潮汕的卤水鸭掌以及走红的芥末鸭掌、泡椒鸭掌等，既体现了鸭掌菜的传统的筋抖滑爽的风味特点，又使其口味不断翻新而受到食客们的欢迎。

（资料来源：马开良．现代厨政管理[M]．北京：高等教育出版社，2010.）

（三） 处所菜品的挖掘与融合

全国各地的传统风味菜品是选用质地精良的烹饪原料，利用本地习惯用的烹饪方法制造出存在浓厚的本地风味的菜肴。在选料、技能、装盘等方面都构成了各自的个性。就地设计、持续传统、唯我独优地发挥本地的特长，才可能凸显本企业的菜品特点，并可能生根开花，影响国内外。处所菜品的翻新，既可独辟蹊径，也可以借鉴嫁接。处所菜品的嫁接是将某一菜系中的某一菜点或多个菜系中较成功的技法、调味、装盘等转移、利用到另一处所菜品中以图翻新的一种思路。

案例 11-6

菜品的嫁接翻新

菜品开发不仅是同一菜系的推陈出新，更是不同菜系之间的借鉴与创新。存在近千年历史的“扬州狮子头”，在广大厨师的精心制造下，江苏历代厨师开发创制了很多品种，如清炖蟹粉狮子头、灌汤狮子头、灌蟹狮子头、八宝狮子头、荤素狮子头、初春的河蚌狮子头、清明前后的笋焖狮子头、夏季的面筋狮子头、冬季的凤鸡狮子头等，都是脍炙人口的江苏美味佳肴。而南京的一位厨师创作的一款“鱼香脆皮藕夹”采取了处所菜品的融合与嫁接的方法，将不同处所风格的菜品融会一炉：取江苏菜的藕夹，用广东菜的脆皮糊，选四川菜的鱼香味型作味底，确实动了一番心思。

（资料来源：马开良．现代厨房管理[M]．北京：旅游教育出版社，2015.）

（四） 乡土菜的采集与提炼

乡土菜品朴实无华、清爽淡泊，是中国菜的源头活水，也是中国宫廷菜、官府菜、市肆菜发展的基本。汲取民间乡土风味菜之精华，充分利用原材料来制造新的菜品，将是菜品翻新的较好的方法。从乡土菜中撷取有养分、有价值的特点为我所用，是菜品设计与开发不竭的源泉。我国历代厨师就是在城乡饮食的泥土中汲取其精华的。如带有乡土特点的扬州蛋炒饭、四川的回锅肉、福建的糟煎笋、山西的猫耳朵、河南烙饼、陕西的枣肉末糊、湖南的蒸钵炉子等品种，源自民间，落户酒店，成为人人爱好的菜品。全国各地的乡土民间菜有很多回味无穷的好素材，只要尽力汲取，敢于利用，并迎合当地客人的口味，进行恰当的提炼升华，翻新菜就会应运而生。

（五）　菜点结合的制造风格

菜肴跟面点结合的思路，是中国菜肴变新的一种独特风格。它们之间除了彼此借鉴、取长补短之外，有时面点跟菜肴通过多种方法结合在一起，众多厨师在这方面作了很多摸索与奉献，创作了不少新的品种。菜点组合是菜肴、点心在加工制造过程中，将菜、点有机组合在一起成为一盘合二为一的菜肴。这种菜肴跟点心结合的方法，构思独特，制造巧妙，成菜时菜点融合，食用时两全其美，既尝了菜，又吃了点心；既有菜之味，又有点之香。代表品种有馄饨鸭、酥皮海鲜、鲜虾酥卷、酥盒虾仁等。在菜点相配的品种中，只要搭配巧妙、公平、合乎菜点制造的法则，便会获得珠联璧合、不断改进的艺术效果。如淮扬传统菜“馄饨鸭”是炖焖整鸭与 24 只煮熟的大馄饨为伴，鸭皮肥饶，肉质酥烂，馄饨滑爽，汤清味醇，别有一番风味。“北京烤鸭”带薄饼上桌、“鲤鱼焙面”是糖醋黄河鲤鱼带焙面上桌、“酱炒里脊丝”带荷叶夹上桌等，它们都是两者一体，其风味尤为突出。

（六）　中外烹饪技能的结合

随着中外饮食文化的交流发展，菜肴制造也浮现更加多样化的势头，如西方的咖喱、黄油的应用；东南亚沙嗲、串烧的引进；日本的刺身、鲜酢的借鉴等，这些已经融合到中国菜肴的开发之中（图 11-4）。“沙律海鲜卷”是一款中西菜结合的菜式，它取西式常用的沙律酱制成“活命沙津”而后用中餐传统的豆腐皮包裹，挂上蛋糊再拍上面包屑进油锅炸制，外酥香、内鲜嫩。广东烹饪技能是中西菜技能结合的典范，他们以传统中餐为基调，掺进大量的西餐制法，使菜肴独辟蹊径，构成了中西并融、合二为一的菜点制造特点，很多调味味型也大胆借用西式制法，如番茄汁、西汁、糖醋汁、柠檬汁、沙津汁等，是根据西餐技法模仿演变而来的。

图 11-4　芝士焗牛油果蟹肉

（七） 烹饪工艺的变更与改革

通过烹饪工艺的巧妙运用、引进、穿插、综合等，可使一些传统菜得到改进，新工艺得到应用，而使新菜品源源不断地产生。那一款款、一盘盘不同技能的菜品：爆鱿鱼卷、菊花鱼的“剞花”之法；韭黄鱼面、枸杞虾线的“裱挤”技法；海棠酥、佛手酥“包捏”技法的变更；拉面、刀削面，同样是一块面，应用不同的技能即可产生不同风格的食品，堪称“技法多变，新品不竭”。如中国面点中“花卷”，在点心师傅的制造与创意之下，派生出正卷、反卷以及正反卷系列，构成了友情卷、蝴蝶卷、菊花卷、枕形卷、如意卷、猪爪卷、双馅卷、四喜卷等。

知识拓展 11-5

小虾圆，大世界

就小小的“虾圆”来看，其变更技法十分广泛，有脍虾圆、炸虾圆、烹吓圆、炸小虾圆、炸圆羹、醉虾圆、瓤虾圆等；在“虾仁”、“虾肉”中，有炖、烩、烧、拌、炒、炙、烤、醉、酒腌、面拖、糟、卤等烹制法，还有包虾、虾卷、虾松、虾饼、虾干、虾羹、虾糜、虾酱等。堪称洋洋洒洒，变化多端。

（资料来源：马开良．现代厨政管理[M]．北京：高等教育出版社，2010.）

（八） 菜品造型的巧妙组合

中国菜肴花样繁多，技能高深，在中国食苑的百花园里竞相开放。热食造型菜品丰富多彩，堪称五彩缤纷，千姿百态。各地出现很多翻新菜品大都具有雅俗共赏的特点，并各有其风格特点。按菜品制造造型的程序来分，可分为三类：第一，先预制成型后烹制成熟的，如球形、丸形以及包、卷成形的菜品，大多采取此法，如狮子头、虾球、石榴包、菊花肉、兰花鱼卷等；第二，边加热边成型的，如松鼠鳜鱼、玉米鱼、虾线、芙蓉海底松等；第三，加热成熟后再处理成型，如刀切鱼面、糟扣肉、咕噜肉、宫保虾球等。按成型的伎俩来分，可分为包、卷、捆、扎、扣、塑、裱、嵌、瓤、捏、拼、砌、模、刀工等多种伎俩。按制品的状况分，又可分为平面型、立体型以及羹、饼、条、丸、饭、包、饺等多样。按其造型类分量来分，可分为整型（如八宝葫芦鸭）、散型（如蝴蝶鳝片）、单个型（如灵芝素鲍）、组合型（如百鸟朝凤）。

（九） 面点的皮与馅的充分利用

中国面点制造，是以各种粮食（米、麦、杂粮及其粉料）、豆类果品、鱼虾以及根茎类为原料，经过调制、成形、熟制而得到色、香、味、形俱佳的各种点心制品。面点之品，实际上就是皮与馅的结合。皮，即皮坯料，指制造点心的品种面团。如高粱、玉米、小米等特色杂粮的充分利用；利用莲子、马蹄（荸荠）、红薯、芋艿、山药、南瓜、栗子、百合等菜蔬果实的变更出新；赤豆、绿豆、扁豆、豌豆、蚕豆等豆类的合理应用；新鲜河虾肉、鱼肉经过加工亦可制成皮坯，包上各式馅心，可制成各类饺类、饼类、丸类等；利用新鲜生果与面粉、米粉等拌制，又可制成独具风味的面团品种，其光彩美观，果香浓烈，通过调制成团后，亦可制成各类点心。在开辟馅心品种时，可借鉴菜肴的制造与调味，留心外形。如西安饺子宴的制造，重视调馅的原料变更，善于采取各种调味料，使制出的馅心多彩多姿。“饺子宴”就是各种山珍海味、肉禽蛋奶、蔬菜杂粮的大汇串。

（十） 餐具器皿的配制与选用

菜品配置的餐具就其风格来说，有古典的、现代的、传统的、乡土的、西洋的等风格，它们为菜品出新提供了物质基础。从菜品器具的变更中探讨翻新菜的思路，改进传统的器、食配置方法，同样是可能产生新品菜肴的。如中国传统的炖品，以其肉质酥烂、汤醇鲜香、原汁原味的风格为全国各地的人们钟爱。不少厨师在西方菜品制造的基本上，别具匠心地效仿西餐的汤盅派生出了“炖盅”之品，与厂家一起开发了各不雷同的炖盅器皿系列。在造型上有无盖与有盖的盅：南瓜形汤盅、花生形汤盅、橘子形汤盅等；在材质上有汽锅汤盅、竹筒汤盅、椰壳汤盅、瓷质汤盅、沙陶汤盅以及烛光炖盅等。

评估练习

1. 简述菜品设计对于餐饮企业的意义。
2. 如果你受命招聘厨师，你会用哪些标准进行考核？
3. 举例说明菜点结合为什么能开发出新的菜品。

第四节 厨房的出品运转与管理

教学目标：

1. 掌握厨房出品前的准备工作。
2. 了解厨房出品的基本要求。
3. 掌握厨房出品的运转过程控制。

一、厨房的出品准备

（一） 工具准备

(1) 检查炉灶：通电通气检查炉灶、油烟排风设备运转是否正常，若出现故障，应及时自行排除或报修。

(2) 炉灶用具：将手勺放入炒锅内，将炒锅放在灶眼上，漏勺放于油罄上，垫布放入炒锅左侧，炊帚、筷子、抹布等用具备好，放于炒锅右侧。

(3) 炉灶试火：打开照明灯，先点火放入灶眼中，再打开燃气（或油）开关，调整风量，打开水龙头，注满水盒后，调整水速，保持流水降温。试火后仅留 1~2 个用于熟处理的共用火眼，其他关闭。

(4) 调料用具：各种不锈钢、塑料调料盒。

(5) 所有用具、工具必须符合卫生标准。具体卫生标准：各种用具、工具干净无油腻，无污渍；炉灶清洁卫生，无异味；抹布应干爽、洁净，无油腻，无污物，无异味。

（二） 准备调料

在打荷厨师的协助下，将烹调时所需的各种成品调味品检验后分别放入专用的调料盒内。同时制作准备调料，自制的调味料主要有调味油、酱、汁等。

(1) 制作调味油：按《标准菜谱》的要求制作葱油、辣椒油、花椒油、葱姜油、明油等常用的调味油。

(2) 制作调味酱：按《标准菜谱》的要求制作煲仔酱、黑椒酱、XO 酱、蒜蓉酱、辣甜豆豉酱、辣椒酱等常用的调味酱。

(3) 制作调味汁：按《标准菜谱》的要求制作煎封汁、素芡汁、精卤汁、白卤汁、西汁、鱼汁等常用的各种调味汁。

（三） 菜品配份摆放

(1) 各占灶厨师将自己所分工负责的菜肴品种，按《标准菜谱》中规定的投料标准和刀工要求进行配份，将配份完整菜肴的各种原料按主、辅料的顺序依码放于规定的餐具中，然后用保鲜膜封严，作为菜肴样品。

(2) 菜品的加工与摆放必须在规定的时间内完成。

二、厨房出品运转及其制度

为了有效控制菜品的出品质量，达到客人的满意度，使前厅、后厨各岗位工作有条不紊地进行，必须制定相关的制度。

（一） 顺序方面

(1) 划菜员接到菜单后，要以最快的速度以先分凉菜单，后分其他单据的原则对菜单进行分发。

(2) 厨师接到菜单后，根据菜单要求，要先上小围碟后上头菜。点菜类的热菜要先上最高档的。宴会吃标准类的热菜要先上高档菜品（如燕、鲍、翅、海参），同时注意前 8 道热菜必须按照标准菜单的先后顺序依次上。

（二） 速度方面

(1) 吃标准类。客人一到房间，服务员应征询客人意见并呈递标准菜单给客人过目，人数确定后，服务员必须先下凉菜单，让厨房提前制作。若客人没有到齐，服务员需征求客人意见，确定客人的大概数，然后下单。

(2) 厨房接到菜单后，凉菜必须在 8 分钟内上齐。大型宴会可根据实际情况，提前上桌。

(3) 热菜要在 20 分钟内上齐前四道，30 分钟内上齐一半，50 分钟内上齐所有的热菜。

服务员要根据客人要求和实际情况，灵活处理并及时与主管或厨房沟通。

(4) 菜齐后，服务员要征求客人意见确定什么时间准备面食，从通知起，面食在 10 分钟内上齐。

(5) 零点类。时间与吃标准相同。

(6) 所有时间必须以分划单时间或走菜时间为准，开始计算。

（三）质量方面

(1) 各岗位人员必须按照《标准菜谱》严格执行。行政总厨及各岗位主管要严格把好原材料的质量关。粗加工人员必须按标准进行择菜。砧板必须按标准进行加工、切配。炒锅必须按标准制作。打荷人员按标准进行盘式整理及数量、颜色检查。划菜员按菜单要求严格把好区域、数量关。服务员在上桌前要认真核对是否与菜单相符，严格把关。

(2) 每个岗位必须对上一道工序进行检查，发现问题应退回上一道工序并及时上报。若对出现的问题没有尽到把关的责任应按照管理规定给予处理。

(3) 楼层经理和行政总厨随时对产品进行检查，发现问题有责任要求返工、取消和重新制作。

(4) 行政总厨要走动管理，必须掌握当餐订餐情况，对重点客户的菜品要亲自把关，若出现上菜慢或菜品有质量问题，行政总厨负直接责任。

三、运转过程控制

管理者应经常按标准严格要求，保证制作的菜肴符合质量标准。因此过程控制应成为经常性的监督和管理的内容，进行制作过程的控制是一项最重要的工作，是最有效的现场管理。

（一） 加工过程的控制

加工过程包括原料的初加工和细加工，初加工是指对原料的初步整理和洗涤，而细加工是指对原料的切制成形。在这个过程中应对加工的出成率、质量和数量加以严格控制。原料的出成率即原料的利用率，它是影响成本的关键，该项的控制应规定各种出成率指标，把它作为厨师工作职责的一部分，尤其要把贵重原料的加工作为检查和控制的重点。具体措施是对原料和成品损失也要采取有效的改正措施。另外，可以经常检查下脚料和垃圾桶，是否还有可用部分未被利用，使员工对出成率引起高度重视。加工质量是直接关系菜肴色、香、味、形的关键，因此要严格控制原料的成形规格。凡不符合要求的不能进入下道工序。加工的分工要细，一则利于分清责任；二则可以提高厨师的专业技术的熟练程度,有效地保证加工质量。尽量使用机械进行切割，以保证成形规格的标准化。加工数量应以销售预测为依据，以满足需求为前提，留有适量的储存周转量。避免加工过量而造成浪费，并根据剩余量不断调整每次的加工量。

（二） 配菜过程的控制

配菜过程的控制是控制食品成本的核心，也是保证成品质量的重要环节。如果客人两次光顾餐厅，或两位客人同时光顾，出现配给的同一份菜肴是不同的规格，客人必然会产生疑惑或意见。因此配菜控制是保证质量的重要环节。配菜控制要经常进行核实，检查配菜中是否执行了规格标准，是否使用了称量、计数和计量等控制工具，因此即使最熟练的配菜厨师，不进行称量都是很难做到精确的。配菜控制的另一个关键措施是凭单配菜。配菜厨师只有接到餐厅客人的订单，或者规定的有关正式通知单才可配制，保证配制的每份菜肴都有凭据。另外，要严格避免配制中的失误，如重算、遗漏、错配等，尽量使失误率降到最低限度。因此，要查核凭单，这是控制配菜失误的一种有效方法。

（三） 烹调过程的控制

烹调过程是确定菜肴色泽、质地、口味、形态的关键，因此应从烹调厨师的操作规范、制作数量、出菜速度、成菜温度、剩余食品 5 个方面加强监控。首先必须督导炉灶厨师严格遵守操作规范，任何只图方便违反规定做法和影响菜肴质量的做法一经发现都应立即加以制止。其次应严格控制每次烹调的出产量，这是保证菜肴质量的基本条件，在开餐时要对出菜的速度、出品菜肴的温度、装盘规格保持经常性的督导，阻止一切不合格的菜肴出品。

四、厨房出品管理

为了保证菜点质量、标准的有效性，除了制订标准，重视流程控制和现场管理外，还必须采取有效的控制方法。

（一） 控制方法

1. 制作过程控制

从加工、配菜到烹调的 3 个程序中，每个流程的生产者，都要对前一个流程的食品质量实行严格的检查，不合标准的要及时提出，帮助前道工序及时纠正，例如，配菜厨师对一道菜配置不合理，烹调厨师有责任提出更换，使整个产品在每个流程都受到监控。管理者要经常检查每道工序的质量。

2. 责任控制

按厨房的工作分工，每个部门都担任着一个方面的工作。首先，每位员工必须对自己的工作质量负责。其次，各部门负责人必须对本部门的工作质量实行检查控制，并对本部门的工作问题承担责任，厨师长要把好出菜质量关，并对菜肴的质量和整个厨房工作负责。

3. 重点控制

把那些经常和容易出现问题的环节或部门作为控制的重点。这些重点是不固定的，例如，配菜部门出现问题，则重点控制配菜间，灶间出现问题，则重点控制灶间。

（二） 出品注意事项

(1) 沽清单是厨房在了解当天购进原料的数量缺货、积压原料的一种推销单，也是一种提示单，它告诉服务员当日的推销品种、特价菜、所缺菜品，以便服务员了解当日菜式，避免服务员在当日为客人服务时遇到尴尬、遭受指责，造成不必要的换菜、退菜，使餐饮企业声誉受到影响。

（2）做好餐前检查，检查备料是否合理，抓料是否顺手，原材料质量是否符合标准，灶上油温是否升起，某些预制品是否已加工等。

（3）冷菜单应尽早下单入厨。

（4）海鲜单应尽早通知鱼缸管理人，争取时间宰杀。

（5）遇到客人退单或换菜及时与厨房沟通。

案例 11-7

登嬴楼饭庄出品责任制度

（1）产品中有异物，造成退菜的，厨房要按照卖价进行赔偿，处理的一般原则为砧板承担60%，炒锅厨师承担40%。

（2）产品的原材料有质量问题(新鲜度、海鲜的肥瘦程度)，造成退菜的，砧板或者海鲜员要承担100%的责任。

（3）产品制作严重不合顾客口味(太咸、太辣、太淡等)，造成退菜的，炒锅厨师要承担100%的责任。

（4）未按客人要求制作的，打荷人员要承担100%的责任。若打荷人员已经通知制作的厨师，是厨师没有按要求制作，由制作厨师承担100%的责任。若菜已经上桌，服务员、划菜员要负一定的责任。

（5）未按正规程序制作的(不熟、过火候)，炒锅厨师要承担100%的责任。

（6）未按客人上菜要求按顺序上菜的，打荷和划菜员各承担50%的责任，若划菜员把好关，由打荷人员承担100%的责任。

（7）产品的数量不足，若没有把好关，服务员、划菜员、打荷人员、制作人员、砧板都要处罚。

（8）因上菜速度慢导致客人退菜的，若是厨房造成的，由厨房承担100%的责任，若是由于服务员上菜晚造成的，由服务员承担责任。

（9）由于点菜员失误点错的菜品，由点菜员承担100%的责任。

（10）由传菜员、服务员失误上错的菜品，由传菜员承担40%的责任，服务员承担60%的责任。若服务员把好关，传菜员承担100%的责任。若由于划菜员告诉错误信息，服务员没有把好关而上桌，由划菜员承担60%的责任，服务员承担40%的责任；服务员把好关，划菜员承担100%的责任。

（11）没叫起的菜提前上桌的，划菜员承担60%的责任，服务员承担40%的责任。若划单员把好关，由厨房打荷人员承担100%的责任。

（资料来源：马开良．现代厨房管理[M]．北京：旅游教育出版社，2015.）

（三）退菜、换菜处理

营业中常出现退菜或换菜，上菜速度慢等问题，服务员必须上报主管，主管对出现的问题根据情况有处理权，若须厨房鉴别的，必须征得行政总厨的意见，然后再做处理。常见的情形如下。

1. 产品中有异物（头发、杂物、虫子等）

首先向客人道歉，“对不起，出现这样的事情实在不应该。”表示真诚的歉意后征求客人意见，假如客人想重做一份或换成别的菜，为打消客人的顾虑，应说：“好的，请稍等，谢谢您。为了让您放心，请允许我把这道菜端到服务台上，等新菜上桌后再把菜撤掉，可以吗?”若客人不同意，则按规定给客人退掉；若客人换别的菜，则向客人推荐价格相近、口味相似的菜品。换菜要特别注意上菜速度要快(厨房一定要注意配合)，若客人只是反映问题不需要退菜，这时要对客人的谅解和支持表示感谢，并及时上报有关领导，采取补救措施。

2. 产品的原材料有质量问题的（新鲜度、海鲜的肥瘦程度）

首先要了解原料新鲜度的鉴别和不同季节海鲜的肥瘦情况，以及不同地区的差异。点菜员点菜时要实事求是，不能欺骗客人，不能言过其实地推销。出现问题时要向客人做出合理解释，同时立即通知主管上级和厨房，以免出现类似问题；若不能做出解释，则说：“对不起，请允许我将这道菜端出，让行政总厨鉴别一下可以吗?一会儿回来给您答复。”先将客人意思转告行政总厨，等行政总厨回答后给予客人答复，也可让行政总厨亲自向客人解释。若确属质量问题，则建议客人换菜，向客人介绍原料相似的菜。换菜要特别注意上菜速度要快。

3. 产品制作严重不合顾客口味的（太咸、太辣、太淡等）

要尽量征得客人同意重新加工，若原料不能第二次加工，如拔丝菜，可以退掉或重新做一份。针对菜品出现了太淡、太咸、太辣等情况，应说：“对不起，让我把这道菜重新加工一下好吗?”若客人许可，应立即去做。若客人不同意，只好退掉或建议客人换成别的菜品。若是客人特殊要求的菜，主管一定要跟踪调查，直到客人满意为止。

4. 未按客人要求制作或未按正规程序制作的（不熟、过火候）

首先要在上菜的过程中把关，不能把问题带到餐桌上。如客人要求不放香菜，不放辣，不放大蒜等。其他问题则打回厨房鉴别，直到客人满意为止。不熟的产品要尽量征求客人意见重新加工：“对不起，这个菜给您重新加工可以吗?”过火候的菜要根据客人的意见重做或退换。

5. 未按客人上菜要求顺序上菜

上菜顺序一般有严格的要求，如先凉后热，先菜后点，先咸后甜，先高档后一般，先荤后素，先菜后汤等。根据 “标准的菜单一律要按照菜单的先后顺序依次上菜，零点类菜单要先上最高档的菜”的规定，若不符合客人要求时，要向客人道歉并做出解释：“对不起，请允许我将这道菜端下，我会通知厨房按您的要求上菜。”这点要求厨房给予理解和配合，尊重客人的要求。

6. 产品的数量不足

上菜时有五不出的规定，菜量不足是其中之一。各环节应严格把关。配比变化有两个原因，一是原材料变化的原因(不得随意改变菜品的配比)，二是投料标准执行不准确。若菜量确属不合理减少，应马上向客人道歉，并征得客人同意退回厨房：若菜量符合标准而客人仍提出菜量不足时，也应马上向客人道歉："对不起，这道菜的量的确比以前量减少了，不过我们的价格也作了相应调整，请您稍等，让我到吧台查一下好吗？"然后迅速上报领导，请求协查量少的真正原因。若是真的调整菜的量，就要如实答复客人，若是因为员工失误造成的，也应先到客人面前给予答复。

7. 因上菜速度慢而导致客人投诉

当上菜慢时首先要到厨房了解情况和及时下催菜单，若菜仍未上要迅速向主管上级汇报。要求厨房对所催菜单特别注意或派人专门制作。当客人一再催问，则说："对不起，这道菜本来早就做好了，可是在出品时厨师发现个别原料质量有问题，所以只好重做，如果您等不及，我可以给您退掉，或者给您打个包吧。"其实造成上菜慢的原因是厨房做错了或漏配了，但向客人道歉的时候应多为企业的声誉考虑。

8. 客人预先订的菜品没有了，尤其是预订比较早的菜品和时令海鲜

客人预订的目的一是节省时间，消除焦急等待心理；二是要保证品种的供应。而叫起的菜对酒店来讲也是对客人的承诺。厨房接到叫起的菜单后，应马上着手准备，而不应压后，没有的菜品应在客人没到齐之前通知预订的客人。如果确实在上菜中出现了这种问题，则要向客人道歉，建议客人更换菜品。若客人比较生气，则可以以原料有质量问题为由谢绝客人；原则上不允许出现类似问题。如果是更换菜品，一定要向厨房落实准确，确实保证能够供应，坚决不允许出现再次断档。

9. 由于点菜员失误点错菜品

根据菜单注明的点菜员姓名迅速与其核实，核实过程中，以客人意见为主，经确认属点菜员点错菜后，应立刻下单换菜，点错的菜由点菜员负责。做好客人所需菜品后，由主管亲自上桌。

评估练习

1. 简述厨房出品在速度方面的基本要求。
2. 厨房出品应注意哪些重要的环节？
3. 举例说明未按客人要求制作的菜品上桌后如何处理。

第十二章

餐饮业务管理

引导案例

小肥羊的人力资源管理

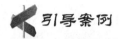

小肥羊人力资源管理的指导思想是“有德者使其扬其善，有能者使其用其长，有才者使其得其任”的用人标准；“责任到人，规划到位；职责明确，到位监督；目标控制，绩效评估；公平合理，奖惩必行”的执行力标准；“团结互助，精诚合作；以诚相待，以和为贵；随时沟通，及时回馈；快速反应，务实高效”的协调力标准；强调人才的“创新能力、领导能力、管理能力、执行能力、协调能力”的五大能力。小肥羊在质量目标上追求“优质服务率99%、顾客满意率96%、产品采购合格率100%、物流配送及时率98%、员工岗前培训率100%、工程合格率100%、年度计划监察率100%”，因而小肥羊制定了“建立和完善学习型团队，全员参与和全员学习，不断完善和更新思想，强化培训和提高认识，终身学习和与时俱进”的五项准则。这一管理思想，是小肥羊人力资源管理的灵魂，既强调了“以人为本”，也有相应的考核标准，从思想到执行都具有可操作性。小肥羊不断投入资金和人力进行多方面的培训，这些培训不仅帮助员工提高工作技能，同时丰富和完善自身知识结构和个性发展。

（资料来源：余吉安，等．餐饮企业人力资源管理成功之道——以小肥羊和海底捞为例[J]．华东经济管理．2014（11）.）

辩证性思考：

1．餐饮业务经营运转主要体现在哪些环节上?

2．从小肥羊人力资源管理的过程中总结餐饮企业人力资源管理有哪些特点?

3．要提高餐饮人力资源管理的水平，应该从哪些方面入手?

许多大型餐饮名牌企业是由一些中小型餐饮企业发展壮大而来的，这些中小型餐饮企业之所以能够成长为大中型企业甚至成为中国餐饮百强企业，其中一个重要原因就是重视人力资源的管理工作。而我国餐饮业中大部分企业并没有设立专门的人力资源管理部门，在管理人员和一般员工培训和绩效考核方面几乎空白或操作不规范，这一现象在中小型餐饮企业中尤为普遍。正如餐饮管理专家所言：一个管理者一天感动10位顾客，不如感动5位员工，因为这5个员工一天不止感动10位顾客。只有要求管理者感动员工，才能要求一线员工感动顾客，也才能有顾客盈门的经济和社会效益。

第一节 餐饮业人力资源管理

教学目标：

1. 了解餐饮人力资源管理现状与特点。
2. 掌握餐饮人力资源管理内容及模式。
3. 理解提高餐饮人力资源管理水平的措施。

一、餐饮业人力资源管理现状及特点

（一） 餐饮业人力资源管理现状

1. 员工流失率居高不下

与其他行业相比，餐饮行业待遇整体水平较低，人员流动快造成福利难以保证，很大程度上造成了整个行业的用工困难。原材料价格不断攀升，对餐饮行业的冲击尤为明显。经营成本提高，行业竞争加剧，制约了员工福利待遇的提高，进一步加剧了“招工难，留人难”的现象，致使很多餐饮企业面临严重的用工荒。由于行业性质的原因，培训和成长体系的缺位，加上工作环境恶劣，劳动时间长，流动性强，工作保障系统不健全等方面的原因，整个行业用工环境不甚理想，因而导致了员工流失率居高不下的窘况。

案例 12-1

离职率是餐饮企业人力资源管理的标杆

海底捞，是 1994 年创办于四川绵阳，以经营川味火锅为主，融会各地火锅特色于一体的大型跨省直营餐饮民营企业。其对顾客无微不至、个性化的服务，在中国餐饮业独树一帜，闻名遐迩。在当前餐饮业离职率较高的情况下，海底捞却只有 1%的离职率。普通员工的招聘采用推荐制（Referrals），中高层员工实行内部选拔制。“海底捞选员工标准很多，但原则很简单，就是不怕吃苦的好人。例如，海底捞的员工要诚实肯干，要能快速准确和礼貌地对客人服务；要能发现顾客的潜在需求，不仅会用手，还要会用脑去服务；不能赌博；还要孝顺。”海底捞的“同乡推荐”也非常有效，由于语言认同、文化认同、情感认同、习俗认同、地域认同。老乡圈能够在老乡之间进行情感交流，提供生活照顾，成为代解各种危机首要，甚至是唯一的渠道，有助于民工个体和社会之间的协同，是重要的组织资源。

（资料来源：余吉安，等. 餐饮企业人力资源管理成功之道——以小肥羊和海底捞为例[J]. 华东经济管理，2014（11）.）

2. 培训存在误区

餐饮企业管理者缺乏对员工培训工作的正确认识，认为员工培训是软任务，而提高餐饮企业经济效益和服务质量是硬任务；认为员工学一些文化，对服务质量关系不大；认为花时间搞培训会影响工作。其次是受训员工对培训缺乏正确心态，没有理解到员工培训的真正意义。另外，企业对培训工作计划安排存在误区。一些餐饮企业缺乏长期计划和短期培训的安排，没有将培训工作和餐饮企业具体工作结合起来，甚至培训没有专人负责。培训的时间安排也缺乏合理性，如管理者怕影响工作，有的把培训时间延长，使得学员疲劳、遗忘，失去学习兴趣，更谈不上理解和学以致用了。部分管理人员认为经过培训，员工的综合素质得以提高，就会不安心本职工作而去寻找更好的发展机会，从而使企业投资落空，这是一种很短浅的认知。有些餐饮企业服务质量出了问题往往归咎为基层员工的责任，因而一提培训就是对基层员工的培训。其实，餐饮企业管理人员和总经理层的培训也至关重要，他们的业务水平和管理能力对餐饮企业的经营，对下属员工素质的高低和餐饮企业经济效益的好坏有直接的影响。

案例 12-2

员工是第一顾客

在大家津津乐道海底捞的服务的时候，作为餐厅更应该了解它的“把员工当人看”、“为员工规划未来”、“帮助员工走向成功之路”、“想尽办法感动员工”。海底捞是企业，更是学校，是家。每一个餐厅的管理者都应该记住，一句祝福的话语，一声亲切的问候，一次有力的握手都将使员工终生难忘，并甘愿受企业驱遣一辈子。

（资料来源：秦志华. 人力资源管理 [M]. 4 版.北京：中国人民大学出版社，2014.）

3. 对员工的绩效考核不到位

为了使企业良好运营，创造出更大利润，管理者一般会采用现在比较流行的绩效管理。但往往事与愿违，如考核目的不明确，考核标准较模糊。员工认为考核就是找他们麻烦，扣他们工资。老板认为考核就是给员工指定目标，达不到就要接受批评、惩罚。这样将绩效考核看成了对立面，失去了绩效考核的意义。考核过程往往形式化。很多企业已制定和实施了完备的绩效考核工作，但是每位员工内心都认为绩效考核只是一种形式而已，在考核中甚至会出现心太软或者心太硬的现象，考核完全是按照领导个人意志做出考核结果，缺乏考核过程的效能控制。而且考核结果很少反馈：考核者主观上和客观上不愿将考核结果及其解释反馈给被考核者，考核行为成了一种暗箱操作。另外也可能由于考核者本人未能真正了解人力资源绩效考核的意义与目的，加上缺乏良好的沟通能力和民主的企业文化，使得考核者没有进行反馈绩效考核结果的能力和勇气。

4. 薪酬管理存在问题

许多餐饮企业薪酬管理理念落后，往往把员工薪酬看作企业成本支出，为获取短期利润而忽视员工的薪酬水平，而且薪酬管理的随意性也比较突出。另外也存在对于非经济性薪酬重视不够的现象。餐饮企业老板觉得自己创建了企业，凭借行政权威和个人管理经验，以个人意愿来制定本企业的薪酬制度。这种薪酬制度确立本身透明度较差，员工不清楚自己薪酬水平的确立标准，最终会加剧老板与员工间的矛盾，限制企业的发展。

（二） 餐饮企业人力资源管理特点

1. 员工类型多样，工作内容差异大

在餐饮企业中，涉及经理、经理助理、厨师长、财务部、领班以及各个班组的划分，存在着不同的分工类型。同时各个不同的岗位对员工学历、教育层次等内容均有不同的要求，需要不同的服务技术和要求，工作内容的千差万别无疑增加了餐饮企业人力资源管理的难度。

2. 员工工作性质灵活，绩效考核难度大

餐饮企业涉及各个部门和岗位的方方面面，员工的工作性质也非常灵活。员工工作时间多在服务场所，人力资源管理人员和服务员的工作场合存在一定的距离，管理者很难了解员工工作的全过程；同时，餐饮企业在提供有形产品的同时，无形的服务也是主要的供给，因此对服务质量的考核和评价大多来自于消费者的内心感受，因此这种缺乏明确标准的考核就增加了人力资源管理部门绩效考核的难度。

3. 员工流动性大，招聘、培训任务比较重

餐饮行业是一个人员流动性极大的行业。对于餐饮企业员工的流动问题，从整个社会的角度来看，它有利于实现人力资源的合理配置，从而提高人力资源的使用效率；从餐饮企业的角度来看，适度的人员流动，可优化餐饮企业内部人员结构，使餐饮企业充满生机和活力。但大规模的流动的同时，餐饮企业就必须花费大量的精力来培训新员工，以适应本企业的操作规范、企业文化和价值理念，因此，餐饮企业的招聘、培训的任务就变得比较繁重。

案例 12-3

海底捞的人才理念

我们不多开店，不是因为没有钱，而是缺少合格的人。大街上招来的人，要经过培训，才有可能成为符合海底捞标准的人。海底捞的火锅店必须由符合海底捞标准的人管，才能有这样高的回报。我们每年开多少店，首先是看能训练出多少合格的干部和骨干员工，然后才看手里有多少可开新店的钱。

（资料来源：余吉安，等．餐饮企业人力资源管理成功之道——以小肥羊和海底捞为例[J]．华东经济管理，2014（11）．）

4. 从业人员参差不齐，程式化管理难度大

餐饮从业人员的受教育程度主要以初中、高中为主，受教育程度相对偏低。如黄亚芬等以湛江为例的调研结果显示，有 59%的餐饮人员是来自农村，27%来自城镇，只有 14%的餐饮人员是来自市区；在学历上，湛江有 49%的餐饮人员最高学历是初中或初中以下的，高中或中专的有 44%，大专学历的占 5%，而本科及以上学历的只有 2%。除了教育程度的制约，在餐饮实践工作中有的是靠长时间的积累，有较为丰富的经验，有的则对餐饮毫无了解，在从事餐饮工作之前从未接触过该行业，经过简单培训就匆匆上岗，专业操作技能及岗位基本能力无法达标。因此，受教育程度低，不懂得交流沟通，操作技能存在缺陷等使得推行标准化及程式化的管理模式难度很大。

知识拓展 12-1

餐饮企业的发展需要复合型人才

随着人们消费观念的改变，餐饮市场竞争的加剧，餐饮企业的竞争优势已经不再单一

地表现为烹饪有特色或者就餐环境优美以及服务水平高等方面，而是体现为各种因素的综合效应。餐饮经营管理更需要懂经营、善创新、能引导消费潮流的人才，同时需要高端的餐饮人才来对企业文化、餐饮时尚进行引导和创新。

（资料来源：秦志华. 人力资源管理[M].4 版.北京：中国人民大学出版社，2014.）

二、餐饮业人力资源管理

餐饮人力资源管理既包括人力资源规划、招聘与配置、培训与开发、绩效管理、薪酬福利管理、劳动关系管理环节等人力资源管理的普遍性规律，同时又有餐饮人力资源管理的主要抓手，主要体现在员工招聘、岗位定额等环节。餐饮企业只在管理哲学上重视人，在管理制度上激励人，在文化上温暖人，才能极大地提高员工满意度，塑造出积极的工作环境、积极人格和积极情感体验。通过为员工营造一种积极优越的环境，企业可以帮助员工培养并维持积极的人格，最终能帮助员工形成积极的情感体验，以主人翁的姿态融入企业人力系统中发挥更大的功能与创造力。

（一） 餐饮业人力资源管理的内容

1. 员工的招聘

根据餐饮企业的要求，制定相关的招聘员工的标准，招聘新员工，不断补充和更新员工队伍。

2. 岗位的定额和定员

根据国家有关的法律法规，结合本餐厅的实际情况，确定各部门的劳动定额和员工的工作量，将每一位员工安置在合适的岗位上，保证餐厅经营活动的正常进行。

3. 员工的激励

首先，根据按劳分配的原则和国家有关法律法规的要求，确定员工基本的工资及福利等报酬的形式、数量等，从物质上对员工进行激励；其次，真正从员工的角度出发，保护员工应得利益，关心员工的日常生活，从精神上对员工进行激励。

知识拓展 12-2

新生代服务员不愿做岗奴

越来越多的消费者注意到，如今在外面餐馆吃饭，为大家端茶倒水、点菜送菜的服务生，不再是清一色的年轻面孔，反而多了许多“阿姨”“阿叔”级的中年人。按照传统思维的推断，此时服务行业的中坚力量应该是“85 后”“90 后”，实际情况却并非如此，如今的年青一代与服务业开始有了一种疏离。以前的服务员，还能用不发工资来留住他们，但“90 后”则不稀罕，在他们眼里，跟工资比起来，自由的“价格”更高。与“60 后”“70 后”相比，新生代服务员追求个人的休闲和感受，工作不再是生活的全部。面对这一新的形势，餐饮酒店服务行业是否能做出更有吸引力的职业规划？如何更好更快赢得新生代服务员的心？

（资料来源：游富相. 酒店人力资源管理[M].杭州：浙江大学出版社，2009.）

4. 员工的培训

为了不断提高员工的素质，提高餐厅的服务质量，应不断地对员工进行培训。一方面，从思想政治上对员工进行培训，使其树立起良好的为宾客服务的思想；另一方面，对员工的业务素质和技能技巧进行培训，提高服务质量。

知识拓展 12-3

培训不能太局限

国内绝大多数餐饮企业，提到培训就是具体的技能，如托盘培训、摆台培训、领位培训或销售技巧的培训，其他也就是加些餐饮知识类的培训，很少重视员工整体素质的培训，如员工心态教育、员工向心力、员工思维模式改造、员工协作性、员工表达能力、员工培训能力等，其实都是可以培训的。这些才是阻碍员工进一步发展的深层次原因。

（资料来源：游富相. 酒店人力资源管理[M]. 杭州：浙江大学出版社，2009.）

5. 员工的监督

应当建立劳动检查制度，对员工的工作完成情况进行监督，保证不做出违反国家法律法规的事情，不违反店规，保证餐厅正常经营活动的进行。

（二） 餐饮业人力资源管理模式

餐饮业人力资源管理模式因企业自身的规模及经营特点而异，但从传统的管理模式来看，大多都在追求所谓的标准化模式，实施定员定岗定编、薪酬待遇、晋升通道等环节的制度化与规范化，而在现实操作中餐饮企业人力资源管理模式无疑是多元化的，而且随着餐饮业的快速发展，在人力资源管理模式上出现了很多的新趋势。

1. 个性化模式

对于快速发展的餐饮行业来说，传统的人力资源管理模式正在逐渐淘汰，许多餐饮企业虽然在表面上应用传统模式，但是每隔一段时间都会加入一些新的元素，个性化的趋势已经越来越明显。从企业的角度来说，每个部门负责的工作有所差异，而且部门之间的配合对餐饮企业的发展及整体运作具有非常大的影响。人力资源管理是对企业员工调配的最有效方式。所以，餐饮人力资源管理模式会更加个性化，各个部门会建立自己的制度和章法，而不是一味地遵循统一规章制度。

案例 12-4

成功的海底捞人力资源管理模式

海底捞成功的人力资源管理模式包括两个方面：一方面，实行人性化管理，为员工解决工作以外的后顾之忧，赢得员工的认同；另一方面，海底捞为每一位员工提供了公平的发展平台，鼓励他们用脑思考，积极学习，用自己的努力改变自己的命运。这两个方面相互联系、相互影响，共同保障了海底捞员工高水平的工作积极性、满意度和忠诚度，成就了海底捞今日的辉煌。

（资料来源：余吉安，等. 餐饮企业人力资源管理成功之道——以小肥羊和海底捞为例[J]. 华东经济管理，2014（11）.）

2. 柔性化模式

当前很多餐饮企业的人力资源管理模式都在朝着柔性化的方向发展。虽然制度上的硬性要求不可改变，但是在惩罚方式上可以变得“柔性化”。例如，在扣工资方面，尽量不要一次性地全部扣除，而是可以分阶段扣除，根据员工的表现和工作水准，逐步降低扣款额度，甚至取消扣款。这种柔性管理方式，获得了很多员工的认可，并且一度解决了员工和企业之间的矛盾。

3. 跨文化模式

随着餐饮企业的日益多元化，其员工应该具有不同的知识背景和文化背景，这样才能够迎接多变的市场体制。以标准化的要求作为最低标准，因地制宜，将不同背景的文化内化于餐饮人力资源管理模式之中。跨文化指的是员工在精神文化层面要有差异性，都要互相学习、相互借鉴，团队与团队之间不仅有竞争的关系，还要有相互合作、取长补短的关系。由此可见，跨文化是餐饮人力资源管理模式的发展趋势之一，并且已经在某些大型餐饮企业，尤其是高星级酒店的餐饮部门中形成了良性的机制。一个部门的员工要各有所长，通过互相协作来达到更大的经济效益，为自己的奋斗目标和企业的战略部署做出贡献，跨文化能够帮助人力资源管理模式取得更大的进步。

案例 12-5

麦当劳人力资源管理模式

麦当劳有95%的管理者都是从基层员工做起的，他们之所以能够快速地成长为出色的管理者，在一定程度上取决于麦当劳完整的培训体系。据统计，仅麦当劳北京公司每年的员工培训费就高达1200万元，餐厅部经理以上的人员都要到汉堡大学进行学习。有人曾形象地将麦当劳的人才体系比喻为一棵圣诞树，只要你的能力足够大，公司就会让你上升一层，成为一个分枝，之后再上升又形成一个分枝，只要你肯努力，永远都有升迁的机会。正如麦当劳所承诺的：我们重视每个员工的价值、成长以及贡献。

（资料来源：秦志华. 人力资源管理[M].4 版.北京：中国人民大学出版社，2014.）

三、餐饮业人力资源管理举措

目前餐饮市场竞争十分激烈，没有一支强大的专业人力资源团队，餐饮企业很难形成自己的核心竞争力和自己的强势品牌，自然也就难以应对国内外餐饮市场的竞争格局。

（一） 完善餐饮企业人力资源管理制度

1. 做好工作分析与岗位职责设计，加强招聘与录用工作

餐饮企业岗位众多，每个岗位都有不同的工作任务和任职人员要求，这就需要做好工作分析。工作分析由两大部分组成，即工作描述和工作说明书。工作分析与岗位职责设计，是战略性人力资源管理的核心职能。招聘员工，并将员工安置在合适的位置上，使每个岗位职责明确、责任清晰，做好职务分类、工作分析等，将是企业员工试用初期的主要内容。目前，我国餐饮企业的招聘基本是沿用传统的人事管理招聘方法，比较注重应聘人员的表面现象和资料，过分注重简历、学历等，而忽视了应聘人员的品格、素质、思维等，而这几项正是餐饮企业招聘应该重视的问题。

2. 制定适合本企业的薪酬与福利制度，完善绩效管理体系

由于餐饮企业岗位等级众多，由等级形成的薪酬水平差异较大，员工过于关注职位的晋升，就会给工作表现带来影响。针对这一问题，餐饮企业薪酬设计可适当引入宽带薪酬理念，在组织内用少数跨度较大的工资范围来代替原有数量较多的工资级别的跨度范围，同时将每一个薪酬级别所对应的薪酬浮动范围拉大，使员工在原有的岗位通过改善绩效获得更高的薪酬。在福利制度上，餐饮企业可以根据餐饮工作的特点，为员工设计多元化的福利选择，如带薪小假期、奖励旅游、购房置车无息贷款、员工俱乐部等。

案例 12-6

管窥海底捞福利制度

在海底捞，员工保险、廉价员工集体公寓、免费的集体食堂、免费的家政服务、每月的带薪假日、重大节日的公司礼品等制度一方面对优秀员工有吸引力，另一方面让员工有安全感、稳定感，满足了员工的自尊心，增强了员工的自信心，使员工保持一个好的心情。另外，疾病专项基金、教育津贴、父母补贴以及离职补偿都是海底捞特有的福利制度。

（资料来源：余吉安，等. 餐饮企业人力资源管理成功之道——以小肥羊和海底捞为例[J]. 华东经济管理，2014（11）.）

3. 建立合理的激励制度，物质激励与精神激励相结合

在餐饮企业建立科学的激励机制首先要提高员工的工资、福利待遇。员工到餐饮企业工作的目的之一就是获得相应的报酬，报酬的高低也是衡量员工价值的标准之一，较高的工资不仅能使员工物质需要得到满足，同时也可满足员工的心理需要，对员工有很大的激励作用。在物质激励的同时，要注重员工的精神激励。由于餐饮企业中大部分岗位的动作重复率高，容易产生枯燥感，精神激励显得尤为重要。怎样做到物质激励与精神激励相结合呢？一是创建适合企业特点的企业文化。用员工认可的文化来管理，可以为餐饮企业的长远发展提供动力。二是制定精确、公平的激励机制和激励制度，在激励中严格按制度执行并长期坚持。三是多种激励机制的综合运用。事实上激励的方式多种多样，只要是采用适合本企业背景和特

色的方式，就一定可以激发员工的积极性和创造性，使企业得到进一步的发展。

4. 推动人力资源的合理流动与调配，有效防止餐饮企业员工的流失

餐饮业员工流动主要集中于两头：一头是餐饮企业基层操作服务型年轻员工的频繁流动，另一头是中高层专业技术人员和管理人才的流动。前者流动的主要原因是工作强度大、经济待遇低等内部原因，后者则主要因为外部的原因而流向待遇更高、个人认为更有发展前景的地方，尤其是后者的去留，与餐饮企业的兴衰有着极为密切的关系，一旦流失，不仅会影响到整个企业或部门的工作进程，还可能给其他成员造成强烈心理冲击，从而导致人心涣散，更有甚者可能直接或间接导致大批人才流失。

（二） 加强餐饮企业员工培训

培训是对员工思想和精神的重新洗礼，是餐饮企业的战略性投资，经过完善的培训体系训练出来的员工所能够反馈给企业的价值，绝不仅仅是表面的改变，企业得到的回报会高于其付出的成本。借助培训首先可以提高员工综合素质，提升其职业技能与专业水平，从而提升工作能力。其次，可以促进员工的自我发展，规划职业晋升方向，使企业和员工共同发展，最终实现双赢的局面。再次，可以宣传餐饮企业本身的品牌效能，增强企业内部员工的团队意识。企业员工的凝聚力加强了，员工之间的日后交叉工作一定会做得更加和谐和顺利，企业成为最大的受益者。最后，培训过程中可以激发员工的企业经营思路，提升员工的责任感和主人翁意识，共同为企业未来的发展献计献策，同时也提高了员工的学习能力，以便今后在企业中承担更重要的职位，在整个过程中也体现了企业发现人才、培养人才、重视人才的管理理念。

企业在针对不同层面员工进行培训时，要区别对待，各岗位员工的工作内容和方式不同，把从事同一工作内容的员工集中起来进行培训比较容易明确培训的主题。在选择培训时间上，尽量避免选择使员工过于集中的全体培训方式，这与餐饮企业日常较为繁忙的经营模式是相背离的。最后，要对培训效果进行评估，这一评估结果在很大程度上都是通过员工本身培训过后的工作行为表现出来的，当然，一次成功培训的顺利完成或早或晚会为企业带来一定的经营收益。

（三） 实施“人性化”管理，完善考核和提升机制

为了让绩效考核思想深入员工心中，消除对绩效考核的错误及模糊认识，应把考核作为一项经常性工作，要求各部门做到记录、小结、检查、评比、总结，积极推动员工的能力发展与潜能开发，注重考核双方的严格性，执行绩效考核。科学分析考核内容，考核前，企业提出指导目标，将其分解到部门，并对完成情况加以考核；再由各部门针对具体岗位进行分析，选用合适的定量指标与定性指标，从而确立岗位绩效考核内容及标准。为了避免平均、趋中的现象，餐饮企业可以对考核成绩做强制分布。如根据考核成绩将员工按一定比例分成A、B、C、D、E 5个等级，再根据不同等级，采取相应的激励措施。绩效考核已成为企业人力资源开发与管理工作的一个重要方面，也成为餐饮企业文化建设的价值导向，企业应从

整体战略的高度构筑整个人力资源管理的框架并完善机制，凸显以人为本的观念，同时在实际薪酬管理中重视非经济性的薪酬，提高员工的工作满意度。

案例 12-7

海底捞的 HR 管理

海底捞通过金蝶 HR 系统的实施，设计出了符合其管理模式的“人事异动”工作流，总部管理人员通过 HR 系统人力规划和报表查询，在全国范围内找到合适的人选，由各个分店人事主管发起异动申请，通过总部人事经理、业务主管经理的审批，完成人员轮换工作。海底捞总部不再具体操作各分店的人事业务，由熟悉分店人员的分店主管进行操作，既减轻了总部人事事务的工作量，还便于分店对所属人员的日常管理。海底捞人事管理采用集中管理、分散操作的方式，很好地解决了各地区之间人员调动的问题，也便于总部对人力资源状况进行统一调配、统一规划。通过高效的人事管理，海底捞实现了对全公司人力资源统一管理和控制，有效推进公司人员能力快速复制策略的落实，全面提高了企业人力资源管理水平和效率。

（资料来源：余吉安，等. 餐饮企业人力资源管理成功之道——以小肥羊和海底捞为例[J]. 华东经济管理，2014（11）.）

评估练习

1. 简述餐饮业人力资源管理的特点。
2. 餐饮业人力资源管理的内容主要体现在哪些方面？
3. 举例说明提高餐饮业人力资源管理的措施。

第二节　餐饮业成本控制管理

教学目标：

1. 了解餐饮成本构成。
2. 理解餐饮成本的特点。
3. 掌握餐饮成本的控制。

一、餐饮业成本

（一）　饮业成本结构

餐饮成本是凝结在餐饮产品中的原材料价值和劳动力价值以及其他相关费用的货币表现。餐饮业的成本结构，可分为直接成本和间接成本两大类。所谓直接成本，是指餐饮成品中具体的材料费，包括食物成本和饮料成本，也是餐饮业务中最主要的支出。所谓间接成本，是指操作过程中所引发的其他费用，如人事费用和一些固定的开销（又称为经常费）。人事费用包括员工的薪资、奖金、食宿、培训和福利等；经常费则是所谓的租金、水电费、设备装潢的折旧、利息、税金、保险和其他杂费。可知，餐饮成本控制的范围也就包括了直接成本与间接成本的控制。凡是菜单的设计、原料的采购、制作的过程和服务的方法，每一阶段都与直接成本息息相关，自然应严加督导。而人事的管理与其他物品的使用与维护，应全面纳入控制的系统，以期达到预定的控制目标。

（二） 饮产品成本

餐饮产品成本的核算以原材料成本为基础。在餐饮生产过程中食品原材料有主料、配料和调料之分。主料是餐饮产品中的主要原材料，一般成本份额较大；配料是餐饮产品中的辅助原材料，其成本份额相对较小，但在不同花色品种中，配料种类各不相同，有的种类较少，有的种类可多达十种以上，使产品成本构成变得比较复杂；调料也是餐饮产品中的辅助原材料，主要起色、香、味、型的调节作用，调料品种越多，在产品中每种调料的用量则越少。食品原材料的主料、配料和调料价值共同构成菜肴成本。餐饮经营过程中，要同时销售各种酒水饮料。由于餐饮产品花色品种多，成本构成复杂。除食品原材料成本以外，很难准确计算出每个菜肴之中应该分摊多少水费、电费、燃料、家具折旧、餐茶用品消耗等。因此，在实际工作中，为便于核算，往往将食品原材料之外的其他各种耗费都作为流通费用处理。由此，食品成本、酒水成本再加上餐饮经营中的其他各种合理耗费，就构成了餐饮经营中的全部成本，为了便于理解，可将其划分为狭义和广义两种餐饮产品成本的形式，见表 12-1。

表 12-1 餐饮成本的构成

<table>
<tr><td>主料</td><td>配料</td><td>调料</td><td rowspan="2">酒水成本</td><td rowspan="3">员工费用</td><td rowspan="3">餐茶用品</td><td rowspan="3">水电消耗</td><td rowspan="3">燃料消耗</td><td rowspan="3">折旧费用</td><td rowspan="3">维修费用</td><td rowspan="3">销售费用</td><td rowspan="3">印刷费用</td><td rowspan="3">管理费用</td><td rowspan="3">交际费用</td><td rowspan="3">其他费用</td></tr>
<tr><td colspan="3">食品成本</td></tr>
<tr><td colspan="4">餐饮产品成本（狭义）</td></tr>
<tr><td colspan="15">餐饮产品全部成本（广义）</td></tr>
</table>

（三） 饮成本核算

根据企业管理体制不同，餐饮产品成本核算的组织形式主要有两种：一是餐饮成本核算归餐饮部门负责，部门设餐饮成本会计，厨房设成本核算员，成本会计直接为财务部提供成本核算报表；二是餐饮成本核算由财务部负责，财务部设餐饮成本会计，厨房设成本核算员，成本核算员归财务部餐饮成本会计管理，直接为成本会计提供核算资料。

知识拓展 12-4

餐饮成本核算

餐饮成本核算一般体现在两方面：一是原始记录往往是餐饮成本核算的依据。正确进行成本核算，必须建立原始记录制度。采购、储藏、领料、发料、生产、销售等各个环节都要做好原始记录，其内容主要包括原料进货发票、领料单、转账单、盘存单、原料耗损报告单、生产成本记录册、生产日报等的建立。二是选用合适的衡器，它是餐饮成本核算的必备计量工具，厨房为准确计量各种原材料的消耗，必须配备必要的衡器。使用于餐饮的衡器主要有4种：台秤，用于大宗食品原料计量；天平秤或电子秤，用于贵重食品原料计量；案秤，用于一般食品原料计量；量杯，用于调味品原材料计量。衡器的选择应根据本餐厅食品原材料的计量要求来确定。衡器在使用过程中，要掌握标明的量度和灵敏度，长期使用的衡器要定期检查其精确度，加强衡器保养，做到计量准确，防止误差发生。

（资料来源：龚韵笙．餐饮成本控制[M]．北京：旅游教育出版社，2014.）

餐饮产品成本核算根据厨房产品生产方式和花色品种的不同，有不同的核算方法。通常情况下，餐饮成本核算的方法有4种：一是按产品生产步骤核算成本；二是按产品生产批量核算成本；三是按预定情况倒推核算成本；四是按产品类别核算成本。核算思路分别如下。

1．顺序结转法

顺序结转法是根据餐饮产品生产步骤来核算成本，适用于分步加工、最后烹制的餐饮产品成本核算。方法是将产品的每一生产步骤都作为成本核算对象，依次将上一步骤的成本转入下一步骤的成本，逐步计算出产品成本。在餐饮管理中，大多数热菜食品都是分步加工的，如鱼香肉丝，其成本核算的过程是：先核定出肉丝、木耳、竹笋等的成本，然后相加，最后加上调料成本，从而形成餐饮产品成本。

2．平行结转法

平行结转法主要适用于批量生产的餐饮产品成本核算，但它和顺序结转法又有区别。生产过程中，批量餐饮产品的食品原材料成本是平行发生的，原料加工一般一步到位，形成净料或直接使用的食品原材料，这时，只要将各种原料成本相加，即可得到产品成本。如冷荤中酱牛肉、酱猪肝，面点中的馅料食品，如三鲜馅的饺子、包子等，这些食品在加工过程中，其各种原料成本是平行发生的，只要将各种同时发生的原料成本汇总，即可得到餐饮产品成本和单位成本。

3．订单核算法

订单核算法是按客人订单来核算成本，主要适用于团队、会议、宴会等成本核算。这些类型的客人用餐事先都会预订，且用餐标准十分明确。在成本核算时，首先必须根据订餐标准和用餐人数确定餐费收入，然后要根据预订标准高低确定毛利率高低，算出一餐或一天的可容成本，最后在可容成本的开支范围内组织生产，而这一过程都是以订单为基础和前提的。

4．分类核算法

分类核算法主要适用于餐饮核算员和餐饮成本会计的成本核算。如成本核算员每天核算成本消耗，先要将所有单据按生产区域分类，然后在每一个生产区域内将所有成本单据按食品和饮料分类，再按食品原料种类分类记账，最后分别核算出每个生产区域的各类原材料成本。此外，在月、季成本核算中还可以分别核算出蔬菜、肉类、鱼类成本或冷菜、热菜、面点、汤类等不同种类的餐饮产品成本。

（四） 餐饮成本的特点

1. 变动成本比例大

餐饮部门的成本费用中，除食品饮料的成本以外，还有物料消耗等一部分变动成本。这些成本和费用在营业费用中占的比例大，并随着销售数量的增加而成正比例增加。这个特点意味着餐饮价格折扣的幅度不能太大。

2. 可控成本比例大

除营业费用中的折旧、大修理、维修费等是餐饮管理人员不可控制的费用外，其他大部分费用及食品饮料原料成本都是餐饮管理人员能控制的费用。这些成本和费用的多少与管理人员对成本控制的好坏直接相关，而且这些成本和费用占营业收入的很大比例。这个特点说明餐饮成本和费用的控制十分重要。

3. 成本泄漏点多

餐饮成本和费用的大小受经营管理的影响很大。在菜单的计划、食品饮料的成本控制、餐饮的推销和销售控制以及成本核算的过程中涉及许多环节：菜单计划—采购—验收—储存—发料—加工切配和烹调—餐饮服务—餐饮推销—销售控制—成本核算。以上每个环节都可能影响成本。

(1) 菜单计划和菜品的定价影响顾客对菜品的选择，决定菜品的成本率。

(2) 对食品原料的采购、验收控制不严，或采购的价格过高、数量过多会造成浪费；采购的原料不能如数入库，采购的原料不恰当等都会引起成本提高。

(3) 储存和发料控制不佳，会引起原料变质或被偷盗、丢失和私用。

(4) 对加工和烹调控制不严不仅会影响食品的质量，还会提高食品饮料的折损和流失量，对加工和烹调的数量计划不恰当也会造成浪费。

(5) 餐饮服务不仅影响顾客的满意程度，也会影响顾客对高价菜的挑选，从而影响成本率。

(6) 餐饮推销不仅影响收入，也影响成本率。例如，加强宴会和饮料的推销会降低成本率；销售控制不严，售出的食品饮料得不到收入也会使成本比例增大。

(7) 企业若不加强对成本的核算和分析就会放松对各个环节的成本控制。

总之，对上述任何一个环节控制不严都会增加成本。

二、餐饮成本的控制

（一） 直接成本的控制

有效的餐饮成本控制，并非一味地缩减开支或采购低成本的原料，企图节省支出费用，而是指以科学的方法来分析支出费用的合理性，在所有行动展开之前，规划以年或月为单位的开销预算，然后监督整个过程的花费是否合乎既定的预算，最后以评估和检讨的方式来修正预算，改善控制系统。

1．控制的步骤

（1）成本标准的建立。所谓建立成本的标准，就是决定各项支出的比例。以食物成本为例，食物成本也指食物的原料或半成品购入时的价格，但不包括处理时的人工和其他费用。食物成本比例取决于 3 个因素：采购时的价格、每一道菜的分量、菜单售价。

（2）记录实际的操作成本。餐饮业在操作上常会遇到一些意料之外的障碍，有时是人为导致浪费，有时是天灾影响原料成本，这些因素都会直接反映到操作成本上。所以，真实地记录操作过程的花费，并对照着预估的支出标准，可以，立即发现管理的缺失，及时改善控制系统。影响操作成本的十大因素可归纳如下：运送错误，储藏不当，制作消耗，烹调缩水，食物分量控制不均，服务不当，有意或无心的现金短收，未能充分利用剩余食物，员工偷窃，供应员工餐饮之用。

（3）对照与评估。一般而言，实际成本经常会高于或低于标准成本，但是管理阶层应于何时采取行动来调查或修正营运状况，则应视两者差距的大小而定。当管理者在设定差距的标准时，应先评估时间的多少与先后顺序，以免本末倒置，而达不到控制的真正目的。

2．直接成本控制的方法

餐饮产品由采购原料开始至销售为止，每一过程都与成本有关系。如常用的主辅料反串法把价格相对较高的主料用其他价格相对便宜的辅料替换，既丰富了菜品营养，又降低了成本。比如大盘鸡，可以加一些土豆、豆角等原料，减少 1/5 的主料，卖价不需要改变，成本降低。从“水煮鱼”演变来的“水煮豆腐”，从“宫保鸡丁”演变来的“宫保茄丁”，卖价都很低，毛利很高，很受顾客欢迎。

（1）菜单的设计。每道菜制作所需的人力、时间、原料、数量及其供应情形，会反映在标准单价上，所以设计菜单时要注意上述因素，慎选菜色的种类和数量。

标准单价是指按照食谱中制作一道一人份的菜所需要的食物成本。计算方法是将食谱中所有成分的价格总和除以全部的分量。

（2）原料的管控。采购过量，可能会造成储存的困难，使食物耗损的机会增加（尤其是生鲜产品），但数量太少，又可能造成供不应求、缺货，而且单价也随之提高。所以准确地预测销售，定时盘点，且机动性改变部分菜单，以保存使用的安全量，都是采购与库存管理人员需注意的要点。

案例 12-8

以原料为源头的成本控制

天津海河文华酒店库房和前台销售数据衔接，库存商品根据不同类别选择不同的管理方式。对于重点监控的冰干鲜类库存商品，设定为“实地盘存以存计耗”方式，定期参与转存。加工部门划分为中厨、冷荤、面点、海鲜池等。

（1）直拨类库存商品，如鲜活鱼、海鲜、肉、禽、蛋、时令果蔬等，直接验收入库到加工部门：①鲜活鱼每日进货一次，验收入库到海鲜池部门，验收入库后直接转换为当天耗用；②海鲜、肉、禽、蛋、时令果蔬等入库到中厨或冷荤部门，如果部门间领用要填写移库单。

(2) 调拨类库存商品，如烟酒、饮料、粮油、冰干鲜、调味品、餐具等，验收入库到仓库：①加工部门领用填写移库单，计入部门成本；②销售部门（银台或吧台）领用填写移库单。

(3) 每日营业结束进行日结操作后，可以直接销售的库存商品，如烟酒、饮料类，通过转换销售数据得出耗用数量。

(4) 加工部门5天（或7天）转存一次冰干鲜类存货，填写转存单。系统根据转存单自动计算各部门耗用数量，生成耗用单。

(5) 加工部门5天（或7天）将部门存货全部转为耗用，财务人员可以统计5天（或7天）的部门毛利。

(6) 会计期末对仓库进行盘点，填写盘点单，生成仓库部门盈亏数据。

(7) 盘点后，进行期末结转操作，将本会计期的期末数据（库存账和财务账）结转到下一会计期的期初数据上，同时系统业务日期跳转到下一会计期时间上。

（资料来源：龚韵笙．餐饮成本控制[M]．北京：旅游教育出版社，2014.）

(3) 产品的制作。制作人员一时疏忽，或温度、时间控制不当，或分量计算错误，或处理方式失当，往往会造成食物的浪费，而增加成本。因此，除了鼓励使用标准食谱和标准分量外，也可以用切割试验来严密地控制食物的充分利用。

(4) 服务的方法。没有标准器具可供使用，对于剩余的食物没有适当加以处理，对于食物卖出量与厨房出货量没有详细记录，及延迟送食物给客人，都会造成食物的浪费和损害，影响成本，所以预先规划妥善的服务流程，将有助于控制成本。

（二） 间接成本的控制

1．薪资成本的控制

操作不熟练的员工，工作效率自然不高，生产率也难以提高；疲惫不堪的员工，服务的质量也会降低，而这些都会影响人事费用的支出。有效分配工作时间与工作量，并施以适当、适时的培训，是控制人事成本的最佳法宝。人事成本包括薪资、加班费、员工食宿费、保险金及其他福利，其中薪资成本的开销最大，约占营业总收入的两成至三成，主要依其经营风格的差异及服务品质的高低会略有浮动。

(1) 控制的方法。一般而言，管理者会先设定服务质量的标准，仔细考量员工的能力、态度及专业知识，然后制定出期望的生产率。如果实际的生产率无法达到预估的水准，管理者就需要彻底分析并采取相应行动了。

确定标准生产率：标准生产率可由两种方法来确定，一种是依据每小时服务客人的数量，另一种是依据每小时服务的食物份数（此适用于套餐服务方式）。这两种方法都可以清楚地算出服务人员的平均生产率，可作为排班的根据。

人员分配：根据标准的生产率，配合来客数量的不同来分配。分配时需注意每位员工的工作量及时数是否合适，以免影响工作质量。

由标准工时计算出标准工资：预估出标准的薪资费用，然后与实际状况比较、分析，作为管理者监控整个作业及控制成本的参考。

(2) 降低薪资成本的方法。餐饮业种类的不同，对员工水准的需求也不同，薪资成本的结构自然也不一致。如果管理者评估发现薪资成本过高，不符合营运效益，除了要重新探讨服务标准的定位外，也可采取下列步骤。

① 用机器代替人力。例如，以自动洗碗机代替人工洗碗。

② 重新安排餐厅内外场的设施和动线流程，以减少时间的浪费。

③ 工作简单化，进行程序的简化。

④ 改进分配的结构，使其更符合实际需要。

⑤ 加强团队合作精神培训，以提高工作效率。

2. 经常费的控制

员工若没有节约能源的习惯，则会造成许多物品与能源的浪费，如水、电、纸巾、事务用品。不熟悉机器设备的使用方式，则会增加修理的次数，增加公司的负担。养成员工良好的工作习惯，确实执行各部门物品的控制及严格的仓储管理，便能聚水成河，积少成多。

知识拓展 12-5

效益型酒店成本范围

各酒店的成本和费用占营业收入的百分比是不同的，先进的效益型酒店其成本和费用占营业额百分比的范围大体如下：成本占营业额的22%～25%。其中餐饮营业成本占营业额的40%～50%；娱乐场所的营业成本占其营业额的10%～15%；经营费用占营业额的20%～30%；管理费用占营业额的8%～10%。在费用中，可控的有工资、燃料、水电、物料消耗、低值易耗品摊销、招待费、电话费、广告宣传费。其中工资占费用总额的20%～25%，占营业总额的10%～15%；燃料费占费用总额的5%～6%，占营业总额的2%～4%；水电费占费用总额的15%～20%，占营业总额的8%～10%；低值易耗品摊销占费用总额的0.4%～0.8%，占营业总额的0.1%～0.2%；物料消耗占费用总额的5%～8%，占营业总额的2%～4%；招待费占费用总额的1.5%～2%，占营业总额的0.5%～0.8%；电话费占费用总额的2%～3%，占营业总额的0.5%～2%；宣传广告费占费用总额的5%～10%，占营业总额的3%～5%。

（资料来源：龚韵笙. 餐饮成本控制[M]. 北京：旅游教育出版社，2014.）

评估练习

1. 简述餐饮成本的构成。
2. 举例说明餐饮成本的特点。
3. 简述餐饮成本控制的基本步骤。

第三节 餐饮业服务质量管理

教学目标：

1. 了解餐饮服务质量管理的概念。
2. 掌握餐饮服务质量控制的基本内容。
3. 理解餐饮服务质量控制与管理的具体方法。

一、餐饮服务质量控制

餐饮服务是有形产品和无形劳务的有机结合，餐饮服务质量则是有形产品质量和无形劳务质量的完美统一，有形产品质量是无形产品质量的凭借和依托，无形产品质量是有形产品质量的完善和体现，两者相辅相成。对有形产品和无形产品质量的控制，即构成完整的餐饮服务质量控制的内容。

（一） 有形产品质量控制

有形产品质量控制是指对餐饮企业提供的设施设备和实物产品以及服务环境质量进行的控制，有形产品质量主要满足宾客物质上的需求。

1. 餐饮设施设备的质量控制

餐饮设施、设备是餐饮企业赖以存在的基础，是餐饮劳务服务的依托，反映出一家餐厅的接待能力。同时，餐饮设施、设备质量也是服务质量的基础和重要组成部分，是餐饮服务质量高低的决定性因素之一，因此，要对餐饮设施设备的质量进行控制。

(1) 客用设施、设备也称前台设施、设备，是指直接供给宾客使用的设施、设备，如餐厅、酒吧的各种设施、设备等。要求做到设置科学，结构合理；配套齐全，舒适美观；操作简单，使用安全；完好无损，性能良好。

其中，客用设施设备的舒适程度是影响餐饮服务质量的重要方面，舒适程度的高低一方面取决于设施、设备的配置，另一方面取决于对设施、设备的维修保养。因此，随时保持设施、设备的完好率，保证各种设施、设备的正常运转，充分发挥设施、设备的效能，是餐饮服务质量控制的重要组成部分。

(2) 供应用设施、设备是指餐饮经营管理所需的生产性设施设备，如厨房设备等。供应用设施设备也称后台设施、设备，要求做到安全运行，保证供应。否则也会影响服务质量。

2. 餐饮实物产品质量控制

实物产品可直接满足餐饮宾客的物质消费需要，其质量高低也是影响宾客满意程度的一个重要因素，因此实物产品质量控制也是餐饮服务质量控制的重要组成部分之一。餐饮的实物产品质量控制通常包括以下几方面。

(1) 菜点酒水质量控制。不同客人对饮食有不同的要求，如有的客人为求满足其新奇感而品尝名菜佳肴，而有的客人只为了寻求符合口味的食品而喜爱家常小菜，但无论哪种宾客，他们通常都希望餐饮饮食产品富有特色和文化内涵，要求原料选用准确，加工烹制精细，产品风味适口等。另外，餐饮企业还必须保证饮食产品的安全卫生。

知识拓展 12-6

菜品质量

菜品的质量由两部分构成：一是菜品的本身质量，如色泽、香气、口味、质感、形态及营养等，它们是整个菜品质量的基础；其二是菜品的外围质量，如环境、服务等，是菜品质量的外延。

（资料来源：肖红艳．餐饮企业菜品质量管理的问题及对策分析[J]．物流科技，2012（4）.）

菜点酒水质量控制是餐饮实物产品质量控制的重要构成内容之一，要求做到以下几点：

① 合理安排菜肴品种，能适合客人多类型、多层次的消费需求。

② 根据餐厅的营业性质、档次高低、接待对象的消费需求，选择产品风味和花色品种，保证菜点的营养成分。

③ 花色品种和厨房烹调技术、原料供应、生产能力相适应。

通常情况下，零点餐厅花色品种不少于 50 种，自助餐厅不少于 30 种。咖啡厅不少于 35 种，套餐服务不少于 5 种。

产品应类型多样，冷菜、热菜、面点、汤类、甜食齐全，各产品结构高中低档比例合理。

(2) 客用品质量控制。客用品也是餐饮实物产品的一个组成部分，它是指餐饮企业直接供宾客消费的各种生活用品，包括一次性消耗品（如牙签等）和多次性消耗品（如棉织品、餐酒具等）。客用品质量应与饭店星级相适应，避免提供劣质客用品。餐饮部提供的客用品数量应充裕，能够满足客人需求，而且供应要及时。另外，餐饮部还必须保证所提供客用品的安全与卫生。

客用品质量控制要求做到以下几点。

① 各种餐具要配套齐全，种类、规格、型号统一；质地优良，与餐厅营业性质、等级规格和接待对象相适应；新配餐具和原配餐具规格、型号一致，无拼凑现象。

② 餐巾、台布、香巾、口纸、牙签、开瓶器、打火机、火柴等各种服务用品配备齐全，酒精、固体燃料、鲜花、调味用品要适应营业需要。

③ 筷子要清洁卫生，不能掉漆、变形，没有明显磨损的痕迹。

(3) 服务用品质量控制。服务用品质量控制是指对餐饮部在提供服务过程中供服务人员使用的各种用品，如托盘等的质量进行的控制。高质量的服务用品是提高劳动效率、满足宾客需要的前提，也是提供优质服务的必要条件。

服务用品质量要求品种齐全、数量充裕、性能优良、使用方便、安全卫生等。管理者对此也应加以重视，否则，餐饮部也难以为宾客提供令其满意的服务。

3. 服务环境质量控制

服务环境质量是指餐饮设施的服务气氛给宾客带来感觉上的享受感和心理上的满足感。它主要包括独具特色的餐厅建筑和装潢，布局合理且便于到达的餐饮服务设施和服务场所，充满情趣并富于特色的装饰风格，以及洁净无尘、温度适宜的餐饮环境和仪表仪容端庄大方的餐饮服务人员。所有这些构成餐饮所特有的环境氛围。它在满足宾客物质方面需求的同时，又可满足其精神享受的需要。

通常对服务环境布局的要求是：整洁，美观，有秩序和安全。设备配置要齐全舒适，安全方便，各种设备的摆放地点和通道尺度要适当，运用对称和自由、分散和集中、高低错落对比和映衬，以及借景、延伸、渗透等装饰布置手法，形成美好的空间构图形象。同时，要做好环境美化，主要包括装饰布局的色彩选择运用，窗帘、天花、墙壁的装饰，盆栽、盆景的选择和运用。在此基础上，还应充分体现出一种带有鲜明个性的文化品位。

由于第一印象的好坏，很大程度上是受餐饮环境气氛影响而形成的，为了使餐厅能够产生这种先声夺人的效果，管理者应格外重视餐饮服务环境的管理。

（二） 无形产品质量控制

无形产品质量控制是指对餐饮提供的劳务服务的使用价值的质量，即劳务服务质量进行控制。无形产品质量主要是满足宾客心理上、精神上的需求。劳务服务在使用以后，其劳务形态便消失了，仅给宾客留下不同的感受和满足程度。如餐厅服务员有针对性地为客人介绍其喜爱的菜肴和饮料，前厅问询员圆满地回答客人关于餐饮内各种服务项目的信息的询问，都会使客人感到愉快和满意。

无形产品质量控制主要包括餐饮价格、服务人员的仪容仪表、礼貌礼节、服务态度、服务技能、服务效率和清洁卫生控制等方面。

1. 餐饮价格控制

价格合理包括两方面含义：一定的产品和服务，按市场价值规律制定相应的价格；客人有一定数量的花费，就应该享受与其相称的一定数量和质量的产品或服务。如果客人感到“物有所值”，餐饮企业就能实现经营的经济效益和社会效益。

知识拓展 12-7

低价的餐饮网络团购不能以质量为代价

越来越多的餐饮企业在销售方面常采用较为流行的网络营销，主要以团购的低价形式来进行推销。较多知名餐饮企业在运用网络营销，扩大顾客群体，增加企业收入上比较重视，但是在服务质量上没有投入更多精力，有的甚至降低了服务质量。顾客购买时期望的是知名餐饮业的优质服务，感知到的却是服务速度很慢，菜品质量差，卫生环境差等诸如此类的问题。随着消费者对服务质量的认知越来越清晰，越来越挑剔和更多的选择，那么服务质量差的企业必然会被顾客所抛弃。

（资料来源：胡敏．饭店服务质量的管理[M]．3 版．北京：清华大学出版社，2015.）

2. 仪容仪表控制

餐厅服务员必须着装整洁规范，举止优雅大方，面带笑容。根据规定，餐厅服务员上班前须洗头、吹风、剪指甲，保证无胡须，头发梳洗整洁，不留长发；牙齿清洁，口腔清新；胸章位置统一，女性化妆清淡，不戴饰物。

餐饮服务的全体从业人员要注重仪容仪表，讲究体态语言，举止合乎规范。要时时、事事、处处表现出彬彬有礼、和蔼可亲、友善好客的态度，为宾客创造一种宾至如归的亲切之感。

3. 礼貌礼节控制

餐饮服务员直接面对客人进行服务的特点使得礼貌礼节在餐饮管理中备受重视。礼貌，是人与人之间在接触交往中相互表示敬重和友好的行为规范。它体现了时代风格和人的道德品质。礼节，是人们在日常生活和交际场合中，相互问候、致意、祝愿、慰问以及给予必要的协助与照料的惯用形式，是礼貌的具体表现。

餐饮服务中的礼节礼貌通过服务人员的语言、行动或仪表来表示。同时，礼节礼貌还表达谦逊、和气、崇敬的态度和意愿。

4. 服务态度控制

(1) 面带微笑，向客人问好，最好能称呼顾客的姓氏。

(2) 主动接近顾客，但要保持适当距离。

(3) 含蓄、冷静，在任何情况下都不急躁。

(4) 遇到顾客投诉时，按处理程序进行，注意态度和蔼，并以理解和谅解的心理接受和处理各类投诉。

(5) 在服务时间、服务方式上，处处方便顾客，并在细节上下功夫，让顾客体会到服务的周到和效率。

5. 服务技能控制

服务技能是餐饮部服务水平的基本保证和重要标志，是指餐饮服务人员在不同场合、不同时间，对不同宾客提供服务时，能适应具体情况而灵活恰当地运用其操作方法和作业技能以取得最佳的服务效果，从而所显现出的技巧和能力。服务技能的高低取决于服务人员的专业知识和操作技术，要求其掌握丰富的专业知识，具备娴熟的操作技术，并能根据具体情况灵活地运用，从而达到具有艺术性，给客人以美感的服务效果。如果服务员没有过硬的基本功，服务技能水平不高，即使态度再好、微笑得再甜美，顾客也会礼貌地拒绝。因此，只有掌握好服务技能，才能使餐饮服务达到标准，保证餐饮服务质量。

6. 服务效率控制

餐饮服务效率有三类，其一，是用工时定额来表示的固定服务效率，如摆台用 5 分钟等；其二，是用时限来表示服务效率，如办理结账手续不超过 3 分钟，接听电话不超过 3 声等；其三，是指有时间概念，但没有明确的时限规定，是靠宾客的感觉来衡量的服务效率，如点菜后多长时间上菜等，这类服务效率问题在餐饮中大量存在着，若使客人等候时间过长，很容易让客人产生烦躁心理，并会引起不安定感，进而直接影响客人对餐饮企业的印象和对服务质量的评价。

但服务效率并非仅指快速，而是强调适时服务。服务效率是指在服务过程中的时间概念和工作节奏，应根据宾客的实际需要灵活掌握，要求在宾客最需要某项服务的前夕即时提供。服务效率不但反映了服务水平，而且反映了管理的水平和服务员的素质。

7. 安全卫生控制

餐饮安全状况是宾客外出旅游时考虑的首要问题，因此，餐饮部在环境气氛上要制造出一种安全的气氛，给宾客心理上的安全感。餐饮清洁卫生主要包括：餐饮部各区域的清洁卫生、食品饮料卫生、用品卫生、个人卫生等。餐饮清洁卫生直接影响宾客身心健康，是优质服务的基本要求，所以也必须加强控制。

(1) 在厨房生产布局方面，应保证所有工艺流程符合法定要求的卫生标准。

(2) 餐厅及整个就餐环境的卫生标准。

(3) 各工作岗位的卫生标准。

(4) 餐饮工作人员个人卫生标准。

要制定明确的清洁卫生规程和检查保证制度。清洁卫生规程要具体地规定设施、用品、服务人员、膳食饮料等在整个生产、服务操作程序的各个环节上为达到清洁卫生标准而在方法、时间上的具体要求。

在执行清洁卫生制度方面，要坚持经常和突击相结合的原则，做到清洁卫生工作制度化、标准化、经常化。

上述有形产品质量控制和无形劳务质量控制形成的最终结果是宾客满意程度。宾客满意程度是指宾客享受餐饮服务后得到的感受、印象和评价。它是餐饮服务质量的最终体现，因而也是餐饮服务质量控制努力的目标。宾客满意程度主要取决于餐饮服务的内容是否适合和满足宾客的需要，是否为宾客带来享受感，餐饮管理者重视宾客满意度自然也就必须重视餐饮服务质量控制构成的所有内容。

二、餐饮服务质量控制的方法

(一) 控制的基础

1. 必须建立服务规程

餐饮服务质量标准即服务规程标准。服务规程是餐饮服务所应达到的规格、程序和标准。为了保证和提高服务质量，应该把服务规程视为工作人员应当遵守的准则和服务工作的内部法规。餐饮服务规程必须根据消费者生活水平和对服务需求的特点来制定。西餐厅的服务规程要适应欧美宾客的生活习惯。另外，还要考虑到市场需求、饭店类型、饭店等级、饭店风格、国内外先进水平等因素的影响，并结合具体服务项目的内容和服务过程，制定出适合本饭店的标准服务规程和服务程序。

在制定服务规程时，不能照搬其他饭店的服务程序，而应该在广泛吸取国内外先进管理经验、接待方式的基础上，紧密结合本饭店大多数顾客的饮食习惯和本地的风味特点等，推出全新的服务规范和程序。同时，要注重服务规程的执行和控制，特别要注意抓好各服务过程之间的薄弱环节。要用服务规程来统一各项服务工作，使之达到服务质量的标准化、服务过程的程序化和服务方式的规范化。

2. 必须收集质量信息

餐饮管理人员应该知道服务的结果如何，即宾客对餐饮服务是否感到满意，有何意见或建议等，从而采取改进服务、提高质量的措施。同时，应根据餐饮服务的目标和服务规程，通过巡视、定量抽查、统计报表、听取顾客意见等方式，收集服务质量信息。

3. 必须抓好员工培训

新员工在上岗前，必须进行严格的基本功训练和业务知识培训，不允许未经职业技术培训、没有取得上岗资格的人上岗操作。对在职员工，必须利用淡季和空闲时间进行培训，以不断提高业务技术、丰富业务知识，最终达到提高素质和服务质量的目的，使企业竞争更具实力。

（二） 服务质量分析

1. 质量问题分析

(1) 收集质量问题信息。

(2) 信息的汇总、分类和计算。

(3) 找出主要问题。

2. 质量问题原因分析

(1) 找出现存的质量问题。

(2) 找出产生问题的各种原因。

(3) 罗列找到的各种原因，并找出主要原因。

3. PDCA 管理循环

找出了服务质量问题，分析了产生质量问题的原因，下一步就该寻求解决问题的措施与方法。这就需要运用 PDCA 管理循环。PDCA 即计划（Plan）、实施（Do）、检查（Check）、处理（Action）的英文简称。PDCA 管理循环是指按计划、实施、检查、处理这 4 个阶段进行管理，并循环不止地进行下去的一种科学管理方法。PDCA 循环转动的过程，就是质量管理活动开展和提高的过程。

知识拓展 12-8

提高用餐顾客的满意度

以顾客为中心，以人力资源为重点提高用餐顾客的满意度。也就是说，餐饮企业在经营中应以顾客满意度为指针，从顾客的角度，用顾客的观点来分析顾客的需求，并提供其所需的服务。要做到这一点，关键在于要使餐饮的每一位员工，包括从最高管理层到普通员工，都认识到质量的重要性，并真心投入其中。为此，就必须激励、培训员工，为员工创造良好的工作环境，提高员工的满意度，发挥每个员工的潜能，从而全面提升顾客的满意度。

（资料来源：吴惠智，钱伟.提升酒店餐饮业顾客满意度的人力资源管理措施探讨[J].市场论坛，2009（11）.）

（三） 质量控制具体方法

1. 餐饮服务质量的预先控制

所谓预先控制，就是为使服务结果达到预定的目标、在开餐前所做的一切管理上的努力。预先控制的目的是防止开餐服务中所使用的各种资源在质和量上产生偏差。

（1）人力资源的预先控制。餐厅应根据自己的特点，灵活安排人员班次，以保证有足够的人力资源。“闲时无事干，忙时疲劳战”或者餐厅中顾客多而服务员少、顾客少而服务员多的现象，都是人力资源使用不当的不正常现象。在开餐前，必须对员工的仪容仪表作一次检查。开餐前数分钟所有员工必须进入指定的岗位，姿势端正地站在最有利于服务的位置上。女服务员双手自然叠放于腹前或自然下垂于身体两侧，男服务员双手背后放或贴近裤缝线。全体服务员应面向餐厅入口等候宾客的到来，给宾客留下良好的第一印象。

（2）物资资源的预先控制。开餐前，必须按规格摆好餐台；准备好餐车、托盘、菜单、点菜单、订单、开瓶工具及工作台小物件等。另外，还必须备足相当数量的“翻台”用品如桌布、口布、餐纸、刀叉、调料、火柴、牙签、烟灰缸等物品。

（3）卫生质量的预先控制。开餐前半小时对餐厅卫生从墙、天花板、灯具、通风口、地毯到餐具、转台、台布、台料、餐椅等都要作最后一遍检查。一旦发现不符合要求的，要安排迅速返工。

（4）事故的预先控制。开餐前，餐厅主管必须与厨师长联系，核对前后台所接到的客情预报或宴会指令单是否一致，以避免因信息的传递失误而引起事故。另外，还要了解当天的菜肴供应情况，如个别菜肴缺货，应让全体服务员知道。这样，一旦宾客点到该菜，服务员就可以及时向宾客道歉，避免事后引起宾客不满。

2. 餐饮服务质量的现场控制

所谓现场控制，是指现场监督正在进行的餐饮服务，使其规范化、程序化，并迅速妥善地处理意外事件。这是餐厅主管的主要职责之一。餐饮部经理也应将现场控制作为管理工作的重要内容。现场控制的主要内容如下。

（1）服务程序的控制。开餐期间，餐厅主管应始终站在第一线，通过亲身观察、判断、监督、指挥服务员按标准服务程序服务，发现偏差，及时纠正。

（2）上菜时机的控制。要根据宾客用餐的速度、菜肴的烹制时间等掌握上菜时间，做到恰到好处，既不要让宾客等待太久，也不应将所有菜肴一下子全上。餐厅主管应时常注意并提醒服务人员掌握好上菜时间，尤其是大型宴会，上菜的时机应由餐厅主管，甚至餐饮部经理掌握。

(3) 意外事件的控制。餐饮服务是面对面的直接服务，容易引起宾客的投诉。一旦引起投诉，主管一定要迅速采取弥补措施，以防止事态扩大，影响其他宾客的用餐情绪。如果是由服务态度引起的投诉，主管除向宾客道歉外，还应替宾客换一道菜。发现有醉酒或将要醉酒的宾客，应告诫服务员停止添加酒精性饮料。对已经醉酒的宾客，要设法让其早点离开，以保护餐厅的气氛。

(4) 人力控制。开餐期间，服务员虽然实行分区看台负责制，在固定区域服务（一般可按照每个服务员每小时能接待 20 名散客的工作量来安排服务区域）。但是，主管应根据客情变化，进行第二次分工、第三次分工……如果某一个区域的宾客突然来得太多，就应从另外区域抽调员工支援，等情况正常后再将其调回原服务区域。

当用餐高潮已经过去，则应让一部分员工先去休息，留下一部分人工作，到了一定的时间再交换，以提高工作效率。这种方法对于营业时间长的餐厅如咖啡厅等特别必要。

3. 服务质量的反馈控制

所谓反馈控制，就是通过质量信息的反馈，找出服务工作在准备阶段和执行阶段的不足，采取措施加强预先控制和现场控制，提高服务质量，使宾客更加满意。信息反馈系统由内部系统和外部系统构成。内部系统是指信息来自服务员和经理等有关人员。因此，每餐结束后，应召开简短的总结会，以不断改进服务质量。信息反馈的外部系统，是指信息来自宾客。为了及时得到宾客的意见，餐桌上可放置宾客意见表，也可在宾客用餐后主动征求客人意见。宾客通过大堂、旅行社等反馈回来的投诉，属于强反馈，应予高度重视，保证以后不再发生类似的质量偏差。建立和健全两个信息反馈系统，餐厅服务质量才能不断提高，更好地满足宾客的需求。

三、餐饮服务质量的监督检查

对服务质量进行监督检查是做好餐饮经营管理工作的重要法宝之一。

（一） 餐饮服务质量监督的内容

(1) 制定并负责执行各项管理制度和岗位规范。抓好礼貌待客、优质服务教育。实现服务质量标准化、规范化和程序化。

(2) 通过反馈系统了解服务质量情况，及时总结工作中的正反典型事例并及时处理投诉。

(3) 组织调查研究，提出改进和提高服务质量的方案、措施和建议，促进餐饮服务质量和经营管理水平的提高。

(4) 分析管理工作中的薄弱环节，改革规章制度，整顿纪律，纠正不正之风。

(5) 组织定期或不定期的现场检查，开展评比和优质服务竞赛活动。

（二）餐饮服务质量检查的主要项目

根据餐饮服务质量内容中的礼节礼貌、仪表仪容、服务态度、清洁卫生、服务技能和服务效率等方面的要求，将其归纳为服务规格、就餐环境、仪表仪容和工作纪律4项，并将其列表分述如下。该检查表既可作为常规管理的细则，又可将其数量化，作为餐厅与餐厅之间、员工与员工之间竞赛评比或员工考核的标准。检查表在使用的时候，可视饭店本身的等级和本餐厅的具体情况增加或减少检查细则项目，还可将四大类检查项目分为4个检查表分别使用。在“等级”栏目中，也可将“优、良、中、差”分别改为得分标准，如将“优”改为得4分，“良”得3分，“中”为2分，“差”为1分，最后将四大项80个细则得分进行评比。

案例12-9

山阳县强化餐饮企业质量管理成效卓显

山阳县为了从根本上解决餐饮企业内部卫生管理混乱、岗位职责不清、卫生制度不健全、后厨流程布局不合理、卫生设施不足、食品交叉污染问题严重的现状，多部门联合，不断加强餐饮单位从业人员健康卫生和职业道德教育培训，统一餐饮企业卫生管理制度，对城乡宾馆、酒店、农家店等餐饮企业实行量化等级评定，落实质量安全监管责任，全县已完成改造升级规范化餐饮店286家。A级单位6户，B级单位16户，C级单位264户，全县餐饮单位量化评定率达100%。

（资料来源：胡敏．饭店服务质量管理[M]．3版．北京：清华大学出版社，2015.）

评估练习

1．要进行有效的餐饮服务质量控制，必须具备的3个基本条件是什么？
2．预先控制的主要内容有哪些？
3．餐饮服务质量控制方法有哪些？

第四节　餐饮业营销管理

教学目标：

1. 掌握餐饮营销概念、餐饮营销管理内涵。
2. 了解餐饮营销的构成要素。
3. 理解餐饮营销常用的促销方法。

一、餐饮营销

（一）概念

餐饮营销是一门研究餐饮企业在激烈竞争和不断变化的市场环境中如何识别、分析、评价、选择和利用市场机会，如何开发适销对路的产品，探求餐饮企业生产和销售的最佳形式和最合理途径。餐饮营销管理是指餐饮企业通过一系列的营销手段，以合适的价格提供餐饮产品和服务，满足宾客的需求，实现餐饮经营目标的一种综合性管理。在当前餐饮业激烈的市场竞争中，营销管理倍显重要：它是联结餐饮经营服务与社会需要的重要纽带，是提高餐饮业市场竞争能力的重要手段，也是提高餐饮业经济效益的必要条件，更是促进我国餐饮走向国际市场的必由之路。

（二） 成功的餐饮营销必备条件

1. 资深员工

必须选拔资深员工担任餐务委托。因为餐务委托是一项专业性非常强的工作，首先要熟悉环境，熟悉客人，熟悉操作程序，掌握目标客源定位，对熟客、常客、消费大户、领导以及周边竞争状况等应非常清晰和了解。餐务委托一上岗就要立即进入角色，要用心、专心，具备语言家的水平，要有委曲求全的事业心和宣传、组织能力，同时也要是公关营销的强手，能注意信息反馈和部门间的沟通，处事及时、迅速、敏捷，有节奏感，操作上要规范、正确、高效、诚实守信及创新。

2. 收集信息

当今是信息时代，信息也是生产力。有了信息，餐饮行业的营销才有相应的对策及方式，才能迎接挑战，取得营销的成功。通过信息能了解消费者的心理需求，取得合理化建议，同时和相关部门一起实行营销措施，能在服务上、产品上得以不断改进和完善。通过信息也可以拉近客我之间的距离，提高客人满意度。

3. 营销意识

餐饮营销人员始终要有强烈的营销意识，为达到推销产品的目的，首先应掌握顾客的需求动机，了解客人的消费能力、层次、身份、条件特点、特殊需求以及个性化需求，并协调相关服务部门，尽可能满足宾客的需求。在接待过程中，也可适当推销其他部门的产品。在与客人面对面交流中，应保持良好的精神状态，以真诚热情的微笑和主动负责的态度迎接宾客。接待中，及时了解客人的用餐目的，合理调配餐位和包厢，要留有余地，始终有空余包厢作为备用，以应急一些重要的、特殊的客人。接待中，必须正确了解客人需求细节，如人数、餐标、用餐目的、对方电话、姓名、单位、主宾饮食偏好、特殊情况等，注意观察，正确判断主人和主宾，把信息及时反馈到相关部门。

4. 服务态度

让客人受到尊重、关爱，获得宾至如归的感觉，使其在接受服务中感到物有所值。餐饮营销人员应该具备引导消费的能力，首先要主动和客人沟通，平时要熟记客人的消费习惯，“好记性不如烂笔头”，把客人习惯及偏好记在本上，如爱吃的酒菜、对服务要求、包厢位置、宴请目的、特别指明要哪位服务员、上菜速度要求、主食点心偏好、敬酒方式与尺度、消费标准等，都要牢牢记住。其次要在菜肴上做好文章：老人吃的菜要烧透；妇女儿童喜欢吃甜品和水果；年轻人的主食精料要丰富；商务、政务宴请菜要精制，有品位，量要适中；寿宴菜肴要有主题文化，长寿面不能少；沿海客人尽量不要上水产；中国香港、韩国、日本客人必须有生吃的水产拼盘；四川、江西、湖南客人，必须要有几道辣炒的菜；大城市的贵宾，必须提供精品功夫菜；领导、教授客人要注重本地菜肴和典故文化等。在服务过程中，服务员要“真情服务，用心做事”，做到人不动，眼睛动，注意每个角落变化，确保服务质量的到位和补位。

5. 客史档案

记录客史档案，可以跟踪服务，了解信息，掌握消费者的动态。引进此项服务举措，将在培养会员式客人中起到关键作用。要设法了解主宾的姓名、电话、地址、单位及生日、家庭住址等，然后锁定目标采取相应的营销策略，定期进行拜访慰问，参与、融入客户生活中去，与客户建立起比较深的感情合作关系，使企业在市场竞争中立于不败之地。

二、餐饮营销策略

（一） 餐饮营销要素

餐饮营销与其他业态的营销在要素上并无二致，包括产品、价格渠道以及促销等环节。餐饮产品（Product）即产品实体、产品服务、牌号、包装。餐饮价格（Price）包括基本价格、折扣价格、支付方式、信贷条件。餐饮销售渠道（Place）包括存货控制、运输设备、储存设施、销售通路。餐饮促销方式（Promotion）包括广告、人员销售、推广营业、公共关系。

案例 12-10

小肥羊的“共赢”发展观

“共赢”是决定小肥羊发展的一个关键因素。餐饮业中的大企业很少，基本上都是家庭式的夫妻店，很少是以团队来经营的，而以股份制来经营餐饮企业则更少。正因为有“共赢”的思想，通过股权的方式可以把外部优秀的经理人引进来，提高经营层的管理能力，这为小肥羊做大做强奠定了基础。张钢带头不断稀释自己的股份，将每一个职业经理人、加盟商、店长、供应商以及物流商用利益捆绑起来，从而激发了所有人的潜能。股权使小肥羊的经理人成为公司的真正主人，成为一个利益共同体，每个人的积极性都被充分调动起来，形成稳定经理人团队。在小肥羊，拥有股权的经理人达到500多人。股权分置使小肥羊不再是张钢个人的企业，经理们实实在在感觉到是为自己工作，不仅留住了他们的人，而且留住了他们的心。

（资料来源：余吉安，等. 餐饮企业人力资源管理成功之道——以小肥羊和海底捞为例[J]. 华东经济管理，2014（11）.）

（二） 餐饮营销组合

美国著名营销学家科特勒·考夫曼在《饭店营销学》一书中，就将营销因素组合概括为以下6个部分。

1. 人

人（People）指客人或市场。企业的任务是通过市场调研确定本企业的消费者，然后详尽地了解他们的需要和愿望，即了解所服务的对象。

2. 产品

产品（Product）指企业的建筑、商品、设备和服务。企业应根据客人的需要，向他们提供所需的产品和服务。

3. 价格

价格（Price）一方面要适应客人的需要，另一方面要满足企业对利润的要求。

4. 促销

促销（Promotion）的任务是使顾客深信本企业的产品就是他们所需要的，并促使他们来购买和消费。

5. 实绩

实绩（Performance）指产品的传递。这是使客人再来购买产品的方法，使在店客人花费最大量金钱的方法。并使客人在离店后为本企业进行口头宣传并成为活广告。

6. 包装

饭店、餐馆的“包装”（Package）是指把产品和服务结合起来，在客人心目中形成本企业的独特形象。“包装”包括外观、外景、内部装修布置、维修保养、清洁卫生、服务人员的态度和仪表、广告和促销印刷品的设计，以及分销渠道等。

（三） 餐饮产品与服务组合策略

1. 扩大或缩小经营范围

扩大经营范围的策略，指扩大产品与服务组合的广度，以便在更大的市场领域发挥作用，增加经济效益和利润，并且分散投资危险。缩小经营范围的策略，指缩减产品和服务项目，取消低利产品和服务项目，从经营较少的产品和服务中获得较高的利润。企业采用扩大经营范围，还是缩小经营范围的策略，往往取决于餐饮企业管理人员的经营思想。有些管理者认为，发挥企业的潜力，多开辟经营服务项目，以增加营业额。如开设广东早茶、晚场戏剧或电影结束后的宵夜、西点外卖等项目；或是将娱乐寓于饮食，从而推出舞厅酒吧、伴唱餐厅、充实文艺节目的聚餐会等；也有增设房内用餐、房内酒吧等服务项目或者在餐厅开辟富于民族特色的旅游纪念品及餐具、菜谱小册子等的销售柜台。

2. 梯档产品与服务策略

为产品按照档次进行梯队营销。所谓“高档”产品与服务组合策略，就是在现有产品的基础上，增加高档高价的产品与服务。例如，菜单上增设高档菜肴，开辟古玩摆设空间，附带庭园及衣帽间，放置伴奏钢琴等。这样，逐步改变餐厅仅供应低档产品的形象，使消费者更乐意来此用餐。企业一方面增加了现有低档产品的销售量，同时又进入高档产品与服务市场。所谓“低档”产品与服务组合策略，就是在高价的产品与服务中增加廉价的产品与服务。采用这种策略的原因如下。

(1) 企业面临着“高档”策略的企业的挑战，从而决定发展低档产品应战，以增强竞争力。

(2) 企业发现高档产品市场发展缓慢，因而决定发展低档产品，以增加营业额和利润。

(3) 企业希望利用高档产品与服务的声誉，先向市场提供高档产品与服务，然后发展低档产品与服务，以便吸引经济情况更适合“低档”的客人，扩大销售范围和领域。

(4) 企业发现市场上没有某种低档的产品与服务，以填补空缺，扩大销售量。

3. 产品与服务的差异化策略

企业在同性质市场，通过营业销售推广强调自己的产品的不同特点以增加竞争力，希望消费者相信自己的产品更优越，进而使消费者偏爱自己的产品。当然，同样适用于服务。这种策略称作产品与服务差异化策略。例如，具有相当规模的汽车停车场，经营城市中唯一的香槟酒吧，由著名粤菜厨师掌勺烹饪，甚至出现由一批特选的“小矮子”充当服务员的餐厅等。又如采用一些先进的烹饪用具及各式新颖咖啡煮壶和应用计算机查询、记账等，显示餐厅在产品与服务上领先一步的气质，以吸引客人和市场。

产品与服务差异化的理论基础是消费者的爱好、愿望、心理活动、收入、地理位置等方面存在差别，因此产品与服务也必须有所差别。如果企业要在市场上获得生存和发展，就必须使自己的产品与竞争者的产品有所差别，向消费者提供更多利益和享受，并不断努力，保持和扩大这种差异，力求在竞争中立于不败之地。

4. 发展新产品策略

企业应根据市场需求的变化，随着消费者的爱好，市场技术、竞争等方面的变化，向市场不断推陈出新、吐故纳新，向市场提供新产品和新服务。这是企业制订最佳产品策略的重要途径之一，也是企业具有活力的重要表现。餐饮企业的经理可以经常“改动”产品，有的是小改，有的是大改。

(1) 更新装潢，调换餐具和餐桌、餐椅。

(2) 组织专题周和食品节以及各种文娱活动。

(3) 更换人员服饰。

(4) 菜单多样化，烹饪灵活化。

(5) 调整价格，按质论价和按需要论价。

(6) 散发新的宣传品、纪念品。

(7) 改善服务，不断修改服务项目，提高人员的素质和修养。

(8) 最大限度地保证服务质量。

餐厅要利用每年一度的喜庆佳节，如国庆节、狂欢节、情人节、圣诞节、母亲节、儿童节等，或重大的社会活动、文艺活动、体育比赛等时机，隆重推出不同凡响的特种菜单，超群夺魁的烹饪大师技艺和适应于各种活动的服务项目，如策划名目各异、具有鲜明特色的美食节，作为实施新产品策略的良机和妙策。

知识拓展 12-9

美食节的时机与命名

(1) 从某种原料引发举办的美食节。

(2) 借某一节日推出的美食节。

(3) 以某一地方或民族风味命名的美食节。

(4) 以名人命名推出的美食节。

(5) 以某一时期的仿古菜命名的美食节。

(6) 以某种餐具器皿制作菜肴为主题命名。

(7) 以某种烹饪技法和某一食品为主的美食节。

(8) 以食品功能命名的美食节。

(9) 以本店、本地的特色菜、创新菜命名的美食节。

(10) 以某一宴席或几种宴席名称命名的美食节。

(资料来源：林德荣.餐饮经营管理策略[M]. 2版. 北京：清华大学出版社，2012.)

三、常用的餐饮促销方式

(一) 全员促销

传统上认为，进行餐饮推销工作的人员只是餐饮销售部人员。其实，这种看法是十分狭隘的。在餐饮销售活动中，真正参加餐饮产品和服务推销工作的人员不仅仅是餐饮销售部门的专职销售人员，还包括餐厅许多其他工作人员，如餐饮服务员、厨师等，他们往往能为餐厅推销大量产品和服务，为餐厅创造十分可观的额外收入。实际上，在客人购买和使用餐饮产品和服务时，餐厅服务人员与客人接触的机会最多，这就意味着他们推销餐饮产品的机会也最多。第一层次是餐饮专职推销人员，如营销总监、销售部经理、销售人员、餐饮销售代理等。第二层次的餐饮业余推销员包括餐饮部经理、宴会部经理、接待人员、餐饮服务人员等。第三层次的餐饮业余推销员包括厨师长、厨师、维修保养工作人员等。

餐饮部门的人员推销主要适用于宴会推销和其他大型活动、会议等。很多大、中型餐厅设专门的推销人员，从事餐饮活动的推销工作，他们对餐饮业务比较精通，受餐饮部领导，职责明确，推销效果比较好。

(1) 收集信息，发现可能的主顾，并进行筛选。餐饮推销人员要建立各种资料信息簿，建立宴会客史档案和用餐者档案，注意当地市场的各种变化，了解本市的活动开展情况，特别是大公司和外商机构的庆祝活动、开幕式、周年纪念、产品获奖、年度会议等信息，都是极有推销意义的。

(2) 计划准备。做好销售访问准备工作，确定本次访问的目的、要访问的对象，列出访问大纲，备齐推销用的各种餐饮资料、菜单和照片、图片等。

(3) 销售访问、洽谈业务。

(4) 介绍餐饮产品和服务。着重介绍本餐厅餐饮产品和服务的特点，针对所掌握的对方需求进行介绍。介绍餐饮产品和服务还要借助于各种资料、图片、场地布置图等。

(5) 商定交易和跟踪推销。使用一些技巧，如代客下决心，给予额外利益和优惠等争取订单。一旦签订了订单，还要进一步保持联系，采取跟踪措施，逐步达到确认预订。即使不能最终成交，也应通过分析原因，总结经验，保持继续向对方进行推销的机会，便于以后的合作。

（二） 服务促销

服务促销是指上至餐厅经理下至服务员的所有人员通过在餐厅里面对面地向客人提供服务而达到使客人购买或多买餐饮产品的促销效果。经理不管在什么地方，甚至在社交场合，对遇见的每一个人，特别是接待员和秘书要非常礼貌，面带微笑地一边向潜在顾客作自我介绍，一边递上名片。这样潜在顾客就能清楚地知道其名字和所属的餐厅，在下次选择餐厅就餐时也许会予以考虑。服务员除了提供优质服务外，还应诱导客人进行消费。服务员的外表、服务质量和工作态度都是对餐饮产品的无形推销。服务员的素质和魅力对吸引客源、餐饮推销起着很重要的作用。餐厅服务人员要做好推销工作，就必须对服务工作感兴趣，乐于为顾客服务。在做好服务工作的同时，适时推销，寓推销于服务中。总的来说，服务推销有以下方式。

1. 根据不同对象、不同宾客实施推销

针对宾客就餐方式帮助客人点菜，如果客人是请客吃便宴，则可较全面地介绍各类菜肴；如果客人是慕名而来，则应重点介绍风味菜肴；如果客人有用餐标准，可推荐一些味道可口而价格合适的菜肴。对那些经常来餐厅用餐的常客，应主动介绍当天的特色菜或套菜，使客人有一种新鲜感。

2. 采用建议式的推销方法

在顾客点菜时及时提醒其漏点的菜。如在西餐厅，客人点了主菜而没点配菜，这时服务员应及时建议几种配菜，供客人选择。在中餐厅，客人点了荤菜，可以建议增加几种素菜，客人点了冷菜可建议点用酒水等。

服务员对顾客的口头建议式推销是很有效的。但有些口头建议不起作用，如“你不想要瓶酒来佐餐吗？”而另一些则具有良好的效果，如“我们自制的索尔特白葡萄酒味道很好，刚好配你们定的鲽鱼片”。可见，服务员的推销语言对推销效果起着至关重要的作用，要培训所有服务人员（尤其是点菜人员）掌握语言的技巧，用建议式的语言来推销自己的产品和服务。建议式的推销要注意以下几个关键问题。

(1) 尽量用选择问句，而不是简单地让客人用“要”和“不要”回答的一般疑问句。

(2) 建议式推销要多用描述性的语言，以引起客人的兴趣和食欲。

(3) 建议式推销要掌握好时机，根据客人的用餐顺序和习惯推销，才会收到更好的效果。

3. 根据不同客源地顾客的饮食习惯推荐菜肴、饮品

江南的顾客喜欢油少清淡的菜肴，主食喜欢食用大米饭；北方的顾客一般喜欢吃油多色深的菜肴，主食以面食为主；欧美客人一般喜欢吃肉类、禽类等菜肴；信仰伊斯兰教的顾客在饮食上禁忌较多。在介绍菜肴时要充分考虑到这些因素，进行有针对性的推销。

4. 主动询问

进餐过程中，服务员应根据顾客用餐情况主动询问，增加推销机会。当顾客的菜已经吃完，但酒水还有许多时，及时提出添加几样菜，如顾客同意则尽快送上餐桌。当顾客在西餐厅用餐时，主菜过后要向顾客递上甜品菜单。主动询问一方面使顾客感到受尊重，服务效率高，另一方面也为餐厅带来了效益。

5. 适时向宾客推荐饭店的其他服务项目

在服务过程中，经常会遇到用餐顾客问及有关饭店服务设施等方面的情况，服务员可以因势利导，向顾客介绍饭店的健身房、游泳池和歌厅等，建议顾客在闲暇时去这些地方活动。如饭店正举办大型演出活动、时装展示会或餐饮部门正在推出某种美食展卖活动，服务员应利用各种服务机会向顾客多作宣传。

6. 试吃

在特别推销某一菜肴前，采用让顾客试吃的方法促销。用车将菜肴推到客人的桌边，让客人先品尝，如喜欢可现点，不合口味再点其他菜肴。这既是一种特别的推销，也体现了良好的服务。

（三） 电话促销

电话促销是餐饮企业常用的一种推销方式，即销售人员利用电话与客人进行交流，推销餐饮的产品和服务。电话推销不同于人员推销。进行电话推销时，交流双方只闻其声，不见其人，而不像人员推销那样与客人面对面进行交流。因此，要求推销人员特别认真地听取客人的意见，通过听觉来大体上了解客人的购买意图。

（四） 广告促销

餐厅营销人员在使用广告这一营销工具之前，应该首先考虑做广告是否必要，然后再研究广告的时机、广告媒介的选择以及广告如何与其他营销工具结合起来使用等问题。只有这样，才能真正地发挥广告的作用。一个有效的餐厅广告能对潜在客人的消费态度、消费行为产生影响，能为餐厅产品创造良好的形象，并为餐厅创造销售收入。如“舌尖上的中国”成为许多餐饮企业进行促销的平台。此外，广告还能帮助营销人员纠正客人对餐厅的误解，为客人提供各种各样的信息，解除客人在购买决策过程中所产生的不协调。

案例 12-11

经典广告包括：麦当劳都是为你；I am loving it；不寻常的咖啡豆；午餐吃什么？冰天雪地麦当劳；跟着嗅觉走；让人人都 happy；更多美味，更多惊喜，尽在麦当劳；更多

选择，更多欢笑；味道好得忍不住舔手指等。

（资料来源：周显曙，丁霞．酒店营销实务[M]．北京：清华大学出版社，2013.）

（五）公共关系促销

随着餐饮业的不断发展，越来越多的餐厅营销人员开始使用公共关系这一营销工具。餐饮公关的任务，是要加强与公众的联系，提高本餐厅的知名度，创立良好的餐厅形象，并通过社会舆论，影响就餐者的购买行为。

餐饮公关活动的策略有两种：一种是积极的公关策略，即餐饮企业通过加强与公众联系方面的活动，尽可能地树立企业的社会声誉，积极参加各种公益活动，如慈善事业、救灾活动、给予老人和儿童各种优惠等，扩大自己的声誉；另一种是消极防守性的公关策略，即餐饮企业通过开展公众关系方面的活动，以避免企业声誉的不利影响，如偶然发生食物中毒或其他事故时，企业着重宣传如何认真负责、积极、妥善地为就餐者排忧解难，查清事故，确保不再发生的各种善后行为，以减少对企业的不利影响。餐饮企业一般不设专职的公关人员，但餐饮企业的所有管理人员以及每一个和客人接触的服务员都负有公关的责任，因此要树立全员公关意识。

案例 12-12

麦当劳的公共关系

在连锁店的公共关系中，社会关系是相当重要的一环，由于连锁店各分店一般以一定区域的居民为目标顾客，它便需要和所在地的政府、社会团体或单位以及全体居民保持和睦的关系，根据各分店附近的商圈特性、人潮特性制定公关策略。麦当劳要求各连锁店主参加当地的公益活动，如学校乐队、童子军医院等。坐落在北京王府井的麦当劳分店还组织员工打扫天安门附近的地面。麦当劳还专门设有"麦当劳叔叔之家"，大部分建于儿童医院附近，专门提供免费或低价的住宿场所，招待病童的父母。

（资料来源：周显曙，丁霞．酒店营销实务[M]．北京：清华大学出版社，2013.）

评估练习

1．什么是餐饮营销？成功的餐饮营销必须具备哪些基本条件？
2．餐饮营销与组合策略包括哪些具体内容？
3．常见的餐饮促销方法有哪些？

第五节 餐饮业创新管理

教学目标：

1．了解餐饮创新目标及其原则。

2. 理解餐饮环境创新的具体思路方法。

3. 掌握餐饮产品创新的方法。

一、餐饮创新

（一）餐饮创新的概念

餐饮业发展至今，其管理思想、管理模式、餐饮产品的种类、风味等似乎已有定式，但是世界的变化、人们的消费需求是日新月异、不断变化的，任何行业都应当应时而动，紧跟时代的步伐，不断创新思路和产品，满足消费者的需求，餐饮行业也理当如此。因此，餐饮创新是指依托餐饮实体的现有资源，以宾客需求为导向，采用新的理念，利用现代科技、信息等手段，整合餐饮资源，以满足需求，创造需求，引导需求，创造优势，实现餐饮业的可持续发展为目标的一系列的变革。

（二） 餐饮创新的目标

餐饮创新的目标就是以市场为中心，以满足宾客需求为中心，形成特色，提升餐饮企业的竞争力，树立餐饮企业的品牌形象，追求利润的最大化，实现餐饮业的可持续发展。有专家将创新模式归结为一个公式，即“创新＝新思想＋能够创造利润的行动”。餐饮企业应把面向市场为顾客提供最佳的产品和最优的服务作为基础的创新理念，使创新与市场、实体的利润结合在一起。以对市场需求的高度敏感性来引导产品、技术和服务等方面的创新行为，使创新成为提升市场竞争力的根本途径。也就是说，餐饮创新的实质就是满足宾客的需求，就是创造有价值的订单，就是宾客满意度的最大化。

（三） 餐饮创新的基本原则

1. 突出特色的原则

目前餐饮发展趋势已逐渐从大众化进入个性化服务的时代。要创新就必须寻找和开发自身特色，以区别于其他餐饮企业。没有自己的特色，就无法在竞争激烈的市场中求得生存与发展。这个特色包含餐饮产品特色、餐饮服务特色、餐饮产品和服务组合的特色，以及就餐环境氛围的特色等。

2. 坚持绿色、环保、健康的原则

从消费者的角度来看，人们对于餐饮的需求已经从吃得饱转为吃得营养，吃得安全，吃得健康。从餐饮经营者的角度来看，要想坚持长期发展，必须重视餐饮活动对人类生存环境、人类健康的影响。如何为消费者提供绿色、环保、健康的餐饮产品，实现经济效益、社会效益和环境效益的三统一，是餐饮创新的一个重要原则。针对这一需求，许多餐饮实体都在营养方面下功夫，如上海“沈记靓汤”，推出了滋补、美容的汤品、菜点，北京的“金三元”推出了具有保健功效的“扒猪脸”等。

3. 整体性原则

餐饮经营管理涉及餐饮产品的原材料采购，就餐环境的布置设计，餐饮从业人员的培训，餐饮产品的设计、生产、营销等诸多环节与因素。因此，在进行餐饮创新时，不应只注重其中的一个环节，应是全员参与，全过程的创新。上至总经理，下至基层的服务人员，都要树立创新的理念；无论是原材料的采购，还是餐饮产品的销售，都应保持创新的思路；无论是一个部门或整个餐饮实体都应把创新作为一项重要的任务来抓。因为其中的任何一个环节不相协调，任何一个人的不合作，都会最终影响就餐宾客的感受，影响餐饮实体的形象。

4. 满足宾客需要的原则

餐饮管理的唯一目的就是创造需求，赢得宾客，获取应得的利润。因此，餐饮创新必须以满足宾客需要为中心，认真进行市场调查，研究宾客的就餐心理、用餐需求，真正做到想宾客之所想，提供宾客欢迎的餐饮产品与服务。

5. 提升餐饮文化内涵的原则

吃来吃去，人们吃的是一种文化。无论是传统的文化、地域的文化、民族的文化，还是时代的文化。餐饮创新必须以文化为基础，为核心，提供具有文化底蕴的餐饮产品和服务。餐饮脱离了文化，就像一个没有文化素养的人一样，显得简单粗野，不值得回味，因而也就不会具有持久的生命力。因此，餐饮创新应将积极、健康、文明、优秀的文化融入其中，着力创造深具文化内涵的餐饮产品和服务。

二、经营环境创新

餐饮经营环境的创新，主要是指周围的环境和就餐环境以及餐厅的具体布局的创新。长期以来，餐厅环境氛围创新比较雷同，重装修豪华，轻个性展示。真正有创新的环境未必是最豪华的，关键是“主题”突出，让顾客找到一种“感觉”。

案例 12-13

广州某酒店，在五六十米长的餐厅里进行了别开生面的布置：古色古香的装饰和壁灯，屋角陈列着刀枪剑戟，墙上悬挂着木桨、锄头和蓑衣；进门处还摆着一张古老的竹椅，上面挂着一个鸟笼；结账柜上有黑底金字的“钱庄”木牌，使人联想到当年北宋汴京的大相国寺或者明清时代广州的十三行；餐椅没有靠背，餐台是古朴的农家方桌，就连茶杯等餐具都是旧式的模样；餐厅的一面是用玻璃间隔的展示式厨房，分成面食、炖品、小炒、烧卤、雪糕等分间，可看到厨师在里面的活动；服务员身穿灯笼裤和红色绣襟衫，脸带微笑，如燕穿梭。一切是那么整洁雅致，古朴淳厚，不是大排档，又是大排档。

（资料来源：周显曙，丁霞. 酒店营销实务[M]. 北京：清华大学出版社，2013.）

（一） 返璞归真式

返璞归真式是指让自然生态反映到室内，增加幽雅、宁静、舒适的田园生活气息，显示自然界的清净本色，给人回归自然的感觉。如地面可以用素色的簇绒地毯或色织提花地毯，使人产生置身于大地或花园中的感觉；窗帘、沙发等可以采用印花或提花面料，用写实的花卉、植物的叶子、芦苇、贝壳为题材，使室内显得活泼而富有生命力。

（二） 怀旧式

怀旧式是指利用一些古色古香的装修饰物，如摆放中国古典家具，悬挂古代的条屏字画，随意放置一些石俑、瓦罐、古瓶、灯盏及极富生活气息的鸡毛掸子等，让顾客找到“从前”的感觉。北京双榆树的“半亩园”装修十分简单，但装饰十分有个性，顾客喝着烫热的绍兴老酒，仿佛回到了从前的岁月。

（三） 前卫式

前卫式是一种超俗的见识与品位，需要一种特别的勇气与承受能力，独出心裁，与众不同。“敢为天下先”是它的显著特点。前卫仿佛激流冲浪，具有很大的风险性和很强的刺激性。因此，在环境的塑造中，如果能体现一种前卫的新潮，常常会对某一部分宾客产生独特的吸引力。北京东方广场的“热带雨林”就是例证，让顾客在植物丛生、动物吼叫的雨林中就餐自然别有一番滋味在心头。

（四） 东西合璧，古今贯通式

东西合璧式是指跨越时间与地域，把东西方文化、古典与现代文化巧妙地结合起来，互相取长补短，达到一种新的境界。如可以摆放具有欧陆风情的餐桌，装饰极具浪漫风格的灯光，也可以放置散发着古朴气息的东方传统式博古架。这样不仅可以体现出中国传统文化的韵味，又可以享有现代设施的舒适豪华。位于北京翠微西路的“腾格里塔拉”是一个蒙古族风情与西餐高雅吃法相交融的高档酒楼，置身其中，既能自助品尝蒙古族风味佳肴，又能尝到日式菜点的精妙，另外，还有民族舞蹈相伴，洋酒和烛光相随，中西文化交融的感觉尽在其中。

（五） 科技式

将现代高科技及现代化工业生产理念用于酒楼中，给人以“现代”的感觉。天津开发区的“家和海鲜巨无霸”就用最新潮的“蓝牙技术”点菜，用扫描技术划菜，滑旱冰鞋上菜，开着电瓶车收碗……这都给顾客一种现代的感觉。

三、餐饮产品创新

（一） 产品创新趋势

1. 讲究自然本味

尽管世界各国饮食文化不同，但饮食趋于天然、健康的方向发展则颇为一致。在欧美等西方国家，追求绿色、黑色食品和野生天然食品已经成为一种潮流。在我国则从追捧山珍海味到搭配食用玉米棒、窝窝头等既土又粗的食品，人们开始追求“低盐、低油、低热量”，强调“本色、原味和清淡”。因此，餐饮产品创新应注重开发清鲜、雅淡、爽口的菜点，忌大红大绿、大油大火，忌有损色、味、营养的辅助原料，以免画蛇添足。

2. 膳食平衡

随着健康意识的崛起，现代人在餐饮消费上将奉行“味美和营养并重”的消费理念，餐饮将朝营养化、健康化的方向发展。因此，菜点创新要本着“营养、卫生、科学、合理”的原则，确保菜点中各种营养适度、均衡。如套餐中要有含蛋白质较高的牛肉、瘦猪肉、禽蛋等，还要有相当分量的蔬菜和水果等。

3. 寓乐于食

食之乐是中国饮食文化的优良传统，也是中国饮食审美的一种境界。从饮食中寻找快乐，越来越成为从温饱走向小康的人们的消费价值追求。“食快乐”除了烹制出美好滋味的菜点外，还应注重上菜方式、用餐方式的创新，追求一种令人愉悦的用餐氛围。

（二） 创新方法

积极举办并参加菜点创新大赛，积极参加行业研讨会，可以发现餐饮产品创新思路与做法，如从原材料、烹饪方法与技能、菜点口味色泽以及器皿等方面入手，多方面挖掘和创新菜品与面点等。

1. 开发历史菜点

中国饮食文化源远流长，博大精深，资源丰厚。因此，餐饮实体一方面应善于向上看，根据历史留存的食谱、食单、笔记、农书、食疗著作中的史料以及历史档案或文学作品挖掘改良古代菜点，如西安的“仿唐菜”，杭州的“仿宋菜”，济南的“孔府菜”“仿膳菜”“宫廷药膳菜”，苏州的“船宴”，其他地方的“红楼菜”“西施宴”“水浒宴”“三国宴”等。

2. 挖掘传统菜点

传统菜点经过数代人的传承，已趋于成熟和完美。全聚德前门店为了保留和体现“古老”“正宗”“原汁原味”的烤鸭特色，坚持了传统工艺不变的制作原则，烤鸭技术还是承袭百年前的模式，使用传统烤鸭炉，燃用果木。烤鸭师傅手持烤杆，在热气扑面的明火前操作。这个“名堂亮灶”的透明烤鸭间吸引了无数的宾客，取得了良好经济效益和社会效益，是值得传统产品借鉴的例子。

3. 征集民间菜点

中国是礼仪之邦，是一个热情好客的民族，节日甚多，人情往来频繁。所以，中国的家庭在待客过程中创造了不少优秀的菜点，如梅菜系列、糟菜系列、酱菜系列、腌制系列等。这些家常菜往往流行于市井民间，餐饮实体应善于整理发现挖掘，为我所用。浙江开元旅业集团下属的杭州萧山宾馆就曾成功地组织过征集民间菜的活动，在媒体上刊登“有奖征集民间菜”的广告，组织民间菜的烹饪比赛。不仅收集到了几十种富有特色的家常菜、民间菜，而且通过推出“民间家常菜”饮食活动，吸引了众多消费者慕“奇”而来。

4. 回归乡土菜点

我国作为世界上最讲究饮食的国度，餐饮业的发展，给人们提供的菜点选择空间日趋增大。对城市的人来说，带有浓厚乡土气息的菜点，让人产生回归自然和故乡的感觉，无疑，这是一种有吸引力的东西。如粗粮、农家菜等具有独特的营养和天然绿色的魅力，家常的原料、低廉的价格、清鲜的口味、方便的制作，非常适合城市工薪阶层的需要。

5. 经营贵族菜点

所谓“贵族菜”专指那些用料稀奇独特，制作考究，苛求色、香、味、型、器、养六者兼备，为特殊消费群体烹制的菜点。改革开放后，随着人民生活水平的提高，很多人追求生活质量和消费的档次，这就为“贵族菜”提供了坚实的社会基础和物质保障。它价格昂贵，非一般人所能接受。随着烹饪行业中外交流的增多和影响的扩大，品尝中国饮食已成为外国人了解中国的一个窗口。“贵族菜”能更好地反映出中国烹饪中的一些独特魅力，而且一部分富裕者将餐桌当作交易场和摆阔台。功利餐饮的不良风气和“贵族菜”虽不宜提倡，但“贵族菜”以其独特的“贵”族特质仍然吸引着不少追求商务与社交化消费的人群。

6. 提升文化菜点

一方面，利用历史典故、名人逸事等提升菜点的文化内涵，打造深具中国文化特色的文化菜点，吸引文化人的光顾，如传统的东坡肘子、霸王别姬、宫保鸡丁、麻婆豆腐、诗礼银杏等；另一方面是发扬中国的寓意吉祥菜点，如年年有鱼（余）、年年高（年糕）升、四季发财（发菜）及婚宴上的龙凤呈祥和寿宴上的寿比南山等。

7. 营造节假日主题菜

中国的公众节日、传统节日、地方节日及世界传入我国的节日，可以说不胜枚举。因此，利用节假日，采用适当的原材料，进行精心巧妙的组合，营造出别具特色的节假日主题菜，也是菜点创新的一个方法。如中国传统的中秋节创新“全家团圆”菜点，国庆节创新“普天同庆”菜点等。

总之，中国地域广阔，物产丰富，菜系众多，宾客更是众口难调，这恰恰提供了餐饮创新的前提和基础。因此，无论是从横向的交流沟通还是纵向的相互组合，抑或从文化的角度，餐饮创新的方法很多。但是切记应符合餐饮菜点创新的原则，在加强菜点质量管理的基础上，树品牌，创特色，在传统特色、地方特色、新潮特色上做足文章。

四、餐饮管理创新

创新首先是一种思想以及在这种思想指导下的实践，很多餐饮的经理人都沿用旧有的观念，造成了餐饮业的两种通病：一种是“跟风”，看人家什么火就跟着上什么；另一种是抱着“正宗”不放，没有人吃也挺着。结果，出现了1/3的酒楼倒闭，1/3的持平，1/3不断调整、善于创新的餐饮企业最终赚钱的局面。作为新世纪餐饮管理的新观念，应该是“另类思维”或者“逆向思维”才能打破常规，独辟蹊径。促进创新的最好方法是大张旗鼓地宣传创新、激发创新，树立“无功便是有过”的新观念，使每一个人都奋发向上，跃跃欲试，努力进取。要造成一种人人谈创新，时时想创新，无处不创新的组织氛围，使那些无创新欲望或有创新欲望却无创造行动的无所作为者感觉到压力，使每个人都认识到组织聘用自己的目的，不仅要自己做好既定的重复性的操作，还希望自己去探索新的方法，找出新的程序。只有不断地探索创新，才有继续留在组织中的资格。

（一） 生产管理创新

1. 传统工艺标准化

传统餐饮的随意性、作坊式生产、单店式经营的特点，缺乏规范的工艺标准，会造成宾客的误解与不满。因此，应积极采用先进的技术与设备，改造传统加工设备和生产工艺，引入工业化生产方式，实施数字化内控管理系统等，实现生产加工的流程化、标准化、规模化与科学化，只有这样才能有效地提高效率，保证质量。

案例 12-14

天津月坛学生营养餐配送公司是大型餐饮企业，日供应快餐达 5 万份。该企业有多项国际质量管理体系认证，存档资料多，让员工背诵真正烂熟于心难如登天。多年来管理层希望有一套简便易行的“傻子管理模式”，员工现场可视、可操作。在监管部门帮助指导下，他们建立了食品安全管理新模式，现场粘贴的 150 多个关键控制点图片覆盖了车间各个岗位，职工按图操作简单明了。企业各层面都认为这种模式细致、具体、管用。

（资料来源：胡敏．饭店服务质量管理[M]．3 版．北京：清华大学出版社，2015.）

2. 工作流程控制的程序化

工作流程控制的程序化是指从物资采购配送到餐饮产品生产和产品销售全部实现程序化。物流配送方面是我国餐饮管理的“软肋”，无法与麦当劳、肯德基等知名餐饮企业相匹敌。它们的计算机管理系统、定位系统和电视调度系统，对全球 25000 多家连锁店的销售、订货、库存情况可以随时调阅查询。而我国的餐饮业仍然靠人力运输，人工统计，物流配送达不到规模调配，中间环节的高损耗严重影响了利润水平。因此，餐饮业有必要借鉴外国的先进经验，指导自己的物流实践，提高餐饮物流的技术水平和管理水平。在餐饮产品的生产和销售方面，目前的计算机点菜系统，日本的 JCM 和 IBM 开发的全新的餐饮桌面控制系统，以及软硬件齐备、完整的餐饮管理控制系统，都可借鉴成为餐饮工作流程创新的手段。

（二） 服务管理创新

1. 产品服务个性化

当前，人们追求与众不同，追求个性化的产品和服务。许多产品有特色、服务有个性的餐饮实体在市场上呈现出强势竞争力和生命力，而那些产品雷同，服务无特色的餐饮实体则面临生存的危机。因此，餐饮管理创新应将宾客进行细分，研究他们需要什么样的餐饮产品与服务，开发并提供这些产品与服务，如教师节餐饮产品与服务，外来务工人员生日餐、家乡餐等，这就是个性化的产品。

许多餐饮实体在为所有宾客提供规范化、标准化服务的同时，更注重对不同宾客提供具有针对性、个性化的服务。个性化服务是规范化服务的延伸，如“金钥匙”，给宾客提供满意加惊喜的服务。个性化服务体现在工作责任心、感情投入、灵活、超常、自选等方面，可以更好地满足宾客的特殊要求，提高宾客满意程度。但另一方面也会降低工作效率，增加服务成本费用。因此，管理人员应通过认真调查及研究目标细分客源的需求和愿望，确认应采取什么样的服务措施，并加强每个服务细节的质量管理，在服务环境、服务态度、服务文化等各方面形成自身的特点，体现自己的企业文化。

2. 服务管理精细化

人们都知道向管理要效益，但是只有靠精细化的管理才能真正出效益。一些餐饮实体，由于传统体制的原因，其管理一般都是松懈和粗放型的，而这一点恰恰是导致效益低下的根本原因。所谓精细化管理，就是以法律法规为依据，以提高效率与效益为目的，运用现代管理模式，对管理对象实施精细、准确、快捷的规范与控制。精细化管理有 3 个层面：第一，强调全面管理，管理要体现在各个方面，无论是前台各工序的服务还是后台各工序的运转，都要体现精细化，人力资源管理也存在精细的要求，要做到人尽其才、人尽其用，使得人力资源配置最优化、工效最大化；第二，是全员管理，“精细”应体现在每个员工的日常工作中，并依靠全体员工的参与来组织、实施经营管理活动，其中涉及岗位职能的定量、复合、工作流程的标准化以及工作效果的最佳化；第三，是过程管理，“精细”体现在管理的各个环节之中，每一个环节都不能松懈、疏忽，应该做到环环紧扣、层层把关。

摈弃传统的粗放式管理模式，把提高管理效能作为管理创新的基本目标，用具体、明确的量化标准，取代笼统、模糊的人治要求；改变经验式的管理模式，将量化标准渗透到管理的各个环节，以量化的数据作为提出问题的依据、分析判断的基础、考察评估的尺度，使无形的管理变成有形的管理；利用量化的数据规范管理者的行为，并对管理进程进行导引、调节、控制，从而便于及时发现问题，及时矫正管理行为。也就是说，从上到下建立严格有序的管理控制体系，确保每项操作符合规定的要求。

3. 以规范与亲情为标志的服务优质化

无规矩不成方圆。规范化的服务标准具有客观性和权威性，不带个人偏见和主观意愿，以此来衡量和约束员工的工作和行为，才能保证服务质量的稳定、可靠。从而最大限度地限制餐饮从业人员因个人主观因素造成最终服务的随意性、不可预见性。同样的规模档次，同样的菜点质量，不同的服务就会带来不同的结果。也就是说，服务质量将直接影响到餐饮实体的生存和发展。当今的消费者更为注重服务的亲情化和人文关怀。因此，在餐饮管理和服务中更应实施以人为本的管理，人本化的管理强调的是对宾客的多样性需求给予多样的满足，以达到宾客的满意度最大。

（三） 监管方式创新

在餐饮业监管工作中，大力推进分类整治。开展大型酒店（酒楼）、连锁快餐店、中小餐馆、学校（幼儿园）食堂和工矿企业食堂等不同专项整治行动，重点监控餐饮安全管理制度是否健全，厨房设置是否合理，员工上岗有无健康证等问题。建立长效管理机制，严格日常监管，设计制作餐饮服务食品安全监督信息公示牌，悬挂在店内醒目位置；制定统一管理制度，如《食品采购与进货验收台账》《餐厨废弃物（油脂）去向信息》《餐饮用具消毒》登记簿，严格监督每一家餐饮店，要求餐饮店认真如实填写相关内容，做好保存备查；另外统一食品添加剂备案公示和相关餐饮制度并上墙，统一摆放文明餐桌标识牌和宣传画等。

案例 12-15

天津创新餐饮监管方式入店下厨帮扶接地气

天津餐饮监管部门转变作风，深入餐饮一线，帮扶他们创建行之有效的食品安全管理模式。天津小南国、外婆家、太兴等连锁企业把这种模式称为“天津经验”，向各地店面推广。监管部门与企业的关系俗称“猫与鼠”的关系，但在天津大悦城等地会发现天津市卫生监督所督察处处长陈建军等人能熟练叫出十几家餐饮店经理和总厨的名字，而店里的人都亲热地和他交谈，十分和谐。他说天津有两万多家餐饮店及众多学校食堂，监管工作点多面广，加之从业人员文化程度低，企业集进、销、存、加工和卖场经营为一体，不仅监管难度大，而且不少企业也感到管理难。过去监管工作经常处于“查处—罚款—查处”的循环。很多企业不是故意而为，而是水平低，不知如何有效开展食品安全工作。监管工作创新就要转变作风，由过去重查处罚款转变为帮扶企业，指导他们达标，以提高监管效能。

（资料来源：王光怀. 天津创新餐饮监管方式入店下厨帮扶接地气[OL]. 中国食品报，http://www.cnfood.cn/n/2015/07/03/60165.html,2015-07-03.）

五、餐饮营销创新

（一） 针对儿童营销

现代家庭大多都以儿童为中心。儿童是许多家庭出外就餐的决策者。因此，不失时机地针对儿童进行推销，策划以儿童为消费模式的营销方式，往往效果较佳。

(1) 提供儿童菜单。儿童菜单的设计要活泼多彩，多给儿童一些特别关照。

(2) 提供为儿童服务的设施，如座椅、餐具、围兜。

(3) 赠送儿童小礼物。尤其选送他们喜欢的与餐厅宣传密切联系的礼品。

(4) 儿童生日推销。儿童生日宴的设计要有主题，针对儿童的心理，在饰物、餐具方面进行美化等，从长远看，这些小朋友是餐厅的潜在顾客。

案例 12-16

麦当劳主要瞄准的是儿童、青少年和城市白领，让我们看看麦当劳是如何紧紧吸引住这些消费者的。针对儿童，365 日天天在搞欢乐生日会，通过麦当劳叔叔、麦当劳乐园吸引儿童。麦当劳在店里专门开辟一个区域供孩子玩耍，而且会针对孩子最喜欢的一些动画造型，如机器猫、玩具超人等推出欢乐家庭餐，或者赠送一些小玩具；针对青少年，麦当劳请的广告明星和品牌代言人都是非常时尚的歌星、影星，并且针对青少年喜欢改变的特性，不断推出新的产品，变换不同的口味;针对城市白领，麦当劳非常强调环境，明窗净几，暖意融融，让人感觉非常舒适。

（资料来源：周显曙，丁霞. 酒店营销实务[M]. 北京：清华大学出版社，2013.）

（二） 组织俱乐部或会员制

各种餐厅、酒吧都可以吸引不同的俱乐部成员，酒店是俱乐部活动的理想场所。餐饮部门一方面可以自己组织一些俱乐部，如常客俱乐部、美食家俱乐部、常驻外商俱乐部等，让他们享有一些特别的优惠。另一方面也可以和当地的一些俱乐部、协会联系，提供场所，供这些协会活动。酒店可发给他们会员卡、贵宾卡，享受一些娱乐活动和服务的门票免费优惠、赊账优惠和优先接待的优惠等。酒吧还可以免费替他们保管瓶装酒。酒店通过组织这样的活动，既可以吸引更多的客人，又可以扩大自己的影响，成为许多当地新闻的中心，起到间接的推销作用。

案例 12-17

灵活的餐饮会员营销机制

用少量的钱购买会员卡，当餐即可使用，可积分，返券，享受会员价。某连锁火锅 10 元“开卡”不但能加入会员，而且还可获得礼包——锅底一份，米酒一份，以及下次使用 30 元代金券。既给顾客一个成为会员的理由，又吸引顾客再次到店消费。也可以通过手机、微博、微信等渠道免费加入会员，享受的权益与实体卡会员相同。新媒体时代的盛行，大部分餐饮企业纷纷“拥抱互联网”，这种成本低的入会方式也将被大部分顾客所接受。

（资料来源：周显曙，丁霞．酒店营销实务[M]．北京：清华大学出版社，2013.）

（三） 引领与创建时尚

餐饮业作为第三产业的重要组成部分，以其市场大、增长快的特点受到广泛重视，也是许多国家对外进行文化和品牌输出的载体。餐饮创新不仅仅是菜点，而是在菜点、菜谱、环境、服务、活动等方面不断引领餐饮潮流。紧随国际饮食的“五轻”趋势，开发轻油、轻糖、轻盐、轻脂肪、轻调味品，更多地注重饮食环境，更多地借助人员服饰、服务礼仪和配合就餐活动开展的文娱活动来烘托主题。

案例 12-18

香格里拉酒店平安夜烛光自助大餐安排及促销

时间：2014 年 12 月 24 日、25 日 19:00—22:00。

地点：21 楼旋转餐厅。

规模：80～100 人。

内容：烛光晚宴、家庭套餐。适合家庭、情侣。

气氛布置：全场烛光，放轻音乐，强调安静祥和、浪漫温馨气氛。

促销宣传：在电视台、交通频道及晚报做广告宣传（费用已含在全年广告费用预算中）；印制宣传单 1000 份（费用财务另呈领导批示）；印刷贺卡送客户（费用销售部另呈领导批示）；大堂广告、大厅外横幅、电梯广告宣传。

（资料来源：周显曙，丁霞．酒店营销实务[M]．北京：清华大学出版社，2013.）

餐饮消费时尚是一种在极短时间内引起众多餐饮消费者共同兴趣的新奇事物，它不会昙花一现，迅速消失，而会传播到一般公众中去，成为一种具有社会性的时髦式样。此时，餐饮消费时尚便转化为餐饮消费习俗，也会成为某种餐饮消费文化。现实中，乡土菜肴日渐风行，山野蔬菜香飘四邻，素食斋菜美容保健，水果佳肴受人追捧，昆虫入菜引人遐思，黑色食品大有潜力，绿色食品深受欢迎，鲜花食品渐入佳境等都是引领与创建时尚的切入点。

（四） 其他形式

1. 外卖

煽情是店外营销的重要方法，即通过各种措施刺激和调动人们的情感，以达到促销的目的。许多餐饮企业也通过设立诸如情侣包厢、情侣茶座、情侣套餐、情侣烧烤等服务项目来促销，或以加强家人的团聚、朋友的聚会、父母子女情、兄弟姐妹情、乡亲情、同学情等来调动人们的消费欲望。在宣传上也强调情感服务的特色，尽力突出自身适合各类情感生活的消费环境。外卖市场是餐饮业的基础，如婚丧喜庆、商业会谈、情感交流、朋友聚会等，人们需要寻求一种更贴近事务自身的用餐环境氛围，更周到的服务，更形式化的场所和更丰富的饮食选择。如北京建国饭店每当一个国家的节日到来之时，就在餐厅悬挂这个国家的小国旗，做这个国家的菜。并在装饰上突出这个国家的风土人情，收到了良好的效果。

2. 展示及赠品

展示食品是一种有效的营销形式。这种方法是利用视觉效应，激起顾客的购买欲望，吸引客人就餐，并且刺激客人追加消费。具体可以从以下方面进行创新营销，如原料展示、成品陈列、餐车展示、现场展示及操作吸引顾客。

另外，很多的餐饮企业往往采用赠送礼品的方式来达到促销的目的。赠送礼品的内容和赠送方式应该有讲究，如生日送礼、参与有奖、微信关注、贵宾赠花等使宾客获得额外的附加价值，最终使得企业与宾客双方通过赠品都寻求了最大的效益。

案例 12-19

在美国康涅狄格州有一家赠书餐厅，顾客不仅能在这里边就餐边阅读，甚至还能得到老板赠送的书本，尽管他的饭菜是一流的，但许多顾客却是醉翁之意不在酒，而是看中了他的书。自实行赠书后餐厅的营业额上升了 40%。东京有一家休闲餐厅，店中有外国人专任教师教授英文会话。采用会员制，第一次试听顾客，1 小时付费日元 400 元，第二次就需付年费 4000 元，这种附加咖啡或红茶的学习英文会话方式，颇受欢迎。该店为了促进顾客彼此友谊，每两个月举办一次郊游、露营、舞会等活动。

（资料来源：周显曙，丁霞. 酒店营销实务[M]. 北京：清华大学出版社，2013.）

评估练习

1. 什么是餐饮创新？餐饮创新的基本原则是什么？
2. 餐饮产品创新主要内容有哪些？
3. 餐饮营销创新的思路有哪些？

参考文献

[1] 文志平．旅馆餐饮服务与运转[M] .北京：科学技术文献出版社，1991.

[2] 郭敏文．餐饮部运行与管理[M] .北京：旅游教育出版社，2003.

[3] 马开良．餐饮管理与实务[M] .北京：高等教育出版社，2003.

[4] 吴克祥．餐饮经营管理[M] .3 版．天津：南开大学出版社，2008.

[5] 陈增红．饭店餐饮管理[M] .北京：旅游教育出版社，2010.

[6] 沈建龙．餐饮服务与管理实务[M] .3 版．北京：中国人民大学出版社，2012.

[7] 李勇平．酒店餐饮运行管理实务[M] .北京：中国旅游出版社，2013.

[8] 王志民，许莲．餐饮服务与管理实务[M] .2 版．南京：东南大学出版社，2014.

[9] 胡章鸿．餐饮服务与管理实务[M] .北京：高等教育出版社，2014.

[10] 赵海咏．餐饮服务与管理[M] .成都：西南交通大学出版社，2015.

[11] 匡家庆．酒水知识与酒吧管理[M] .南京：江苏人民出版社，1999.

[12] 田芙蓉．酒水服务与酒吧管理[M] .2 版．昆明：云南大学出版社，2007.

[13] 周妙林．宴会设计与运作管理[M] .南京：东南大学出版社，2009.

[14] 叶伯平．宴会概论[M] .北京：清华大学出版社，2015.

[15] 马开良．现代厨政管理[M] .北京：高等教育出版社，2010.

[16] 周晓燕，陈洪华．中国名菜名点[M] .北京：旅游教育出版社，2004.

[17] 刘敏．中西餐服务知识与技能[M] .北京：旅游教育出版社，2014.

[18] 金陵饭店工作手册编写组．金陵饭店工作手册[M] .南京：译林出版社，1999.

[19] 汝勇健．沟通技巧[M] .北京：旅游教育出版社，2007.

[20] 周显曙，丁霞．酒店营销实务[M] .北京：清华大学出版社，2013.

[21] 陈思．餐饮市场营销[M] .北京：旅游教育出版社，2014.

[22] 龚韵笙．餐饮成本控制[M] .北京：旅游教育出版社，2014.

[23] 胡敏．饭店服务质量管理[M] .3 版．北京：清华大学出版社，2015.